# Verhandlungen

des

# Sechszehnten deutschen Juristentages.

Herausgegeben

von

dem Schriftführer-Amt der ständigen Deputation.

Erster Band.

Berlin 1882.
Commissions-Verlag von J. Guttentag.
(D. Collin.)

# Inhaltsverzeichniß.

# Gutachten.

# I.

## Gutachten des Herrn Professor Dr. von Liszt zu Gießen

über die Frage:

Sind gleiche Grundsätze des internationalen Strafrechts für die europäischen Staaten anzustreben? und eventuell welche?

---

### Einleitung.

Die „Reformation des internationalen Strafrechts" bildet eine der brennendsten unter den juristisch wie politisch bedeutsamen Fragen der Gegenwart. Angeregt durch welthistorische Ereignisse und Bestrebungen von weittragendster Bedeutung hat die hohe Diplomatie eine bisher allerdings wenig erfolgreiche Aktion eingeleitet, um die Mängel des geltenden internationalen Strafrechts zu beseitigen, seine Lücken zu ergänzen, seine Widersprüche aufzuhellen; willig, aber nichts weniger als zielbewußt, haben die Volksvertretungen, insbesondere in Deutschland und Italien, sich den Bemühungen ihrer Regierungen angeschlossen; unverdrossen sind die Vertreter der juristischen Wissenschaft in zahlreichen Versammlungen und zahlreicheren Schriften bestrebt gewesen, der Reformbewegung Inhalt und Ziel zu geben, ohne aber bisher über andere als untergeordnete Punkte zu einer communis opinio zu gelangen.

Unter den wissenschaftlichen Bestrebungen verdienen die Thesen, welche das Institut de droit international auf seiner Versammlung zu Oxford vom 6. bis 10. September 1880 gefaßt hat [1]), die eingehendste Beachtung,

---

[1]) Abgedruckt in dem Organe des Instituts, der Revue de droit international et de législation comparée. Tome XIII. S. 75.

sowohl wegen der Zahl und der wissenschaftlichen Bedeutung derjenigen Männer, welche als Mitglieder des Instituts sich an der Beratung und Abstimmung beteiligt haben, als auch darum, weil die spätere Litteratur, so insbesondere die bedeutenden Schriften von v. Holtzendorff[1]) und Brusa[2]) in ihren zustimmenden wie abweichenden Ausführungen an die Oxforder Beschlüsse anknüpfen. Ich habe es daher für angezeigt erachtet, die Thesen des Instituts in der v. Holtzendorff'schen Uebersetzung als Anhang zu meinem Gutachten zum Abdruck zu bringen.

In denselben Tagen, in welchen die Mitglieder des Instituts zu Oxford tagten, war der 15. deutsche Juristentag zu Leipzig zusammengetreten. Auf der Tagesordnung der Sitzung der vereinigten 3. und 4. Abteilung vom 9. September 1880 stand die Beratung der Frage, deren Lösung die Aufgabe des vorliegenden Gutachtens bildet. Aber da keinerlei Vorarbeiten vorlagen, mußte die Vertagung der Beratung beschlossen werden.[3]) So ist es gekommen, daß das berufene Organ des deutschen Juristenstandes, ohne durch ein voreiliges Votum gebunden zu sein, unbefangen unserer Frage gegenübersteht.

Und das ist ein nicht zu unterschätzender Vorteil. Die bisherigen Versuche einer Lösung sind gescheitert. Sie mußten scheitern an dem Auseinandergehen der Meinungen. Es wäre nun allerdings vermessene Thorheit, zu erwarten, daß die Meinungsverschiedenheit in allernächster Zukunft schwinden werde. Aber Eines kann heute schon angestrebt und wohl auch erreicht werden: eine präzise Fragestellung.

In dem Fehlen derselben sehe ich den Hauptgrund für die Erfolglosigkeit der bisherigen Reformbestrebungen. Nicht immer ist das Fragen leichter als das Antworten; gerade auf wissenschaftlichem Gebiete gilt häufig das umgekehrte und in nicht seltenen Fällen liegt in der richtigen Frage auch schon die halbe Antwort. Täusche ich mich nicht, so gilt das auch von unserem Thema. Die richtige Fragestellung anzubahnen, bildet daher die Hauptaufgabe meines Gutachtens; eine erschöpfende Besprechung der Detailfragen dagegen scheint mir hier nicht am Platze zu sein.

## Die Fragestellung.

Die erste Vorbedingung, um zu einer richtigen Fragestellung zu ge-

---

[1]) v. Holtzendorff: Die Auslieferung der Verbrecher und das Asylrecht. Berlin 1881. 71 S. Aus der Sammlung gemeinverständlicher wissensch. Vorträge (Zeitschrift für die ges. Strafrechtsw. I S. 349).

[2]) Brusa: Del delitto politico in rapporto con la estradizione. Im Archivio di scienze giuridiche e sociali. Diretto da C. F. Ferraris. Vol. II. p. 87—141 (Zeitschrift I S. 611).

[3]) Verhandlungen II. S. 286 u. 359 (Referent v. Liszt).

langen, ist Klarheit über die wesentlich verschiedenen Begriffe, welche mit dem Ausdrucke „internationales Strafrecht" umfaßt zu werden pflegen.

Internationales Strafrecht bedeutet:

1. Die Rechtssätze, durch welche das Geltungsgebiet des heimischen Strafrechts den ausländischen Strafrechten gegenüber bestimmt wird; jene Rechtssätze also, welche sagen, ob nur die im Inlande begangenen, oder auch die von Inländern im Auslande begangenen oder endlich auch die von Ausländern im Auslande begangenen strafbaren Handlungen der Beurteilung nach heimischem Rechte unterliegen. Jene Rechtssätze aber sind nationaler, nicht internationaler, Natur; sie sind von der nationalen Gesetzgebung aufgestellt, und binden nur diese. Es ist logisch und juristisch inkorrekt, von einem „deutschen internationalen" Strafrechte zu sprechen. Aber die Bezeichnung hat sich nun einmal eingebürgert und muß daher berücksichtigt werden. Fassen wir das Wort „internationales Strafrecht" in diesem Sinne, so lautet die gestellte Frage präzise gefaßt:

> Ist es anzustreben, daß die verschiedenen (europäischen [1]) Staaten das Geltungsgebiet ihres nationalen Strafrechtes den ausländischen Strafrechten gegenüber nach denselben Grundsätzen bestimmen? und welches sind diese Grundsätze?

2. Internationales Strafrecht bedeutet aber weiter:

> Die Rechtssätze, durch welche die Gewährung der internationalen Rechtshilfe auf strafrechtlichem Gebiete bestimmt wird.

Also Straf-Rechtshilfe, geleistet von Staat zu Staat, sei es entweder zum Zwecke der Feststellung streitiger strafrechtlicher Ansprüche durch Unterstützung der Untersuchung, z. B. durch Einsendung von Beweismitteln, Vernehmung von Zeugen u. s. w., oder sei es zum Zwecke der Verwirklichung rechtskräftig festgestellter strafrechtlicher Ansprüche durch Vollstreckung des Urteils oder durch Mitwirkung zu seiner Vollstreckung. Es ist klar, daß die Auslieferung des Verbrechers das eine wie das andere sein kann, je nachdem sie vor oder nach Rechtskraft des verurteilenden Erkenntnisses erfolgt. Schon diese Doppelnatur der Auslieferung erklärt uns ihre hervorragende Stellung innerhalb der mannigfaltigen Akte der Straf-Rechtshilfe. Es kommt ein weiterer Umstand hinzu. Auf zivilrechtlichem Gebiete leisten wir Rechtshilfe dem rechtskräftigen Urteile gegenüber, indem wir es einfach vollstrecken. Anders, wenn wir von den Ver-

---

[1]) Ich darf wohl im Folgenden die Beschränkung auf die „europäischen" Staaten fallen lassen.

mögensstrafen absehen, auf strafrechtlichem Gebiete. Wenn der in Frankreich zu Lebens- oder Freiheitsstrafe rechtskräftig verurteilte Verbrecher nach Deutschland flüchtet, so wird er in Deutschland nicht etwa hingerichtet oder ins Zuchthaus gesperrt, sondern an Frankreich ausgeliefert. Es ist ein feststehender Grundsatz des modernen Strafrechtes, daß ausländische Strafurteile im Inlande nicht vollzogen werden. Auf eine Rechtfertigung oder Kritik dieses Grundsatzes kann ich hier nicht eingehen. Aber der Hinweis auf ihn mag dazu dienen, um die hervorragende Stellung der Auslieferung innerhalb der mannigfaltigen Akte der Straf-Rechtshilfe vollends zu erklären. So kommt es, daß Wissenschaft und Gesetzgebung fast nur mit der Auslieferung sich beschäftigen und der übrigen Akte der Straf-Rechtshilfe nur ganz ausnahmsweise erwähnen. Es mag auch mir gestattet sein, im folgenden mein Hauptaugenmerk auf die Auslieferung zu richten.

Bei dieser Auffassung des „internationalen Strafrechts" gewinnt unsere Frage folgende Gestalt:

> Sind gleiche Grundsätze für die Gewährung der internationalen Straf-Rechtshilfe (Auslieferung) zwischen den verschiedenen Staaten anzustreben? und welche?

Wir setzen dabei voraus (und diese Ansicht kann heute als eine allgemein anerkannte betrachtet werden), daß eine Regelung überhaupt wünschenswert, die *thatsächliche* Gewährung der Rechtshilfe im Einzelfalle unzureichend sei.

3. Internationales Strafrecht kann aber endlich bedeuten (und gerade das Hereinziehen dieser dritten Bedeutung hat manche Verwirrung verschuldet):

> *Die durch internationale Vereinbarung geschaffenen Rechtssätze zum Zwecke des Schutzes gewisser Rechtsgüter gegen internationale Angriffe.* Man denke an internationale Strafdrohungen gegen die Ausschreitungen der anarchistischen Bewegung.

Es ist sofort klar, daß derartige internationale Vereinbarungen von den bisher besprochenen wesentlich verschieden sind. Soweit unsere Frage also auch diese Bedeutung des internationalen Strafrechts umfassen soll, werden wir ihr eine durchaus selbständige Formulierung geben müssen. Sie lautet dann:

> Gibt es internationale Rechtsgüter, und welche? Sind internationale Vereinbarungen zu ihrem Schutze anzustreben? Nach welchen Grundsätzen sind diese zu treffen?

So haben wir die eine Frage in drei Fragen aufgelöst, welche den drei verschiedenen Bedeutungen des Wortes „internationales Strafrecht" entsprechen. Ich muß sie im Zusammenhange behandeln, um die Notwendigkeit ihrer getrennten Beantwortung nachzuweisen. Diese Behandlung schließt eine Besprechung sämtlicher Detailpunkte notwendig aus. Auch hätte eine solche an dieser Stelle m. E. wenig oder gar keinen Wert.

---

## 1. Das Herrschaftsgebiet der nationalen Strafrechtssätze.

Wenn wir einen Blick auf jene Normen der verschiedenen nationalen Gesetzgebungen werfen, durch welche diese das Geltungsgebiet der heimischen Strafrechtssätze den ausländischen Strafrechten gegenüber abgrenzen,[1]) so finden wir, trotz aller Verschiedenheit im einzelnen, eine Uebereinstimmung in den maßgebenden Grundzügen. Wir können, da es sich hier nur um eine schematische Uebersicht handelt, diese in den Gesetzgebungen der meisten Staaten wiederkehrenden Grundzüge in folgende Sätze zusammenfassen:

1. Das inländische Recht findet Anwendung auf alle im Inlande, sei es von Inländern, sei es von Ausländern, begangenen strafbaren Handlungen.

2. Das inländische Recht findet unter gewissen Voraussetzungen und Beschränkungen Anwendung auch auf die vom Inländer im Auslande begangenen strafbaren Handlungen.

3. Das inländische Recht findet ausnahmsweise Anwendung auch auf jene von Ausländern im Auslande begangenen strafbaren Handlungen, welche gegen besonders wertvolle Rechtsgüter des inländischen Gemeinwesens gerichtet sind.

Wie bereits bemerkt, finden sich zahlreiche Abweichungen im einzelnen. Aber sie sind zu unbedeutend, um eine allgemeine Verständigung auf der Basis jener drei Sätze als unmöglich erscheinen zu lassen.

Wäre eine Verständigung auf dieser Basis wünschenswert? Ich muß die Frage auf das entschiedenste verneinen, und zwar aus einem Grunde, dessen Nichtbeachtung meiner Meinung nach einen der Fundamentalfehler der bisherigen Behandlung dieser Frage bildet. Nehmen wir an, alle Staaten Europas würden die Bestimmungen in den §§ 3—9 unseres R.St.G.B.'s einfach recipieren. Die unausbleibliche Folge davon wäre eine geradezu unerträgliche Kollision der Strafansprüche der verschiedenen Staaten.

Ich muß zunächst den Begriff des Strafanspruchs näher erläutern.

---

[1]) Eine im allgemeinen ganz gute Uebersicht gibt der Traité de droit pénal international et de l'extradition von Pasquale Fiore. Französische Ausgabe von Charles Antoine. Paris 1880. S. 237—282. (Zeitschrift I. S. 153.)

Ich nenne Strafanspruch das aus dem Verbrechen entspringende staatliche Recht, zu strafen, soweit es, qualitativ oder quantitativ bestimmt, seine subjektive Spitze gegen den Verbrecher kehrt. Der Staat selbst bestimmt die Voraussetzungen für die Entstehung seines Strafanspruchs, indem er den allgemeinen Thatbestand der verbrecherischen Handlung überhaupt (Zurechnungsfähigkeit des Thäters, Rechtswidrigkeit des Thuns u. s. w.) sowie die Begriffsmerkmale des einzelnen Verbrechens festsetzt; er bestimmt weiter insbesondere die Voraussetzungen für die Entstehung seines Strafanspruchs, indem er das Geltungsgebiet seiner nationalen Strafrechtssätze, deren Uebertretung eben den Kern der verbrecherischen Handlung bildet, im Verhältnisse zu den ausländischen Strafrechtssätzen begrenzt.

Und nun nehmen wir wieder an, in allen Staaten wären unsere drei Sätze geltendes Recht. Ein Deutscher hat auf französischem Gebiete eine strafbare Handlung begangen. Deutschland erklärt: mir steht der Strafanspruch zu, denn der Mann ist mein Unterthan; Frankreich behauptet: ich bin der Träger des Strafanspruchs, denn auf französischem Grund und Boden ist das Verbrechen begangen worden. Die Kollision der Strafansprüche ist da; und eine befriedigende Lösung ist unmöglich.

Man wende mir nicht ein: wer den Verbrecher dingfest macht, der mag ihn bestrafen. Damit sind die Schwierigkeiten nicht beseitigt. Die §§ 4 und 5 unseres R.St.G.B's beweisen es. Wenn wir den Mann in Deutschland festnehmen, so realisieren wir unseren Strafanspruch; wie kommen wir dazu eine von Frankreich ausgehende Begnadigung berücksichtigen zu müssen (St.G.B. § 5 Ziffer 2); kann etwa Frankreich auf unseren Anspruch verzichten? Ein Dalmatiner hat seinem Freunde auf montenegrinischem Boden bei Ausübung der Blutrache geholfen und ist hier (vielleicht um ihn zu retten) sofort angeklagt und freigesprochen worden: wie kommt Oesterreich dazu, sich durch dieses Urteil seinen Strafanspruch rauben zu lassen (St.G.B. § 5 Ziff. 1)?

Ich verzichte darauf, weitere Beispiele zu geben. Eine internationale Verständigung muß angestrebt werden, um eine Kollision der Strafansprüche zu vermeiden, das dürfte zugegeben werden. Aber die Verständigung muß dann auch auf solcher Basis erfolgen, daß Kollisionen soweit möglich wirklich vermieden werden; das scheint mir nicht weniger klar zu sein. Unsere drei Sätze geben eine solche Basis nicht ab, und darum muß eine andere gesucht werden.

Das einzige Mittel aber, jede Kollision der Strafansprüche zu vermeiden, ist die ausnahmslose Anerkennung des Territorialprinzips, also des Satzes, daß jeder Staat die auf seinem Gebiete begangenen strafbaren Handlungen nach seinem Rechte zu bestrafen berechtigt und verpflichtet sei. Volle Sicherheit wird aber auch dieses Prinzip nur dann gewähren, wenn die bekannten Streitfragen über den Ort der begangenen That durch den Gesetzgeber erledigt werden; die Erledigung verliert an Schwierigkeit, sobald der praktisch einfachen Entscheidung [1]) der Vorzug vor der theoretisch richtigen gegeben wird.

Gerne gebe ich zu, daß gewisse Ausnahmen schwer zu vermeiden sind. Gegen Hoch- und Landesverrat (ich würde nur ungern noch weiter gehen) muß der Staat sich schützen, auch wenn sie im Auslande begangen werden, sich schützen durch die Behauptung seines Strafanspruchs. Hier ist die Kollision der Strafansprüche das geringere Uebel.

Aber auch für die von den Inländern im Auslande begangenen Handlungen das inländische Strafrecht anwenden zu wollen, dazu sehe ich wahrlich keine Veranlassung. Das Princip der Nichtauslieferung der Inländer an das Ausland (St.G.B. § 9) beweist nichts für die Notwendigkeit, den Inländer für die im Auslande begangenen Verbrechen im Inlande zu bestrafen; denn dieses Prinzip selbst ist, wie heute mehr und mehr erkannt wird, unhaltbar. [2])

Fast fürchte ich aber, für diesen letzten Satz — heute wenigstens — auf allgemeine Zustimmung in Deutschland nicht rechnen zu können. Und darum möchte ich noch eine Bemerkung hinzufügen.

Wenn man auch hier über das Territorialprinzip hinausgehen will, so thue man es mit aller Entschiedenheit; wenn man dem Inlande auch in diesen Fällen einen Strafanspruch vindiziert, so lasse man sich diesen inländischen Strafanspruch durch das Ausland nicht verkümmern und schmälern. Dann entscheide die thatsächliche Macht über den Schuldigen zwischen den kollidirenden Ansprüchen; hat sie zu unseren Gunsten entschieden, dann wenden wir unser Recht an, schlechtweg und ohne Klausel. Auswärtiger Gesetzgebung, Rechtsprechung oder Justizverwaltung dürfen wir keinen Einfluß einräumen auf unseren Strafanspruch. Die Beschränkungen in § 4 letzter Absatz und § 5 R.St.G.B. müssen unbedingt fallen.

Ich gelange zu folgenden Thesen:

1) Es ist wünschenswert, daß das Geltungsgebiet der

---

[1]) z. B. durch Aufstellung des (theoretisch gewiß unhaltbaren) Satzes: die That ist an demjenigen Orte begangen, an welchem der Thäter sich im Augenblicke der Begehung befunden hat.

[2]) Man vgl. die bei Fiore-Antoine S. 546 angeführte Litteratur. Das Institut hat sich durch These VI für die Auslieferung der eigenen Unterthanen ausgesprochen. Ebenso v. Holtzendorff in der erwähnten Schrift und zahlreiche andere moderne Schriftsteller.

heimischen Strafrechtssätze den ausländischen Strafrechtssätzen gegenüber in allen Staaten nach demselben Grundsatze bestimmt werde.

2) Bei dieser Regelung sind Kollisionen der Strafansprüche verschiedener Staaten, soweit irgend möglich, zu vermeiden. Die Regelung hat daher von dem Territorialprinzipe als ihrer Grundlage auszugehen.

3) Soweit eine Kollision der Strafansprüche durch Ueberschreitung des Territorialprinzipes herbeigeführt wird, ist Existenz und Inhalt des mit dem ausländischen konkurrirenden inländischen Strafanspruchs lediglich nach inländischem Rechte zu beurtheilen.

---

## 2. Internationale Straf-Rechtshilfe (Auslieferung).

### I. Notwendigkeit, Ziel und Weg der Reform.

Daß die geltenden Rechtsgrundsätze über die Gewährung der internationalen Rechtshilfe auf strafrechtlichem Gebiete in keiner Weise den Bedürfnissen des Rechtslebens entsprechen, wird wohl keines Beweises bedürfen. Wie schon oben betont, beziehen sich diese Rechtsgrundsätze fast ausschließlich auf die Auslieferung von Verbrechern. Nun bestehen zwar zwischen zahlreichen Staaten Auslieferungsverträge. Aber immer bleiben noch Lücken genug übrig; und, was viel wichtiger ist, die bestehenden Auslieferungsverträge funktioniren schlecht: sie versagen den Dienst, wo er am nötigsten wäre, und geben zu Streitigkeiten Anlaß, durch welche die erprobte Freundschaft zwischen mächtigen Staaten aufs Spiel gesetzt, gelockert und zerstört werden kann.

Es kommt ein weiterer Umstand hinzu, welcher Abhilfe dringend notwendig macht. Die Zahl der zwischen den verschiedenen Staaten geschlossenen und heute gültigen Auslieferungsverträge[1]) beträgt weit über hundert. Dieser Zahl der Verträge entspricht die Buntheit ihres Inhaltes, welche der übersichtlichen Darstellung spottet; entspricht die chaotische Menge der Einzelbestimmungen, welche das Licht eines schöpferischen Gedankens niemals durchdrungen hat; entspricht die Zahl der dadurch veranlaßten Konflikte.

Aus der Lückenhaftigkeit und der Buntheit des geltenden

[1]) Man vgl. den Artikel „Auslieferungsverträge" von Bulmerincq in der 3. Aufl. des v. Holtzendorff'schen Rechtslexikons.

Rechts ergeben sich die Zielpunkte der anzustrebenden Reform: 1) Ausdehnung der gegenseitigen Gewährung der Rechtshilfe auf alle Staaten, also Verallgemeinerung des Vertragsverhältnisses; 2) Vereinfachung der die Gewährung der Rechtshilfe bestimmenden Grundsätze, also Verallgemeinerung der einzelnen Rechtssätze.

Zur Erreichung des Zieles bietet sich ein doppelter Weg dar.

1. Die Erlassung selbständiger Auslieferungs**gesetze** in den einzelnen Staaten. Diese Gesetze, durch welche Voraussetzung und Gang der Auslieferung für ein bestimmtes Staatswesen geregelt wird, bilden die Grundlage, auf welcher dieser einzelne Staat mit den übrigen Staaten seine Auslieferungsverträge schließt. Die nächste Folge eines solchen Auslieferungsgesetzes ist die Einheitlichkeit in den Auslieferungsverhältnissen eines einzelnen Staates zu allen übrigen und dieser zu jenem.

Eine Anzahl von Staaten hat diesen Weg der Reform mit Erfolg eingeschlagen.[1]) Belgien hat in seinen Auslieferungsgesetzen vom 1. Oktober 1833 und 15. März 1874 die Bahn gebrochen; England folgte mit seiner act for amending the law relating to the extradition of criminals vom 9. August 1870 (33 u. 34 Victor. c. LII.), an deren Verbesserung seither fortwährend gearbeitet wurde (Gesetz von 1873; interessanter Kommissionsbericht von 1878); Holland hat sich am 6. April 1875, Canada am 28. April 1877 ein Auslieferungsgesetz gegeben; in den Vereinigten Staaten ist wenigstens das Verfahren durch ein Gesetz vom 12. August 1848 geregelt; Frankreich arbeitet seit 1878, Italien seit einigen Monaten an den Entwürfen eines Auslieferungsgesetzes. In Deutschland scheint bisher niemand den Wert eines solchen Gesetzes gewürdigt zu haben, und die Folge davon ist eine Buntscheckigkeit unserer Auslieferungsverträge,[2]) eine Preisgebung der Bedürfnisse unseres Rechtslebens, von welcher sich der Fernerstehende wohl kaum eine richtige Vorstellung zu machen im Stande ist.

Aber vielleicht ist dieser Umstand für die auf eine allgemeine Reform gerichteten Bestrebungen selbst eher ein Vorteil als ein Nachteil. Die Erlassung von Auslieferungsgesetzen schließt nämlich eine bisher von keiner Seite gewürdigte Gefahr für das Auslieferungswesen in sich, sobald sie allgemein wird. Nehmen wir an, alle Staaten hätten Auslieferungsgesetze erlassen. Wenn es nun zum Abschlusse von Auslieferungsverträgen

---

[1]) Diese Gesetze finden sich in dem bereits angeführten Werke von Fiore-Antoine.

[2]) Man vgl. den lehrreichen Aufsatz von Schönemann im Archiv für Strafrecht XXIX. S. 16–47 (Zeitschrift I S. 349).

kommt, deren unverrückbare Grundlage eben jene *Gesetze* bilden sollen, so ist ein doppeltes denkbar. *Entweder*, die Gesetze der beiden vertragschließenden Staaten enthalten abweichende Bestimmungen: dann ist ein Zustandekommen des Vertrages unmöglich, weil jede der beiden Regierungen durch das Gesetz gebunden ist. *Oder* die Gesetze stimmen miteinander überein, in welchem Falle der Vertragsabschluß keine Schwierigkeiten mehr darbietet. Da das erstere gewiß nicht wünschenswert ist, gelangen wir zur Aufstellung der weiteren Forderung. *Inhaltliche Uebereinstimmung der in den Einzelstaaten zu erlassenden Auslieferungsgesetze.*

Damit sind wir aber bereits zu dem zweiten Wege geführt worden, auf dem die Reform angestrebt werden kann; zu demjenigen, auf dem m. E. allein die erfolgreiche Durchführung einer allgemeinen Reform möglich ist.

2. Dieser zweite Weg ist der *Abschluß eines Welt-Auslieferungsvereins*, richtiger eines internationalen Strafrechtshilfe-Vereins; also eine Vereinbarung sämtlicher Staaten darüber, einmal, *daß* sie sich gegenseitig Strafrechtshilfe (Auslieferung), weiter, unter welchen *Voraussetzungen* und auf welche *Weise* sie sich dieselbe gewähren wollen. Ich denke mir das Zustandekommen dieses Weltvereins in der Art, daß zunächst die tonangebenden Staaten unter sich die Vereinbarung treffen, dann aber den Beitritt zu dem geschlossenen Vereine jedem Staate freistellen, dessen Gesetzgebung und Rechtspflege den Grundsätzen der heutigen Kulturstaaten einigermaßen entspricht. Es bedarf wohl nur eines Hinweises auf den Weltpostverein, um diesen Gedanken nicht als eine Utopie erscheinen zu lassen. Jede weitere Ausführung der Vorteile eines solchen Vereins aber erscheint mir als eitel Zeitverschwendung.

Also entweder Welt-Auslieferungsverein oder aber zum Mindesten ein deutsches Auslieferungsgesetz: das sind die einzigen Wege, auf welchen die Reform des Auslieferungswesens möglich ist. Beides aber setzt voraus die Klärung der Ansichten über jene Rechtsfragen, deren Lösung den Inhalt jenes Vertrages wie dieses Gesetzes zu bilden hätte; und die Klärung der Ansichten über die einzelnen Rechtsfragen wieder ist nicht möglich ohne Klarheit über das Wesen der Auslieferung. Diese soll uns zunächst beschäftigen. Auf die einzelnen Rechtsfragen will ich nur soweit eingehen, als es unumgänglich notwendig ist.

## II. Das Wesen der Auslieferung und die Konsequenzen aus demselben.

*Die Auslieferung ist ein Akt der Rechtshilfe* (nicht der einzige auf strafrechtlichem Gebiete, aber der wichtigste). Ich glaube nicht, daß von irgend einer Seite ein Widerspruch gegen diesen Satz erhoben werden wird und erhoben werden kann. Aber das weiß ich bestimmt, daß noch niemand sich die Konsequenzen aus diesem Satze klar gemacht hat. Und doch ist es von größter Wichtigkeit, gerade bei schwierigen juristischen Problemen konsequent zu denken; nicht der Konsequenzmacherei an sich zu liebe, sondern weil nur konsequente Durchführung eines an sich unbestrittenen Gedankens Aussicht auf allgemeinen Beifall hat, und weil nur konsequente Rechtssätze scharf und sicher in der Praxis arbeiten. Betrachten wir die Konsequenzen etwas näher.

Die Auslieferung ist ein Akt der Rechtshilfe, nicht ein Akt der Rechtspflege. Sie ist nicht Verfolgung eigener, sondern Mitwirkung zur Verfolgung fremder Strafansprüche; sie trägt nicht universellen, sondern internationalen, nicht kosmopolitischen, sondern diplomatischen Charakter. Ich glaube, der Gegensatz tritt scharf genug zu Tage. Die internationale Rechtshilfe setzt die zwischen selbständigen Staaten bestehenden Schranken voraus; die kosmopolitische Rechtspflege reißt diese Schranken nieder. Die erstere sagt: ich will Dir zu Deinem Rechte helfen; die letztere sagt: Dein Recht ist mein Recht, de me res agitur. Die erstere setzt fremdes Recht voraus, schließt eigenes Recht aus; die letztere setzt eigenes Recht voraus und betrachtet das fremde Recht nur im Lichte des eigenen.

Daraus ergeben sich nun verschiedene Folgesätze.

Auslieferung ist Mitwirkung zur Verwirklichung **fremder** Strafansprüche. Wer die Auslieferung begehrt, muß Strafanspruchs-Berechtigter sein. Ob er es ist, und ob er in dem behaupteten Umfange es ist, darüber kann nur das Recht des Anspruchswerbers entscheiden. Denn er, und nur er stellt die Voraussetzungen fest, von deren Vorliegen Existenz und Umfang seines Strafanspruches abhängt. Wenn Frankreich behauptet, ein nach Deutschland geflüchteter Franzose habe in Frankreich eine nach französischem Rechte als Verbrechen erscheinende Handlung begangen, und daher seine Auslieferung begehrt, so werden wir uns wohl fragen müssen: ist jene Behauptung richtig; aber zur Anwendung unseres deutschen Rechts bei Beantwortung der Frage ist kein Raum, denn für dieses sind die in Frankreich von einem Franzosen begangenen Handlungen überhaupt juristisch irrelevant. Halten wir an diesem Satze, der eine notwendige Konsequenz aus dem Wesen der Auslieferung ist, fest, so erledigt sich damit eine Reihe scheinbar schwieriger Streitfragen mit spielender Leichtigkeit.

a. Die Frage, ob eine Handlung überhaupt strafbar sei, ist immer nur nach dem Rechte des die Auslieferung begehrenden Staates zu entscheiden. Durchaus gleichgültig ist es, ob die Handlung auch nach dem Rechte des um die Auslieferung angegangenen Staates als strafbar erscheint oder nicht. Unhaltbar ist demnach die 11. These des Institut de droit international: „En règle, on doit exiger que les faits auxquels s'applique l'extradition soient punis par la législation des deux pays, excepté dans les cas où, à cause des institutions particulières ou de la situation géographique du pays de refuge [1]), les circonstances de fait qui constituent le délit ne peuvent s'y produire." Es ließe sich gegen diese These gar manches sagen, zu dessen näherer Ausführung hier nicht der Ort ist: daß die zu schlechten Witzen geradezu herausfordernde Ausnahme die Unhaltbarkeit des Prinzipes schlagend beweise; daß der konsequente Ausdruck des der These zu Grunde liegenden Gedankens die Forderung gewesen wäre, die Handlung müsse ein delictum juris gentium, d. h. nach dem Rechte aller Kulturstaaten strafbar sein u. s. w. u. s. w. Ich will nur eins betonen.

Die „Strafbarkeit" der That an sich ist nicht die Hauptsache; es kommt auch und zwar in erster Linie auf die Höhe der Strafe an. Oder empfiehlt sich vom Standpunkte des Instituts für Völkerrecht aus die Auslieferung wegen einer Handlung, die nach dem Rechte des requirierenden Staates mit dem Tode oder mit einer schweren Verbrechensstrafe, nach dem des requirierten Staates aber mit einer geringen Vergehensstrafe bedroht ist (man denke an Tötung auf Verlangen des Getöteten, an das amerikanische Duell und ähnliche Fälle)? Das, was die Strafgesetzgebung eines Staates charakterisiert, sind eben nicht die Normen, sondern die begriffsentwickelnden Rechtssätze und die Strafdrohungen. Trotz Uebereinstimmung in den Normen ist größte Verschiedenheit der Strafgesetzgebung möglich; jene kann daher, wenn auf Uebereinstimmung der Gesetzgebung Gewicht gelegt werden soll, nicht zum Kriterium für die Zulässigkeit der Auslieferung gemacht werden — für uns entfällt die Schwierigkeit gänzlich. Ist die Auslieferung ein Akt der Rechtshilfe, dann kann immer nur die Gesetzgebung des die Auslieferung begehrenden Staates für die Entscheidung der Frage maßgebend sein, ob der behauptete Strafanspruch überhaupt und in dem behaupteten Umfange besteht oder nicht.

b. **Auch die Frage, ob der entstandene Strafanspruch durch einen später eingetretenen Strafaufhebungsgrund (Begnadigung, Verjährung u. s. w.) wieder vernichtet worden sei, ist immer nur nach dem Rechte des die Auslieferung begehrenden Staates zu**

---

[1]) Man denke nur daran, daß ein Holländer, nach Begehung eines Schiffahrtsdeliktes auf hoher See, sich nach Liechtenstein flüchtet, und an ähnliche Fälle.

entscheiden. Auch dieser Satz folgt aus dem Wesen der Auslieferung als eines Aktes der Rechtshilfe. Wenn es sich um ein von Italien an Deutschland gerichtetes Auslieferungsbegehren, also um einen italienischen Strafanspruch handelt, so ist eine etwa nach deutschem Recht eingetretene Verjährung oder eine von einem deutschen Monarchen ausgehende Begnadigung juristisch durchaus irrelevant: denn nicht, ob Deutschland, sondern ob Italien der behauptete Strafanspruch wirklich zukommt, steht zur Frage. Insbesondere bezüglich der Verjährung ist die vorgetragene Ansicht weit davon entfernt, die allgemein anerkannte zu sein; die Mehrzahl der Auslieferungsgesetze und Auslieferungsverträge steht auf dem entgegengesetzten Standpunkte und erklärt, wie der Art. 7 des belgischen Gesetzes vom 15. März 1874: „L'extradition ne peut avoir lieu si, depuis le fait imputé, les poursuites ou la condemnation, la prescription de l'action ou de la peine est acquise d'après les lois de la Belgique," — die Auslieferung für unzulässig, wenn Verbrechen oder Strafe nach den Gesetzen des requirierten Staates verjährt ist. Im Schoße des Institutes für Völkerrecht trat der Widerstreit der Ansichten deutlich hervor; für die bisher herrschende Ansicht erklärten sich Arntz, v. Bar, Bluntschli, Goos, Hornung, d'Olivecrona; die oben von mir vorgetragene wurde, wenn auch aus anderen Gründen, vertreten von Fiore, Geßner, von Holtzendorff, Martens, Neumann und insbesondere verfochten von dem Berichterstatter Renault.[1]) Eine sichere Lösung der Kontroverse ist aber meines Erachtens nur dann möglich, wenn von dem Wesen der Auslieferung ausgegangen wird.

2. Voraussetzung für die Gewährung der Rechtshilfe ist die Existenz des behaupteten fremden Strafanspruchs. Der um die Auslieferung ersuchte Staat kann und darf sich der unter eigener Verantwortlichkeit stattfindenden Kognition über die Existenz des behaupteten Anspruches nicht entziehen. Er wird aber gleichzeitig prüfen müssen, ob auch die übrigen Voraussetzungen gegeben sind, von deren Vorliegen die Gewährung der Rechtshilfe abhängt: ob z. B. die strafbare Handlung zu den im Auslieferungsvertrag aufgezählten Verbrechen gehört, ob sie nicht etwa den Charakter eines politischen Deliktes an sich trägt, ob der Verfolgte nicht etwa Inländer ist u. s. w. Die genauere Konstruktion dieser Prüfung bietet mancherlei Schwierigkeiten dar, welche hier nur nach ihrer prinzipiellen Seite besprochen werden sollen.

a. Während die Anregung der Auslieferung auf diplomatischem, ihre

---

[1]) Vgl. dessen Rapport S. 14 (in den travaux préparatoires de la session de 1880).

Ausführung auf dem Wege der Verwaltung erfolgt, muß die Prüfung, ob die Voraussetzungen für die Gewährung der Rechtshilfe vorliegen, den Gerichten überlassen bleiben. Die Rechte der einzelnem Staaten enthalten über diese Frage abweichende Bestimmungen; bald überlassen sie die Entscheidung der Regierung (Frankreich, Italien), bald dem Gerichten (England, Vereinigte Staaten, Kanada), bald endlich ordnen sie die Einholung eines Gutachtens der Gerichte vonseiten der Regierung am (Belgien, Holland), ohne aber diese an jenes zu binden. Die Ueberlassung der Entscheidung an die Gerichte empfiehlt sich, ganz abgesehen von juristischen Erwägungen, schon aus dem rein politischen Grunde, daß sie dem Wünschen der auswärtigen Diplomatie gegenüber der Regierung einen unverrückbaren Rückhalt gewährt. Die richterliche Entscheidung müßte auf Grund einer zweiseitigen Verhandlung erfolgen, welche, entsprechend dem Grundsätzen des im Lande herrschenden Strafprozeßrechtes, zu gestatten wäre. Art. 3 des belgischen Gesetzes vom Jahre 1874 könnte als Muster dienen.

b. Die Prüfung des Auslieferungsbegehrens hat nicht nur die Rechtsfrage, sondern auch die Thatfrage zu umfassen; also auch mit der Frage sich zu beschäftigen, ob der Verfolgte die ihm zur Last gelegte That begangen habe. Allein die Prüfung der Thatfrage kann und darf nur eine summarische sein; es genügt die Bescheinigung der behaupteten Thatsachen durch die auswärtige Regierung, und die Bescheinigung wird als eine ausreichende betrachtet werden müssen, wenn ein Beschluß des zuständigen auswärtigen Richters auf Einleitung der Untersuchung, Eröffnung des Hauptverfahrens u. s. w. oder ein (wenn auch noch nicht rechtskräftiges) Urteil desselben vorgelegt wird. Auch in dieser Beziehung enthält das belgische Gesetz mustergültige Bestimmungen.

c. Es muß Fürsorge dafür getroffen werden, daß noch vor der gerichtlichen Entscheidung eine sofortige vorläufige Verwahrung des Verfolgten stattfinden könne (man vgl. Art. 3 u. 5 des belgischen Gesetzes). Selbstverständlich dürfte die Dauer derselben eine nach der Entfernung des requirierenden Staates zu bemessende Frist nicht übersteigen.

3. Die Existenz eines eigenen Strafanspruchs des um die Auslieferung angegangenen Staates schließt die Gewährung der Rechtshilfe begriffsnotwendig aus. Behauptet der requirierte Staat, selbst der Träger des aus dem begangenen Verbrechen entstandenen Strafanspruches zu sein, so negiert er damit die Existenz des fremden Strafanspruches, als die Hauptvoraussetzung für den Eintritt der Rechtshilfepflicht. Ueber die Richtigkeit der Behauptung entscheiden selbstverständlich diejenigen Organe, welchen die Prüfung des Auslieferungsbegehrens über-

haupt obliegt, also nach meinem Vorschlage die Gerichte. Dieser Satz wird von Wichtigkeit in allen Fällen, in welchen eine wirkliche oder angebliche Kollision von Strafansprüchen vorliegt.

4. Da von einer Rechtshilfepflicht im juristischen Sinne des Wortes nur gesprochen werden kann, wenn und soweit diese durch Vertrag oder Gesetz begründet ist, so wird es Aufgabe der Auslieferungsgesetze oder des Welt-Auslieferungsvertrages sein, Voraussetzungen und Umfang der Auslieferungspflicht genau zu umgrenzen, insbesondere diejenigen strafbaren Handlungen ausdrücklich aufzuzählen, wegen deren die Auslieferung gewährt werden soll. Ich brauche auf diese Details hier nicht weiter einzugehen. Nur die politischen Verbrechen bedürfen einer Besprechung.

### III. Die politischen Verbrechen.[1])

1. Der Grundsatz der Nichtauslieferung politischer Verbrecher kann und muß heute als gemeines Recht bezeichnet werden. Jede Reformbestrebung auf dem Gebiete des Auslieferungswesens muß diesen Grundsatz als einen gegebenen und unantastbaren hinnehmen. Der Logik der Thatsachen gegenüber kann keine abweichende subjektive Ansicht Anspruch darauf machen, sich zur Geltung zu bringen. Es mag demnach dahingestellt bleiben, ob die Nichtauslieferung politischer Verbrecher irgendwie juristisch gerechtfertigt werden kann (was nach meiner Meinung nicht der Fall ist), oder ob dieser Grundsatz nicht vielmehr ein Ueberrest ist aus einer mehr und mehr entschwindenden Zeit, in welcher man die Staatsgewalt als die geschworene Feindin der Staatsbürger betrachtete und den Angriff auf die Brieftasche des einzelnen viel schwerer empfand und verurteilte als die Untergrabung der Grundlagen des staatlichen Lebens. Aber gerade die allgemeine Anerkennung jenes Grundsatzes macht allgemeine Uebereinstimmung über seine Tragweite unerläßlich; und die Anerkennung des Prinzipes schließt die Anerkennung von Ausnahmen nicht aus.

2. Der Begriff des politischen Deliktes gehört bekanntlich zu den bestrittensten und schwierigsten juristischen Begriffen. Vielleicht schwindet ein Theil der Schwierigkeiten, wenn die Theoretiker des Strafrechts, die bisher in ihrer überwiegenden Mehrzahl mit größerer oder ge-

---

1) Aus der zahlreichen Litteratur seien außer der schon oben S. 4 Anm. genannten Arbeit von Brusa nur zwei neuere Schriften hervorgehoben: Teichmann: Les délits politiques, le régicide et l'extradition (Revue de droit internat. XI. 1879) und Renault: Des crimes politiques en matière d'extradition. Paris 1880 (Journal du droit intern. privé et de la juris prudence comparée).

ringerer Vornehmheit die Bestimmung dieses Begriffes abgelehnt haben, künftighin an der Arbeit der Lehrer des Völkerrechtes sich mit beteiligen. Für uns fragt es sich, ob schon heute eine Einigung über den Begriff möglich ist oder ob nicht vielleicht die voraussichtlich schwierige Einigung durch eine Aufzählung der als politische (beziehungsweise nichtpolitische) zu betrachtenden Verbrechen umgangen werden kann.

Ich halte eine Einigung über den Begriff für schwierig, aber nicht für unmöglich. Mehr und mehr bricht sich die Ansicht Bahn, daß der Einteilungsgrund nicht in dem Motive oder dem Zwecke des Thäters, sondern in der Bedeutung des durch die That angegriffenen Rechtsgutes gelegen sei.[1]) Politische Delikte sind, so können wir umschreibend sagen, die gegen die politischen Rechtsgüter des einzelnen oder der Gesamtheit gerichteten strafbaren Handlungen. Der subjektiven Seite der That bleibt der ihr gebührende Einfluß gewahrt, wenn wir hinzufügen: die ...... vorsätzlich begangenen strafbaren Handlungen. Doch ist die Hinzufügung darum überflüssig, weil das positive Recht die genannten Handlungen eben nur als vorsätzlich begangene unter Strafe stellt. Auf dieser Basis könnte eine Einigung erzielt werden. Allein da der Charakter eines bestimmten Rechtsgutes als eines politischen einerseits theoretisch durchaus nicht unzweifelhaft ist, andrerseits durch die wechselnde Verfassung der einzelnen Staatswesen bedingt wird, wäre denn doch eine Aufzählung der von den Einzelstaaten als politische Delikte betrachteten strafbaren Handlungen schwer vermeidlich. Die Aufzählung würde aber in diesem Falle nicht eine Umgehung der prinzipiellen Einigung, sondern ihre nähere Erläuterung bedeuten. Hoch- und Landesverrat einerseits, Verletzung der staatsbürgerlichen Rechte andrerseits wären die beiden Kernpunkte, um welche sich die aufzuzählenden Delikte zu gruppieren hätten.

3. Die belgische Attentatsklausel. Das Attentat Jaquins auf Napoleon III. im September 1854 bildete bekanntlich die Veranlassung für das Zustandekommen des belgischen Gesetzes vom 22. März 1856[2]), durch welches bestimmt wurde:

Ne sera pas réputé délit politique ni fait connexe à un

---

[1]) Man vgl. u. a. Haus: Principes généraux du droit pénal belge (2. Aufl.) I p. 277 ff.; Teichmann a. a. O. (mit einer Uebersicht über die verschiedenen Ansichten); Fiore-Antoine a. a. O. S. 592 ff.; Binding, Grundriß zur Vorlesung über gem. deutsch. Strafrecht S. 54: Wahlberg, Beiträge zur Geschichte und Klassifikation der politischen und socialen Verbrechen. Wien. 1880. S. 9 (Zeitschrift für das Privat- und öffentliche Recht der Gegenwart. VII. S. 507).

[2]) Vgl. über die Geschichte dieses Gesetzes Renault, Des crimes polit. S. 19 ff.

semblable délit, l'attentat contre la personne du chef d'un gouvernement étranger ou contre celle des membres de sa famille, lorsque cet attentat constitue le fait soit de meurtre, soit d'assassinat, soit d'empoisonnement.

Diese Bestimmung ging als die sogenannte belgische Attentatsklausel in eine ganze Reihe von Auslieferungsverträgen der verschiedensten Staaten (Belgien, Holland, Frankreich, Rußland, Deutschland, Oesterreich, Dänemark, Schweden und Norwegen, Montenegro u. s. w.) über; sie fehlt in zahlreichen anderen Verträgen; ihre Annahme ist beharrlich abgelehnt worden von Italien und von der Schweiz. Die gegenwärtige diplomatische Aktion bezweckt nach den in die Oeffentlichkeit gedrungenen Nachrichten in erster Linie die ausnahmslose Aufnahme der Klausel in die bereits geschlossenen und noch zu schließenden Auslieferungsverträge. Bei dem allgemeinen Beifalle, welchen der eine übereinstimmende Tendenz verfolgende Antrag Windthorst (April 1881) in dem deutschen Parlamente wie außerhalb desselben gefunden hat, darf ich wohl annehmen, daß die Richtigkeit und Notwendigkeit des der Klausel zu Grunde liegenden Gedankens von keiner Seite (im deutschen Juristentage wenigstens) bestritten werden wird.[1]) Aber gegen die Form, in welcher der Gedanke zum Ausdrucke gebracht wird, muß ich eine Reihe von Einwendungen erheben.

a. Es ist durchaus verkehrt, zu sagen: „Nicht ist politisches Delikt das Attentat auf das Leben des Monarchen u. s. w." Ich behaupte gerade umgekehrt: wenn es überhaupt politische Delikte gibt, so nimmt der Königsmord die erste Stelle ein; es gibt, möchte ich sagen, kein politischeres Delikt als den Angriff auf das Leben des Staatsoberhauptes. Der Beweis für diese Behauptung ist leicht erbracht: beinahe in allen modernen Strafgesetzen bildet dieser Angriff den Hauptfall des Hochverrates (oder der diesem gleichstehenden Verbrechenskategorie), also den Hauptfall des politischen Verbrechens kat'exochen. Wer den politischen Charakter des Hochverrates zugibt, darf den des Königsmordes nicht leugnen. Mir ist kein einziges Gegenargument bekannt, welches den Namen eines solchen verdient. Die Verwerflichkeit der Handlung ist doch gewiß kein Grund gegen ihre politische Natur; für diejenigen wenigstens nicht, welche es mit mir auf das entschiedenste in Abrede stellen, daß der Hoch- oder Landesverräter im allgemeinen „est digne de l'estime des honnêtes gens."[2]) Und wer,

---

[1]) Auch die Versammlung der Gesellschaft für Reform und Kodifikation des internationalen Rechtes hat zu Köln am 16. August 1881 auf Antrag von Dudley-field aus New-York sich einstimmig dahin ausgesprochen, daß die Attentatsklausel in alle Auslieferungsverträge aufzunehmen sei.

[2]) Renault a. a. O. S. 26.

den allgemeinen Charakter des Mordes betonend, den Königsmord als ein „gemeines, aus politischer Leidenschaft hervorgegangenes" Delikt bezeichnet, vergißt, daß nicht das Leben eines jeden Staatsbürgers, wohl aber das Leben des Staatsoberhauptes politische Bedeutung hat; daß Leben und Leben, wenn auch gleich vor dem Tode, durchaus ungleichwertig sein können vor der Gesetzgebung, und es, wie die Hochverratsparagraphen bezeugen, in unserem positiven Rechte auch thatsächlich sind.[1]) Auch Teichmann[2]) ist es nicht gelungen, die entgegengesetzte Ansicht zu begründen. Nach seiner Meinung verlangt das politische Delikt „un sujet pour ainsi dire impersonnel", und dieses Merkmal fehle dem Königsmorde. Teichmann verwechselt dabei Objekt des Verbrechens im Sinne von Rechtsgut und Objekt des Verbrechens im Sinne von Träger des Rechtsgutes. Das Rechtsgut ist allen Verbrechen gegenüber etwas unpersönliches; sein Träger allen Verbrechen gegenüber ein „persönliches Subjekt" (oder eine Mehrheit von solchen). Die einfache Tötung des Monarchen muß auch Teichmann als politisches Verbrechen gelten lassen; ist das „sujet" des Deliktes hier ein anderes als bei Mord, Assassinat, Vergiftung?[3])

Der Königsmord ist demnach in allen Fällen ein politisches Delikt. Er ist es auch dann, wenn durchaus unpolitische, rein persönliche Motive (Rachsucht, Eigennutz u. s. w.) den Verbrecher zur That bestimmten. So wenig zum Hochverrat überhaupt ein besonderer, über den Vorsatz hinausgehender animus hostilis gegen das Staatsganze erforderlich ist, ebenso wenig ist dies bei dem Königsmorde der Fall, der ja nur als eine Species des Hochverrates betrachtet werden darf.

Es ist dringend notwendig, das klar zu erkennen und offen auszusprechen. Was hindert uns, im Gesetze oder in den Verträgen zu erklären: Politische Verbrecher werden mit Ausnahme der Königsmörder nicht ausgeliefert? Die Fassung der belgischen Attentatsklausel

---

[1]) Es sei mir hier eine kurze Zwischenbemerkung gestattet. Renault wirft die Frage auf (a. a. O. S. 26): „Y aura-t-il des escroqueurs politiques comme on veut admettre des assassinats politiques?" Die Antwort auf die Frage liegt in dem, was im Texte gesagt ist. Aber als Gegenstück zu den escroqueries politiques sei erwähnt, daß es nach englischem Recht zweifellos einen hochpolitischen Beischlaf gibt. Nach der criminal code bill (1878 Sekt. 35) ist Hochverrat: „violating, whether with her consent or not, a Queen consort, or the eldest daughter of a King or Queen regnant, unmarried, or the wife of the eldest son and heir apparent for the time being of the King or Queen regnant."

[2]) a. a. O.

[3]) Treffende Ausführungen über den politischen Charakter des Königsmordes finden sich in dem bereits angeführten Werke von Brusa, der, selbst Mitglied des Institut de droit intern., sich gegen die von diesem aufgestellten Thesen ausspricht.

aber birgt die Gefahr nie endender Verwirrung in sich. Sie hindert uns, zu irgend einer Einigung über den Begriff des politischen Deliktes zu gelangen. Denn wie konnte die Definition gefaßt werden, wenn sie den Hochverrat nicht mit umfassen soll? Sie gewährt aber auch denjenigen Staaten, welche die Auslieferung nicht gewähren wollen, ein juristisch unanfechtbares Argument. So hat Italien bisher die Aufnahme der Attentatsklausel in seine Auslieferungsverträge mit Erfolg verweigert, u. z. mit der Begründung, daß der Angriff auf das Leben des Monarchen nach dem in Italien geltenden Rechte zu den Verbrechen gegen die innere Sicherheit des Staates gehöre, daß diese Verbrechen unzweifelhaft zu den politischen gerechnet werden müssen, und daß es daher nicht angehe, in einem Vertrage eine dem Gesetze direkt zuwiderlaufende Bestimmung zu treffen.[1]) Das Argument fällt in dem Augenblicke, in welchem die Auslieferung der Königsmörder als eine Ausnahme von dem Grundsatze der Nichtauslieferung politischer Verbrecher erkannt und verlangt wird.

b. Ich habe den Ausdruck „Königsmord" bisher der Kürze wegen gebraucht. Daß er diejenigen Fälle nicht deckt, welche man ausgenommen wissen will, bedarf keines Nachweises. Aber auch die Formel des belgischen Gesetzes, welche mit geringen Abweichungen in den verschiedenen Verträgen wiederkehrt ist nicht zu empfehlen. Sie lautet: „L'attentat . . . . s'il constitue le fait soit de meurtre, soit d'assassinat, soit d'empoissonnement." Zunächst fällt auf — oder sollte doch auffallen —, daß die genannten drei Verbrechensbegriffe durchaus nicht in allen Gesetzgebungen wiederkehren, daher durchaus ungeeignet sind, die Grundlage einer internationalen Vereinbarung abzugeben. Beweis dafür ist die durchaus verschiedene deutsche Uebertragung der französischen Ausdrücke in den verschiedenen Verträgen. So spricht der österreich-russische Vertrag vom 15./3. Oktober 1874 von „Mord, Meuchelmord, Vergiftung"; der deutsch-luxemburgische vom 9. März 1876 von „Todschlag, Mord, Giftmord." Daß das wesentlich verschiedene Dinge sind, ist klar. Es ist daher dringend wünschenswert, eine Fassung zu finden, welche der Verschiedenheit in der Gesetzgebung der Einzelstaaten gerecht wird. Ich würde vorschlagen, einfach von vorsätzlicher Tötung zu sprechen. Auch wäre es nur eine Konsequenz aus dem geltenden Rechte, wenn das Unternehmen in gleicher Weise wie die Vollendung des Verbrechens behandelt würde.

c. Die Ausdehnung auf die Mitglieder der Familie des Staatsoberhauptes scheint mir überflüssig zu sein. Dafür wären der Thronfolger und der Regent wohl zu nennen. Ueberlegung verdient es, ob nicht auch

---

[1]) Man vgl. darüber Fiore-Antoine a. a. O. S. 596 Note 1.

die unternommene vorsätzliche Tötung des leitenden Ministers in die Klausel aufzunehmen wäre. Die Aufnahme wäre allerdings nur für den Fall notwendig, wenn 1) Gesetz oder Vertrag schlechtweg von politischen Verbrechen sprechen sollten, ohne eine Definition oder Aufzählung derselben zu geben; oder wenn 2) in der Begriffsbestimmung das politische Motiv des Thäters als ausschlaggebend bezeichnet würde. Denn in allen anderen Fällen kann es ja keinem Zweifel unterliegen, daß die Tötung des leitenden Ministers als gemeines Delikt der Auslieferung unterliegt. Doch lege ich diesen Bemerkungen kein sonderliches Gewicht bei.

4. Das délit connexe. Schon in dem belgischen Auslieferungsgesetze vom 1. Oktober 1833 findet sich (Art. 6) die Bestimmung:

> Il sera expressement stipulé dans ces traités, que l'étranger ne pourra être poursuivi ou puni pour aucun délit politique antérieur à l'extradition, ni pour aucun fait connexe à un semblable délit etc.

In verschiedener Fassung kehrt dieser Satz in zahlreichen Auslieferungsgesetzen und Verträgen wieder. Frankreich und Belgien haben die Fassung des Gesetzes von 1833 meist unverändert beibehalten.[1]) Die italienischen Verträge drücken sich meistens in folgender Weise aus: „ni pour aucun autre fait quelconque rélatif à ce crime ou à ce délit." England dagegen verweigert (auf Grund des Gesetzes von 1870) die Auslieferung nicht bloß, wenn es sich um ein politisches Delikt handelt, sondern auch, wenn der Verfolgte vor den englischen Behörden den Nachweis liefert, „daß das Auslieferungsbegehren zu dem Zwecke gestellt sei, um gegen ihn eine politische Verfolgung einzuleiten."

Es läßt sich nun gewiß nicht behaupten, daß die angeführten Bestimmungen sich durch besondere juristische Klarheit oder Brauchbarkeit auszeichnen. Man ist allmählich aber auch zu der Erkenntnis gelangt, insbesondere auf Grund der von Frankreich nach dem Commune-Aufstand gemachten Erfahrungen, daß die Dehnbarkeit der Ausdrücke: crime connexe oder rélatif à un délit politique dem flüchtigen Verbrecher in vielen Fällen ein durchaus unverdientes und von den vertragschließenden Mächten nicht beabsichtigtes Asyl sichert. In den Beratungen des Instituts für Völkerrecht wurde dieser Erkenntnis entschiedener Ausdruck gegeben.[2]) Nach eingehender Debatte einigte man sich auf folgende These (XIV):

L'État requis apprécie souverainement, d'après les circon-

---

[1]) Vgl. Fiore-Antoine S. 599 ff.

[2]) Vgl. Renault in seinem Rapport S. 10 ff.

stances si le fait, à raison duquel l'extradition est réclamée, a ou non un caractère politique.

Dans cette appréciation, il doit s'insperer des deux idées suivantes:

a) Les faits qui réunissent tous les caractères de crimes de droit commun (assassinat, incendies, vols), ne doivent pas être exceptés de l'extradition à raison seulemeut de l'intention politique de leurs auteurs;

b) Pour apprécier les faits commis au cours d'une rébellion politique, d'une insurrection, ou d'une guerre civile, il faut se demander s'ils seraient ou non excusés par les usages de la guerre.

Diese ganze Frage ist zweifellos eine äußerst schwierige. Aber der größte Theil der Schwierigkeiten entfällt, wenn wir die durchaus verschiedenen, aber regelmäßig zusammengeworfenen Beziehungen, in welchen das gemeine zu dem politischen Delikte stehen kann, scharf auseinanderhalten.

a) Ein und derselbe Thäter hat zwei Verbrechen begangen, ein politisches und ein gemeines, die in keinem anderen, als dem durch die Identität des Subjektes gegebenen Zusammenhange stehen. Ein der Verfolgung entgangener Mörder z. B. beteiligt sich mehrere Jahre später an einem landesverräterischen Unternehmen; er entflieht hierauf in das Ausland, von dem nunmehr die Auslieferung begehrt wird. Dieser Fall liegt durchaus einfach. Die beiden Handlungen, welche in realer Konkurrenz stehen, können und müssen strenge getrennt werden, die Auslieferung wird bewilligt wegen des Mordes, verweigert wegen des Landesverrates; der Staat, welchem die Auslieferung bewilligt worden ist, darf selbstverständlich Untersuchung nnd Aburteilung auf den Landesverrat nicht ausdehnen.

b. Eine und dieselbe Handlung kann unter einem doppelten Gesichtspunkte betrachtet werden; unter dem einen erscheint sie als gemeines, unter dem andern als politisches Delikt. Die Einkerkerung des Monarchen kann als Freiheitsberaubung oder als Hochverrat betrachtet werden; die Mitteilung eines wichtigen Briefes an eine auswärtige Macht als Verletzung des Briefgeheimnisses oder als diplomatischer Landesverrat; die Zerstörung von Kriegsvorräten als Sachbeschädigung oder als militärischer Landesverrat u. s. w. Es sind die Fälle, in welchen der Kriminalist der älteren Schule von einer ideellen Konkurrenz sprechen würde. Auch diese Fälle können, ruhig betrachtet, keine ernste Schwierigkeit bieten. Ausschlaggebend ist für die Beurteilung dieser Fälle ihr spezieller, nicht ihr Gattungs-Charakter: jene Beurteilung ist die richtige, welche den konkreten Fall am erschöpfendsten berücksichtigt.[1]) Handelt es sich um die Auslieferung, so muß die Handlung demnach als ein politisches Delikt und nur als solches betrachtet werden; die Auslieferung ist ohne Einschränkung zu verweigern; eine Spaltung der einen Handlung in zwei Verbrechen ist unbedingt ausgeschlossen.

c. Dagegen bietet der dritte und letzte Fall wesentliche Schwierigkeiten. Der Thäter hat eine ganze Reihe von Handlungen begangen, welche, einzeln betrachtet, den Charakter gemeiner Verbrechen, als Gesamtheit betrachtet, den Charakter eines politischen Deliktes an sich tragen. Im Laufe eines Volksaufstandes wurden die Wachen ermordet, Läden geplündert, Waffen geraubt, die Gegner in Fesseln geschlagen, Häuser angezündet, öffentliche Gelder unterschlagen, Eisenbahnen und Telegraphen zerstört, Staatsurkunden vernichtet u. s. w., u. s. w. In allen solchen Fällen handelt es sich zunächst um die Frage, ob wirklich alle einzelnen Handlungen desselben Thäters als zu einer Gesamthandlung vereinigt gedacht werden dürfen. Wenn wir diese Frage verneinen, so liegt reale Konkurrenz der Einzelhandlungen, also der unter a. bereits besprochene Fall vor. Erscheinen dagegen die sämtlichen Handlungen als Teilakte einer Gesamthandlung, so haben wir nur die Gesamthandlung und nicht die Teilakte bei der weiteren Beurteilung ins Auge zu fassen. Für die Beurteilung der Gesamthandlung aber ist ihr überwiegender Charakter maßgebend. Ist dieser ein politischer, so liegt ein politisches Delikt vor; ist er es nicht, so haben wir es mit einem gemeinen Verbrechen zu thun; in jenem Falle wird die etwa begehrte Auslieferung verweigert, in diesem wird sie zu bewilligen sein.

Nun weiß ich recht wohl, daß die Kriterien der Gesamthandlung außerordentlich bestritten oder richtiger, noch sehr wenig untersucht sind. Aber wir begegnen der Gesamthandlung — und das allein will ich besonders betonen — nicht blos auf dem Gebiete juristischer Umwälzungen, sondern tagtäglich in unseren Gerichtssälen. Werden wir hier mit ihr fertig, so müssen wir es auch dort zuwege bringen: die Grundsätze sind die gleichen. Für mich ist insbesondere die Einheit des erreichten oder beabsichtigten Erfolges maßgebend;[2]) aber ich will auf dieser Formulierung nicht bestehen. In dem oben gegebenen Beispiele zweifle ich nicht an der Möglichkeit, die Teilakte zur politischen Gesamthandlung zusammenzufassen.

---

[1]) Die Fassung im Texte reicht nicht für alle Fälle aus. Aber ich kann hier auf die Natur der sogenannten Idealkonkurrenz nicht weiter etngehen. Das nähere in meinem Reichsstrafrecht § 40.

[2]) Mein Reichsstrafrecht § 39.

Aber die These des Instituts für Völkerrecht ist auf das allerentschiedenste zu verwerfen. In ihrem ersten Theile ist sie überflüssig; denn daß ein gemeines Delikt durch die politischen Motive des Thäters nicht zu einem politischen werden kann, wird ja allgemein zugegeben. Und in ihrem zweiten Teile ist sie unhaltbar. Wer Revolutionen machen will, der muß die Glacee-Handschuhe ablegen und statt der Präsidentenglocke das Schwert und die Fackel zur Hand nehmen; von der Studierstube oder von dem Bankettsaale aus werden nur ausnahmsweise Throne gestürzt oder Verfassungen geändert, und ohne ein paar gebrochene Spiegelscheiben oder eingeschlagene Schädel pflegt's dabei nicht abzugehen. „Les usages de la guerre!“ Als ob man von denjenigen, welche sich die Anerkennung als Kriegführende erst erkämpfen müssen, verlangen könnte, daß sie sofort die Pflichten derselben ohne ihre Rechte übernehmen! So lange es eine — wenn auch noch so traurige — Wahrheit bleibt, daß die Greuel eines Bürgerkrieges mit den Schrecken des Völkerkampfes nicht verglichen werden können, ebenso lange muß der Jurist mit dieser Wahrheit rechnen. Viel bestimmter, aber ebensowenig juristisch hat Martens[1]) den der These XIV des Instituts zu Grunde liegenden Gedanken dahin ausgedrückt: die Auslieferung solle stattfinden, wenn es sich handle um ein „crime abominable ou revoltant.“ Man wende diesen Grundsatz einmal in den Niederungen des nicht-politischen Verbrechens an. Um Müller zu töten, hat Schulze ihm das Haus über dem Kopfe angezündet; der Bedrohte aber hat sich gerettet. Liegt Mordversuch und Brandstiftung oder nur ersterer vor? Wenn jemand auf diese Frage antworten wollte: „Es kommt darauf an, was ein anständiger Mörder in dieser Lage gethan hätte,“ — so würden wir gewiß in dieser Antwort keine juristische Lösung des Problems erblicken können. Größeren Wert hat aber auch die Formel des Institut de droit int. nicht. Der Revolutionär, der als thoroughbred gentleman auftritt, muß erst geboren werden.

Nach einer Richtung ist allerdings unserer Oxforder These XIV großes Gewicht beizulegen; sie ist ein Beweis dafür, daß die durchaus krankhafte Sympathie für das, was man politisches Delikt nennt und was im wesentlichen Hoch- und Landesverrat ist, im Abnehmen begriffen ist. Vielleicht gelangen wir doch in nicht allzuferner Zukunft dahin, daß mit

---

[1]) Vgl. seine Note in der Revue de droit intern. XI. Eine ähnliche Fassung wie die der These XIV findet sich übrigens schon in dem Berichte der englischen Kommission von 1878. Teichmann (a. O.) formuliert: „die Handlungen seien nicht als politische Delikte zu betrachten, s'ils étaient illégitimes (criminels), même si le parti de celui, qui les a commis, était dans son droit.“

dem Grundsatze der Nichtauslieferung politischer Verbrecher auch die an ihn sich knüpfenden Kontroversen schwinden!

Ich halte es für überflüssig, auf weitere Details einzugehen und fasse meine Ansicht in folgenden Sätzen zusammen:

1. Einheitliche Grundsätze über die Gewährung der internationalen Rechtshilfe in Strafsachen, insbesondere der Auslieferung flüchtiger Verbrecher, sind dringend wünschenswert.

2. Der sicherste Weg zur vollständigen Erreichung dieses Zieles ist der Abschluß eines Welt-Rechtshilfe-Vertrages; sollte dieser sich zur Zeit als unerreichbar darstellen, so ist die unverzügliche Erlassung eines deutschen Auslieferungsgesetzes notwendig.

3. Die Auslieferung ist ein Akt der internationalen Rechtshilfe und nicht der kosmopolitischen Rechtspflege; sie setzt daher einen Strafanspruch des requirierenden, nicht aber des requirierten Staates voraus. Entstehen und Bestehen des behaupteten Strafanspruches ist ausschließlich nach dem Rechte des requirierenden Staates zu beurteilen. Die Entscheidung über das Vorliegen der Voraussetzungen, von welchen die Bewilligung des Auslieferungsbegehrens abhängt, erfolgt durch die Gerichte des requirierten Staates.

4. Wegen politischer Vergehen findet Auslieferung nicht statt. Die politischen Verbrechen sind in Gesetz oder Vertrag namentlich und unter Hinweis auf die betreffenden gesetzlichen Bestimmungen aufzuzählen. Maßgebend für die Einreihung unter die politischen Verbrechen ist die politische Natur des durch die Handlung angegriffenen Rechtsgutes, nicht aber das Motiv des Thäters.

5. Der Grundsatz der Nichtauslieferung politischer Verbrecher findet keine Anwendung auf den Fall der unternommenen vorsätzlichen Tötung des Staatsoberhauptes.

6. Hat der Verfolgte durch mehrere selbständige Handlungen mehrere Verbrechen begangen, von welchen einige als politische, andere als gemeine Verbrechen erscheinen, so findet die Auslieferung wegen der gemeinen Verbrechen statt; Untersuchung und Aburteilung hat sich dann auf diese zu beschränken.

7. Trägt eine und dieselbe Handlung sowohl den Charakter eines gemeinen als auch den eines politischen Deliktes, so findet Auslieferung nicht statt.

8. Hat der Verbrecher mehrere Verbrechen begangen, welche

als eine aus mehreren Akten zusammengesetzte Gesamthandlung sich darstellen, so ist diese nach ihrem überwiegenden Charakter entweder als politisches oder als gemeines Delikt zu betrachten und zu behandeln.

---

## 3. Internationaler Schutz internationaler Rechtsgüter.

Wir gelangen zur letzten Frage. Für den Theoretiker, vielleicht auch für den Diplomaten, ist sie die interessanteste. Aber die Schwierigkeiten, welche ihre Lösung bietet, lassen die Hoffnung auf allgemeine Verständigung als eine ganz geringe erscheinen. Für mich handelt es sich an diesem Orte nur darum, den Weg anzudeuten, auf welchem mir die Verständigung als möglich erscheint.

### I. Gibt es internationale Rechtsgüter?

Wir können auf doppelte Weise uns den Begriff konstruieren.

1. Insoweit der Staat, sei es als Gesamtheit, sei es in seinen einzelnen Bürgern, als Träger der verschiedenen Rechtsgüter erscheint, können und müssen wir diese als nationale bezeichnen. Auch dadurch, daß diese Rechtsgüter in den verschiedenen Staaten in gleicher Weise sich wiederfinden, hören sie nicht auf, nationale Rechtsgüter zu sein, werden sie nicht etwa zu internationalen. Die Integrität des Staatsgebietes z. B. ist ein französisches, deutsches, englisches u. s. w., also ein nationales, nicht aber ein internationales Rechtsgut. Wenn zwei Nachbarn von demselben Baumeister zwei bis zu den geringfügigsten Einzelheiten übereinstimmende Häuser sich bauen lassen, so ist jeder von ihnen für sich Alleineigenthümer seines Hauses; die Gleichheit der Häuser ändert daran nicht das geringste. Von internationalen Rechtsgütern können wir nur dann sprechen, wenn nicht der einzelne Staat, sondern die Gesamtheit der Staaten Träger des Rechtsgutes ist. Es muß aber als äußerst zweifelhaft bezeichnet werden, ob es derartige Rechtsgüter überhaupt gibt.[1]) Ich selbst habe die Frage bejaht;[2]) und würde die Integrität des Münzverkehrs, die internationalen Wasserstraßen und submarinen Kabel u. a. hieher rechnen; ich wage es aber nicht, diese Ansicht zur Grundlage weiterer Auseinandersetzungen zu machen.

2. Dagegen dürfte eine andere Konstruktion größere Aussicht auf allgemeine Billigung haben. Durch internationale Angriffe kann eine

---

[1]) Interessante Ausführungen (welchen ich allerdings nicht beistimmen kann) bei Wahlberg in der oben S. 18 Note angeführten Schrift.

[2]) Mein Reichsstrafrecht S. 52.

internationale Solidarität der nationalen Interessen entstehen, und durch diese das an sich nationale Rechtsgut zu einem internationalen — wenigstens in einem gewissen Sinne — werden. „Aux maux internationaux, il faut des remèdes internationaux", sagt Bluntschli.[1]) Die Angriffe der Seeräuber wie die der Anarchisten in ihren verschiedenen Schattierungen liefern ausreichende Beispiele. Es genügt hier, das Prinzip aufzustellen; seine Anwendung überschreitet die dem Kriminalisten gezogenen fachlichen Schranken.

## II. Internationale Vereinbarungen.

Soweit durch die in den verschiedenen Staaten bestehenden Bestimmungen für strafrechtlichen Schutz der internationalen Rechtsgüter (in der zweiten weiteren Bedeutung des Wortes) gegen internationale Angriffe in genügender Weise Sorge getroffen ist, sind besondere internationale Vereinbarungen (also abgesehen von Rechtshilfeverträgen) durchaus überflüssig. Sie werden aber notwendig, sobald es an strafrechtlichem Schutz in einzelnen Staaten gänzlich fehlt oder derselbe als ungenügend erscheint. Dabei darf nicht übersehen werden, daß eine gewisse Uebereinstimmung sowohl in der Begriffsbestimmung der strafbaren Handlungen als auch in den Strafandrohungen notwendig ist, wenn den überall sich gleichenden Angriffen mit überall gleicher Energie entgegengetreten werden soll.

Durch solche Vereinbarungen wird an der Strafberechtigung des einzelnen Staates nichts geändert; ebensowenig an der Rechtshilfepflicht der übrigen. Derjenige Staat, auf dessen Gebiet die strafbare Handlung begangen worden, ist nächster Träger des Strafanspruchs; die anderen Staaten sind ihm zur Gewährung der Rechtshilfe, beziehungsweise der Auslieferung, unter denselben Voraussetzungen verpflichtet wie in anderen Fällen. Kollisionen der Strafansprüche aber werden durch die Ueberschreitung des Territorialprinzipes unvermeidlich, und sind nach den uns bekannten Grundsätzen zu entscheiden. Zu einer „Weltrechtspflege" gelangen wir auch auf diesem Wege nicht.

## III. Der Antrag Windthorst.

Meine Stellung zu dem Antrage Windthorst und Genossen ergibt sich nach dem Gesagten von selbst. Der Antrag, bezw. der beinahe einstimmig dem Antrage entsprechende Beschluß des Reichstages, geht bekanntlich dahin:

Den Reichskanzler zu ersuchen, auf eine Vereinbarung mit den Re-

---

1) In seinem Gutachten an das Institut de droit intern. vom 25. Juli 1880. (Vgl. Revue de droit int. XIII. S. 74.) Ein ganz übereinstimmender Gedanke in meinem Reichsstrafr. S. 52.

gierungen anderer Staaten hinzuwirken, wodurch jeder dieser Vereinbarung beitretende Staat sich verpflichtet,

a) den Mord oder Versuch des Mordes, welche an dem Oberhaupte eines der Vertragsstaaten verübt worden sind;

b) die zwischen mehreren getroffene Verabredung des unter a bezeichneten Verbrechens, auch wenn es zu dem Beginne dieses Verbrechens nicht gekommen ist;

c) die öffentliche Aufforderung zu dem unter a bezeichneten Verbrechen sowohl gegen seine eigenen Angehörigen, als auch gegen die in seinem Gebiete sich aufhaltenden Fremden mit Strafe zu bedrohen;

d) einen in seinem Gebiete sich aufhaltenden Ausländer, welcher das unter a bezeichnete Verbrechen begangen hat, auf Ansuchen der Regierung des Staates, in welchem das Verbrechen verübt worden, an letztere auszuliefern.

Ich möchte zunächst die in lit. d enthaltene Forderung einer Revision der bestehenden und die Abschließung neuer Auslieferungsverträge durchaus sondern von den übrigen. Die Revision ist dringend nötig, aber nicht bloß in diesem einen Punkte. Und durch eine partielle Reform gefährden wir geradezu die totale: die Verhandlungen, welche jede derartige Reform voraussetzt, sind nicht so einfacher Natur, daß unsere Diplomatie, hat sie einmal einen teilweisen Erfolg errungen, sie leichten Herzens wieder von vorne beginnen dürfte. Zudem setzt der Antrag die ausschließliche Herrschaft des Territorialprinzipes voraus, während doch, wie wir wissen, die meisten modernen Gesetzgebungen weit über dasselbe hinausgehen; eine Revision mit Zugrundelegung des Antrages wäre demnach ohne Bruch mit dem geltenden Rechte gar nicht durchführbar.

Im übrigen bin ich sachlich durchaus einverstanden. Aber einerseits geht mir die Detaillierung zu weit, andrerseits halte ich die Selbstbeschränkung auf den Königsmord für unzweckmäßig. Ich fasse demnach die einzige von mir aufzustellende These dahin:

> Soweit durch internationale Angriffe auf gewisse Rechtsgüter das Bedürfnis einer internationalen Abwehr erzeugt wird, sind internationale Vereinbarungen über gleichmäßigen strafrechtlichen Schutz dieser Rechtsgüter wünschenswert.

# Anhang.

## Die Oxforder Beschlüsse des Instituts für Völkerrecht.

1.

Die Auslieferung ist ein internationaler Rechtsakt, der der Gerechtigkeit und dem Staatsinteresse entspricht. Sein Zweck ist wirksame Verhinderung oder Bestrafung der Verbrecher.

2.

Sicher und regelmäßig kann die Auslieferung nur dann gehandhabt werden, wenn Staatsverträge bestehen. Es ist wünschenswert, daß deren Zahl sich immer mehr und mehr steigere.

3.

Dennoch sind es keineswegs Vertragsabschlüsse allein, wodurch die Rechtmäßigkeit der Auslieferung begründet wird. Die Auslieferung darf auch in Ermangelung jeder vertragsmäßigen Verpflichtung bewerkstelligt werden.

4.

Es ist wünschenswert, daß in jedem Lande das Auslieferungsverfahren durch Gesetz geordnet werde. Das gleiche gilt von den Bedingungen, unter denen die als Missethäter in Anspruch genommenen Personen solchen Regierungen ausgeliefert werden sollen, mit denen ein Staatsvertrag nicht abgeschlossen wurde.

5.

Die Bedingung der Gegenseitigkeit (réciprocité) kann dabei durch politische Interessen empfehlenswert werden, bildet aber keine Forderung der Gerechtigkeit.

6.

Unter Staaten, deren Strafgesetzgebungen auf übereinstimmenden Grundlagen beruhen, und die ein wechselseitiges Vertrauen in ihre Gerichtseinrichtungen setzen dürfen, wäre die Auslieferung der eigenen Staatsangehörigen ein Mittel, um eine gute Justizverwaltung zu sichern, zumal man es als wünschenswert betrachten muß, daß soweit als möglich die Gerichtsbarkeit im forum delicti commissi zur Aburteilung berufen werden sollte.

7.

Wo man bei der gegenwärtigen Praxis der Nichtauslieferung der eigenen Unterthanen stehen bleibt, sollte man wenigstens diejenigen Staatsbürgerrechte nicht berücksichtigen, die erst nach Begehung derjenigen Missethat erworben wurden, wegen welcher die Auslieferung verlangt wurde.

8.

Die Berechtigung des um Auslieferung ersuchenden Staates muß nach dessen eigner Gesetzgebung bemessen werden. Dieselbe darf aber nicht in Widerspruch stehen mit der Gesetzgebung des ersuchten Zufluchtsstaates.

9.

Liegen mehrere Auslieferungsgesuche wegen eines und desselben Verbrechens vor, so gebührt der Vorrang demjenigen Staate, in dessen Gebiet die Missethat verübt wurde.

10.

Wenn dasselbe Individuum durch mehrere Staaten wegen verschiedener Verbrechen in Anspruch genommen wird, so hat der um Auslieferung ersuchte Staat seine Entscheidung unter Berücksichtigung der grösseren oder geringeren Schwere jener Verbrechen zu treffen. Ergeben sich bezüglich der Schwere Zweifel, so ist der zeitlich früher gestellte Auslieferungsantrag bevorrechtet.

11.

Als Regel ist zu fordern, daß die der Auslieferung zu unterwerfenden Straffälle nach der Gesetzgebung der beiden in Betracht kommenden Länder für strafbar erklärt sind; ausgenommen davon sind solche Fälle, wo wegen besonderer Staatseinrichtungen, oder wegen der geographischen Lage eines Landes der in Betracht kommende Thatbestand nicht entstehen könnte.

12.

Da die Auslieferung immer eine tief einschneidende Maßregel ist, setzt sie regelmäßig Vergehen von einer gewissen Erheblichkeit voraus, die in den Auslieferungsverträgen genau aufgezählt werden müssen. Die darauf bezüglichen Bestimmungen werden natürlich von der besondern Lage der in Betracht kommenden vertragschließenden Staaten beeinflußt.

13.

Wegen politischer Verbrechen findet keine Auslieferung statt.

14.

Der um Auslieferung ersuchte Staat prüft selbständig nach den vorliegenden Umständen, ob der dem Auslieferungsgesuch zu Grunde liegende Thatbestand einen politischen Charakter an sich trägt oder nicht. Bei dieser Prüfung hat er sich von folgenden Gesichtspunkten leiten zu lassen:

a. Die Thatbestände, in denen die Merkzeichen eines gemeinen Verbrechens gegeben sind (Mord, Brandstiftung, Diebstahl), dürfen der Auslieferung nicht deswegen entzogen werden, weil deren Urheber politische Zwecke im Auge hatten.

b. Bei der Erwägung derjenigen Thatsachen, die im Laufe einer Insurrektion oder eines schweren Bürgerkrieges begangen wurden, muß man als Richtschnur die Frage nehmen, ob dieselben durch den Kriegsgebrauch entschuldigt werden konnten.

15.

Jedenfalls darf die Auslieferung wegen einer That, die gleichzeitig als gemeines und als politisches Verbrechen anzusehen ist, nur dann gewährt werden, wenn der ersuchte Staat die Zusicherung erhält, daß der Ausgelieferte nicht durch ein Ausnahmegericht abgeurteilt werden wird.

16.

Die Auslieferung bezieht sich nicht auf Desertion der zur Landarmee oder Kriegsflotte gehörige Soldaten oder auf rein militärische Vergehen. Diese Regel steht aber der Auslieferung von Matrosen der Staats- oder Handelsmarine nicht im Wege.

17.

Auslieferungsversuche oder Auslieferungsanträge dürfen auf solche Handlungen angewendet werden, die begangen wurden, ehe dieselben in Kraft traten.

18.

Die Auslieferung findet auf diplomatischem Wege statt.

19.

Wünschenswert ist, daß in dem Zufluchtsstaate die Gerichtsbehörde berufen werde, nach stattgehabtem kontradiktorischen Verfahren über das Auslieferungsgesuch zu entscheiden.

20.

Der um Auslieferung ersuchte Staat darf die Auslieferung nicht gewähren, wenn in Gemäßheit seines Staatsrechts der Richter entschieden hat, daß dem Auslieferungsgesuche nicht stattgegeben werden darf.

21.

Die Prüfung des Auslieferungsgesuchs hat sich auf die allgemeinen Bedingungen der Auslieferung und die thatsächliche Begründung der Anklage zu erstrecken.

22.

Die Regierung, welche wegen einer bestimmten Missethat die Auslieferung gewährt erhielt, ist in Ermangelung entgegenstehender Verbindungen von Rechtswegen verpflichtet, den Ausgelieferten nur wegen dieser That ausschließlich aburteilen zu lassen.

23.

Die Regierung, welche eine Auslieferung zugestand, kann nachträglich darin willigen, daß der Ausgelieferte auch noch wegen andrer Verbrechen, als wegen welcher er ausgeliefert wurde, abgeurteilt werde, wofern diese anderen Verbrechen eine Auslieferung begründen konnten.

24.

Die Regierung, die in Folge einer stattgehabten Auslieferung ein Individuum in ihre Gewalt brachte, kann dasselbe ohne Genehmigung des ausliefernden Staates nicht einer anderen Regierung überweisen.

25.

Die vom Richter ausgegangene Beurkundung, wodurch die Auslieferung für zulässig erklärt wird, muß die Umstände feststellen, unter denen die Auslieferung vor sich gehen soll, ingleichen die Thatsache, wegen welcher die Auslieferung gewährt wird.

26.

Dem Ausgelieferten sollte es nicht versagt sein, die Regelwidrigkeit derjenigen Umstände, unter denen seine Auslieferung erfolgte, als prozeßhindernde Einrede vor dem in der Sache selbst endgültig erkennenden Gerichtshofe vorzubringen.

## II.

## Gutachten des Herrn Director Dr. Ladenburg zu Mannheim

über die Frage:

Empfielt es sich, im Falle eines Verlustes von Werthpapieren (bei Einleitung eines Aufgebot-Verfahrens oder selbstständig) eine vorläufige Zahlungssperre eintreten zu lassen? und unter welchen Voraussetzungen?

---

Die nächste Maßregel, welche sich Jedem, der ein Werthpapier verloren hat, bei einigem Nachdenken aufdrängt, ist wohl die, denjenigen, welcher auf Grund des verlornen Werthpapiers Etwas leisten soll, von dem Verlust in Kenntniß zu setzen und ihn zu ersuchen, die auf Grund des verlornen Werthpapiers geforderte Leistung zu verweigern, den Präsentanten aber an ihn (den Verlierer) zu verweisen, wobei der Verlierer sich gleichzeitig erbieten sollte, falls der Präsentant die Leistung etwa gerichtlich in Anspruch nehmen würde, den Rechtsstreit auf sich zu nehmen, beziehungsweise den Verklagten vor Gericht zu vertreten. So würde sich auch die Sache ohne irgend ein gerichtliches Einschreiten ordnen lassen bis zu dem Zeitpunkt, da Jemand das verlorne Werthpapier zur Geltung bringen will. Erst in diesem Moment entsteht ein Streit zwischen zwei Interessenten, der durch das Gericht zu entscheiden ist. Dieses aber schon vorher in Anspruch zu nehmen, erscheint darum überflüssig, weil es noch ganz und gar ungewiß ist, ob der Anspruch des Verlierers überhaupt bestritten wird. Das verlorne Werthpapier kann ja vernichtet oder auch unter Umständen verloren sein, welche eine Wiederauffindung entweder ganz ausschließen oder doch höchst unwahrscheinlich machen z. B. bei einem Schiffbruch. Ist aber ein Werthpapier gestohlen oder unter Umständen verloren, die voraussehen lassen, daß sich dasselbe in fremder Hand befindet, so ist es für den Verlierer von größtem Interesse, die Zahlungsstelle auf's schleunigste von dem Verlust zu unterrichten, damit diese nicht etwa vorher Zahlung an den Finder, an den Dieb oder an eine von diesem beauftragte Person leiste. Was könnte eine Zahlungssperre nützen, welche hinterher käme? Die Fertigung des Gesuchs an das Gericht, die Beibringung der Belege, die Beschlußfassung des Gerichts, die Ausfertigung und die Zustellung des Beschlusses erfordern so viele Zeit, daß die Befürchtung nahe liegt, der Zweck der Zahlungssperre könnte unterdessen vereitelt werden. Davon ausgehend hat das badische Handelsgesetzbuch, das freilich nicht mehr in Geltung ist, in Art. 202 dem Verlierer eines Inhaberpapiers gestattet, mittels Schreiben an den Ausgeber desselben eine Zahlungssperre auf acht Tage zu bewirken, wodurch eine wenn auch nur kurze Frist gewonnen wurde, das Gericht mit der Sache zu befassen. Man hat später durch Gesetz vom 14. Mai 1828 diese Frist für verlorne Staatspapiere auf 30 Tage verlängert. Es ist nur zu verwundern, daß man den glücklichen Gedanken, welcher dem zu Grunde liegt, nicht weiter verwerthet hat! Das Schreiben an den Ausgeber des Inhaberpapiers bewirkt eine Zahlungssperre auf kurze Zeit — warum muß zu diesem noch ein gerichtlicher Sperrbefehl hinzutreten? Es sind nur zwei Fälle möglich: Entweder wird das verlorne Papier während der Verjährungszeit nicht vorgezeigt; dann war der gerichtliche Sperrbefehl überflüssig — oder es wird zur Zahlung vorgezeigt, dann entsteht ein Rechtsstreit zwischen dem Präsentanten, der die Zahlung verlangt, und dem Verlierer, welcher die Zahlung verhindert. Auf welche Weise oder in welcher Form er die Zahlung hindert, ist ganz gleichgültig; es muß nur überhaupt möglich sein, die Zahlung zu verhindern. Hier bietet nun das französische Civilgesetzbuch, das unter dem Namen „Badisches Landrecht" seit 1. Januar 1810 in dem Großherzogthum gilt, in Art. 1242 ein sehr einfaches Mittel, nämlich die Einsprache (opposition). Nach französischem Gerichtsverfahren (Code de procédure Art. 557 u. f.) wird die Einsprache durch den Gerichtsboten (huissier, Gerichts-Vollzieher) zugestellt. Eine solche Einsprache darf der Zahlungspflichtige nicht hintansetzen, sonst setzt er sich der Gefahr aus, noch einmal zahlen zu müssen.

Der Code de commerce Art. 149 gestattet die Einsprache ausdrücklich bei verlornen Wechseln.[1]) Gerade bei diesen würde eine gerichtliche Zahlungssperre meist zu spät kommen, weil der Verlust gewöhnlich

---

[1]) Vergl. Nouguier. Des lettres de change No. 188. Pardessus. Cours de droit commercial. No. 408.

erst zur Zahlungszeit bemerkt wird: die Ausläufer der Banken erhalten täglich hundert und mehr Wechsel zum Einzug; wird ein Wechsel verloren, wie wäre es möglich, noch zeitig eine gerichtliche Sperre zu erwirken, während der Gerichtsvollzieher sofort zu dem Bezogenen (oder zu dem Aussteller des eigenen Wechsels) gesendet werden kann, um diesem eine Einsprache gegen die Zahlung zuzustellen. Im Handelsstand hilft man sich dadurch, daß man den Zahlungspflichtigen mittels eines eingeschriebenen Briefes von dem Verluste unterrichtet und ihn ersucht, keine Zahlung zu leisten. Eine solche Benachrichtigung ist nicht ohne Werth; hat nämlich der Wechsel keine Quittung, so darf überhaupt nicht Zahlung geleistet werden; enthält er aber eine Quittung, so kömmt Art. 296 des H.G.B. zur Anwendung; aus dem Umstand, daß dem Zahlungspflichtigen der Verlust des Wechsels mitgetheilt wurde, muß dieser entnehmen, daß der Vorzeiger keine Vollmacht zur Empfangnahme der Zahlung hat. Auch für Wechsel, die in blanco indossirt sind, dürfte das Nämliche gelten. Um die Begebung solcher verlorner Wechsel zu hindern, wird außerdem der Verlust durch öffentliche Blätter bekannt gemacht. Wer trotzdem einen solchen Wechsel erwirbt, setzt sich dem Vorwurf des dolus, mindestens einer groben Nachlässigkeit aus, welche nach Art. 74 der W.-O. die Folge hat, daß er den Wechsel an den Verlierer herausgeben muß. Ich halte sonach eine gerichtliche Sperre für durchaus überflüssig, sobald man der Einsprache die Wirkung beilegt, daß der Zahlungspflichtige durch Nichtbeachtung derselben sich der Gefahr aussetzt, noch einmal zahlen zu müssen. Vielleicht fürchtet man, eine solche Bestimmung könne mißbraucht werden, indem ein Schuldner, welcher nicht zahlen will oder nicht zahlen kann, einen guten Freund veranlassen kann, Einsprache gegen die Zahlung zu erheben. Ein solcher Mißbrauch ist möglich, scheint jedoch in Frankreich nicht in erheblichem Maaße hervorgetreten zu sein, da man dort auf dieser Grundlage weiter gebaut und unter dem 15. Juni 1872 ein Gesetz über verlorne Inhaberpapiere erlassen hat,[1]) welches dem Verlierer die Einsprache gestattet und die Art und Weise ordnet, wie sie zu geschehen hat.

Ist die Zustellung an die Zahlstelle in der vorgeschriebenen Weise erfolgt, so bewirkt sie Zahlungssperre sowohl für die Hauptsumme wie für Zinsen oder Dividende, seien sie bereits verfallen oder nicht. Das Weitere hängt davon ab, ob sich Jemand mit dem verlornen Papier bei der Zahlstelle meldet, oder nicht. Im ersteren Falle soll die Zahlstelle das vorgezeigte Werthpapier einstweilen gegen Empfangsbescheinigung aufbewahren,

[1]) Abgedruckt in dem 19. Band der Zeitschrift für das Handels-Recht von Goldschmidt und Laband S. 153 u. f.

den Verlierer aber davon unterrichten. Der Streit zwischen den beiden Interessenten ist durch die Gerichte zu entscheiden. Ueber die Grundsätze, nach denen die Entscheidung zu erfolgen hat, enthält das Gesetz nichts; es dürften daher die Bestimmungen der Art. 2279 2280 des code civil maßgebend sein, jedoch mit einer sehr bemerkenswerthen Modifikation. Dem Verlierer ist nämlich ein Mittel an die Hand gegeben, auch den Verkehr mit den verlornen Werthpapieren zu hemmen, wenn er den erlittenen Verlust unter genauer Angabe der verlorenen Werthpapiere durch Akt des Gerichtsboten (huissier) dem Vorstand der Pariser Börsen-Makler (agents de change) anzeigt und um die Veröffentlichung nachsucht. Sobald diese erfolgt ist (es besteht dafür ein besonderes Blatt), sind alle späteren Veräußerungen der betreffenden Werthpapiere, dem Verlierer gegenüber, wirkungslos. Der Erwerber kann sich nur an seinen Verkäufer beziehungsweise an den Makler halten, durch dessen Vermittlung er gekauft hat. So ausreichend ist für den Verlierer gesorgt. Außerdem kann sich dieser, wenn sich Niemand gemeldet hat, schon nach Einem Jahr seit der Einsprache — vorausgesetzt, daß unterdessen zwei Zinsen- oder Dividendenscheine verfallen sind — durch den Präsidenten des Gerichts erster Instanz ermächtigen lassen, sowohl bereits verfallene Zinsen und Dividende wie auch die künftigen, ja selbst das fällige Kapital, jedoch nur gegen hinreichende Sicherheit zu erheben. Kann eine Sicherheit nicht geleistet werden, so kann eine Hinterlegung in die Staatskasse (caisse des depôts et consignations) verlangt werden.

Die Zahlungen, welche der Zahlungspflichtige nach Maßgabe des Gesetzes gemacht hat, befreien ihn vollständig.

So ist die Sache in Frankreich geordnet, wobei vielleicht nicht überflüssig ist, hervorzuheben, daß das angeführte Gesetz auf Banknoten überhaupt nicht anwendbar ist, und daß für Staatsrenten und deren Zinsscheine besondere Verordnungen bestehen. Von Order-Papieren spricht das Gesetz nicht, wahrscheinlich hielt man die oben schon erwähnten allgemein geltenden Bestimmungen für ausreichend.

In den deutschen Bundesstaaten sind neuerdings Gesetze über das Aufgebot-Verfahren ergangen, welche auch Bestimmungen über Zahlungssperre enthalten, so z. B. das sächsische Gesetz vom 6. März 1879 (Gesetz-Sammlung von 1879 Nr. 21).[1]) Nach diesem kann das Aufgebot-Verfahren wegen des Kapitals von Werthpapieren auf Inhaber und zwar für Obligationen wie für Aktien, keineswegs aber für Zins-, Dividenden-Scheine

---

[1]) Abgedruckt in dem 26. Band der Zeitschrift für Handelsrecht von Goldschmidt. S. 194 u. f.

oder Talons, welche dort Zinsleiste genannt sind, bei Gericht beantragt werden. Das Gericht, welches ein Aufgebot erläßt, soll den Aussteller der Urkunde davon in Kenntniß setzen. Diese Mittheilung hat die Wirkung, daß der Aussteller auf das betreffende Papier weder eine Zahlung leisten, noch an den Besitzer desselben neue Zins- oder Dividenden-Scheine ausfolgen darf (§ 9). Bezüglich verlorner Zins- und Dividenden-Scheine gestattet § 31 sowohl eine Anzeige bei Gericht wie auch bei dem Aussteller der Urkunde, im letztern Fall unter Vorlage der Haupt-Urkunde. Diese Anzeige bewirkt aber keine Zahlungssperre, vielmehr nur, daß der Verlierer nach Ablauf der Verjährungsfrist die Zahlung der unterdessen nicht erhobenen Beträge verlangen kann. Hiernach findet ein Schutz bezüglich verlorener Zins- oder Dividenden-Scheine eigentlich nicht statt.

Das württembergische Gesetz vom 18. August 1879 (Reg.-Blatt von 1879 S. 215)[1]) läßt bezüglich des Kapitals verlorner Inhaber-Papiere, mit Ausnahme der württembergischen Staatsschuldscheine und der Banknoten, den gerichtlichen Antrag auf das Aufgebots-Verfahren sowie auf Zahlungssperre, dagegen bezüglich verlorner Zinsscheine — mit Ausnahme der Zinsscheine von württembergischen Staatsobligationen — nur den Antrag auf Zahlungssperre zu. Ist der Antrag auf Erlassung des Aufgebots oder der Zahlungssperre bei Gericht gestellt, so kann der Antragsteller davon den Aussteller der verlornen Urkunde benachrichtigen, wodurch dieser nach Art. 12 verpflichtet wird, die Einlösung der betreffenden Urkunde bei Vermeidung nochmaliger Leistung zu beanstanden und das betreffende Gericht um Weisung anzugehen. Hier hat die einfache Benachrichtigung, welche sogar brieflich geschehen kann, die Wirkung einer Zahlungssperre, nimmt sonach das oben aufgestellte Prinzip an, weicht aber insofern davon ab, als ein gerichtlicher Antrag vorausgehen muß, wodurch selbstverständlich Zeit verloren wird. Das ältere badische Recht hatte gestattet, eine Zahlungssperre auf 8 und beziehungsweise auf 30 Tage dadurch zu bewirken, daß man die Zahlungsstelle von dem vorhabenden gerichtlichen Antrag in Kenntniß setzte. Durch das Einführungsgesetz zu den Reichsjustizgesetzen vom 3. März 1879 (Gesetz- und Verordnungsblatt Nr. 10), § 145, ist das ältere Recht aufgehoben, dagegen in § 105 bestimmt, daß für verlorne Inhaberpapiere mit Ausnahme von Banknoten, Zins-, Gewinnantheil- und Erneuerungs-Scheinen (Talons), ferner für verlorne Aktien und Interimscheine, die durch Indossament übertragbar sind, das Aufgebotverfahren eingeleitet werden kann. Wird das Aufgebot erlassen, so kann ein Sperrbefehl beantragt werden (§ 110). Wegen abhanden gekommener oder ver-

---

[1]) Abgedruckt ibid. S. 203 u. f.

nichteter Zins- oder Gewinnantheil-Scheine kann der Verlierer, sofern die Voraussetzungen eines Aufgebots vorliegen, einen Sperrbefehl erwirken (§ 111), unterdessen kann aber die Zahlung längst erfolgt sein. Gleichsam ironisch enthält § 111 noch den Schlußsatz: Der Verlierer kann, wenn sich bis zum Ablauf der Verjährungsfrist kein Inhaber des Scheins gemeldet hat, binnen der nächsten drei Monate Zahlung verlangen. Will man dem Verlierer helfen, so muß man ihm die Möglichkeit gewähren, eine sofortige Zahlung zu verhindern; daß ihm, wenn überhaupt Niemand sich zur Empfangnahme der Zahlung meldet, schließlich der betreffende Betrag zufällt, ist selbstverständlich, da sich sonst der Zahlungspflichtige auf Kosten des Verlierers in ungerechter Weise bereichern würde.

Das hessische Gesetz vom 4. Juni 1879 (Reg.-Blatt von 1879 Nr. 20)[1]) läßt ein Aufgebot-Verfahren ebenfalls nur bezüglich der Hauptsumme verlorner Inhaberpapiere oder auf Namen gestellter, aber durch Blanko-Indossament übertragbarer Aktien, Promessen und Interimscheine zu, schreibt aber in Art. 11 vor, daß das Gericht gleichzeitig mit dem Aufgebot einen Sperrbefehl erlassen soll. Auch die Zustellung des Sperrbefehls erfolgt von Amtswegen. Wegen der Zinsabschnitte und Gewinnantheil-Scheine findet kein Aufgebot-Verfahren statt, dagegen kann der Verlierer einen Antrag auf gerichtliche Zahlungssperre, welcher gemäß § 840 der C. Pr. O. zu begründen ist, einbringen.

Auch das sachsen-weimar'sche Gesetz vom 10. Mai 1879 (Reg.-Blatt von 1879 Nr. 17)[2]) läßt das Aufgebotverfahren nur bezüglich der Hauptsumme eines Inhaberpapiers zu, bezüglich abhanden gekommener oder vernichteter Zins-, Gewinnantheils- und Erneuerungs-Scheine (Talons) aber nicht; auch kann bezüglich derselben keine gerichtliche Sperre erwirkt werden, der Verlierer kann aber, wenn er seinen Verlust bei der Zahlungsstelle angemeldet hat, nach Eintritt der Verjährung Zahlung erhalten, wenn der betreffende Schein nicht vorher bei der betreffenden Stelle vorgelegt worden ist (§ 11 des Gesetzes vom 9. April 1879).[3])

Ebenso kann nach dem für Elsaß-Lothringen ergangenen Gesetz vom 8. Juli 1879 (Gesetzblatt 1879 Nr. 11)[4]) ein Aufgebot nur für die Hauptsumme von Inhaberpapieren, denen aber solche Papiere, die durch Blanko-Indossament übertragen werden können, gleichgestellt sind, beantragt werden (§ 25), keineswegs für Zins-, Gewinnantheil- oder Erneuerungs-Scheine

---

1) Abgedruckt ibid. S. 211 u. f.
2) Abgedruckt ibid. S. 217 u. f.
3) ibid. S. 216 u. f.
4) ibid. S. 172 u. f.

(§ 28). Sind die Zins- und Gewinnantheil-Scheine während der Verjährungszeit nicht zur Erhebung gelangt, so kann der Verlierer, der den Verlust rechtzeitig angemeldet hat, mittels Vorzeigung der Haupturkunde die Zahlung für sich in Anspruch nehmen. Von einer Zahlungssperre ist keine Rede. Da aber in Elsaß-Lothringen der code civil noch gilt, so kann der Verlierer Einsprache gegen die Zahlung bei der Zahlungsstelle erheben. Nach Art. 1242 darf diese nicht unbeachtet bleiben, weil der Zahlende sich der Gefahr aussetzt, noch einmal zahlen zu müssen. Meldet sich Jemand mit der verlornen Urkunde, so kommen die Artikel 2279 und 2280 des c. c., jedoch mit der Modifikation des Art. 307 des H.G.B. zur Anwendung.

Ein anhalt'sches Gesetz vom 10. Mai 1879 [1]) sowie ein für Schleswig-Holstein erlassenes Gesetz vom 10. März 1877 [2]) enthält über Zahlungssperre nichts, gestattet dem Verlierer das Aufgebot-Verfahren nur bezüglich der Hauptsumme; bezüglich der Zins- und Dividendenscheine kann Zahlung nach Umlauf der Verjährungszeit begehrt werden, wenn unterdessen der verlorne Schein nicht zur Zahlung vorgezeigt worden ist. Ein weiterer Schutz wird dem Verlierer nicht gewährt. Aehnliche Bestimmungen enthält das reuß'sche Ausführungsgesetz zur Civilprozeß-Ordnung vom 22. Februar 1879 (§ 15 u. 16). Alle diese Gesetze scheinen einer preußischen Verordnung vom 16. Juni 1819 (Gesetz-Sammlung vom Jahre 1819 S. 157) nachgebildet, wonach ebenfalls ein Aufgebot nur rücksichtlich des Kapitals verlorner oder vernichteter Inhaberpapiere, nicht aber wegen verlorner oder vernichteter Zinsscheine eingeleitet werden kann. Bemerkenswerth ist noch die Bestimmung, daß der Verlierer von Staatsschuldscheinen den Verlust zunächst der unter dem Schatzministerium stehenden Kontrol-Behörde anzuzeigen hat. Man sollte nun glauben, dieser Anzeige würde die Folge gegeben, daß die Kassen angewiesen würden, den verlornen Staatsschuldschein nicht zu zahlen; das ist aber nicht der Fall, da nach § 10 sogar während des Aufgebot-Verfahrens die Zahlung erfolgen kann und der Verlierer nur an den Zahlungsempfänger verwiesen wird. Ein Gesetz des norddeutschen Bundes vom 9. Nov. 1867 [3]) hat die §§ 1—13 jener preußischen Verordnung auch für verlorne oder vernichtete Schuldverschreibungen des norddeutschen Bundes und deren Zinscoupons für anwendbar erklärt, allerdings mit einigen Modifikationen, die aber nicht von

---

[1]) ibid. S. 220 u. f.

[2]) Abgedruckt in dem Beilageheft zum 23. Bande der angeführten Zeitschrift, S. 38 u. f.

[3]) Abgedruckt in dem 19. Bande der angeführten Zeitschrift S. 170.

wesentlicher Bedeutung sind. Ein Reichsgesetz vom 12. Mai 1873, betreffend das Aufgebot und die Amortisation verlorner oder vernichteter Schuldurkunden des norddeutschen Bundes und des deutschen Reichs [1]) hat dieselben Bestimmungen auf Schuldurkunden des deutschen Reichs, welche entweder niemals mit Zinsscheinen versehen waren oder zu einem bereits abgelegten Theil der Reichsschuld gehören, für anwendbar erklärt. Von einer Zahlungssperre ist hier keine Rede. Dieser bedarf es auch nicht, sobald man der Einsprache gegen die Zahlung eine Wirkung beilegt, wie dieses schon ausgeführt ist.

---

[1]) Abgedruckt ebendaselbst.

# III.

## Gutachten des Herrn Professor Dr. Eck zu Berlin

über die Frage:

Wie ist die Behandlung gefundener Sachen civilrechtlich einheitlich zu regeln?

---

Bei der Erörterung der obenstehenden gesetzgeberischen Frage liegt es außerhalb der Aufgabe, die geschichtliche Ausbildung des Fundrechts darzustellen. Eine solche Darstellung haben am eingehendsten gegeben B. Delbrück in Jherings Jahrb. für Dogmatik III. S. 1—57 (1859) und O. J. Ries in der Inauguraldissertation de inventione rerum casu amissarum Berol. 1869, bei welchen Schriftstellern, sowie bei Gruchot (Beiträge z. Erl. d. Pr. R. VI, S. 440—461) sich auch weitere Litteraturangaben finden. Allgemein bekannt ist soviel, daß die Römer eigene Grundsätze über die civilrechtliche Behandlung des Fundes nicht entwickelt und daher die Frage fast ganz der thatsächlichen Erledigung, besonders durch Zeitablauf überlassen haben, daß dagegen durch das deutsche Gewohnheitsrecht genauere Regeln ausgebildet worden sind. Insbesondere ist in Deutschland uralt und jederzeit allgemein festgehalten worden die Verpflichtung des Finders, den gemachten Fund behufs Ermittelung des Eigenthümers öffentlich anzuzeigen, wobei man ihm bald die Mittheilung des Fundes an die Obrigkeit zum Zwecke eines Aufgebots vorgeschrieben, bald auch eine durch ihn selbst zu bewirkende Bekanntmachung für genügend erklärt hat (Delbr. S. 9—11. 25—27. Ries p. 25—42). Erst später wird in dem Falle, daß der Eigenthümer nicht hat ermittelt werden können, für andere Personen ein Anrecht auf den Erwerb der Fundsache allgemein anerkannt, und zwar zunächst meist für die Armen oder gewisse Personen von öffentlicher Rechtsstellung, dann aber ganz überwiegend für den Finder selbst (Delbr. S. 17. 36. Ries p. 86). Noch weit später bricht sich auch der zwar schon in älteren deutschen Quellen vorkommende, dann aber durch das Römische Recht (l. 43 § 9 D. de furtis 47,2) völlig verdrängte Gedanke Bahn, daß bei Ermittelung des Eigenthümers der Finder auf einen Fundlohn Anspruch habe (Delbr. S. 18. 33—34. Ries p. 55 fin. 56), ein Satz, der freilich auch noch in neuester Zeit keineswegs überall durchgedrungen ist.

Diese so ausgebildeten Regeln hat dann vor allem das Preuß. Allg. Landrecht I, 9 §§ 19—73 zum Gesetz erhoben und im einzelnen näher entwickelt, und die Bestimmungen desselben sind auch durch das neuerdings ergangene Preuß. Ausführungsgesetz zur deutschen C. P. O. vom 24. März 1879 § 23 zwar theilweise modifizirt, aber doch in ihren Grundlagen nicht umgestaltet worden. Dem Vorbilde des Allg. Landrechts haben sich demnächst die sämmtlichen über diesen Gegenstand erlassenen deutschen Landesgesetze in den Hauptpunkten, nur in dem des Fundlohnes nicht durchgängig, angeschlossen: so das östreich. Allg. Bürgerl. Gesetzbuch §§ 388—394, das badische Landrecht Zusatz 717 a zum code, (welcher letztere auf besondere, aber nicht ergangene Gesetze verweist), die bairische Verordnung vom 22. November 1815 (Roth, bair. Civilr. II § 140 S. 171), die braunschweigische Verordnung vom 15. April 1824 (Steinäcker, Privatrecht des Herzogthums Braunschweig § 177), das koburgische Gesetz vom 29. Mai 1834 (Heimbach, Lehrb. des partikulären Privatr. I § 182), das bürgerl. Gesetzbuch für das Königreich Sachsen §§ 239—243, das bremische Gesetz über Anmeldung und Erwerbung gefundener Sachen vom 7. Februar 1873 (Stobbe, Handb. II § 149 A. 19), und das anhaltische Gesetz über das Aufgebotsverfahren vom 10. Mai 1879 § 18. Auch in denjenigen Landestheilen, für welche Gesetze über das Fundrecht nicht erlassen worden sind, hat sich gleichwohl der Gerichtsgebrauch im wesentlichen dieselben Grundsätze angeeignet, wie dies näher nachgewiesen ist für die sächsisch-thüringischen Länder von Heimbach a. a. O., für Württemberg von Reyscher (Würtemb. Privatr. § 288 A. 9), für Hannover v. Droege (Magazin für Hannov. Recht VI, S. 42), und für Kurhessen in dem Erkenntniß des O.A.G. zu Cassel v. 27. Mai 1864 (Archiv für prakt. Rechtswissenschaft N. F. III S. 59 ff. und Seuffert's Archiv XXI Nr. 15).

Endlich kehren jene Sätze ebenso in den neueren Entwürfen zu bürgerlichen Gesetzbüchern wieder, so in dem Großherzogl. hessischen revidirten Entwurf (Zweite Abtheilung Darmstadt 1851) Tit. III Art. 31, und in dem bairischen (Dritter Theil München 1864) Art. 121—126; deßgleichen in dem Gesetzbuch für den Kanton Zürich, §§ 626—630; und auch die Strandungsordnung des deutschen Reichs vom 17. Mai 1874, Abschnitt III und IV, trifft ganz ähnliche Bestimmungen über die Bergung von Seeauswurf, von strand- oder seetriftigen und von versunkenen Gegenständen.

Angesichts einer solchen Uebereinstimmung dürfen wir wenigstens die beiden Hauptgrundsätze unserer Lehre — die Verpflichtung des Finders zur Anzeige und seine eventuelle Berechtigung zum Erwerb der Sache — als Postulate des allgemeinen Rechtsbewußtseins der Gegenwart bezeichnen. Beide entbehren auch der inneren Rechtfertigung nicht, da die Anzeigepflicht nach moderner Anschauung aus der Aufnahme der Fundsache als einer Geschäftsführung ohne Auftrag abgeleitet werden kann, und ein Eigenthumserwerb des Finders zu dem Zweck nothwendig ist, um zu verhüten, daß die Sache in seinen Händen dauernd ein todtes Capital bleibe. (Dernburg, Lehrb. 3te A. I § 232.) Von diesen beiden Sätzen darf man daher ohne weiteres behaupten, daß sie auch bei einer neuen reichsgesetzlichen Regelung unserer Materie zu Grunde zu legen sind. Dagegen zeigt sich nun allerdings in Bezug auf die Durchführung dieser Sätze im einzelnen, sowie in Bezug auf andere daneben zu entscheidende Punkte gar manche Verschiedenheit der Vorschriften und Ansichten.

Diese Verschiedenheit entspringt großentheils daraus, daß es entgegengesetzte Forderungen und Ziele sind, die man bei der Normirung des Fundrechts verfolgt. Von der einen Seite wird besonders der Schutz des Eigenthümers gegen den Verlust seiner Sache angestrebt, und daher sichere Aufbewahrung des Fundguts, möglichst ausgedehnte Bekanntmachung des Fundes und Erfüllung zahlreicher Vorbedingungen, ehe der Erwerb für den Finder stattfindet, verlangt. Auf der anderen Seite liegt im Interesse des Finders und der mit der Sache befaßten Obrigkeit eine möglichst einfache Gestaltung und schleunige Abwicklung des Verfahrens und im Interesse aller Betheiligten die thunlichste Kostenersparniß. Die erstere Seite der Sache hat nun bekanntlich das Allg. Landrecht fast ausschließlich ins Auge gefaßt und dabei zu Gunsten des Verlierers eine wahre „Despotie der Billigkeit“ entfaltet. In Folge dessen sind denn auch die Beschwerden über die Weitläufigkeit und Kostspieligkeit des Verfahrens in Fundsachen in Preußen aus alter, wie neuer Zeit allbekannt; vgl. darüber schon das durch einen Vorschlag des Polizeipräsidiums zu Berlin veranlaßte Rescript des Justizministers (Kircheisen) vom 16. Oktober 1812 in Kamptz's Jahrb. I, S. 260—262; ferner den Aufsatz von Köchling: „Sancho Pansa, der ehrliche Finder“, im Neuen (Arnsberger) Archiv für Preuß. Recht XI (1845) S. 109 und C. F. Koch, Kommentar zum A.L.R. I, 9 §§ 24. 50.

Ebenso einseitig und bedenklich aber wäre offenbar auch das umgekehrte, wenn man um einer schnellen und wohlfeilen Erledigung der Fundsachen willen die Rücksicht auf den unbekannten Verlierer außer Acht lassen wollte. Es ist daher eine Aufgabe der Rechtspolitik, zwischen den zwei entgegengesetzten Gefahren einen Mittelweg zu suchen.

Die hauptsächlichsten Punkte nun, welche bei einer Regelung der Lehre vom Funde zu unterscheiden sind und, obwohl sie nicht sämmtlich innerhalb des civilrechtlichen Gebiets liegen, doch nur im Zusammenhang mit einander erledigt werden können, dürften folgende sein. Es kommt in Frage

1. Die Anzeigepflicht des Finders. Voraussetzung für dieselbe ist natürlich, daß derjenige, welcher eine fremde verlorene Sache oder doch eine solche, die er den Umständen nach für verloren halten muß, antrifft, dieselbe in seinen Gewahrsam genommen hat; denn erst damit (vgl. Gruchot Beiträge VI, S. 443) beginnt er die Führung eines fremden Geschäfts, und entsteht ein Rechtsverhältniß zwischen ihm und dem Eigenthümer bezw. Verlierer der Sache. Es versteht sich ferner, daß wenn der Finder diesen und seinen Aufenthalt kennt, er ihm die Sache ohne weiteres zurückzugeben schuldig ist (vgl. den interessanten Rechtsfall in Striethorsts Archiv LX S. 141—144). Für den Fall aber, daß ihm diese Kenntniß nicht beiwohnt, ist zunächst die Verpflichtung des Finders zur Anzeige absolut auszusprechen. Manche Gesetze oder Entwürfe lassen diese Pflicht erst bei einem gewissen Werth der Fundsache eintreten, (öster., sächs. G.B., bair. Entw.) Dies erscheint jedoch bedenklich. Denn bei offenbar werthlosen Sachen versteht es sich von selbst, daß sie rechtlich außer Betracht bleiben. Bei andern aber ist jede Ziehung einer Werthgrenze willkürlich und mit der Gefahr verbunden, daß der Finder den Werth der Sache unterschätzt. Wenn durch jene Werthgrenze einem Mißverhältniß zwischen dem Werth der Sache und dem Aufwand an Mühe und Kosten vorgebeugt werden soll, so wird dieser Zweck besser dadurch erreicht, daß man das weitere Verfahren möglichst einfach gestaltet, worauf demnächst noch einzugehn sein wird. — Auch die Hinzufügung einer bestimmten Frist, binnen welcher die Anzeige erfolgen soll, (das sächs. G.B. bestimmt 4 Wochen!), entbehrt des innern Grundes. Dieselbe Zeitdauer kann in dem einen Falle, auf dem Lande, bei weiten Entfernungen, schlechter Witterung u. s. w. allzu knapp, in dem andern bei bequemer Gelegenheit zur Anzeige übermäßig lang sein. Es genügt, vorzuschreiben, daß die Anzeige ohne Verzug zu erfolgen hat.

Als Nachtheil für Verzögerung oder Unterlassung der gebotenen Anzeige ist sachgemäß der Verlust aller Rechte aus dem Funde anzudrohen;

(zu eng und daher Gegenstand von Zweifeln ist der Ausdruck des Allg. L.R. § 70: „die Belohnung"). Dagegen ist die Aufstellung von Vermuthungen der Unredlichkeit u. s. w. für den Fall einer Verzögerung der Anzeige (Allg. L.R., braunschw. Ges.) offenbar überflüssig.

Sehr fraglich ist nun aber, in welcher Art die Anzeige vom Finder zu erstatten, insbesondere ob dieselbe stets bei einer Behörde anzubringen sei, oder ob der Finder sie auch selbständig mittelst ortsüblicher Bekanntmachung bewirken dürfe? Während früher bald das eine, bald das andre geboten, oder auch dem Finder zwischen beiden Wegen die Wahl eingeräumt war (Ries p. 36, 37), haben die meisten neueren Gesetze auch hier eine Werthgrenze gezogen und bei Sachen bis zu einem gewissen Werthe Bekanntmachung durch den Finder selbst, bei solchen von höherem Werth Anzeige an die Obrigkeit und Erlaß eines Aufgebots durch diese vorgeschrieben (so östr. und zür. G.B., braunschw. G. und bair. Entw.). Dagegen das Allg. L.R., das anhalt. und bremische Gesetz, sowie die Strd.O. verlangen schlechterdings Anzeige bei der Obrigkeit. Dieses letzte ist für das richtige zu erachten. Denn abgesehen von der schon oben gerügten Willkürlichkeit und Unsicherheit jeder Werthgrenze ist die möglichste Gleichmäßigkeit in der Behandlung der Fundsachen dringend wünschenswerth, damit der Verlierer allemal wisse, an welche Stelle er sich zu wenden hat. Dieß letzte ist aber nur dadurch zu erzielen, daß man für alle Fälle eine Anzeige bei der Obrigkeit vorschreibt. Eine selbständige Bekanntmachung durch den Finder, welche Bornemann (Preuß. Civilr. 2. Ausg. II, § 78, A. 1) für genügend erklärt wissen will, würde naturgemäß in äußerst verschiedener Form und Ausdehnung erfolgen und daher, zumal in großen Städten, dem Verlierer nicht anders, als durch einen glücklichen Zufall zur Kenntniß kommen. Dagegen von der Obrigkeit weiß der Verlierer ohne weiteres, wo er sie zu suchen hat, und wenn alle Fundsachen bei dieser angemeldet werden, aber auch nur dann, ist die Nachforschung nach solchen schnell und sicher ausführbar.

Welche Behörde zur Annahme von Fundanzeigen die am meisten geeignete sei, unterliegt keinem Zweifel. Im allgemeinen kann nur die Polizeibehörde des Fundorts für zuständig erklärt werden, wie dieß auch alle neueren Gesetze und Entwürfe thun. Es wird indessen hinzuzufügen sein, daß dieselbe in besonderen Fällen an ihrer Statt auch andere Stellen dazu bestimmen kann, bei denen eine Nachfrage dem Verlierer unter Umständen noch näher liegt, als bei der Polizei. So werden regelmäßig schon jetzt die im Bereiche großer Verkehrsanstalten oder Versammlungsorte, wie Eisenbahnen, Pferdebahnen, Theater u. s. w. gefundenen Gegenstände bei den Direktionen derselben zur Anzeige gebracht und laut öffentlicher Anschläge daselbst eine Zeit lang für die Verlierer aufbewahrt. Für die Eisenbahnen bestimmt dies das vom Bundesrath beschlossene Betriebs-Reglement vom 11. Mai 1874 (Reichscentralblatt S. 179) in § 33:

> Alle im örtlichen Bezirke der Bahnverwaltung oder in den Wagen zurückgelassenen, an die Eisenbahn abgelieferten Gegenstände werden mindestens drei Monate lang aufbewahrt. Erst nach Ablauf dieser Frist wird mit denselben nach Maßgabe der bei den einzelnen Bahnen darüber bestehenden Bestimmungen verfahren.

In ähnlicher Weise werden die in den Wagen der Pferdebahn zu Berlin zurückgebliebenen Gegenstände nach dem polizeilichen Reglement vom 27. Mai 1865 § 26 an einer Hinterlegungsstelle im Direktorialbureau gesammelt und ausgestellt, und von Zeit zu Zeit Verzeichnisse der nicht abgeholten Sachen an das Polizeipräsidium eingereicht. Endlich sind auch durch die R.Strd.O. zur Wahrnehmung der See- und Strandfundsachen an Stelle der Polizei und des Gerichts die Strandvögte bezw. Strandämter berufen.

2. Es fragt sich nun weiter, ob die gefundene Sache an die Behörde abgeliefert oder im Gewahrsam des Finders belassen werden soll. Das Allg. Landrecht schrieb als Regel bekanntlich gerichtliche Aufbewahrung der Fundsachen vor; aber die Folge davon war eine schwere Belastung der Gerichte mit „einer Menge fast werthloser Gegenstände", wie die Motive des Ausführungsgesetzes zur C.P.O. (§ 22 des Entwurfs) bezeugen, und zugleich eine erhebliche Weitläufigkeit für den Finder, ja bei Sachen, die einer besondern Sorgfalt bedürfen, wie z. B. Pelzsachen, sogar eine Gefährdung dieser letztern (vgl. auch Koch, Comment. zu §§ 24. 50 A.L.R. I, 9). Neuere Gesetze und Entwürfe haben deshalb umgekehrt die Ablieferung der Fundsachen an die Behörde völlig ausgeschlossen, so z. B. das sächsische G.B., das preußische Ausführungsgesetz zur C.P.O., das zürch. G.B. und der Hessische Entwurf. Dieß geht aber wieder nach der andern Seite zu weit. Denn auf diese Weise wird unter Umständen, wenn z. B. der Finder eine unzuverlässige Person ist, die Sicherheit des Fundgutes gefährdet. Außerdem kann bei dieser Regelung der Frage der Finder sich der Sache gar nicht wieder entledigen, auch wenn er z. B. ein Durchreisender ist oder auf alle Finderrechte Verzicht leistet; er müßte denn, um sich von seiner Verpflichtung gegen den Verlierer zu befreien, zur Hinterlegung schreiten, wobei er aber die Kosten derselben vorzuschießen hätte! Dieß ist jedoch offenbar unbillig und kann ehrliche Leute von der Aufnahme eines Fundes geradezu abschrecken.

Nach alledem erscheint als das richtige ein Mittelweg. Grundsätzlich ist der Finder nur zur Anzeige, nicht auch zur Ablieferung zu verpflichten;

aber daneben muß einerseits die Polizeibehörde die Befugniß erhalten, aus besondern Gründen eine andere Art der Aufbewahrung, als die beim Finder, anzuordnen, andrerseits auch der Finder berechtigt sein, falls er auf alle Vortheile aus dem Funde verzichtet, die Abnahme desselben Seitens der Polizei zu verlangen. Die erstere Befugniß geben der Polizei bereits das östr. G.B. § 390 und der bair. Entw. Art. 121. Auch die Strd.O. §§ 20. 23 bestimmt, daß der Berger die geborgenen Gegenstände der Behörde „zur Verfügung stellen", und diese „für die angemessene Aufbewahrung derselben sorgen" solle. Endlich für den Fall, daß die Fundsache leicht verderblich oder nur mit Gefahr oder unverhältnißmäßigen Kosten aufzubewahren ist, muß die Polizeibehörde ermächtigt werden, auf Antrag des Finders oder, wenn sie selbst die Verwahrung übernimmt, von Amtswegen die Sache bestens zu verkaufen, mit der Wirkung, daß der Ersteher Eigenthum erwirbt, und der Erlös an die Stelle der Sache tritt; vgl. z. B. §§ 27—30 A.L.R. I, 9 und Koch's Mittheilung zu § 39, ferner das preußische Ausf.Ges. § 23, östr. G.B. § 390, Strd.O. § 18, Eisenbahn-Regl. § 33, bair. Entw. Art. 126.

3. Einen Hauptpunkt bildet die Regelung des Aufgebots. Ein solches ist erforderlich zu dem doppelten Zweck, zunächst um den Eigenthümer bezw. Verlierer der Sache zu ermitteln, eventuell aber, wenn dieß sich als unmöglich herausstellt, um einen Neuerwerb der Sache vorzubereiten. Gerade dadurch, daß dieser letztere Zweck nur im Nothfall und hinter einer Wahrnehmung der Interessen des Eigenthümers verfolgt wird, verschwindet denn auch die scheinbare Härte gegen diesen, welche man einem derartigen Aufgebot wohl zum Vorwurf gemacht hat (Gimmerthal, Archiv für civ. Praxis LII, S. 532). Es fragt sich nun aber, ob dasselbe durch den Finder oder eine Behörde, bezw. welche, ob es obligatorisch oder fakultativ, endlich in welcher Art und Form es erfolgen soll?

Zunächst ist soviel ohne weiteres klar, daß als Inhalt der Bekanntmachung nicht bloß eine Anzeige des gemachten Fundes und eine Angabe über den Ort seiner Aufbewahrung, sondern zugleich auch die Ansetzuug einer Frist für die Meldung des Empfangsberechtigten und die Androhung eines Rechtsnachtheils bei Unterlassung einer Meldung dringend zu wünschen sind. Dieser Aufgabe kann aber eine Privatbekanntmachung durch den Finder nicht genügen. Andere Gründe gegen die Zulassung einer solchen sind schon oben angeführt worden. Hiernach erscheint ein obrigkeitliches Aufgebot als das allein angemessene. Ein solches ist denn auch, wenigstens bei Sachen von höherem Werthe, nach den sämmtlichen neueren Gesetzen und Entwürfen zu erlassen, und zwar theils durch die Polizei, theils durch das Gericht, und theils von Amtswegen, theils nur auf Antrag.

An sich kann es nun kaum zweifelhaft sein, daß ein obligatorisches Aufgebot besser, als ein bloß fakultatives ist, und ein gerichtliches besser, als jedes andere. Darum hat denn in der That das Allg. Landrecht für alle Fälle ein Aufgebot durch den Richter oder doch unter Kontrolle desselben angeordnet. Allein dabei zeigt sich sofort der Uebelstand, daß ein solches Verfahren für die Mehrzahl der Fundsachen allzu weitläufig und kostspielig ist. Zur Vermeidung dieser Nachtheile sah man sich alsbald in Preußen genöthigt (vgl. die Ministerialrescripte vom 16. October 1812 für Berlin in Kamptz's Jahrb. I, S. 260, und vom 6. September 1841 für Schlesien im Min.-Bl. für die innere Verwaltung S. 223), immer erst eine größere Menge von Fundsachen bei der Polizei aufzusammeln und dann dieselben im Ganzen gerichtlich aufzubieten. Es leuchtet aber ein, daß durch eine solche Verschiebung die Vortheile des Aufgebots großentheils wieder verloren gehen. Denn in Folge davon findet dasselbe möglicher Weise erst zu einem Zeitpunkt statt, wo der Verlierer seine Nachforschungen schon längst aufgegeben hat. Außerdem sind die Kosten des gerichtlichen Aufgebots, das jetzt in den Formen der C.P.O. § 823 ff. zu bewerkstelligen ist, durch § 44 des Gesetzes vom 18. Juni 1878 neu und recht hoch bemessen, nämlich auf drei Zehntheile der Gebühr

1. für die Entscheidung über die Zulässigkeit des Antrags,
2. für die Verhandlung im Aufgebotstermin,
3. für die Endentscheidung.

Unter solchen Umständen hat man denn erkannt, daß das gerichtliche Aufgebot als ein obligatorisches unhaltbar sei, und daher z. B. das preußische Ausführungsgesetz zur C.P.O. im Einklang mit § 824 der letzteren nur noch ein auf Antrag stattfindendes Aufgebot zugelassen. Als Motiv ist dabei „die Erwartung" ausgesprochen, „daß die mit dem Aufgebot verbundene Gefahr der Kosten das Verfahren auf diejenigen Fälle beschränken werde, in welchen die gefundenen Gegenstände in angemessenem Werthverhältniß zu dem Verfahren stehen." Aber abgesehen davon, daß das Aufgebotsverfahren doch so eingerichtet sein sollte, um nicht von seiner Anwendung abzuschrecken, sondern zu derselben einzuladen, wird die gehoffte Beschränkung offenbar nur um den Preis anderer erheblicher Uebelstände erkauft. Denn zunächst wird damit für alle die Gegenstände, deren Werth die Kosten des Aufgebots nicht sicher und erheblich übersteigt, auf die rechtliche Abwickelung des Verhältnisses wieder gänzlich verzichtet. Solche bleiben nur wieder nur in der thatsächlichen Gewalt des Finders, der sich sagen muß, daß er bei jeder Verfügung darüber eine Anklage wegen Unterschlagung zu gewärtigen hat. Sodann aber ist durch die Abhängigkeit des Aufgebots vom Antrage des Finders demselben auch bei größeren Werthgegenständen die Möglichkeit einer beliebigen Verzögerung des Aufgebots und damit einer Gefährdung des Hauptzwecks, den Verlierer von dem Funde in Kenntniß zu setzen, freigegeben. Beide Nachtheile verbinden sich mit einander z. B. dann, wenn ein größeres Verkehrsinstitut, wie die Große Berliner Pferde-Eisenbahn-Aktiengesellschaft, die bei ihr aufgesammelten Fundsachen, gleichviel von welchem Werthe, immer nach längeren Zwischenräumen in Masse, und zwar ohne Nennung der einzelnen, nur mittelst Verweisung auf ein ausliegendes Register gerichtlich aufbieten läßt. Hier ist das Aufgebot nicht bloß so gut wie zwecklos, sondern auch so kostspielig, daß z. B. im März 1881 die Gesellschaft bei Gegenständen von zusammen höchstens 700 Mark Werth einen Kostenvorschuß von 200 Mark einzuzahlen hatte. Bei dieser Sachlage begreift es sich, wenn fast alle deutschen Eisenbahnverwaltungen bezüglich der in ihrem Bereich gefundenen Sachen von der Anzeige bei der Polizei und dem gerichtlichen Aufgebot sogar völlig Umgang nehmen und nach der oben erwähnten, drei Monate lang fortgesetzten Aufbewahrung jene Sachen eigenmächtig zum Besten ihrer Pensions- und Wittwenkassen versteigern lassen. Zwar verordnet der bereits angeführte § 33 des Betriebs-Reglements am Schlusse:

> „Im übrigen unterliegen dergleichen gefundene Gegenstände der in den gesetzlichen Vorschriften vorgezeichneten Behandlung."

Allein ein Erlaß des preußischen Handelsministers (v. d. Heydt) vom 21. Juni 1859 (Min.Bl. für innere Verwaltung S. 183) hat ausgesprochen,

> daß die gesetzlichen Vorschriften über die Behandlung gefundener Sachen zu einer strikten Anwendung auf die den Eisenbahn-Reisenden auf der Bahn abhanden gekommenen oder sonst in den Wagen oder im örtlichen Bezirke der Bahn zurückgelassenen, nicht reklamirten Gegenstände insofern nicht angethan erscheinen, als diese dem letzten Besitzer nicht (?) eigentlich verloren gehn, da er wissen wird, daß dieselben in die Gewahrsam der Bahnverwaltung gelangen, bei welcher er sie nach Belieben reklamiren kann, — und daß jedenfalls die erwähnten Gesetze nicht prohibitiver, d. h. vertragsmäßige Abänderungen ausschließender Natur sind.

Aus diesen Gesichtspunkten hat der Minister damals die Bahndirektionen angewiesen, die binnen gewisser Frist bei ihnen nicht reklamirten Gegenstände zu Gunsten ihrer Hilfskassen zu veräußern, und demgemäß hat sich die Praxis bei den meisten deutschen Eisenbahnen festgestellt.[1]) (Vgl. Kühl-

---

[1]) In Ausübung dieser Praxis ereignete sich kürzlich folgender Fall. Am 5. Nov. 1878 fand ein Schaffner auf der Station Posen eine alte lederne Reisetasche in einem Personenwagen dritter Klasse. Da dieselbe binnen drei Monaten nicht reklamirt wurde,

wetter, Das Betriebs-Reglement für die Eisenbahnen Deutschlands, Abschnitt II. Köln 1880, Anm. zu § 33.) Ja, in einem merkwürdigen Rechtsfalle, wo ein Dritter im Wartesaal eines Bahnhofs ein Packet mit 2400 Mark in Banknoten gefunden, dem Saaldiener zur Ablieferung an die Bahndirektion übergeben, und dann trotz des von dieser veranstalteten Aufgebots sich niemand gemeldet hatte, ist dem Finder gegenüber von der Bahnverwaltung sogar der Satz aufgestellt worden, daß in den Gelassen des Bahnhofs von einem Dritten rechtlich niemals etwas gefunden werden könne, sondern alles, was in diesem Raum verloren werde, ohne weiteres in die Detention der Eisenbahnverwaltung übergehe. (Vgl. das Erkenntniß des Ober-Tribunals zu Stuttgart vom 2. April 1878 in Seuffert's Archiv Bd. XXXIII, Nr. 307, auch in Ruckdeschel's Commentar zum Betriebs-Reglement für die Eisenbahnen Deutschlands. Weiden 1880, Anm. zu § 61 Al. VI S. 160—162.) Allein es ist nicht bloß diese weitgehende Konsequenz, wie in jenem Falle mit Recht geschehn, entschieden zu verwerfen, sondern auch die ganze Grundauffassung, daß die auf Eisenbahnen verlornen Gegenstände den allgemeinen Vorschriften über Anzeige und Aufgebot entrückt seien, für das geltende Recht zu mißbilligen. (So auch das Erk. des O.A.G. zu Cassel vom 27. Mai 1864 im Archiv für prakt. R.W. N. F. III, S. 55 ff. und abgekürzt in Seuffert's Archiv XXI, Nr. 15.) Andernfalls könnte dieselbe ebensogut auch bei Pferdebahnen, Dampfschiffen, Droschken, Theatern, Konzerthäusern u. s. w. u. s. w. aufgestellt werden, was doch in der That noch von niemand versucht worden ist. Nur bezüglich der auf der Post „zurückgelassenen Passagiereffekten" ist allerdings eine Ausnahme durch § 26 des Reichspostgesetzes vom 28. Okt. 1871 begründet.

Wenn nach alledem das gerichtliche Aufgebot weder als obligatorisches, noch als fakultatives dem Bedürfniß der Praxis entspricht, so wird man mit Nothwendigkeit dahin geführt, das Aufgebot vielmehr der Polizei zu übertragen. Darin liegt keineswegs, wie Ries p. 107 behauptet, eine ungehörige Erweiterung ihrer Kompetenz, sondern da es sich hier um die Sicherung des Eigenthums handelt, so ist jene Maßregel recht eigentlich eine Aufgabe der Polizei. Außerdem werden schon jetzt mancherlei

---

so ließ die Direktion der Oberschlesischen Eisenbahn sie am 2. April 1879 versteigern, wobei sie der Handelsmann R. für 1 M. 10 Pf. erstand. Dieser tauschte die Tasche später an den Schuhmacher W. zu Breslau gegen ein Paar Stiefel aus, W. aber entdeckte demnächst beim Auftrennen der Tasche in derselben 1875 Rubel. Trotz amtsgerichtlichen Aufgebots meldete sich kein Eigenthümer. Ansprüche wurden erhoben von R., von W., von der Verwaltung der Oberschlesischen Eisenbahn und vom Magistrat zu Breslau als Vertreter der städtischen Armenkasse.

Aufgebote nicht durch Gerichte, sondern durch Verwaltungsbehörden, und unabhängig von den Vorschriften der C.P.O. erlassen, so namentlich von den Strandämtern nach § 26 der Strd.O., von Gewerbepolizeibehörden nach der R.Gew.Ordnung § 17, von Standesbeamten u. m. dgl.

Auch von Seiten der Polizei ist nun ein obligatorisches Aufgebot offenbar besser, als ein fakultatives, aber auch hier erscheint ein obligatorisches nur dann praktisch ausführbar, wenn eine möglichst einfache und wenig kostspielige Form dafür gewählt wird. Als solche kann nun aber die jetzt übliche Einrückung in Zeitungen und andre öffentliche Blätter gewiß nicht bezeichnet werden. Der bei größeren Zeitungen hergebrachte Insertionspreis (von 30—50 Pf. für die viermal gespaltene Petitzeile) und der Raum, welchen auch das gedrängteste Aufgebot vermöge seines mannigfaltigen Inhalts erfordert, verursachen allemal Kosten, welche in zahlreichen Fällen durch den Werth der Fundsachen nicht gedeckt werden. Wenn man zur Kostenersparniß das Aufgebot bis zur Ansammlung einer Mehrzahl von Fundsachen hinausschiebt oder es nur auf Antrag eintreten läßt, so hat dies wieder die Nachtheile zur Folge, die schon oben gerügt worden sind. Unter solchen Umständen erscheint es durchaus geboten, als nothwendige Form des Aufgebots nicht mehr die öffentliche Einrückung in öffentliche Blätter, sondern nur noch einen Aushang (Anschlag) bei der Polizeibehörde selbst vorzuschreiben, daneben aber weitere Veröffentlichungen je nach Lage des Falles dem Ermessen der letzteren freizustellen. Ein solches bereits in dem Vorschlag des Berliner Polizeipräsidiums vom 28. Septbr. 1812 (Kamptz, Jahrb. I, S. 261) angedeutetes und theilweise schon jetzt (s. Koch zu § 31 A.L.R. I, 9) in der Praxis befolgtes Verfahren hat auch die Strd.O. § 27 ausdrücklich zum Gebot erhoben, und eine derartige Bestimmung verdient entschieden den Vorzug ebensowohl vor den viel zu detaillirten Sätzen des Allg. L.R., als auch vor der entgegengesetzten Methode des anhaltischen Gesetzes und des bairischen Entwurfs, alles lediglich der Polizeibehörde zu überlassen. Eine Bekanntmachung durch Anschlag im Gebäude der Behörde wird in vielen Fundfällen ebenso ausreichen, wie bei andern noch wichtigeren Aufgeboten, und ein mehreres zu verlangen hat der Verlierer um so weniger ein Recht, als er bei dem Verlust der Sache regelmäßig nicht ohne Schuld ist. Für solche Fälle aber, wo die Fundsache von höherem Werth, und darum auch die Annahme, daß der Verlierer sie preisgegeben habe, ausgeschlossen ist, wird eben durch die vorbehaltene Befugniß zu weiteren Kundmachungen genügend gesorgt. Dabei können insbesondere auch die Landesregierungen nach dem Vorgang der Strd.O. § 24 ermächtigt werden, die Anlegung von Fundverzeichnissen anzuordnen; eine gesetzliche Regelung dieser Angelegenheit empfiehlt sich jedoch nicht.

Was endlich den Inhalt des Aufgebots betrifft, so ist soviel außer Zweifel, daß dasselbe alle unbekannten Berechtigten auffordern muß, ihre Ansprüche auf die Sache, und zwar bei Verlust derselben, bis zu einem gewissen Termine anzumelden. Fraglich aber kann die Dauer der zu steckenden Frist sein. Hier ist jedenfalls eine Kasuistik im Gesetze selbst, wie z. B. im Allg. Landr., nur vom Uebel. Andrerseits empfiehlt es sich ebensowenig, nach Art des ältern deutschen Rechts eine und dieselbe Frist für alle Fälle festzusetzen, da zwischen einem Schmucke, der Tausende werth ist, und einem alten Kleidungsstück, das durch Staub und Motten binnen kurzem entwerthet wird, doch ein Unterschied gemacht werden muß. Ganz angemessen erscheint es, mit der Strd.O. § 27 einen Zeitrahmen von vier Wochen bis zu neun Monaten zu bestimmen, innerhalb dessen die Behörde sich frei bewegen kann. Auf die Frage, ob nach fruchtlosem Verlauf der Frist ein amtlicher Bescheid zu erlassen sei, wird erst bei Nr. 5 einzugehen sein.

4. Wenn zufolge des Aufgebots oder auch unabhängig von diesem Ansprüche auf die Fundsache angemeldet werden, so entsteht die doppelte Frage nach der Empfangsberechtigung dessen, der sich gemeldet hat, und nach der Obligation zwischen ihm und dem Finder.

Die erstere Frage entscheidet sich nach den allgemeinen Regeln über die Zuständigkeit einer Klage auf Herausgabe einer Sache. Gewiß ist eine solche Klage außer dem Eigenthümer und andern dinglich Berechtigten auch dem bloßen Besitzer, dessen Besitz ohne Rechtsgrund ihm verloren gegangen und jetzt beim Finder ist (sog. condictio possessionis), zuzuerkennen. Ob aber auch unabhängig von dem Prinzip der grundlosen Bereicherung eine possessorische Klage (actio spolii) des Verlierers gegen den Finder anzunehmen sei (dawider Bruns, Besitzklagen S. 256), und ob eine solche etwa auch dem bloßen Detentor eingeräumt werden könne, ist nicht in der Lehre vom Funde, sondern an andrer Stelle zu entscheiden. Ohne Grund tadelt es daher Unger (Der revidirte Entwurf eines bürgerlichen Gesetzbuchs für das Königreich Sachsen. Leipzig 1861, S. 110), wenn das sächsische Gesetzbuch hier keinen bestimmteren Ausdruck braucht, als: „der zur Abforderung des Fundes Berechtigte". Jedenfalls ist der Finder als Geschäftsführer des Eigenthümers bezw. Verlierers verpflichtet, die Legitimation des Anspruchерhebers sorgfältig zu prüfen, widrigenfalls er sich regreßpflichtig macht. Hat der Finder die Sache an die Behörde abgeliefert, so liegt dieser die Legitimationsprüfung ob, und es ist nicht richtig, zu sagen, daß wenn der Finder keinen Widerspruch erhebe, die Sache ohne weiteres dem

Prätendenten auszuantworten sei (Bornemann II § 78 S. 18); denn abgesehn von der Möglichkeit eines durch Diebstahl erlangten Besitzes (vgl. Dernburg I § 232 Nr. 2) hat die Behörde auch die Interessen des wahren Verlierers gegenüber einem angeblichen wahrzunehmen. Entsteht zwischen dem Finder und dem Anspruchserheber Streit, so ist derselbe natürlich auf den Rechtsweg zu verweisen, und inzwischen das Aufgebotsverfahren auszusetzen; vgl. § 830 der C.P.O.

Was nun ferner das obligatorische Verhältniß zwischen dem Finder und dem Eigenthümer betrifft, so ist dasselbe, wie schon oben angedeutet wurde, unzweifelhaft aus dem Gesichtspunkte der negotiorum gestio zu bestimmen. (Vgl. Delbrück S. 25. 54. Windscheid, Lehrb. § 184 A. 7. Dernburg § 232 Nr. 1.) Auf diesen läßt sich auch die allgemeine Anzeigepflicht zurückführen; doch empfiehlt es sich, dieselbe auch ausdrücklich im Gesetze auszusprechen. Außerdem ergiebt sich aber als Folgesatz, daß der Finder die Sache, die er an sich genommen, ordnungsmäßig verwahren und die Kosten des Aufgebots vorschießen muß, dafür aber Ersatz seiner Auslagen von dem Rückempfänger der Sache verlangen kann. Wegen derselben ist ihm ein Zurückbehaltungsrecht einzuräumen, welches eventuell die Behörde, in deren Gewahrsam die Sache sich befindet, an seiner Statt auszuüben hat. Andrerseits sind dagegen die Nutzungen, welche die Sache dem Finder abgeworfen hat, in Anschlag zu bringen. Ob etwa bei Thieren der Nutzungswerth und die Fütterungskosten in Bausch und Bogen zu kompensiren, oder der Finder zur Rechnungslegung anzuhalten sei (vgl. für letzteres besonders das Erk. der Juristenfakultät Altdorf bei Holzschuher, Theorie und Kasuistik III § 244 Nr. 7 und Delbrück S. 33 A. 8), kann zweifelhaft sein, ist aber wieder nach den allgemeinen Regeln über die Herausgabe fremder Sachen zu entscheiden.

Der schwierigste Punkt ist aber ein Anspruch auf Fundlohn. Jahrhunderte lang ist derselbe von den meisten wegen l. 43 § 9 D. de furtis 47, 2 verworfen worden. Sogar die wenigen älteren Quellenstellen, die nach Delbrück S. 12 immer als Zeugnisse für seine Geltung aufgeführt werden (z. B. bei Gruchot VI S. 454 A. 5, Förster u. a. m.), treffen nicht sämmtlich zu; denn im Kulmer Recht III, 1 c. 2 ist nicht vom „vund", sondern von „wunden" die Rede. Nur eine kleine Zahl von Theoretikern ist es, welche schon vor Erlaß des Allg. Landrechts den Lohnanspruch des Finders gut zu heißen wagt (Delbr. S. 34, Ries p. 56). Aber der Einfluß dieses Gesetzbuchs zeigt sich hier so mächtig, wie irgend wo. Seitdem fehlt die Anerkennung des Fundlohns nur im braunschweigischen und koburgischen Gesetz und im hessischen revidirten Entwurf. Dagegen findet sie sich in der sonstigen deutschen Gesetzgebung überall und ebenso auch im codice civile del regno d'Italia art. 718. Gans, der oft als Bekämpfer eines Fundlohns angeführt wird, sagt genau gesehn (Beitr. S. 22) nur soviel, daß „der bewegende Grund für die Zubilligung eines solchen ein unjuristischer sei, nämlich die Absicht, den Finder zur Rückgabe anzureizen", und dieser Gedanke kehrt dann ganz ebenso in den Motiven zum Entwurf des sächsischen Gesetzbuchs (Dresden 1861, S. 652. 653) wieder. Aber in Wahrheit ist der Anspruch auf Fundlohn juristisch sehr wohl zu begründen, und seine Beibehaltung im Gesetz dringend zu empfehlen. Freilich darf man ihn nicht als Belohnung für die „Ehrlichkeit" des Finders, d. h. dafür, daß er sich einer Unterschlagung enthalten habe, auffassen. Sonst wäre ja der Anspruch aus der Verheißung eines solchen Lohnes (als einer promissio ob maleficium ne fiat), geradezu contra bonos mores, l. 7 § 3 D. de pactis 2, 14! Dagegen rechtfertigt er sich durchaus als üblicher Entgelt der Mühewaltung und Verantwortung, die der Finder durch Aufnahme, Bewahrung und Anzeige des Fundes übernimmt. Vgl. Delbrück S. 35. Dernburg § 232 A. 8. „Arbeides lon" nennt ihn schon das Bremer Ordal bei Pufendorf, Obs. iur. univ. in d. append. zu T. II p. 98 Nr. 83. Ein solcher Entgelt wird bei gewissen Fällen des Mandats als stillschweigend vereinbart angesehn; analog darf er auch bei der Geschäftsführung ohne Auftrag kraft Gesetzes zugesprochen werden. Nach diesem Gesichtspunkt des Arbeitslohns ist folgerecht der Anspruch auf Fundlohn dadurch bedingt, daß der Finder die ohne sein Zuthun dem Eigenthümer entkommene Sache in seinen Gewahrsam gebracht, nicht etwa bloß dem Eigenthümer den Verbleib der Sache nachgewiesen habe, z. B. den Aufenthalt des entflogenen Vogels, so daß der Eigenthümer selbst ihn wieder einfangen konnte; vgl. Gruchot VI S. 456—458. Andrerseits darf man nicht so weit gehn, als Erforderniß aufzustellen, daß der Finder „den früheren Besitzer nicht von Anfang an gekannt" (Bluntschli, Comm. zum züricher G.B. § 628), sondern ihn etwa erst durch das Aufgebot ausfindig gemacht habe; das entscheidende Moment ist vielmehr die Aufnahme der Sache in den Gewahrsam des Finders, und je schneller es diesem gelingt, den Verlierer zu ermitteln (z. B. dadurch, daß dessen Name in dem verlorenen Stücke stand), desto größer ist das Verdienst, das sich der Finder erwirbt.

Wie aber ist das Maß des Fundlohns zu bestimmen?

Die einen gewähren feste Prozente von dem nach Abzug der Kosten übrig bleibenden Werth der Sache (so Allg. L.R., östr., sächs., ital. G.B. und das brem. Ges. 10 %, jedoch von dem Ueberschuß über einen gewissen Werth weniger; der thür. Gerichtsgebrauch und das anhalt. Ges. nach Ssp. II, 37 33⅓ %); andre stellen alles in das richterliche Ermessen (zür. G.B. und bair. Entw.). Die letztere Lösung gewährt zwar den Vortheil, daß sie gestattet, den Fundlohn den konkreten Dienstleistungen anzupassen, aber sie öffnet andrerseits Zweifeln und Streitigkeiten Thür und Thor; außerdem ist ein fester Satz weit eher dazu angethan, zur Aufnahme der Sache, die man findet, bez. zum Suchen der verlorenen zu bestimmen. (Vgl. Dernburg § 232 A. 8). Aus diesen Gründen verdient eine gesetzliche Normirung des Fundlohns den Vorzug, und zwar erscheinen 10 % ganz angemessen, wobei, um zu verhüten, daß übermäßige Summen mühelos verdient werden, von dem Ueberschuß des Werths über 1000 M. etwa 1 % für genügend erklärt werden mag. Diesen Satz bei verlaufenem Vieh zu ermäßigen (§ 66 A.L.R. I. 9), liegt schwerlich ein ausreichender Grund vor. Für den Fall, daß die Fundsache keinen allgemeinen Werth hat, z. B. eine Hypothekenurkunde ist (vgl. den Rechtsfall in Hinschius' jurist. Wochenschrift. 1840, S. 536), ein Lotterieloos, ein Privatbrief oder dgl., muß ein Fundlohn nach freiem richterlichen Ermessen zuerkannt werden; so sächs. G.B. §. 242 und F. Hinschius a. a. O., dawider mit Unrecht Koch zu § 62 A.L.R. I. 9.

Endlich fragt sich noch, wer zur Zahlung des Fundlohns schuldig sei? Jedenfalls nicht der Verlierer als solcher, und auch nicht dieser ausschließlich, sondern derjenige, welcher die Sache zurückempfängt (vgl. Gruchot VI S. 458), also auch z. B. der Bestohlene (Entsch. des Ob.-Trib. zu Berlin XXII S. 130—133), dagegen niemand, wenn die Sache zu Grunde gegangen ist.

5. So lange weder ein Empfangsberechtigter sich gemeldet hat, noch die Aufgebotsfrist verstrichen ist, bestimmt sich die Rechtsstellung des Finders nach den allgemeinen Regeln vom Besitze und von der negotiorum gestio. Insbesondere entscheidet sich darnach, ob er als juristischer Besitzer gelten darf, weil er — nach Art eines sog. indirekten Stellvertreters — den Willen hat, einstweilen ausschließlich über die Sache zu herrschen, bei Meldung eines Berechtigten aber diesem den Besitz herauszugeben (so Mandry Archiv für civ. Pr. 63 S. 1 ff.), oder ob er als bloßer Detentor aufzufassen und nur als solcher (etwa mit einer condictio possessionis, Seuffert's Archiv XXXIII, 307) zu schützen sei.

Ist aber das Aufgebot fruchtlos verlaufen, so muß nunmehr die Sache dem redlichen Finder zu Eigenthum zufallen. In der Verfolgung dieses Ziels ist die neuere Theorie und Gesetzgebung einig; jedoch die Wege, auf denen man dahin zu gelangen sucht, sind sehr verschieden. Häufig hat man eine Ersitzung der Sache durch den Finder angenommen, die bald von vornherein, bald nach fruchtlos gebliebenem Aufgebot beginnen sollte (so z. B. das östr. G.B., bair. Ges., Thibaut, Ries p. 95 u. a. m.).

Allein abgesehn davon, daß es zu einer Ersitzung am Titel und vor Ablauf der Aufgebotsfrist auch am guten Glauben fehlt, ist das Erforderniß mehrjähriger Besitzesdauer offenbar unpraktisch.

Nicht haltbarer ist die jetzt von den meisten vertretene Lehre, daß durch gerichtlichen Präklusionsbescheid die Sache für herrenlos erklärt, und dadurch der Finder zum Erwerb durch Okkupation in den Stand gesetzt werde. Delbrück S. 46. 47. hat dies unter Zustimmung von Schütze (im Archiv f. pr. R.W. N. F. II S. 376) dahin ausgebildet, daß der Finder zunächst eine doppelte, alternativ bedingte Absicht habe, nämlich, wenn der Eigenthümer ermittelt werde, die Sache zurückzugeben, wenn aber nicht, sie als Okkupant zu behalten, und daß folglich mit Erfüllung der letzteren Bedingung ein Eigenthumserwerb ex tunc zu Tage trete. Auf dieser Auffassung ruht offenbar auch die Bestimmung des Sächs. G.B. im Titel von der Zueignung: „wer eine verlorene Sache findet und an sich nimmt, erwirbt das Eigenthum, wenn" u. s. w. Deßgleichen wird Okkupation angenommen vom bair. Entw., (Motive S. 51: Die Sache muß als eine vom Eigenthümer verlassene, mithin herrenlose, betrachtet werden, welche durch Occupation Eigenthum des Finders geworden ist); vom Hess. Entw., von Bornemann a. a. O. S. 15. Koch zu § 55 A.L.R. I. 9, und in den Motiven des preuß. Ausf. Ges. zur C.P.O. (mit den Worten: Können solche Rechte nicht mehr geltend gemacht werden, so ist der Finder im Stande, durch Besitznehmung Eigenthum zu erwerben.) Gimmerthal will gar die fingirte Herrenlosigkeit aus der letzteren Theorie mit der Ersitzung aus der ersteren zu einer Erwerbsart combiniren! Aber zunächst ist jene Annahme einer doppelten Absicht des Finders offenbar gekünstelt, und sodann würde bei Herrenlosigkeit der Sache immer der nunmehrige erste Okkupant, und nur dieser, Eigenthum erwerben. Es ist aber vielmehr dahin zu zielen, daß der Finder als solcher, (ohne neuen Okkupationsakt), und unter Umständen andre Personen an seiner Statt Eigenthümer werden.

Nach manchen Gesetzen soll nun das Eigenthum dem Finder durch einen Zuschlag von Seiten des Gerichts erworben werden. So nach Allg. Landrecht und dem braunschw. Gesetz, während das anhaltische in allen Fällen öffentlichen Verkauf der Sache mit Wirkung des Eigenthumserwerbs für den dritten Ersteher anordnet. Allein der Zuschlag ist offenbar gar kein selbständiger Erwerbsgrund. Der Richter kann nur aus dem Grunde zuschlagen, weil die gesetzlichen Voraussetzungen für das Erlöschen des bisherigen Eigenthums und die Entstehung eines neuen erfüllt sind, so daß sich als der eigentliche Erwerbsgrund hier das Gesetz herausstellt. Wenn dem aber so ist, so erscheint es als unzweckmäßig, noch einen richterlichen Zuschlag einzuschieben, weil der Richter nicht in der Lage ist, das

Vorhandensein aller gesetzlichen Voraussetzungen, insbesondere der bona fides des Finders, mit Sicherheit zu übersehn. Daher ließ denn auch das Allg. Landr. in vielen Fällen die Wirkung dieses Zuschlags wieder wegfallen, und gerade um dieser und anderer Uebelstände willen hat das preuß. Ausf. Gesetz zur C.P.O. § 23 es vorgezogen, den Zuschlag überhaupt abzuschaffen. Dieselben Bedenken treffen auch die vom anhalt. Gesetz beliebte Uebereignung an den meistbietenden Käufer, wobei insbesondere noch die Nothwendigkeit eines Verkaufs, auch wenn der Finder die Sache selbst zu behalten wünscht, wenig ansprechend ist.

Das Richtige ist gewiß, hier an die Grundsätze des älteren deutschen Rechts von der Verschweigung wieder anzuknüpfen, bei welcher nicht eine fortgesetzte Rechtsausübung auf Seiten des Erwerbers, sondern nur eine Unthätigkeit des bisher Berechtigten erfordert wird, und nicht, wie bei der Ersitzung der Erwerb auf der einen Seite als das primäre, und der Verlust auf der andern als dessen Folge gilt, sondern umgekehrt aus dem Erlöschen des bisherigen Rechts ein neues für den Gegner hervorgeht. Dieß Wesen der Verschweigung ist am eingehendsten nachgewiesen von v. Platner, Ueber die historische Entwicklung des Systems des deutschen Rechts II Marb. 1854, S. 216 ff. u. S. 230 ff.; und von Unger, System des österr. Privatr. II § 104 S. 278 ff.; vgl. auch die daselbst angeführten Schriftsteller. Das Institut der Verschweigung hat sich praktisch erhalten beim Näherrecht (Unterholzner, Verjährungslehre II § 251 S. 277), bei der sog. Tabularersitzung des östreichischen G.B. § 1467 (vgl. Unger a. a. O.), bei der nach hamburgischem und andern Partikularrechten geltenden Erlöschung des Rechts zum Widerspruch gegen eine Auflassung, wenn derselbe binnen Jahr und Tag nicht erklärt worden ist, (vgl. Stobbe in den Jahrb. f. Dogm. XII S. 236—237), und namentlich bei dem Recht der Strand- und Seefundsachen.*) Für die letztere ist es durch die R.Strd. Ordnung §§ 27. 28. 35 von neuem bestätigt worden. Aber auch die Landfundsachen sind demselben Prinzip zu unterwerfen, wie dies namentlich bereits von Unger (a. a. O. und in den Kritiken der Entwürfe eines bürgerlichen Gesetzbuchs für das Königreich Sachsen, Wien 1853 S. 178 ff. und Leipzig 1861 S. 110) befürwortet worden ist. Allerdings gehört nun zur Verschweigung stets eine gewisse Publizität der dem Berechtigten gegebenen Veranlassung zur Geltendmachung seines Rechts, aber diese Publizität ist eben in dem obrigkeitlichen Aufgebot zur Genüge enthalten, (vgl. Unger a. a. O. und Albrecht Gewere S. 122). Folglich ist es nur eine Wiederherstellung altdeutscher Rechtsgedanken, wenn man mit dem

---

*) Die Zusammenstellung dieser Fälle verdanke ich meinem Collegen Brunner.

fruchtlosen Verlauf der Meldungsfrist das bisherige Eigenthum kraft Gesetzes erlöschen läßt. Damit verbindet sich dann gleichzeitig die Entstehung eines neuen Eigenthums, welches dem ehrlichen Finder als Belohnung seiner Mühwaltung gebührt. Derselbe wird Eigenthümer kraft einer besondern, originären Erwerbsart, welche negativ eine Verwirkung des bisherigen unermittelt gebliebenen Eigenthümers, zugleich aber positiv auf Seiten des Finders gewisse Leistungen zur Erhaltung der Sache und Ermittlung des Verlierers voraussetzt; (so mit Recht Hofmann in Grünhut's Zeitschrift für Privat- und öffentliches Recht I S. 451 und Stobbe Handbuch II § 149 Anm. 19; vgl. auch Grassl in Haimerls Magazin für Rechts- und Staatswissenschaft VII Nr. 4 S. 86 ff). Dieser Erwerb vollzieht sich daher nicht ex tunc, sondern ex nunc, (hierfür entscheidet sich, obwohl vom Standpunkt der Occupationstheorie aus, in einem interessanten Falle auch das Erk. des Ob. Trib. zu Berlin vom 17. März 1859 im Just. Min. Bl. S. 139, Koch zu § 49 A.L.R. I. 9.), aber einer neuen Besitzhandlung bedarf es zu dem Erwerbe nicht. Diese Auffassung ist denn auch im wesentlichen bereits verwirklicht im G.B. von Zürich § 629 (Wird der Besitzer nicht entdeckt, so fällt der Fund dem Finder zu Eigenthum zu) und in dem bremer Fundgesetz, (Wer — — abgeliefert resp. — — angemeldet hat, erwirbt nach Ablauf der — — Fristen das Eigenthum der von dem Empfangsberechtigten nicht abgeforderten Sache;) nur daß das letztere unfolgerichtig, wenn die Sache an die Polizeibehörde abgeliefert war, noch die Rückgabe an den Finder zur Voraussetzung des Eigenthumserwerbes erhebt. Ebenso bestimmt das ital. GB. art. 717 kurzweg: Passati due anni, senza che si presenti il proprietario, la cosa . . appartiene a chi l'ha ritrovata.

Es bleiben nun noch einige besondere, den Eigenthumserwerb betreffende Punkte zu erörtern.

a) Es ist nach dem preuß. Ausf. Ges. zur C.P.O. § 23 in Frage gekommen, ob das von dem Finder zu erwerbende Recht etwa als ein bloß relatives Vorzugsrecht gegenüber dem präkludirten Verlierer aufzufassen, daneben aber das Eigenthum des letzteren als fortbestehend anzuerkennen sei, Dernburg Lehrb. (3te Aufl.) I § 232 A. 15. Die Veranlassung dazu liegt in einer Aeußerung der Motive zu jenem Gesetz, welche wörtlich, (der Abdruck bei Dernburg ist nicht genau), folgendermaßen lautet:

> Können solche Rechte (des unbekannten Verlierers oder Eigenthümers) nicht mehr geltend gemacht werden, so ist der Finder im Stande, durch Besitznehmung Eigenthum zu erwerben, die

> Armenkasse, welche ihren Anspruch auf einen Theil des Fundes behält, im Stande, jeden Anspruch auf den ihr von dem Finder überlassenen Theil des Fundes zurückzuweisen. Es wird dabei angenommen, daß das Ausschlußurtheil nur demjenigen, welcher dasselbe ausgebracht hat, und dessen Rechtsnachfolgern zu Statten kommt, und daß der Armenkasse, welche den Besitz der Sache nur von dem Finder erlangen kann, nur ein Anspruch auf Herausgabe gegen den Finder zusteht.

Es steht nun aber die Annahme eines für den präkludirten Verlierer fortdauernden Eigenthums vor allem mit den Worten des Gesetzes selbst in direktem Widerspruch, da letzteres bestimmt, daß außer der Bereicherungsklage „jedes weitere Recht des Verlierers oder Eigenthümers" ausgeschlossen werden soll. Es wäre ferner jene Rechtsschöpfung eines bloß relativen Vorzugsrechts für den Finder und damit eines doppelten Eigenthums an der Sache ebenso neu als unpraktisch und daher in einem Reichsfundgesetz auf keinen Fall nachzubilden. Es scheint aber auch, daß in Wahrheit jene Motive selbst gar nicht beabsichtigt haben, eine solche Theorie aufzustellen.

Die oben gesperrt gedruckten Worte der Motive: „Es wird dabei angenommen" bis „zusteht" dürften richtig vielmehr dahin zu deuten sein, daß das Eigenthum fortan nur noch dem Finder und dessen Rechtsnachfolgern, dagegen nicht mehr, wie nach dem Allg. Landr., zum Theil der Armenkasse zufallen, sondern diese letztere auf einen persönlichen Anspruch an den Finder beschränkt sein solle. Bei dieser Auslegung würden also die fraglichen Worte nicht, wie Dernburg annimmt, den Eigenthumserwerb des Finders, sondern nur den der Armenkasse verneinen sollen! — Ebenso wenig aber ist in dem Schlußsatz desselben Abschnitts der Motive ein Ausdruck jener Theorie zu finden. Derselbe lautet:

> durch die Beschränkung des Ausschlußurtheils auf die Person des unbekannten Verlierers oder Eigenthümers wird gleichfalls in Uebereinstimmung mit den landrechtlichen Vorschriften, dem Antragsteller, welcher mala fide handelt, jeder rechtmäßige Erwerb der Sache abgeschnitten.

Mit diesen Worten soll gewiß nichts anderes gesagt sein, als daß das Urtheil, welches nicht mehr, wie früher, dem Finder die Sache zuschlägt, sondern nur negativ den Eigenthümer ausschließt, nun auch gestatte, den Eigenthumserwerb des Finders nach allgemeinen Prinzipien zu beurtheilen, also nur bei dem redlichen Finder anzuerkennen. Bei dieser Auslegung verschwindet also auch für das geltende Recht jeder Anlaß, das Eigenthum des Finders in ein bloß relatives Vorzugsrecht gegenüber dem Verlierer umzuwandeln.

b) Nach einzelnen Landesrechten (Allg. Landr., sächs. thür. Recht bei Heimbach a. a. O.) erhält neben dem Finder noch eine andere Person, insbesondere die Armenkasse des Fundorts, einen Antheil der Sache. Verdient dieß beibehalten zu werden? Die Frage ist zu verneinen. Die Ueberweisung an die Armen geschah früher wie eine Art Nothbehelf, so lange man in der Person des Finders weder die Obligation aus der Geschäftsführung ohne Auftrag, noch den Eigenthumserwerb zu begründen wußte. Je mehr sich aber die geschichtliche Entwicklung der Gegenwart nähert, desto ausschließlicher tritt der Finder als Eigenthumserwerber auf. Außerdem ist die Theilung mannigfach unbequem. Läßt man, wie das Allg. L.R., Miteigenthum entstehn, so kann sowohl die Quotenbestimmung (vgl. §§ 46. 47 A.L.R. I. 9!), als auch die Auseinandersetzung der Miteigenthümer zu Schwierigkeiten führen. Spricht man dagegen der Armenkasse, wie das preuß. Ausf. Ges. zur C.P.O., nur eine Forderung gegen den Finder zu, so ist wieder deren Verwirklichung allzu sehr von der Persönlichkeit des letzteren abhängig. Das einfachste und gerechteste ist es, die Sache regelmäßig dem Finder allein zuzusprechen, für den Fall aber, daß er durch Versäumung der Anzeigepflicht sein Recht verwirkt oder freiwillig darauf verzichtet hat, die Armenkasse an seine Stelle treten zu lassen. Dies ist im wesentlichen auch der Inhalt der meisten neueren Gesetze; (vgl. bair., braunschw. und koburg. Fundgesetz, züricher und sächs. G.B; Strd. Ordnung und bair. Entw.); das östr. und das ital. G.B. berufen die Armenkasse auch dann nicht, wenn der Finder die Anzeige unterlassen hat.

Hier fragt es sich nun aber auch, wie es zu halten sei, wenn der Finder zwar der Anzeigepflicht genügt, aber weiterhin die ihm bekannt gewordenen Spuren des Verlierers verheimlicht und also bei Ablauf der Aufgebotsfrist sich in mala fide befunden hat? In solcher Unterdrückung von Thatsachen kann unzweifelhaft ein Betrug liegen. Um so mehr ist auch civilrechtlich, wie schon nach dem Allg. L.R. (vgl. Dernburg I § 232 A. 16), anzunehmen, daß ein solcher unredlicher Finder das Eigenthum nicht erwirbt. Für einen solchen Fall kann wiederum die Armenkasse an Stelle des Finders berufen werden. Noch mehr empfiehlt es sich aber, das Eigenthum des bisher Berechtigten, der hier in Wahrheit nicht völlig unbekannt geblieben ist, einfach fortdauern zu lassen, diesem also die Klage unter Nachweis der Arglist des Finders nach wie vor zu gestatten.

c) Nunmehr läßt sich auch die oben vorbehaltene Frage nach der Nothwendigkeit eines obrigkeitlichen Ausspruchs über Verlauf und Wirkung des Aufgebotsverfahrens erledigen. Das Allg. L.R. verlangte bekanntlich ein richterliches Zuschlagsurtheil (so auch das braunschw. Ges. u. a. m.), das preuß. Ausf.-Ges. zur C.P.O. begnügt sich mit einem „Ausschlußurtheil", die meisten andern Gesetze, soweit sie überhaupt das Eigenthum des Verlierers erlöschen lassen (sächsisches, züricher G.B., brem. Ges., bair., hess. Entwurf), haben auch den Präklusionsbescheid abgeschafft, und die Strd.-Ordnung sagt sogar ausdrücklich: Ein Ausschlußbescheid wird nicht erlassen.

Offenbar besteht nun der Zweck eines obrigkeitlichen Bescheides nicht in der Schaffung eines Rechtsgrundes für den Eigenthumserwerb des Finders, sondern in einer formellen Konstatirung des fruchtlos gebliebenen Aufgebots als der Voraussetzung, an welche das Gesetz den Eigenthumsverlust bez. Erwerb geknüpft hat. Ueber diesen Zweck geht aber ein Zuschlag der Sache entschieden hinaus; er enthält eine Eigenthumsübertragung oder doch mindestens eine Feststellung des nunmehrigen Eigenthums, zu welcher doch die Behörde, wie schon oben S. 57 bemerkt wurde, gar nicht im Stande ist.

Diese Bedenken treffen nun freilich ein bloßes Ausschlußurtheil nicht. Aber auch dieses ist zunächst überflüssig, da es nur besagt, was ohnehin klaren Rechtens ist. Es bezieht sich zudem nur auf die eine Seite des Verhältnisses (die Verschweigung), die sich eben so gut, wie die andre, kraft bloßen Rechtssatzes erledigen würde. Dabei verursacht es jedenfalls Mühe und Kosten, die besser zu sparen sind. Endlich aber kann ein Ausschluß des Eigenthümers bez. Verlierers unter Umständen ganz zwecklos, ja sinnwidrig sein; ersteres dann, wenn die Sache nur für den Verlierer, aber für keinen Dritten Werth hat, wie eine Beweisurkunde, ein Privatbrief; letzteres in dem Falle, wo etwa, nachdem der Finder auf die Sache verzichtet hat, der angebliche Eigenthümer selbst, weil er seine Legitimation nicht führen konnte, das Aufgebot beantragt hat (vgl. Koch zu § 58 A.L.R. I. 9). Aus allen diesen Gründen erscheint es rathsam, auch den Präklusionsbescheid hier ebenso, wie dies bei andern Materien, z. B. im Konkurse, bereits geschehen ist, fallen und sowohl den Verlust als den Erwerb des Eigenthums unter den gesetzlichen Vorbedingungen ipsa lege eintreten zu lassen. Für den Fall aber, daß der Antragsteller ein Interesse daran hat, über den Verlauf des Aufgebots und die unterbliebene Anmeldung fremder Eigenthumsansprüche eine Bescheinigung zu erhalten (z. B. wenn ein Arbeiter einen werthvollen Schmuck gefunden hat, den ihm ohne Legitimation nicht leicht Jemand abkaufen würde), mag die Verpflichtung der Behörde ausgesprochen werden, auf Verlangen ein Attest über jene Thatsachen auszustellen.

d) Nach Uebergang des Eigenthums an den Finder kann ein Anspruch des Verlierers offenbar nur in engen Gränzen zugelassen werden. Das Allg. Landrecht durchbricht hier unter Umständen sogar das Prinzip der durch den Zuschlag erfolgten Eigenthumsgewährung (§ 52 I. 9) und giebt in andern Fällen dem Verlierer eine dreißigjährige Bereicherungsklage gegen Finder und Armenkasse. Nicht so weit geht das bremer Fundgesetz, indem es dem Verlierer nur drei Jahre lang die Wiederauslösung der Sache aus den Händen des Finders (condictio rei) gestattet. Noch andre lassen nur eine Bereicherungsklage zu (braunschw. Ges. und Strd.O.), manche kennen einen nachträglichen Anspruch des Verlierers überhaupt nicht (sächs. und züricher G.B., bair. Entw.). Am angemessensten erscheint es, nach dem Vorgang der Strd.O. § 28 Abs. 2 zu bestimmen, daß derjenige, welcher zufolge des Aufgebots das Eigenthum erworben hat, bei nachträglicher Geltendmachung versäumter Ansprüche nur in so weit, als er sich dann im Besitze der Sache noch befindet oder durch den aus derselben gelösten Werth noch bereichert ist, dem Berechtigten zur Entschädigung verpflichtet bleibt. Diese Verpflichtung dürfte außerdem zeitlich, etwa auf ein Jahr zu beschränken sein.

6. Möglich ist endlich noch sowohl bei dem Anspruch auf Fundlohn als bei dem auf das Eigenthum der Sache eine K o l l i s i o n zwischen mehreren, die bei dem Funde zusammengewirkt haben. Auch hierüber enthalten die Gesetze mannigfache Vorschriften, z. B. das Allg. L.R. I, 9 §§ 67—69, und 9—13, das östr. G.B. § 394, das sächs. G.B. § 241.

Haben mehrere die Sache zugleich gefunden und in Gewahrsam genommen, so sind unbedenklich auch die Finderrechte ihnen gemeinsam zu gleichen Theilen zuzusprechen. Fraglich aber wird die Entscheidung, wenn der Entdecker und erste Okkupant verschiedene Personen waren, wie dieß besonders in dem berühmten Schatzfalle aus der Praxis des Berliner Ober-Tribunals (Striethorst, Archiv LVII S. 323—335 und kürzer in den Entsch. LIV S. 33—44) zutraf und in gewissen Vexirfällen der Theorie (Jhering, Civilrechtsfälle Nr. LXVI, Gruchot VI S. 459 a. E.) angenommen ist. Beim Schatze stellen jetzt die meisten mit Recht die Ansicht auf, daß dem Entdecker der Vorzug vor dem Okkupanten gebühre; so nach dem Vorgang von Dernburg in der Heidelb. krit. Zeitschr. I S. 148 und Lehrb. I § 233 z. B. Windscheid, Lehrb. § 184 A. 9, Heydemann, Einl. in das preuß. Civilr. II S. 17 u. a. m. Der entscheidende Grund beim Schatze ist, daß derselbe als donum fortunae (l. 63 § 1 D. d. a. r. d.

41, 1) von Rechtswegen dem Entdecker, ei qui invenit, zur Hälfte zufällt, und die Besitzergreifung hier nur als Ausübung, nicht als Erwerb des Eigenthums erscheint. Ganz so einfach steht es nun beim Funde insofern nicht, als hier noch die Möglichkeit einer Ermittelung des Verlierers vorausgesetzt, und daher zum Erwerb von Seiten des Finders außer der Auffindung der Sache noch eine vorgängige Aufnahme, Sicherstellung und Aufbietung derselben verlangt wird. Es ist also eine doppelte Grundlage, auf welcher der Erwerb des Finders ruht, und dadurch allerdings eine Schwierigkeit begründet, falls das eine Moment, die Findung, von dieser, das zweite, die Aufnahme u. s. w. von jener Person verwirklicht worden ist. Das östr. G.B. betrachtet nun denjenigen, „welcher zuerst die Sache entdeckt und nach derselben gestrebt, obgleich ein andrer sie früher an sich gezogen hat", nur als „Mitfinder"; das sächs. G.B. dagegen erklärt als „Finder" (also wohl als alleinigen Finder) auch denjenigen, „welcher den verlorenen Gegenstand zu ergreifen im Begriff war, selbst wenn ein andrer ihn daran hinderte, um ihm den Gegenstand zu entziehen". Wenn man es nicht vorzieht, diese praktisch ziemlich seltene Frage der wissenschaftlichen Feststellung des Begriffs „Finden" zu überlassen, wird man unterscheiden müssen, je nachdem jemand nur in Folge der von einem andern gemachten Entdeckung diesem in der Besitzergreifung zuvorgekommen ist, oder aber unabhängig von dem ersten Finder die Sache auch seinerseits gefunden und dann früher als dieser in Gewahrsam genommen und angezeigt hat. Bei dem letzteren Falle treffen in der Person des zweiten Finders, und nur in dieser, alle rechtlichen Bedingungen zu; daher bedarf es keiner Vorschrift im Gesetze, daß ihm allein die Finderrechte gebühren. Für den ersteren Fall dagegen empfiehlt es sich, durch eine ausdrückliche Bestimmung dem Entdecker die Finderrechte zu sichern und somit den Okkupanten, der ihn verdrängt hat, auszuschließen.

Zum Schluß sei nur noch hervorgehoben, daß bekanntlich abweichend von andern gefundenen Sachen der Schatz behandelt zu werden pflegt. Diese Verschiedenheit ist nicht bloß im Rechtsbewußtsein der Gegenwart eingebürgert, sondern auch sachlich wohl zu rechtfertigen. Daher empfiehlt es sich, sie beizubehalten, und eben darum ist der Schatz hier nicht mit in den Kreis der Betrachtung gezogen worden.

Deßgleichen erscheint eine abweichende Behandlung nach dem Vorgang des Reichspostgesetzes § 26 und der bisherigen oben S. 49 erwähnten Praxis der deutschen Eisenbahnen bei solchen Gegenständen rathsam, die im örtlichen Bereich einer größeren Verkehrsanstalt (Post, Eisenbahn, Pferdebahn, Dampfschiff u. dgl. m.) zurückgelassen werden. Hier dürfte statt der Anzeige bei der Polizei eine solche bei der Direktion des betreffenden Unternehmens vorzuschreiben sein. Für den Fall, daß bei dieser trotz der durch das Betriebs-Reglement geordneten Aufbewahrung und Bekanntmachung sich niemand gemeldet hat, empfiehlt es sich, die Sache, falls sie von einem Beamten der Anstalt gefunden wurde, zu Gunsten der Unterstützungskasse derselben verkaufen, andernfalls nach den allgemeinen Regeln dem Finder zufallen zu lassen.

## IV.

# Gutachten des Herrn Staatsanwalt Dr. Daude zu Berlin

über die Frage:

Wie ist die Behandlung der Fundsachen civilrechtlich einheitlich zu regeln?

---

### Inhalt.



Die Lehre vom Finden verlorener Sachen ist in den verschiedenen Rechtsgebieten des Deutschen Reiches bisher so verschiedenartig gestaltet, daß eine einheitliche Regelung derselben nicht ohne erhebliche Schwierigkeiten wird vorgenommen werden können.

Während es einerseits für eine große Reihe von Gebieten an positiven partikularrechtlichen Vorschriften über die Behandlung der Fundsachen überhaupt fehlt, und es hier lediglich der Praxis und Wissenschaft überlassen geblieben ist, in dieser Beziehung gewisse allgemeine Grundsätze im Anschluß an das römische oder alte deutsche Recht aufzustellen, haben andererseits die Gesetzgebungen einer großen Anzahl deutscher Staaten es nicht unterlassen, die Lehre vom Fundrecht bis in das kleinste Detail hinein durchzuarbeiten und gesetzlich zu fixiren. Wesentlich bestimmend und grundlegend sind zwar auch für die Partikulargesetzgebungen die Vorschriften des römischen und — wie für das preußische Allgemeine Landrecht — des älteren deutschen Rechts gewesen, doch sind diese letzteren in den einzelnen

Staaten durchgängig mit willkürlichen Zusätzen und Sonderbestimmungen gemischt worden, so daß in der That in allen den verschiedenen Rechtsgebieten und Ländern des Deutschen Reiches verschiedene, oft in den wesentlichsten Punkten von einander abweichende Grundsätze gelten.

Das deutlichste Bild dieser Vielgestaltigkeit der Lehre vom Fund bietet der in der preußischen Monarchie gegenwärtig bestehende Rechtszustand.

Hier regelt sich die Behandlung der Fundsachen im Geltungsbereich des Allgem. Landrechts nach den Vorschriften des Tit. 9 Theil I desselben in Verbindung mit den durch § 23 des preuß. Ausf.-Ges. zur Civilprozeßordnung vom 24. März 1879 bewirkten Ergänzungen und Abänderungen; hier hat im Geltungsgebiet des Code civ. in Ergänzung des Art. 717 desselben Wissenschaft und Praxis die Rechte an gefundenen Sachen besonders fixirt; hier gelten in den Gebieten des gemeinen Rechts im Wesentlichen unberührt die Grundsätze des römischen und älteren deutschen Rechts; hier haben endlich in Ermangelung partikularrechtlicher Bestimmungen in Hannover, Kurhessen, Schleswig-Holstein, Nassau und Frankfurt a. M. althergebrachte gewohnheitsrechtliche Vorschriften über die Behandlung von Fundsachen bis zum heutigen Tag ihre Geltung behalten.

Nicht minder mannigfaltig sind auch in den übrigen deutschen Staaten die das Fundrecht regelnden Bestimmungen.

Es wird daher zweckmäßig und erforderlich sein, zunächst eine Uebersicht des gegenwärtig im Deutschen Reich bestehenden Rechtszustandes zu geben.

Bei den alsdann für eine einheitliche Regelung des Fundrechts zu machenden Vorschlägen soll zunächst der Fund im engeren Sinne, d. h. das Finden verlorener Sachen und alsdann der Schatzfund insbesondere berücksichtigt werden. Daran soll sich dann die Erörterung einiger besonderer Arten des Findens und endlich eine Zusammenstellung der für die einheitliche Regelung des Fundrechts vorzuschlagenden positiven Bestimmungen schließen.

---

## § 1. Der gegenwärtige Rechtszustand.

Es sind hier vor Allem die Vorschriften des gemeinen Rechts, die Gesetzgebungen der Königreiche Preußen, Bayern und Sachsen, der Herzogthümer Braunschweig und Anhalt und der freien Stadt Bremen, sowie das im Geltungsgebiet des Code civ. und in den neuerworbenen Landestheilen Preußens (Hannover, Kurhessen, Schleswig-Holstein, Nassau und Frankfurt a. M.) bestehende Recht zu beachten.

## I. Gemeines Recht.

A. Ueber das Fundrecht im engeren Sinne, d. h. das Finden verlorener Sachen — im Gegensatz zum Eigenthumserwerb am Schatze — finden sich in den römischen Rechtsquellen nur wenige Andeutungen. Aus denselben geht hervor, daß der Verlierer nur des Besitzes, nicht aber des Eigenthums der Sache verlustig geht, und daß ihm gegen den Finder die dinglichen Klagen auf Rückgabe der Sache zustehen. Der Finder, welcher dem Herkommen gemäß den Fund öffentlich bekannt zu machen hat, ist zur Rückgabe der Sache an den Eigenthümer verpflichtet, wenn dieser innerhalb der Verjährungsfrist sich meldet. Die Forderung eines Fundgeldes gilt nicht für anständig, und von einem Eigenthumserwerb ist vollends nicht die Rede. Das ältere deutsche Recht verpflichtete den Finder zur Aufbewahrung der Sache und gab ihm dafür einen Anspruch auf Erstattung der von ihm aufgewendeten Kosten und auf ein Fundlohn und schrieb zur Ermittelung des unbekannten Eigenthümers ein Aufgebot des letzteren vor, dessen Formen sich partikularrechtlich verschiedenartig gestalteten.

Zu einem gemeinrechtlichen Abschluß ist die Lehre vom Finden verlorner Sachen bis heute noch nicht gelangt.

Delbrück[1]) hat zwar für das gemeine Recht die Theorie aufgestellt, daß der Finder den Fund der Obrigkeit anzuzeigen verpflichtet sei, der Richter eine Ediktalcitation des unbekannten Eigenthümers unter dem Rechtsnachtheil des Eigenthumsverlustes zu erlassen habe, als Folge der Präklusion Herrenlosigkeit der Sache eintreten und dadurch dem Akte des Findens die Rechtswirkung der Okkupation, also des Eigenthumserwerbs, nachträglich verschafft werden solle.

Mit Windscheid muß man sich jedoch gegen die gemeinrechtliche Geltung dieser Theorie erklären. Gemeinrechtlich kann höchstens die Pflicht des Finders anerkannt werden, die gefundene Sache an die Obrigkeit abzuliefern, und andererseits das Recht des Finders auf Rückgabe der Sache, wenn sich auf eine event. von der Obrigkeit, d. h. von der Polizeibehörde erlassene öffentliche Bekanntmachung kein Eigenthümer meldet. Eine Mitwirkung des Gerichts zur Ermittelung des letzteren, d. h. ein gerichtliches Aufgebot der gefundenen Sache findet gemeinrechtlich nicht statt; insoweit die Praxis trotzdem ein gerichtliches Aufgebotsverfahren zuläßt, ist jedenfalls daran festzuhalten, daß die Präklusion eine definitive Ausschließung des Eigenthümers zu Gunsten des Finders und einen Eigenthumserwerb des letzteren niemals aussprechen kann.[2])

---

[1]) Jahrbücher für die Dogmatik III Nr. 1.

[2]) Vgl. Daube, Aufgebotsverfahren, Berlin 1881, S. 217.

B. Dagegen hat das römische bezw. gemeine Recht die Lehre von der Erwerbung des Eigenthums an einem gefundenen Schatz klar und bestimmt geregelt.

Als Schatz wird ein seit längerer Zeit verborgener Gegenstand von Werth angesehen, dessen Eigenthümer durch die Länge der Zeit gänzlich unbekannt geworden ist: thesaurus est vetus quaedam depositio pecuniae, cujus non exstat memoria, ut jam dominum non habeat (l. 31 § 1 D. de acq. rer. dom. 41, 1). Der Schatz, welcher in eigenem oder herrenlosem Boden gefunden wird, gehört ganz dem Finder; wird er auf fremdem Grund und Boden gefunden, so gehört er zur Hälfte dem Finder, zur Hälfte dem Eigenthümer des Grundstücks; wenn Jemand absichtlich ohne Erlaubniß des Grundstückseigenthümers oder auch in dessen Auftrag nach dem Schatz gesucht hat, so fällt der letztere ganz dem Eigenthümer zu, und wenn endlich der Schatz in eigenem oder herrenlosem Boden unter Anwendung böser Künste oder anderer unerlaubter Mittel gefunden wurde, so soll nur der Fiskus das Eigenthum desselben erwerben.[1])

Von einer Verpflichtung des Finders oder Grundstückseigenthümers, durch öffentliche Bekanntmachung u. s. w. den Eigenthümer zu ermitteln, ist nirgends die Rede, und es ist deshalb auch ein gerichtliches Aufgebot eines Schatzes nach gemeinem Recht unbedingt unzulässig.

## II. Das preußische Allg. Landrecht und die dasselbe abändernden und ergänzenden Bestimmungen.

A. Fundsachen. Das Allg. Landrecht hat an die Spitze seiner ungemein detaillirten Bestimmungen den Grundsatz gestellt, daß, wer eine verlorene Sache findet, dieselbe dem Eigenthümer zurückzugeben schuldig ist. Wenn dieser unbekannt ist, so muß der Verlierer den Fund der Polizeiobrigkeit anzeigen; der Fall wird dem Gericht angezeigt und die Sache zur gerichtlichen Verwahrung angeboten. Verderbliche Sachen werden öffentlich verkauft, desgleichen solche Gegenstände, deren Aufbewahrung unverhältnißmäßige Kosten verursachen würde; der Erlös bildet alsdann das Objekt des Fundrechts. Das Gericht hat nunmehr den Fund öffentlich bekannt zu machen und den unbekannten Verlierer mittels Aufgebots, dessen Förmlichkeiten und Fristen genau vorgeschrieben sind, auf einen Termin zu seiner Anmeldung, „bei Verlust seines Rechts" vorzuladen.

Meldet sich Niemand, so hat das Gericht das Eigenthum der Sache durch Erkenntniß zuzuschlagen und zwar bei Sachen im

---

[1]) Vgl. l. 39 J. de acq. rer. dom.; l. 31 § 1, l. 63 D. h. t.; l. un. Cod. de thesauris (10, 15); l. 3 § 10. 11 D. de jure fisci (49, 14); Theod. Cod. 10, 18.

Werthe bis zu 300 M. dem Finder allein und bei Sachen von höherem Werthe dem Finder und der Ortsarmenkasse gemeinschaftlich so, daß der Finder 300 M. voraus und von dem Reste die Hälfte erhält. Der Zuschlag bleibt wirkungslos, wenn der Verlierer seinen Verlust durch öffentliche Blätter der Provinz des Gerichts bekannt gemacht hat. Meldet der Verlierer sich nach dem Zuschlag, so kann er dasjenige, um was der Finder und die Armenkasse zur Zeit noch wirklich reicher sind, fordern, wenn er ohne seine Schuld von dem Aufgebot keine Kenntniß erhalten und auch den Verlust nicht hat öffentlich bekannt machen können. Meldet der Verlierer sich vor dem Zuschlag, so muß er dem Finder auf dessen Verlangen eine Belohnung zahlen, welche $^1/_{10}$ des nach Abzug der Kosten verbleibenden Taxwerths und wenn dieser 1500 M. übersteigt, noch ein Prozent vom Ueberschuß beträgt. Der Anspruch auf das Fundgeld ist ein obligatorischer aus dem Gesetz; er fällt nur fort, wenn der Werth auf die Kosten aufgeht und wird im Uebrigen nur dann verloren, wenn der Finder die Anzeige bei dem Gericht über drei Tage verzögert. Wenn der Finder den Fund über 4 Wochen verschweigt, so wird vermuthet, daß er ein unredlicher Besitzer sei; wenn er auf Befragen des Verlierers oder dessen Bevollmächtigten den Fund ganz oder zum Theil ableugnet, so ist er ein unredlicher Besitzer und wenn er endlich auf Befragen des Richters den Fund ableugnet, so wird er als ein Dieb behandelt, d. h. wegen Unterschlagung bestraft.

B. Schatz. In Betreff des Eigenthumserwerbes am Schatze hat das A.L.R. keine wesentlichen Abweichungen vom römischen Recht konstituirt.

Unter Schätzen werden hier alle Sachen von einigem Werthe verstanden, die über oder unter der Erde verborgen liegen, insofern der Eigenthümer derselben unbekannt ist. (§ 74, I, 9.)

Wer dergleichen Sachen findet, muß davon dem Gericht des Fundortes Anzeige machen, welches wegen Aufbewahrung des Schatzes, Ausforschung des Eigenthümers und öffentlicher Vorladung desselben ebenso wie bei gefundenen Sachen zu verfahren hat. Eines Aufgebotes bedarf es jedoch nicht, wenn aus der Beschaffenheit des Schatzes selbst sich ergiebt, daß derselbe schon seit einem oder mehreren Jahrhunderten verborgen gewesen ist. Bleibt der Eigenthümer unbekannt, so gebührt der Schatz dem Finder und dem Eigenthümer oder demjenigen, welchem der Eigenthümer sein Recht übertragen hat, gemeinschaftlich nach folgenden näheren Bestimmungen: 1. Wenn der Finder zugleich Eigenthümer des Grund und Bodens oder des Gegenstandes ist, in welchem der Schatz verborgen war, so gehört ihm der letztere allein. 2. War der Finder nicht Eigenthümer, so wird der Schatz zwischen Beiden zur Hälfte getheilt, auch wenn der

Finder ein Dienstbote oder Arbeiter des Eigenthümers war. 3. Wenn ohne Bewilligung des Eigenthümers von einem Dritten nach dem Schatze besonders gesucht ist, so muß der letztere seine Hälfte dem Fiskus überlassen. 4. Dasselbe gilt, wenn der Finder zur Nachsuchung vermeintlicher Zaubermittel oder Gaukeleien sich bedient oder wenn er bei der Nachsuchung den auf Verhütung von Feuersgefahr oder von anderen gemeinen Beschädigungen abzielenden Polizeigesetzen entgegen gehandelt hat. 5. Der Eigenthümer sowohl als der Fiskus haben das Recht, von dem Finder auf fremdem Boden die eidliche Angabe seines Fundes zu fordern.

Miteigenthümer erwerben den Schatz oder die Hälfte an demselben nach Verhältniß ihrer Antheile; ist einer von ihnen zugleich der Finder, so erhält er allein die Hälfte des Finders vom Ganzen vorweg. Wenn der Schatz auf der Grenze gefunden wird, so wird das Eigenthum desselben zwischen den Grenznachbarn gleich getheilt, auch wenn der Schatz nicht gerade in der Mitte gelegen hat. Bei getheiltem Eigenthum erhält der nutzbare Eigenthümer, also der Lehnsmann oder Fideikommißbesitzer die auf den Eigenthümer fallende Hälfte des Schatzes zum freien Eigenthum. Der Nießbraucher, Pächter, und Superfiziar erwirbt den Schatz nicht, wenn er nicht etwa als Finder einen Anspruch auf denselben hat. Wird auf einem verkauften aber noch nicht übergebenen Grundstück ein Schatz gefunden, so erlangt der Käufer erst dann einen Anspruch, wenn die Gefahr auf ihn übergegangen ist. Wußte er von dem Schatze und verschwieg dies dem Verkäufer, so steht ihm nur der Antheil des Finders zu.

C. Durch die Vorschriften des § 23 des preußischen Ausführungsgesetzes zur deutschen Civilprozeßordnung vom 24. März 1879 haben die vorstehenden Vorschriften des A.L.R. (Th. I Tit. 9) erhebliche Abänderungen und Ergänzungen erfahren.[1])

Zunächst ist in Folge der Anwendung der §§ 823 ff. C.P.O. das Aufgebot von Amtswegen durch das Aufgebot auf Antrag ersetzt worden. Daraus ergab sich mit Nothwendigkeit die fernere Vorschrift, daß eine Ablieferung des Fundes oder Schatzes an das Gericht nicht mehr stattfinden soll. Die Aufbewahrung gefundener Sachen oder Schätze liegt deßhalb jetzt grundsätzlich lediglich dem Finder ob. Will derselbe sich der Aufbewahrung nicht unterziehen und sich zugleich seiner weiteren Verpflichtung gegen den unbekannten Verlierer entledigen, so kann er nach Maßgabe der Bestimmungen der §§ 214, 215 A.L.R. (I, 16) zur Hinterlegung der Sache schreiten und hierbei zugleich in die eventuelle Herausgabe derselben an den sich später meldenden Verlierer oder Eigenthümer willigen. Will

---

1) Vergl. die ausführlichere Darstellung bei Daude, Aufgebotsverfahren S. 210 ff.

der Finder dagegen seine eigenen Ansprüche auf den Fund oder Schatz geltend machen und den Ausschluß des unbekannten Verlierers mit seinen Ansprüchen und Rechten erwirken, so muß er das Aufgebotsverfahren beantragen, wobei er selbstverständlich, um nicht selbst die Aufbewahrung zu übernehmen, vorher ebenfalls die Hinterlegung veranlassen kann.

Das Aufgebotsverfahren regelt sich bei dem Funde und bei dem Schatze übereinstimmend nach den Grundsätzen des § 23 des Ausf. Ges. zur C.P.O. Die Schätze sind zwar ausdrücklich nur im Absatz 2 des § 23 erwähnt; es ergiebt sich jedoch aus der allgemeinen Bestimmung des Abs. 1 und kann auch nach den Motiven einem Bedenken nicht unterliegen, daß auch die ferneren Vorschriften des § 23 Abs. 3—6 auf das Aufgebot eines Schatzes entsprechende Anwendung finden sollen.

Im Aufgebotsverfahren erfolgt ein Zuschlag des Fundes nicht mehr. Die §§ 49 bis 56 A.L.R. (I, 9) sind aufgehoben.

Das Ausschlußurtheil wird jetzt dahin erlassen, daß dem unbekannten Verlierer oder Eigenthümer, welcher sich auf die an ihn ergangene öffentliche Aufforderung nicht gemeldet hat, nur der Anspruch auf Herausgabe des durch den Fund erlangten und zur Zeit der Erhebung des Anspruchs noch vorhandenen Vortheils vorbehalten, jedes weitere Recht desselben aber ausgeschlossen wird. (§ 23. Abs. 5 Ausf. Ges. z. C.P.O.)

Die Rechte dritter Personen, außer dem Finder, den Fund für sich in Anspruch zu nehmen (Ortsarmenkasse, Grundeigenthümer, Grenznachbarn, Lehns- und Fideikommißbesitzer, Fiskus u. s. w.), sind nach Maßgabe der bisherigen Vorschriften des A.L.R. in Verbindung mit den vorangedeuteten Bestimmungen des § 23 Abs. 5 Ausf. Ges. zur C.P.O. bestehen geblieben.

## III. Das Bayerische Recht.

A. Nach dem bayerischen Landrecht (II, 3, § 5) muß, wenn der Eigenthümer einer gefundenen Sache unbekannt ist, die „gefundene Sache öffentlich verkündigt werden, damit er sich gehörigen Orts zu melden wisse, wo inmittels das gefundene Gut in des Erfinders Händen verbleibt und nach ersessener Verjährung gar nicht mehr von ihm gefordert werden mag." Dieselben Grundsätze liegen der Verordnung vom 22. November 1815 (Reg. Bl. S. 1002) zu Grunde. Das Eigenthum gefundener Sachen, bezüglich deren der Finder die gesetzliche Anzeigepflicht beobachtet hat, fällt hiernach, wenn sie von dem Eigenthümer oder Verlierer nicht zurückgefordert werden, nach verflossener Verjährungszeit dem Finder und wenn dieser darauf verzichtet oder der gesetzlichen Anzeigepflicht nicht nachgekommen ist, dem Lokalarmenfond zu.

B. Der Schatz gehört nach bayerischem Landrecht (II, 3. 4.) zu zwei

Drittel dem Fiskus, zu ein Drittel dem Finder und dem Eigenthümer zusammen, zu ein Drittel dem Eigenthümer, wenn dieser der Finder ist oder wenn der Finder ohne Bewilligung des Eigenthümers gesucht hat; der Antheil dessen, der Zauberkünste gebraucht, fällt dem Fiskus zu.

Der bayer. Entwurf III Art. 118 ff. hat das Recht des Fiskus beseitigt und in Betreff gefundener Sachen bestimmt, daß der Finder den Fund seinerseits bekannt zu machen oder der Polizeibehörde anzuzeigen hat, worauf diese die geeignete Bekanntmachung behufs Ermittelung des unbekannten Eigenthümers anordnet. Die Sache soll, wenn der Eigenthümer sich nicht meldet, als eine verlassene dem Finder zufallen; das Fundlohn wird nach richterlichem Ermessen festgesetzt.

## IV. Das Sächsische Bürgerliche Gesetzbuch.

A. Das Sächsische Bürgerliche Gesetzbuch (§§ 239 ff.) bestimmt, daß wer eine verlorene oder sonst abhanden gekommene Sache, von welcher ihm unbekannt ist, wer ihr Eigenthümer ist, oder wer sie verloren hat, und deren Werth den Betrag eines Thalers übersteigt, findet und an sich nimmt, das Eigenthum derselben erwirbt, wenn er von Zeit des Fundes an innerhalb 4 Wochen denselben der Polizeibehörde des Fundortes angezeigt, die zuständige Behörde den Fund ein Mal und bei einem Betrage über 50 Thaler zwei Mal in einem öffentlichen Blatte bekannt gemacht, und sich von der Zeit der einmaligen oder letzten Bekanntmachung an innerhalb Jahresfrist kein zur Abforderung des Gefundenen Berechtigter gemeldet hat (§ 239). Uebersteigt der Werth des Gefundenen einen Thaler nicht, so erwirbt der Finder das Eigenthum nach Ablauf eines Jahres von der Zeit des Fundes an, ohne daß es einer Anzeige bei der Polizeibehörde oder einer öffentlichen Bekanntmachung bedarf. Meldet sich ein zur Abforderung des Gefundenen Berechtigter vor Ablauf der im § 239 bestimmten Jahresfrist, so erhält er das Gefundene gegen Erstattung der nothwendigen und nützlichen Verwendungen unter Abrechnung der von dem Finder etwa gezogenen Früchte, muß aber demselben den zehnten Theil des Werthes, welchen die Sache nach Abzug der Kosten hat, als Finderlohn geben. Bei Sachen im Werthe von über 100 Thaler ist vom Mehrbetrag nur ein Prozent zu entrichten, und wenn die gefundene Sache nur für denjenigen Werth hat, welcher sie verloren hat, so soll die Behörde den Finderlohn nach billigem Ermessen festsetzen. Im Uebrigen soll der Finder, welcher den Fund im Werthe von mehr als einem Thaler innerhalb 4 Wochen von der Zeit der Ansichnahme an bei der Polizeibehörde des Fundortes nicht angezeigt, desgleichen der Finder, welcher den Fund, wenn der Gegenstand nicht über einen Thaler beträgt, auf geschehene Nachfrage verheimlicht, keinen Anspruch auf die ihm nach den vorangeführten Bestimmungen zustehendeu Vortheile haben. An der Stelle des Finders erwirbt der Staat das Eigenthum des Gefundenen.

B. Am Schatze, d. h. an einer „eingemauerten, vergrabenen oder sonst verborgenen Sache, deren Eigenthümer wegen der Länge der Zeit nicht ausgemittelt werden kann" (§ 233), erwirbt der Finder mit dessen Besitzergreifung das Eigenthum. Der Schatz, welcher in einer fremden Sache gefunden ist, wird zwischen Finder und Eigenthümer der verbergenden Sache getheilt; der Finder ist verpflichtet, dem Eigenthümer binnen drei Tagen Anzeige von der Besitzergreifung zu machen. In Betreff des Schatzes, welcher auf der Grenze gefunden wird, gilt der Grundsatz der gleichen Theilung; wenn der Eigenthümer den Schatz unter Vornahme einer strafbaren Handlung entdeckt, so erwirbt der Staat das Eigenthum. Ist die Entdeckung in einer fremden Sache durch eine strafbare Handlung oder dadurch geschehen, daß der Finder ohne Einwilligung des Eigenthümers suchte, oder hat der Finder die ihm obliegende Anzeige in der bestimmten Zeit an den Eigenthümer der Sache unterlassen, so erwirbt der letztere auch das Eigenthum, soweit es sonst dem Finder zugefallen wäre.

Wer endlich ein Recht auf die entdeckten Sachen hat, kann eine öffentliche Aufforderung zur Ausschließung der sonst etwa Berechtigten beantragen, welche durch das Gericht des Fundortes erlassen wird. (§ 238 und § 5 E.- u. A.-V.O.)

## V. Württemberg.

Die württembergische Bekanntmachung des Ministers des Innern vom 17. Februar 1820 (Reg.-Bl. S. 6) betrifft nur den Eigenthumserwerb an gefundenen Schätzen. Der Schatz steht in der Regel zur Hälfte dem Finder, zur Hälfte dem Eigenthümer des Platzes zu, auf welchem der Schatz gefunden wurde. Die dem Finder gebührende Hälfte fällt dem Eigenthümer des Platzes gleichfalls zu:

1) wenn jener gegen den Willen des letzteren oder auch nur ohne dessen Erlaubniß den Schatz aufgesucht,
2) wenn er auf Auftrag desselben absichtlich nach dem Schatze gesucht hat,
3) wenn der Platz Staatseigenthum ist und der Finder die hiernach dem Fiskus gebührende Hälfte unterschlägt.

Der Eigenthümer des Platzes verliert seine Ansprüche an den Schatz, wenn er denselben unter Anwendung abergläubischer oder anderer verbotener Künste gefunden hat. Der Schatz wird in diesem Falle zur Strafe vom Fiskus eingezogen.

Wenn der Schatz endlich aus alten Münzen besteht, so ist derjenige, dem er zufällt, verbunden, dieselben vor allen Dingen dem Staate zur Uebernahme für das Königl. Münzkabinet gegen Vergütung ihres wahren Werthes anzubieten.

## VI. Braunschweig.

Die braunschweigische Verordnung, die gefundenen Sachen betreffend, vom 15. April 1824 (Verordnungs-Sammlung 1824 Nr. 10 S. 50) verpflichtet jeden Finder verloren gegangener Sachen, selbige dem ihm bekannt gewordenen Eigenthümer wieder zuzustellen und, wenn er dies nicht sofort thut, unter Ueberlieferung derselben der Polizeibehörde oder dem Gericht Anzeige zu machen. Die Polizeibehörde oder das Gericht muß, wenn der Eigenthümer nicht gleich auf andere Art ausfindig zu machen ist, eine öffentliche Bekanntmachung des Fundes und Vorladung des Verlierers und sonstiger Berechtigter veranlassen und für den Fall der Nichtmeldung hierbei den Verlust des Rechtes auf die gefundene Sache androhen.

Nach fruchtlosem Ablauf der Anmeldungsfrist giebt die Polizeibehörde die gefundenen Sachen an das Gericht ab, und von diesem werden die Sachen dem Finder übereignet und zugeschlagen, wofern er nicht darauf Verzicht leistet, in welchem Fall die Sachen der Armenkasse des Gerichtsortes zufallen. Eine Wiedereinsetzung in den vorigen Stand findet nur statt, wenn die verlorene Sache einen Werth von über 50 Thalern hat und der Verlierer glaubhaft macht, daß er ohne seine Schuld früher von der geschehenen Aufforderung keine Nachricht gehabt habe oder verhindert gewesen sei, seine Ansprüche anzumelden. Auch in diesem Falle erhält aber der Verlierer die gefundene Sache nur insoweit zurück, als der Finder oder die Armenkasse noch Vortheile davon besitzen.

Der Finder, welcher die vorgeschriebene Anzeige versäumt, verliert sein Finderrecht an der Sache und das etwa ausgelobte Fundlohn, auf welches er einen gesetzlichen Anspruch an und für sich nicht hat. Die Armenkasse tritt in diesem Fall in beiden Beziehungen an seine Stelle.

## VII. Anhalt.

Das anhaltische Gesetz, das Aufgebotsverfahren und einige damit zusammenhängende Gegenstände betreffend vom 10. Mai 1879 (Bd. IX der Ges.-Samml. f. Anhalt, S. 515 Nr. 526) enthält folgende das Fundrecht betreffenden Bestimmungen:

A. Gefundene Sachen, deren Eigenthümer dem Finder nicht bekannt ist, hat der letztere an die Ortspolizeiverwaltung des Bezirks, in welchem die Sache gefunden ist, oder seines Aufenthaltsorts abzugeben.

Die Polizeiverwaltung hat thunlichst den Eigenthümer zu ermitteln; wenn der Werth der Sache die Kosten trägt, auch durch ortsübliche Bekanntmachung.

Gegenstände, deren Eigenthümer auf diesem Wege nicht ermittelt werden, sind an die Kreisdirektion abzugeben. Die Kreisdirektion erläßt von Zeit zu Zeit, thunlichst in halbjährigen Fristen, öffentliche Bekanntmachungen der bei ihr eingelieferten Fundsachen mit Angabe des Fundortes und der Fundzeit, und fordert die Eigenthümer auf, die Sachen gegen Erstattung der erwachsenen Kosten abzuholen. Gegenstände, welche zweimal bekannt gemacht sind, ohne daß sich ein Eigenthümer gefunden oder legitimirt hat, sind nach Verlauf von 8 Wochen seit der letzten Bekanntmachung von der Kreisdirektion öffentlich zu verkaufen; Gegenstände, welche dem Verderben ausgesetzt sind, oder durch deren Aufbewahrung unverhältnißmäßige Kosten entstehen, können sofort verkauft werden.

Der Erlös der verkauften Sachen und gefundenes baares Geld sind demnächst nach Abzug der Kosten und eines Finderlohnes, welcher in dem dritten Theile besteht, an den Landarmenfond abzugeben.

Der Eigenthümer der Fundsache kann dieselbe nicht von demjenigen zurückfordern, welcher sie in der öffentlichen Versteigerung redlich erworben hat.

Gegen den Landarmenfond verbleibt ihm der Anspruch auf das diesem gezahlte Kapital ohne die inzwischen von demselben gezogenen Zinsen bis zum Ablauf der Verjährungszeit.

B. Bezüglich der gefundenen Schätze soll es bei den Bestimmungen des gemeinen Rechts verbleiben.

## VIII. Bremen.

Das bremische Gesetz über Anmeldung und Erwerbung gefundener Sachen vom 7. Februar 1873 enthält verschiedene Eigenthümlichkeiten, von denen hier nur hervorgehoben werden soll, daß der Erwerb des Eigenthums an gefundenen Sachen erst mit Zurückempfang der Sache von der Behörde, an welche dieselben abgeliefert werden müssen, eintritt, daß der Eigenthümer der verlorenen Sache diese selbst oder wenigstens die dem Finder gewordene Bereicherung binnen drei Jahren kondiciren kann, und daß das dem Finder zuzubilligende Fundlohn den Betrag von 100 M. nicht übersteigen darf.

## IX. Geltungsbereich des Code civil.

A. Im Geltungsbereich des Code civil ist für die Beurtheilung des Rechtes an gefundenen Sachen der Art. 717 maßgebend. Derselbe verweist wegen des Rechtes auf gefundene Gegenstände auf die bestehenden Spezialgesetze. Solche Gesetze sind aber nicht ergangen, und es ist daher der Wissenschaft und Praxis überlassen, diese Lücke der Gesetzgebung auszufüllen.

Nach der vorherrschenden Ansicht [1]) darf der Finder die gefundene Sache nicht ohne Weiteres in seinem Nutzen verwenden, er ist vielmehr verpflichtet, dieselbe dem Eigenthümer zurückzugeben, falls derselbe innerhalb der im Art. 2279 Code civ. bestimmten dreijährigen Frist die Wiedererlangung des verlorenen Gutes beansprucht und dasselbe revindicirt. Eine Anzeigepflicht des Finders besteht nicht, und ebensowenig ist der Finder verpflichtet, eine öffentliche Bekanntmachung des Fundes zu bewirken. Ein gerichtliches Aufgebot der gefundenen Sache findet ebenfalls nicht statt.

Für Lothringen ist unter dem 4. November 1872 eine Präsidialbekanntmachung erlassen, in welcher bezüglich der Behandlung der Fundsachen „auf Grund der bestehenden Bestimmungen und im Anschluß an die bisherige Uebung“ vorgeschrieben wird: Abgabe der gefundenen Sachen an die Polizeibehörde, Aufbewahrung bei den Kreisdirektionen, Bekanntmachung der Funde und Führung von Fundregistern Seitens der Kreisdirektionen, Rückgabe an den Eigenthümer, event. nach 3 Jahren an den reklamirenden Finder, event. an den Fiskus.

B. Der Eigenthumserwerb am Schatz ist im Art. 716 geregelt. Unter „Schatz“ versteht der Code civ. eine verborgene oder vergrabene Sache, welche blos zufällig entdeckt wird und an welcher Niemand ein Eigenthumsrecht darthun kann: le trésor est toute chose cachée ou enfouie sur laquelle personne ne peut justifier sa propriété et qui est découverte par le pur effet du hasard. Wer auf eigenem Grund und Boden einen Schatz findet, wird Eigenthümer des ganzen Schatzes, wer einen solchen dagegen auf fremdem Grund und Boden findet, muß sich mit dem Eigenthümer des Grundstücks in den Schatz theilen. Wer nach einem Schatze gegraben oder gesucht hat, verliert, weil er den Schatz nicht zufällig (par le pur effet du hasard) gefunden hat, seinen Anspruch auf die ihm sonst zustehende Hälfte; der ganze Schatz fällt dann dem Eigenthümer des Grund und Bodens zu. (Zachariä a. a. O. Bd. I S. 530 § 200.) Ein Aufgebot des Schatzes findet nicht statt.

---

[1]) Vgl. Zachariä, Handbuch des französ. Civilrechts. 6. Aufl., herausgegeben von Puchelt 1874. Bd. I S. 530 Anm. 4. Vgl. auch den Erlaß des französischen Finanzministeriums vom 3. Aug. 1825 (Sirey, T. 26, II, 2). Vgl. Daude, Aufgebotsverfahren S. 217.

## X. Das Recht der neu erworbenen Landestheile des Königreichs Preußen.[1])

### a. Hannover.

In Hannover bestehen — abgesehen von denjenigen Landestheilen, in welchen das preußische Recht in Geltung geblieben ist — über die Rechte des Finders an gefundenen Sachen keinerlei partikularrechtliche Bestimmungen. Bei dem Mangel derartiger Spezialgesetze ist deshalb die privatrechtliche Frage, wem ein Anspruch auf die gefundene Sache zustehe, lediglich nach den Vorschriften des gemeinen Rechts zu entscheiden.

In Betreff der formellen Behandlung der Fundsachen besteht dagegen in Hannover auf Grund der kurhannoverschen Verordnung vom 29. März 1765 (Spangenberg, Samml. der älteren hannoverschen Verordn. Th. II S. 116) und des Art. 305 des früheren hannoverschen Kriminalgesetzbuchs vom 8. September 1840 das Herkommen, daß der Finder von dem Funde der Polizeibehörde Anzeige macht und dieser Behörde zugleich die gefundenen Gegenstände zur Aufbewahrung und event. Aushändigung an den sich meldenden Eigenthümer einliefert. Die Polizeibehörde erläßt alsdann — abgesehen von anderen im einzelnen Falle zur Ermittelung des unbekannten Eigenthümers dienenden Maßnahmen — eine öffentliche Aufforderung (Aufgebot), durch welche der Verlierer aufgefordert wird, seine Ansprüche auf die gefundene Sache binnen einer, arbiträr zu bemessenden Frist geltend zu machen. Der Aufforderung wird in der Regel das Präjudiz beigefügt, daß nach Ablauf der Frist mit den gefundenen Gegenständen „den Rechten gemäß" verfahren werden würde.

Ein gerichtliches Aufgebot gefundener Sachen, geschweige denn ein sich daran anschließendes Ausschlußurtheil, durch welches etwa dem Finder das Eigenthum der gefundenen Sachen zugesprochen werden könnte, ist in Hannover nicht zulässig; die in dem Reskript des Königl. Kriegsministeriums vom 24. April 1855 (Jurist. Zeitung für das Königreich Hannover 1859 Nr. 23) ausgesprochene Ansicht, daß der Finder auch bei Gericht den Antrag auf Ediktales behufs seiner Sicherstellung gegen die Ansprüche Dritter stellen könne, ist nicht zutreffend und hat jedenfalls auf die hannoversche Praxis keinen Einfluß geübt.

In Betreff des Eigenthumserwerbs am Schatze gelten in Hannover lediglich die Grundsätze des gemeinen Rechts. Ein gerichtliches Aufgebot des Schatzes findet nicht statt.

---

[1]) Der Verfasser wiederholt hier im Wesentlichen die in seiner Schrift über das Aufgebotsverfahren S. 218 ff. gegebene Darstellung.

b. Kurhessen.

Auch in Kurhessen giebt es partikularrechtliche Grundsätze über die Rechte des Finders an gefundenen Sachen nicht.

Die formelle Behandlung der Fundsachen entspricht in Folge administrativer Anordnungen im Wesentlichen dem in Hannover herkömmlichen Verfahren. Der Finder muß den Fund der Polizeibehörde anzeigen; zu einer Ablieferung der gefundenen Sache ist er nicht verpflichtet. Auf die Anzeige des gemachten Fundes wird der unbekannte Eigenthümer von der Polizeibehörde zur Empfangnahme der gefundenen Sache binnen einer dreimonatlichen Frist öffentlich aufgefordert, nach fruchtlosem Ablauf der Frist aber wird der gefundene Gegenstand, wenn er der Behörde, wie dies gewöhnlich geschieht, vom Finder übergeben war, an diesen zurückgegeben. Wenn der Finder keinen Anspruch auf die Sache erhebt, so wird dieselbe meistbietend verkauft und der Erlös zur Staatskasse vereinnahmt.

In Betreff des Eigenthumserwerbes am Schatze kommen die römischrechtlichen Grundsätze zur Anwendung. Wer einen Schatz findet, wird Eigenthümer desselben zur Hälfte, die andere Hälfte gebührt dem Eigenthümer des Fundortes. Ist der Finder zugleich Eigenthümer des Ortes u. s. w., in welchem der Schatz sich befand, so erhält er das Ganze. Wer auf diese Art alte Münzen oder sonstige Alterthümer findet, muß davon der Verwaltungsbehörde Anzeige machen und sie auf Verlangen gegen Ersatz des Werthes an den Staat ablassen. (Verordn. vom 22. December 1780 § 6; Klauhold, Kurhess. Rechtsbuch § 341 S. 211.)

c. Schleswig-Holstein.

In Schleswig-Holstein werden gefundene Sachen nur dann von dem Finder eigenthümlich erworben, wenn der bisherige Eigenthümer seine Rechte an denselben aufgegeben hat. Nach dem holsteinischen Recht (Sachsenspiegel, Buch II Art. 37; Jütsches Low, Buch II Cap. 112), welches in Ermangelung entsprechender gesetzlicher Vorschriften auch in Schleswig zur Anwendung kommt, liegt daher allerdings dem Finder, wenn er nicht als Dieb angesehen werden will, die Verpflichtung ob, den Fund der Polizeibehörde anzuzeigen und, wenn dieser der Eigenthümer nicht bekannt ist, eine öffentliche Aufforderung an den letzteren zur Anmeldung seiner Eigenthumsansprüche und event. Empfangnahme der gefundenen Sachen zu veranlassen. Eine Mitwirkung der Gerichte, d. h. also ein gerichtliches Aufgebotsverfahren findet jedoch nicht statt.

Gold und Silber und Kleinodien, die in der Erde oder sonstwo verborgen gefunden werden (Schätze), gehören, wo das Jütsche Low (Buch II

Cap. 113) gilt, der Landesherrschaft. Wer daher einen solchen Schatz entdeckt, muß denselben der Polizeibehörde anzeigen und sich zur Ablieferung erbieten. Eine öffentliche Bekanntmachung ist für den Finder nicht vorgeschrieben, doch ist sie demselben selbstverständlich gestattet.

In Holstein, so wie da, wo das römische Recht sonst gilt, kommen dessen Grundsätze über den thesaurus zur Anwendung. (Vergl. Esmarch, Schlesw. bürg. Recht § 55 S. 136 ff.; Paulsen, Schlesw.-Holst. Privatrecht §§ 49. 50, S. 80 ff.)

## d. Nassau.

Für das nassauische Recht hat Bertram in seinem Nassauischen Privatrecht (2. Aufl.) S. 32. 33 folgende Grundsätze aufgestellt:

„Wer eine von dem Eigenthümer derelinquirte Sache findet und an sich nimmt, erwirbt das Eigenthum daran. Zur Feststellung der Dereliction und zur Abwendung der Strafe wegen Unterschlagung dient die Veranzeigung bei der Polizeibehörde und die von der letzteren ergehende Bekanntmachung.

Werden eingemauerte, vergrabene oder sonst verborgene Sachen entdeckt, deren Eigenthümer wegen der Länge der Zeit nicht ausgemittelt werden kann, so erwirbt der Finder mit deren Besitzergreifung das Eigenthum derselben. Werden sie in einer fremden Sache entdeckt, so fallen sie mit der Besitzergreifung durch den Finder diesem und dem Eigenthümer der Sache zu gleichen Theilen eigenthümlich zu. Geschieht die Besitzergreifung durch Jemand, der zur Auffuchung verborgener Sachen beauftragt war, so ist derjenige als Finder anzusehen, welcher ihn beauftragt hat. Der juristische Besitzer der Sache, in welcher die verborgenen Gegenstände entdeckt wurden, ist, wenn ihm die Sache durch eine Eigenthumsklage abgestritten wird, zur Ausantwortung des ihm als Eigenthümer zugefallenen Schatzes im Falle des redlichen Besitzes nicht verpflichtet. Der Usufructuar erwirbt nicht den Schatz und erlangt auch daran keine Nutznießungsrechte; der Schatz fällt vielmehr dem Proprietar zu. Bezüglich des Erbleihträgers gilt dasselbe, wie bezüglich des Usufructuars; ebenso bezüglich des Nutznießers einer kirchlichen Pfründe. Der Fiduciarerbe erlangt an dem Schatze dieselben Rechte wie an dem übrigen mit der fideikommissarischen Substitution belasteten Vermögen."

Ein gerichtliches Aufgebot des Fundes oder Schatzes findet nicht statt.

## e. Frankfurt a./M.

In Frankfurt a./M. werden gewohnheitsrechtlich Fundgegenstände an das Polizeipräsidium abgeliefert, welches durch öffentliche Bekanntmachung den Eigenthümer auffordert, binnen einer Frist (von gewöhnlich 14 Tagen) seine Ansprüche auf die gefundene Sache geltend zu machen, widrigenfalls die letztere dem Finder zurückgegeben werden würde. An die Stelle des die Annahme ablehnenden Finders tritt die Ortsarmenkasse. Beide werden demnächst gutgläubige Besitzer und haben als solche später nur den etwa noch vorhandenen Vortheil zu erstatten.

## XI. Ausländische Gesetzgebungen.

Von den ausländischen Gesetzgebungen sollen endlich an dieser Stelle noch die Bestimmungen des Oesterreichischen Gesetzbuchs und des Cod. civ. d'Italia eine kurze Erwähnung finden.

a. Das Oesterreichische Gesetzbuch folgt in Betreff der gefundenen Sachen darin den Grundsätzen des römischen Rechts, daß es den Finder durch die Okkupation der gefundenen Sache nur zum redlichen Besitzer derselben werden läßt und ihn zur Rückgabe an den Eigenthümer verpflichtet, wenn sich dieser innerhalb der Verjährungsfrist meldet. Der Finder ist verbunden, dem vorigen Besitzer, wenn er aus den Merkmalen der Sache oder aus anderen Umständen deutlich erkannt wird, die Sache zurückzugeben (§ 389). Ist ihm der vorige Besitzer nicht bekannt, so muß er bei Sachen über einen Gulden den Fund innerhalb acht Tagen selbst ortsüblich bekannt machen lassen und bei Sachen im Werthe von mehr als zwölf Gulden den Vorfall der Ortsobrigkeit anzeigen. Wenn die Sache nicht ohne Gefahr in den Händen des Finders gelassen werden kann, so muß dieselbe öffentlich verkauft und der Erlös hinterlegt werden. Dasselbe soll geschehen, wenn die Sache nicht ohne merklichen Schaden aufbewahrt werden kann. Im Uebrigen hat die Obrigkeit eine öffentliche Bekanntmachung des Fundes in öffentlichen Zeitungsblättern zu erlassen. Wenn sich alsdann der vorige Inhaber oder Eigenthümer der gefundenen Sache binnen Jahresfrist von der Zeit der vollendeten Kundmachung an meldet und sein Recht darthut, so wird ihm die Sache oder das daraus gelöste Geld verabfolgt, wogegen er zur Auslagenvergütung und auf Verlangen zur Gewährruug eines — im Allgemeinen 10% des gemeinen Werthes betragenden — Fundlohns an den Finder verpflichtet wird. Wird die gefundene Sache binnen Jahresfrist von Niemandem mit Recht angesprochen, so erhält der Finder das Recht, die Sache oder den daraus gelösten Werth zu benutzen. Erst nach der Verjährungszeit erlangt der Finder, gleich einem redlichen Besitzer, das Eigenthumsrecht.

Der Schatz wird als besondere Art des Fundes betrachtet; er wird zwischen Fiskus, Finder und Eigenthümer des Grund und Bodens in der

Art getheilt, daß jeder ein Drittheil desselben erhält. Das Hofkanzleidekret vom 16. Juni 1846 hat dem Fiskus das Recht auf das Drittheil wieder entzogen.

b. Nach dem Codice civile del Regno d'Italia ist der Finder zur Rückgabe der gefundenen Sache an den vorigen Besitzer verpflichtet Er muß behufs Ermittelung des letzteren dem Ortsvorstand von dem Funde Anzeige machen; der Ortsvorstand hat den Fund ortsüblich bekannt zu machen. Nach Verlauf von zwei Jahren fällt die Sache dem Finder zu, falls sich inzwischen der vorige Besitzer nicht gemeldet hat, welcher gegen Rückempfang der Sache dem Finder einen — im Allgemeinen 10% des Werthes der gefundenen Sache betragenden — Fundlohn gewähren muß.

In Betreff gefundener Schätze gelten im Wesentlichen die Grundsätze des französischen Code civ. (Tesoro è qualunque oggetto mobile di pregio, che sia nascosto e sotterrato, e del quale nessuno possa provare di essere padrone. Art. 714 Abs. 2).

## § 2. Das Finden verlorener Sachen.

Das preußische Allg. Landrecht hat an die Spitze seiner Bestimmungen über verlorene Sachen den Grundsatz gestellt, daß wer eine verlorene Sache findet, dieselbe dem Eigenthümer zurückzugeben schuldig ist. (§ 19, I, 9.) Dasselbe ist u. a. in der Braunschweigischen Verordnung vom 15. April 1824 geschehen, derselbe Grundsatz findet sich im § 389 des österreichischen Allg. bürgerl. Gesetzbuchs und auch im Art. 715 des Cod. civ. d'Italia wieder: „Chi trova un oggetto mobile che non sia tesoro, deve restituirlo al precedente possessore.“

Es wird einem begründeten Bedenken nicht unterliegen können, diese Bestimmung als Fundamentalsatz des Fundrechts auch für die spätere einheitliche deutsche Gesetzgebung beizubehalten.

Dieselbe folgt mit Nothwendigkeit aus dem bereits im gemeinen Recht ausdrücklich anerkannten Unterschied zwischen verlassenen Sachen (res derelictae) und verlorenen Sachen (res casu amissae). An verlassenen Sachen hat der bisherige Eigenthümer seine Eigenthumsrechte ausdrücklich oder stillschweigend vollständig aufgegeben; die Sachen sind herrenlose, res nullius geworden, welche, wie die Römer sagen, ratione naturali dem primus occupans zufallen. (l. 3 D. de acq. rer. dom. 41, 1: quod enim nullius est, id ratione naturali occupanti conceditur.) Anders steht die Sache mit verlorenen Gegenständen; dieselben sind dem Eigenthümer nur zufällig (casu) und wider seinen Willen abhanden gekommen;

der Eigenthümer hat nur den Besitz, nicht das Eigenthum derselben verloren. Der Finder einer solchen verlorenen oder sonst abhanden gekommenen Sache kann daher durch die Besitznahme derselben stets nur redlicher Besitzer werden; die Eigenthumsrechte des früheren Eigenthümers dauern fort und müssen so lange fortdauern, bis der Gesetzgeber einen Zeitpunkt fixirt, mit welchem dieselben aufhören sollen, und die Sache als verlassene und herrenlose dem Finder als dem primus occupans zufällt.

Die Frage, wie dieser Zeitpunkt durch die einheitliche Gesetzgebung zu fixiren sei, hängt mit der Frage nach dem Eigenthumserwerb durch den Finder auf das Engste zusammen und wird den Gegenstand einer späteren Erörterung bilden.

Zunächst ist hier nur die Verbindlichkeit desjenigen, welcher eine fremde Sache findet und an sich nimmt, festzustellen, die Sache dem Eigenthümer zurückzugeben.

Der Finder wird sich dieser Pflicht mit Leichtigkeit in allen denjenigen Fällen entledigen können, in welchen ihm der Eigenthümer der gefundenen Sache bekannt ist oder „aus den Merkmalen der Sache oder aus anderen Umständen" deutlich erkennbar wird. (österr. Allg. bürgerl. Gesetzb. § 389.)

Ob der Finder für Aufnahme und Rückgabe der Sache an den Eigenthümer eine Entschädigung, Gegenleistung oder dergleichen fordern könne, soll später erörtert werden; hier kommt es zunächst auf eine Prüfung der Frage an, ob der Finder seinerseits durch die Ansichnahme der Sache auch die Pflicht zur Ermittelung des ihm nicht bekannten und auch sonst nicht erkennbaren Eigenthümers übernehmen soll.

In bemerkenswerther Uebereinstimmung ist diese Frage von allen neueren deutschen Gesetzgebungen und ebenso z. B. von dem österr. Gesetzbuch sowie von dem Cod. civ. d'Italia bejahend beantwortet.

Schon diese Uebereinstimmung allein dürfte ausreichen, die Verpflichtung des Finders, seinerseits Schritte zur Ermittelung des Eigenthümers zu thun, auch fur das einheitlich zu regelnde deutsche Fundrecht anzuerkennen.

Hierbei bedarf es alsdann aber zugleich einer näheren gesetzlichen Feststellung, in welcher Weise der Finder dieser seiner Verpflichtung genügen soll.

Es kann unmöglich lediglich dem Ermessen des Finders überlassen bleiben, diese oder jene, vielleicht vollkommen ungeeigneten und unzureichenden Schritte zur Ermittelung des Eigenthümers zu thun und damit event. die Rechte des früheren Eigenthümers der Sache auf Rückgabe derselben illusorisch zu machen. Die Nichtermittelung des Eigenthümers muß, wie sich später ergeben wird, nothwendig bestimmte rechtliche Folgen, in der

Regel den Eigenthumserwerb durch den Finder, zur Folge haben, und schon deshalb kann zweckmäßig die Entscheidung der Frage, ob der bisherige Eigenthümer der Sache zu ermitteln war oder nicht, nicht allein in die Hände des interessirten Finders gelegt werden.

Diese Erwägung hat denn auch unzweifelhaft die meisten deutschen Gesetzgebungen dahin geführt, dem Finder nur die Verpflichtung aufzuerlegen, von dem Funde der Obrigkeit Anzeige zu machen, und alsdann dieser allein die thunlichste Ermittelung des Eigenthümers zu überlassen.

So muß der Finder nach dem preußischen A.L.R. (§ 20, I, 9) der nächsten Obrigkeit, nach § 239 des sächsischen Bürgerl. Gesetzb. der Polizeibehörde des Fundorts, nach § 18 des anhalt. Ges. vom 10. Mai 1879 der Ortspolizeiverwaltung des Bezirks, in welchem die Sache gefunden ist, oder seines Aufenthaltsorts, nach § 1 des braunschweig. Fundgesetzes vom 15. April 1824 der Polizeidirektion, dem Gericht oder dem Ortsvorsteher von dem Funde Anzeige machen, und auch in der gemeinrechtlichen Praxis sowie nach dem in Hannover, Nassau, Kurhessen und Schleswig-Holstein bestehenden Gewohnheitsrecht ist diese Anzeigepflicht des Finders allgemein anerkannt.

Dieselbe muß also unbedenklich, und zwar auch bei Sachen von geringem Werth, beibehalten werden, da von der bloßen Privatbekanntmachung des Fundes durch den Finder selbst — wie solche in einzelnen Gesetzgebungen bei Sachen von geringerem Werthe zugelassen ist — in den meisten Fällen ein ausreichender Erfolg nicht zu erhoffen ist. Der Finder ist oft überhaupt nicht im Stande, sie in genügender Weise zu bewirken, und wird sich nicht selten schon der Insertionskosten halber scheuen, den Fund in mehreren öffentlichen Blättern bekannt zu machen, was bei dem heutigen Verkehrsleben unbedingt erforderlich ist.

Welche „Obrigkeit" soll nun aber mit der Ermittelung des Eigenthümers und mit der event. weiteren Behandlung der Fundsachen betraut werden?

Die meisten deutschen Gesetzgebungen bestimmen, daß der Finder der Polizeibehörde des Fundortes von dem Funde Anzeige machen, und daß diese Behörde alsdann die Ermittelung des Eigenthümers übernehmen soll.

Konkurriren könnten mit den Polizeibehörden nur die Gerichte und, wie oben erwähnt, hat denn auch die braunschweigische Verordnung vom 15. April 1824 dem Finder die Wahl gelassen, die Anzeige bei der Polizeidirektion oder bei dem Gericht zu machen.

Nach den Bestimmungen des preußischen A.L.R. liegt die Ausforschung des Eigenthümers bezw. Verlierers sogar lediglich dem Gericht ob, da für die Polizeibehörden eine Verpflichtung zur Ausforschung des Eigenthümers nicht besteht.[1])

Es erscheint angezeigt, nach dem Vorgange der meisten deutschen Gesetzgebungen lediglich die Polizeibehörden mit der Ermittelung des Eigenthümers und der event. weiteren Behandlung der Fundsachen zu betrauen.

An und für sich kann es einem Bedenken nicht unterliegen, daß die Polizeibehörden schon im öffentlichen Interesse und ihrer ganzen Stellung im Behördenorganismus des Staates entsprechend zur Uebernahme der Ermittelung des Eigenthümers gefundener Sachen verpflichtet sind, und auch im Uebrigen erscheinen sie für die event. weitere Behandlung der Fundsachen in denjenigen Fällen, in welchen der Eigenthümer nicht zu ermitteln ist, ausreichend qualificirt.

Daß der Erlaß der zur Ermittelung des unbekannten Verlierers dienenden öffentlichen Bekanntmachung eine richterliche Thätigkeit nicht erforderlich macht und ebenso zweckentsprechend und zuverlässig von jeder anderen öffentlichen Behörde bewirkt werden kann, liegt auf der Hand. Jede weitere richterliche Mitwirkung in der Behandlung der Fundsachen wird aber ebenfalls entbehrlich, wenn man — was ohne Gefahr geschehen kann — das im preußischen A. L. R. und in dem braunschweigischen Fundgesetz aufgestellte Prinzip des richterlichen Zuschlags der gefundenen Sache aufgiebt und den Eigenthumserwerb durch den Finder lediglich mit der Thatsache des Nichtmeldens des Eigenthümers binnen einer bestimmten Frist und mit der daran sich anschließenden Aushändigung der Sache an den Finder eintreten läßt.

Auf diese Weise gelingt es zugleich, die preußischen und braunschweigischen Richter von zeitraubenden Geschäften zu befreien, welche eine eigentliche richterliche Thätigkeit überhaupt nicht erfordern. Das Bestreben der preußischen Gesetzgebung, dem Richter eine lediglich rechtsprechende Thätigkeit zuzuweisen, würde dadurch jedenfalls wesentlich unterstützt werden können.

Der Finder soll also seiner Verbindlichkeit, zur Ermittelung des Eigenthümers seinerseits beizutragen, dadurch genügen, daß er der Polizeibehörde von dem Funde Anzeige macht.

---

[1]) Nur für Schlesien ist auf Antrag des Provinziallandtages die Bestimmung vom 6. September 1841 getroffen, nach welcher die gefundenen Sachen zunächst an die Polizeibehörde abgeliefert und dort am schwarzen Brette ausgeboten werden sollen, wenn sie nicht mehr als 10 Thlr. werth sind. (Min.Bl. f. d. i. V. 1841 S. 223.) Durch die Cirkularverfügung des Ministers des Innern vom 16. Juni 1880 (M.Bl. f. d. i. V. S. 173) ist nur, um dem Verlierer die Geltendmachung seines Anspruches auf die gefundene Sache zu erleichtern, den Polizeibehörden empfohlen, da, wo besondere Verhältnisse nicht entgegenstehen, ein Verzeichniß der angemeldeten Funde an der zu Bekanntmachungen der Polizeibehörde bestimmten Stelle des Polizeilokals einen angemessenen Zeitraum hindurch auszuhängen.

Daß unter der „Polizeibehörde“ die Polizeibehörde desjenigen Bezirkes zu verstehen ist, in welchem die Sache gefunden wird, ist selbstverständlich. Ein Bedürfniß, der Polizeibehörde des Fundortes diejenige des Aufenthaltsortes des Finders gleichzustellen — wie dies in dem anhaltischen Gesetz vom 10. Mai 1879 geschehen ist — liegt nicht vor.

Nach dem Vorgange der meisten deutschen Gesetzgebungen erscheint es jedoch angezeigt, dem Finder eine bestimmte Frist zu setzen, binnen welcher er bei Verlust der ihm sonst zuzubilligenden Ansprüche auf ein Finderlohn u. s. w. seiner Anzeigepflicht genügen muß. Es ist eine solche Bestimmung nicht nur im öffentlichen Interesse zur Vermeidung von Unterschlagungen dringend geboten, sondern sie dient auch unzweifelhaft wesentlich den Interessen des Finders selbst, um ihn vor dem Verdacht der Unterschlagung zu schützen.

Die verschiedenen Gesetzgebungen haben die Anzeigefrist verschieden normirt. Nach dem preußischen Allg. Landrecht darf der Finder die Anzeige eines von ihm geschehenen Fundes nicht über 3 Tage verzögern (§ 70, I, 9), nach dem braunschweigischen Fundgesetz, nach dem bayerischen Entwurf und dem bremischen Fundgesetz beträgt die Anzeigefrist 8 Tage und nach dem sächsischen bürgerlichen Gesetzbuch ist dem Finder sogar eine 4wöchentliche Frist zur Anzeige gewährt.

Zur Bestimmung einer 4wöchentlichen Frist liegt nun sicher kein Grund vor; eine solche Frist könnte nur etwa damit begründet werden, daß man dem Finder zunächst Zeit geben wollte, seinerseits auf eigene Hand die Ermittelung des Eigenthümers vorzunehmen. Diese Ermittelung soll aber überhaupt nicht der Finder selbst, sondern der größeren Zuverlässigkeit wegen nur die Obrigkeit vornehmen, und deshalb wird es vollkommen ausreichen, eine achtägige oder — in Uebereinstimmung mit den Fristbestimmungen der neuen Justizgesetze — eine einwöchentliche Anzeigefrist festzusetzen.

Die Folgen der unterlassenen Anzeige sollen später erörtert werden.

Hier handelt es sich zunächst noch darum, gesetzliche Feststellung darüber zu treffen, wie es mit der Aufbewahrung der gefundenen Sachen bis zur Ermittelung des Eigenthümers oder bis zur anderweiten Verfügung über die Sachen gehalten werden soll.

Das preußische Allg. Landrecht bestimmt im § 23 (I, 9), daß die gefundene Sache grundsätzlich zur gerichtlichen Verwahrung angeboten und von dem Richter in redliche Obsicht genommen werden soll.

Daß damit dem Richter eine ungemein beschwerliche Geschäftslast aufgebürdet wird, versteht sich von selbst, und es ist deshalb auch in dem preuß. Ausf.-Ges. zur C.P.O. angeordnet, daß eine solche Ablieferung an die Gerichte nicht mehr stattfinden soll.

Die Gründe, welche zu dieser Anordnung des preußischen Ausführungsgesetzes führten, waren lediglich die, den Richter von einer rein polizeilichen Thätigkeit zu befreien. Sie kommen nicht in Betracht, wenn man die Behandlung der Fundsachen, wie hier vorgeschlagen ist, lediglich in die Hände der Polizeibehörden legt.

Schon im Interesse des Eigenthümers erscheint es zweckmäßig, gefundene Sachen in amtliche Verwahrung zu nehmen, wie dies unzweifelhaft auch dem öffentlichen Interesse mehr entspricht, als wenn man dem Finder allein die Verwaltung und Verwahrung der Fundsachen überläßt und ihm so zur Verminderung des Werthes durch unbefugte, unzweckmäßige Benutzung und sicherlich auch oft genug zur Unterschlagung Veranlassung und Gelegenheit giebt.

Aus diesen Gründen hat offenbar auch das anhaltische Gesetz vom 10. Mai 1879 dem Finder die Abgabe der gefundenen Sache an die Ortspolizeiverwaltung zur Pflicht gemacht, und hat sich auch in der gemeinrechtlichen Praxis sowie in den Rechtsgebieten Hannovers, Kurhessens u. s. w. das Herkommen gebildet, die Fundsachen der Polizeibehörde abzuliefern

Die Polizeibehörde ist jedenfalls am Besten in der Lage, für zweckentsprechende, den Interessen des Eigenthümers dienende Verwahrung und Verwaltung der gefundenen Sache und eventuelle Erhaltung des Werthes derselben durch amtlichen Verkauf Sorge zu tragen.

Dem Finder ist also zur Pflicht zu machen, zugleich mit der Anzeige des gemachten Fundes die Fundsachen an die Polizeibehörde des Fundortes einzuliefern.

Eine Befugniß der letzteren, für den Fall, daß der Finder „eine unverdächtige und sichere Person, nach Bewandtniß der Umstände und Beschaffenheit des Werthes, die Verwahrung der Sache ihm selbst zu übertragen" (§ 24 A.L.R. I, 9), kann nicht anerkannt werden, dagegen muß der Polizeibehörde in denjenigen Fällen, in welchen, wie z. B. bei lebenden Thieren, bei größeren oder verderblichen Sachen u. s. w., die Aufbewahrung mit besonderen Schwierigkeiten oder unverhältnißmäßigen Kosten verknüpft ist, das Recht gewahrt werden, zum Verkauf der Sachen zu schreiten.

Der Verkauf muß öffentlich unter amtlicher Kontrole durch eine zur Vornahme öffentlicher Versteigerungen befugte Person geschehen; der aus dem Verkauf erzielte Erlös muß nach Abzug der bisher entstandenen Aufbewahrungskosten ꝛc. sowie der Kosten des Verkaufes von der Polizeibehörde in amtliche Verwahrung genommen oder anderweitig amtlich hinterlegt werden.

Wenn also nun der Finder von dem Funde der Polizeibehörde Anzeige gemacht und diese den ihr abgelieferten gefundenen Gegenstand in amtliche Verwahrung genommen bezw. den aus einem etwaigen Verkauf erzielten Erlös hinterlegt hat, so wird sie ihrerseits Schritte thun müssen, den Eigenthümer zu ermitteln.

Es fragt sich, ob man in der Wahl dieser Schritte der Polizeibehörde ganz freie Hand lassen und es ihrem pflichtmäßigen Ermessen überlassen soll, die im einzelnen Fall thunlich erscheinenden Ermittelungen anzustellen, oder ob nicht vielmehr auch für diese Ermittelungen gewisse Normativbestimmungen aufzustellen sind. Im Interesse der gleichmäßigen Behandlung der Fundsachen und zur Erzielung möglichster Sorgfalt erscheint es geboten, den letzteren Weg einzuschlagen.

Daß der Polizeibehörde für alle ihre, dem einzelnen Fall anzupassenden diskretionären Ermittelungen keine besonderen Vorschriften gegeben werden können, versteht sich von selbst; nur der Inhalt und die Art und Weise der öffentlichen Bekanntmachung erfordert eine einheitliche Regelung, wie solches auch bisher von fast sämmtlichen deutschen Gesetzgebungen anerkannt ist.

Was zunächst den Inhalt der öffentlichen Bekanntmachung anlangt, so wird derselbe nothwendig in der Bezeichnung der eingelieferten Fundsachen mit Angabe des Fundortes und der Fundzeit und in der Aufforderung an den unbekannten Eigenthümer oder sonst Berechtigten bestehen müssen, die Sachen gegen Erstattung der erwachsenen Kosten abzuholen. (Anhalt. Ges. vom 10. Mai 1879 § 18.) In der Bekanntmachung eine bestimmte Frist zur Abholung der Sachen zu setzen, erscheint nicht nothwendig, wenn man der Aufforderung die Androhung der gesetzlich eintretenden Folgen des Nichtabholens hinzufügt und als solche Folgen — wie unten näher begründet werden soll — die nach Jahresfrist erfolgende Auslieferung der gefundenen Sachen an den Finder bezeichnet.

Für die Art und Weise der öffentlichen Bekanntmachung wird es sich, um dem Verlierer die Geltendmachung seines Anspruchs auf die gefundene Sache nach Möglichkeit zu erleichtern, empfehlen, den Polizeibehörden zur Pflicht zu machen, die Bekanntmachung an der zu amtlichen Publikationen bestimmten Stelle des Polizeilokals (Rathhauses, Gemeindehauses u. s. w.) einen angemessenen Zeitraum hindurch auszuhängen, wie dies für Preußen bereits in der oben erwähnten Cirkularverfügung des Ministers des Innern vom 16. Juni 1880 (M.Bl. f. d. i. V. S. 173) den Polizeibehörden empfohlen ist. Als angemessener Zeitraum für diesen Aushang muß die Zeit von drei Monaten gelten.

Von besonderer Bedeutung ist alsdann die Veröffentlichung der Bekanntmachung in öffentlichen Blättern.

Hier wird man in der Wahl der Zeitungen u. s. w. der Polizeibehörde keine bestimmten Vorschriften machen können, diese Wahl vielmehr dem pflichtmäßigen Ermessen der Behörde je nach der Lage des einzelnen Falles überlassen müssen. Wenn z. B. die äußeren Merkmale der Sache darauf schließen lassen, daß der Verlierer ein Ausländer ist, so würde zweckmäßig die Veröffentlichung auch in einem ausländischen Blatt zu erfolgen haben, während sich dies selbstverständlich in anderen Fällen erübrigen würde.

Es wird deshalb genügen, die Veröffentlichung der Bekanntmachung in öffentlichen Blättern überhaupt anzuordnen, die Auswahl und Anzahl derselben aber dem Ermessen der Polizeibehörde anheimzustellen.

Andererseits wird aber — und zwar ohne Rücksicht auf den Werth der gefundenen Sache — eine mindestens zweimalige Insertion in Zwischenfristen von drei Monaten vorzuschreiben sein, wenn anders diese Art der öffentlichen Bekanntmachung erschöpfend sein und ihren Zweck vollständig erfüllen soll.

Nach Erlaß der öffentlichen Bekanntmachung des Fundes können nun zwei Fälle eintreten:

1. Es meldet sich der Eigenthümer oder sonst ein zur Empfangnahme der Sache Berechtigter.

In diesem Fall muß die Polizeibehörde, sobald diese Person als Eigenthümer oder Empfangsberechtigter sich legitimirt und der Behörde die durch die Aufbewahrung der Sache entstandenen Kosten erstattet hat, die Fundsache derselben aushändigen.

Das frühere Eigenthum ist nicht untergegangen, die Sache erhält ihren alten Eigenthumer wieder.

War die Sache in den gesetzlich zulässigen Fällen verkauft und der Erlös ad depositum genommen oder hinterlegt, so ist selbstverständlich dieser Erlös auszuhändigen und zwar nach Abzug der durch die Aufbewahrung bezw. Hinterlegung entstandenen Kosten.

Es fragt sich nun, ob dem Finder ein Finderlohn zuzubilligen und demgemäß die Rückgabe der Sache an den Eigenthümer auch von Gewährung eines solchen abhängig zu machen ist?

Bereits dem römischen Recht war ein Fundlohn nicht unbekannt, und wenn auch ein klagbarer Anspruch auf dasselbe nicht bestand, so war doch die Gewährung desselben thatsächlich üblich, wie dies aus l. 43 § 9 D. de furtis ersichtlich ist. Im alten deutschen Recht bestanden in dieser Beziehung gleichmäßige Grundsätze nicht, denn während z. B. der Schwabenspiegel (Laßb. 347) die Forderung eines Fundgeldes ausdrücklich verwirft und auch im Sachsenspiegel derselben keine Erwähnung geschieht, wird sie im Görlitzer Landrecht (47 § 10) und im Kulmer Recht (III, 1 c. 2) und sonst anerkannt. In der gemeinrechtlichen Praxis wurde später dem Finder allgemein für seine im Interesse des Verlierers aufgewendeten Bemühungen eine Entschädigung zugebilligt, und die neueren deutschen Gesetzgebungen haben nach dem Vorgange des preußischen Allg. Landrechts fast sämmtlich besondere Bestimmungen über das Fundlohn getroffen. Nur das braunschweigische Fundgesetz vom 15. April 1824 hat einen gesetzlichen Anspruch auf ein Finderlohn nicht anerkannt, die Zubilligung eines solchen vielmehr von einer vorherigen „Auslobung" durch den Verlierer abhängig gemacht.

Dem im größten Theile Deutschlands geltenden Recht entsprechend wird man kein Bedenken tragen können, den gesetzlichen Anspruch des Finders auf Gewährung eines Fundlohns aufrecht zu erhalten.

Im Wesentlichen soll dasselbe allerdings wohl dem Finder ein Entgelt für die inzwischen von ihm bewirkte Aufbewahrung der gefundenen Sache gewähren, und gerade diese Mühe der Aufbewahrung wird dem Finder durch Ablieferung der Sache an die Polizeibehörde nach den diesseits gemachten Vorschlägen abgenommen. Immerhin hatte der Finder an und für sich überhaupt keine Verpflichtung, die verlorene Sache für den Eigenthümer derselben an sich zu nehmen; er konnte dieselbe ruhig liegen and verderben lassen; er wird also schon durch die Ansichnahme und Ablieferung der Sache an die Polizeibehörde derartig im Interesse des Eigenthümers handeln, daß ihm füglich eine Anerkennung dieser seiner Fürsorge nicht versagt werden kann. Außerdem wird man, wenn man bei Nichtermittelung des Eigenthümers den Eigenthumserwerb durch den Finder eintreten läßt, auch nicht unberücksichtigt lassen dürfen, daß dann der Finderlohn gewissermaßen die Entschädigung bildet für den Verlust des — wenn auch nur bedingten — Rechtes des Finders auf Eigenthumserwerb, welches er bereits durch Ansichnahme der Sache erworben hatte.

Erkennt man demgemäß überhaupt den Anspruch des Finders auf ein Fundlohn an, so muß man dem Finder die Geltendmachung desselben nicht nur dann, wenn der Eigenthümer in Folge der öffentlichen Bekanntmachung sich gemeldet hat, sondern auch für diejenigen Fälle sichern, in denen er selbst den Eigenthümer der gefundenen Sache ermittelt und letztere direkt, ohne Vermittelung der Behörde, ausgehändigt hat. Die Fürsorge, welche der Finder im Interesse des Eigenthümers durch Ansichnahme der Sache entwickelt und welche ihm den Anspruch auf Belohnung giebt, ist in beiden

Fällen dieselbe, der event. Anspruch auf Erwerbung des Eigenthums an der gefundenen Sache ist in beiden Fällen in gleicher Weise aufgegeben.

Als selbstverständlich muß die Bestimmung gelten, daß der Finder auf die Geltendmachung des Anspruchs auf ein Fundlohn verzichten kann; das Fundlohn soll vom Eigenthümer bezw. Verlierer nur auf Verlangen (§ 62 A.L.R. I, 9) zu zahlen sein.

Andererseits empfiehlt es sich dringend, nach dem Vorgange der meisten deutschen Gesetzgebungen den Finder seines Anspruchs auf ein Fundlohn für verlustig zu erklären, wenn er es unterlassen hat, innerhalb der gesetzlich vorgeschriebenen Frist der Polizeibehörde von dem Funde Anzeige zu machen. Die Aufnahme einer solchen Bestimmung wird sicherlich auch fernerhin dazu dienen, den Finder verlorener Sachen zur möglichst schleunigen Ablieferung der letzteren an die Behörde zu veranlassen und damit indirekt auch die Ueberhandnahme von Unterschlagungen gefundener Gegenstände zu verhindern.

In Betreff der Bemessung des Fundgeldes wird zunächst die Frage zu entscheiden sein, ob die Höhe des letzteren gesetzlich fixirt oder die Bestimmung desselben lediglich der freien Uebereinkunft der Parteien überlassen werden soll.

Die meisten Gesetzgebungen haben die Höhe des Fundgeldes gesetzlich festgestellt, und es dürfte eine solche Feststellung in der That im Interesse des Finders sowohl wie des Verlierers sich empfehlen, selbst wenn im einzelnen Fall einmal das gesetzlich fixirte Fundgeld als eine der Fürsorge des Finders nicht vollkommen entsprechende Entschädigung sich erweisen sollte. Jedenfalls wird dadurch den nur allzu leicht entstehenden Streitigkeiten zwischen Finder und Verlierer und sicherlich manchem Prozeß vorgebeugt.

Was den Betrag des Fundgelds selbst anlangt, so stimmen die meisten Gesetzgebungen darin überein, daß sie dem Finder den zehnten Theil des Werthes, welchen die Sache nach Abzug der Kosten hat, als Fundlohn gewähren und dieses bei Sachen, deren Werth eine bestimmte Summe (100 Thlr., 500 Thlr., 1000 Gulden) übersteigt, nur um ein oder, wie dies z. B. im österr. Allg. Gesetzbuch angeordnet ist, um fünf Prozent erhöhen.

Gegen dieses Berechnungsprinzip werden sich wesentliche Einwendungen nicht erheben lassen; nach dem Muster des sächsischen Bürgerlichen Gesetzbuchs wird man vorschreiben können, daß der Verlierer dem Finder den zehnten Theil des Werthes, welchen die Sache nach Abzug der Kosten hat, und bei Sachen im Werthe von über 300 Mark vom Mehrbetrag nur ein Prozent entrichten muß.

Die Aufnahme einer Bestimmung, daß die Behörde den Finderlohn nach billigem Ermessen festsetzen soll, wenn die gefundene Sache nur für denjenigen Werth hat, welcher sie verloren hat, ist jedenfalls zweckmäßig, zur Vermeidung von Streitigkeiten über die Werthsberechnung geeignet und deshalb nicht von der Hand zu weisen.

Das Fundgeld muß, — wenn der Finder nicht etwa seinen Anspruch auf dasselbe wegen unterlassener Anzeige verwirkt oder auf dasselbe überhaupt Verzicht geleistet hat — Zug um Zug bei Rückgabe der Sache entrichtet werden. Der Finder braucht, so lange die Sache sich noch in seiner Aufbewahrung befindet, die Sache nur gegen Erlegung des Fundgeldes herauszugeben, und ebenso darf die Polizeibehörde die bei ihr aufbewahrte Sache vor Zahlung des Fundgeldes nicht aushändigen. Die Behörde hat in dieser Beziehung die Rechte des Finders dem Verlierer gegenüber wahrzunehmen.

Unstreitig kann übrigens auch der Finder vom Verlierer bezw. Eigenthümer die Erstattung der von ihm etwa bis zur Ablieferung der Sache an die Polizeibehörde aufgewendeten Aufbewahrungskosten, Auslagen 2c. beanspruchen; er braucht die Sache nicht eher zurückzugeben, bis ihm auch diese Kosten, soweit sie nothwendig oder zweckmäßig aufgewendet werden mußten, erstattet sind, und falls er diese Kosten der Polizeibehörde angezeigt und gehörig nachgewiesen hat, wird auch diese die Aushändigung der Sache an den Verlierer noch von vorheriger Zahlung der ihr nachgewiesenen Auslagen 2c. abhängig machen müssen.

### 2. Es meldet sich kein Eigenthümer der gefundenen Sache und kein zur Empfangnahme derselben Berechtigter.

In diesem Fall drängt sich mit Nothwendigkeit die Frage auf, ob nunmehr der Finder das Eigenthum der gefundenen Sache erwerben soll. Wie bereits oben hervorgehoben ist, kann es einem Bedenken nicht unterliegen, daß die Eigenthumsrechte des früheren Eigenthümers durch den zufälligen Verlust des Besitzes der Sache nicht untergegangen sind. Dieselben dauern auch nach Auffindung der Sache durch einen Dritten fort und müssen, da der Finder durch die bloße Okkupation nicht Eigenthümer der nur verlorenen, aber keineswegs herrenlosen Sache werden kann, so lange fortdauern, bis das Gesetz einen Zeitpunkt fixirt, mit welchem sie aufhören sollen. Wie die tägliche Erfahrung lehrt, bleibt in den meisten Fällen der Verlierer bezw. frühere Eigenthümer unbekannt, und es wird also auch in den meisten Fällen unbekannt und unentschieden bleiben müssen, wem die gefundene Sache eigenthümlich gehört. Der Finder kann über dieselbe nicht verfügen, diejenige Person, welche es könnte, ist nicht bekannt, und so entsteht eine Rechtsunsicherheit, welche durch den Gesetzgeber eine endliche

Lösung dahin finden muß, daß er unter gewissen Bedingungen den Finder das Eigenthum der gefundenen Sache erwerben läßt, der Sache den ihr abhanden gekommenen dominus wiedergiebt.

Im Prinzip ist denn auch die Frage, ob der Finder das Eigenthum der gefundenen Sache erwerben könne, von fast sämmtlichen deutschen Gesetzgebungen bejahend beantwortet, und es ist nur die Art und Weise, in welcher sich der Eigenthumsübergang auf den Finder vollzieht, sowie der Zeitpunkt, in welchem derselbe eintritt, verschiedenartig normirt.

Die Praxis des rheinisch-französischen Rechts und das badische L.R. (Zus. 717a) lassen den Finder das Eigenthum der gefundenen Sache erst dann erwerben, wenn der frühere Eigenthümer derselben innerhalb dreier Jahre sein Rückforderungsrecht nicht geltend gemacht hat. Daß ein so langes Hinausschieben des Eigenthumswechsels den heutigen Verkehrsverhältnissen nicht entspricht, liegt auf der Hand; von Aufnahme einer derartigen Bestimmung wird man schon deshalb absehen müssen, weil man der Polizeibehörde unmöglich die Last der Aufbewahrung auf eine so lange Zeit hinaus aufbürden kann.

Das bremische Fundgesetz läßt den Finder ohne Weiteres das Eigenthum der von dem Empfangsberechtigten nicht abgeforderten Sache erwerben. Hier tritt der Eigenthumswechsel wiederum allzuschnell ein; auch die Aufnahme einer solchen Vorschrift läßt sich daher nicht empfehlen.

Das preußische Allg. Landrecht schreibt vor, daß der Richter, wenn sich der Verlierer in Folge der öffentlichen Bekanntmachung des Fundes und der an ihn ergangenen gerichtlichen Aufforderung zur Meldung nicht gemeldet hat, mit dem Zuschlag der gefundenen Sache verfahren soll, und daß durch diesen Zuschlag der Finder und die Ortsarmenkasse das Eigenthum erwerben.

Desgleichen wird nach der braunschweigischen Verordnung vom 15. April 1824 nach fruchtlosem Ablauf der dem Verlierer vorgeschriebenen Anmeldungsfrist die gefundene Sache von dem kompetenten Gericht dem Finder „übereignet und zugeschlagen“.

Beide Gesetzgebungen sind offenbar von der Erwägung ausgegangen, daß die Okkupation der gefundenen Sache durch den Finder ihre volle Wirkung äußern kann und muß, wenn der bisherige Eigenthümer zu erkennen gegeben hat, daß er die Sache nicht mehr haben wolle, und wenn in Folge dessen anzunehmen ist, daß die gefundene Sache zu einer herrenlosen geworden sei. Um dies festzustellen, halten sie die öffentliche Aufforderung und Präklusion des bisherigen Eigenthümers und dabei die Mitwirkung des Richters für nothwendig, welche mit dem Zuschlage oder

der Erklärung endet, daß die Sache als eine herrenlos gewordene dem Finder als ersten Okkupanten zufalle. (Vergl. Bornemann, Syst. Darst. d. preuß. Civilr. II, S. 26.)

Daß man von einer richterlichen Mitwirkung bei der Behandlung der Fundsachen überhaupt absehen kann, ist oben bereits erörtert worden; wie bei dem Erlaß der öffentlichen Bekanntmachung ist jedenfalls auch für den Eintritt des Eigenthumswechsels eine solche Mitwirkung entbehrlich. Es bedarf derselben und insbesondere eines förmlichen Zuschlages nicht, wenn man, wie hier vorgeschlagen werden soll, den Eigenthumsübergang auf den Finder lediglich von der Thatsache der Nichtmeldung des Verlierers bezw. Eigenthümers innerhalb einer bestimmten Frist und der sich daran anschließenden Aushändigung der Sache an den Finder abhängig macht.

Die Bekanntmachung des Fundes durch öffentlichen Aushang und Insertion in öffentlichen Blättern soll zwar zunächst und wesentlich zu Gunsten des Verlierers dienen, um diesem zur Wiedererlangung seines Eigenthums zu verhelfen, sie soll aber andererseits auch durch die mit ihr verbundene Aufforderung an den Verlierer, die gefundene Sache binnen einer gewissen Frist in Empfang zu nehmen, dazu bestimmt sein, die Hindernisse, welche dem Eigenthumserwerb des Finders entgegenstehen, aus dem Wege zu räumen, die Dereliktion der gefundenen Sache festzustellen und dieselbe zu einer ledigen zu machen. (Bornemann a. a. O.) Die Interessen des Verlierers sind nun jedenfalls ausreichend gewahrt, wenn die gefundene Sache nach erlassener öffentlicher Bekanntmachung bezw. Aufforderung noch einen angemessenen Zeitraum hindurch — als welcher hier die Frist eines Jahres vorgeschlagen werden soll — für ihn in amtlicher Verwahrung verbleibt. Meldet er sich innerhalb dieses Zeitraumes nicht und fordert er in dieser Zeit die Rückgabe der Sache nicht, so wird mit Recht in der größten Mehrzahl der Fälle angenommen werden können, daß er das Eigenthum der Sache nicht mehr für sich in Anspruch nehmen, dasselbe vielmehr aufgeben wolle. Infolge einer solchen Fiktion erlangt alsdann die Sache die Eigenschaft einer verlassenen, herrenlosen Sache, welche nach dem Grundsatz des römischen Rechts dem primus occupans, also dem Finder zufällt.

Entscheidend ist demnach lediglich die Thatsache, daß der frühere Eigenthümer der Sache innerhalb einer vom Gesetz bestimmten Frist sich nicht gemeldet hat; die Polizeibehörde hat diese Thatsache auf Grund der von ihr geführten Register und Akten festzustellen und die gefundene Sache alsdann sofort dem Finder als dem nunmehr allein zur Empfangnahme Berechtigten auf seinen Antrag auszuhändigen.

Die Aushändigung muß von dem Antrag des Finders abhängig

gemacht werden, da es demselben unbenommen bleiben muß, auf die Erwerbung des Eigenthums zu verzichten.

Mit der auf Antrag erfolgten Aushändigung der Sache erwirbt alsdann der Finder das Eigenthum derselben.

Daß der Finder zur Erstattung der dem Staate durch die öffentliche Bekantmachung und die Aufbewahrung der Sache entstandenen Kosten verpflichtet ist, erscheint unbedenklich, da der Staat unzweifelhaft auch im Interesse des Finders und um dessen Eigenthumserwerb zu ermöglichen, der Bekanntmachung des Fundes und der Aufbewahrung der Fundsachen sich unterzogen hat.

Wenn der Finder auf den Eigenthumserwerb entweder von vornherein verzichtet oder einen solchen Verzicht durch Unterlassung eines Antrages auf Aushändigung der Sache stillschweigend zu erkennen gegeben hat, so wird nach dem Muster fast sämmtlicher deutscher Gesetzgebungen das Eigenthum an der gefundenen Sache der Armenkasse zufallen müssen. Das Eigenthumsrecht des früheren Eigenthümers ist untergegangen, die Sache ist herrenlos geworden; das öffentliche Interesse, die Rechtssicherheit erfordert, daß sie einen neuen Herrn bekommt, und unter diesen Umständen erscheint es in der That angemessen, an die Stelle des auf seine Eigenthumsansprüche Verzicht leistenden Finders die Armenkasse und zwar billiger Weise diejenige des Fundortes treten zu lassen.

Dasselbe soll nach den Bestimmungen verschiedener Landesgesetze eintreten, wenn der Finder es versäumt hat, die Anzeige des gemachten Fundes innerhalb der gesetzlich vorgeschriebenen Zeit bei der Behörde zu erstatten. Die Beibehaltung einer solchen Vorschrift kann nur empfohlen werden. Die Unterlassung der vorgeschriebenen Anzeige muß die Interessen des bisherigen Eigenthümers der gefundenen Sache auf das Empfindlichste schädigen, der Finder muß auf jede zulässige Weise zu dieser Anzeige angehalten werden, und dazu wird die Androhung des Verlustes seines Rechts auf eventuellen Eigenthumserwerb gewiß eine zweckmäßige Handhabe bieten.

Von besonderer Bedeutung ist nunmehr noch die Frage, ob der frühere Eigenthümer der gefundenen Sache, wenn er sich erst nach erfolgter Aushändigung desselben an den Finder meldet, noch irgend welche Ansprüche auf die Sache machen kann?

Die Mehrzahl der deutschen Gesetzgebungen gewährt dem sich später meldenden Eigenthümer einen Anspruch auf Herausgabe des noch vorhandenen Vortheils; das preußische Allg. Landrecht gab dem Verlierer sogar unter gewissen Bedingungen das Recht auf Rückgabe der Sache selbst, was allerdings durch das preußische Ausführungsgesetz zur Civilprozeßordnung wieder beseitigt ist.

In Anerkennung des von dem Finder durch Aushändigung der gefundenen Sache erworbenen Eigenthums muß man von vornherein jede nachträgliche Vindikation der Sache ausschließen. Ob man für den Fall, daß der Eigenthümer glaubhaft macht, „daß er ohne seine Schuld früher von der geschehenen Aufforderung keine Nachricht gehabt und verhindert gewesen sei, seine Ansprüche geltend zu machen" (braunschweig. V. vom 15. April 1824) einen Anspruch auf Herausgabe des noch vorhandenen Vortheils zulassen soll, ist mindestens zweifelhaft. Immerhin ist die Anerkennung eines solchen Anspruchs aus Billigkeitsgründen wohl zu rechtfertigen, und es muß dann nur wieder ebenfalls eine bestimmte Zeitgrenze festgestellt werden, innerhalb welcher der Anspruch geltend zu machen ist, wenn man eben endlich einmal einen gesicherten Rechtszustand schaffen will. Als äußerste Zeitgrenze dürfte der Ablauf eines Jahres nach erfolgter Aushändigung der Sache an den Finder zweckmäßig festzusetzen sein.

Einer Erwähnung bedürfen hier endlich noch diejenigen Fälle, in welchen „Mehrere bei einem Funde gegenwärtig gewesen sind." (A.L.R. § 67, I, 9).

Man wird nicht fehlgehen, wenn man in diesen Fällen vor Allen denjenigen als Finder ansieht, welcher die Sache zuerst ergriffen hat. Wenn Mehrere die Sache gleichzeitig ergriffen haben, so werden sie für gleichberechtigt erachtet werden müssen. Sie theilen sich alsdann in das Fundlohn und erwerben event. das gemeinschaftliche Eigenthum der von ihnen gemeinschaftlich gefundenen Sache.

---

## § 3. Das Schatzfinden.

Um für die Unterscheidung zwischen eigentlichen Fundsachen (res casu amissae) und Schätzen den nöthigen Anhalt zu geben, erscheint es zweckmäßig, nach dem Muster verschiedener deutscher Gesetzgebungen an die Spitze der einheitlichen Bestimmungen über das Schatzfinden eine Begriffsbestimmung des „Schatzes" zu stellen.

In der römischen Definition der l. 31 § 1 D. de acqu. rer. dom. (41, 1): „thesaurus est vetus quaedam depositio, cujus memoria non exstat, ut jam dominum non habeat" ist der charakteristische Unterschied zwischen Fund und Schatz ausreichend hervorgehoben. Diese Begriffsbestimmung ist deshalb auch im Wesentlichen von den neueren Gesetzgebungen beibehalten.

Eine gefundene Sache ist in der That nur dann als ein Schatz zu behandeln:

1. wenn sie nicht für Jedermann offen sichtlich und erkennbar gelegen hat, sondern durch Einmauern, Vergraben oder sonst bis zur ihrer Auffindung verborgen (depositio) gewesen ist, wobei es gleichgiltig sein muß, ob die Sache in einem Grundstück oder in einer beweglichen Sache, über oder unter der Erde verborgen war. Es liegt kein Grund vor, das Auffinden von Sachen, welche in einer beweglichen Sache verborgen gewesen sind, lediglich nach den Regeln vom Funde zu beurtheilen;
2. wenn die Verborgenheit so lange gedauert hat, daß der Deponent oder frühere Eigenthümer nicht mehr bekannt ist oder nicht ausgemittelt werden kann (ut jam dominum non habeat; condita ab ignotis dominis tempore vetustiori mobilia. l. un. C. X, 15).

Nach dem preußischen Allgemeinen Landrecht und so auch nach dem bayerischen Entwurf und nach dem Code civile de Regno d'Italia (Art. 714 Abs. 2) wird außerdem verlangt, daß die Sache von Werth sei (di pregio), ohne daß der letztere näher bestimmt wird. Damit nicht jede Kleinigkeit als Schatz behandelt werden müsse, hatte für das Allgemeine Landrecht Suarez sogar ein Minimum des Werthes von 10 Thlrn. feststellen wollen. Sein Vorschlag wurde jedoch nicht angenommen, und es erscheint auch in der That eine solche Beschränkung ebenso wie die Bedingung eines vorhandenen Werthes überhaupt entbehrlich. Es wird kaum einem Bedenken unterliegen, daß jede unter den obigen Umständen gefundene Sache, die der Finder für so werthvoll erachtet, daß er sie behalten will, als Schatz behandelt werden kann. Was für den Alterthumsforscher, den Numismatiker von höchstem Werth, ist für den Laien vielleicht nur ein werthloses Stück Eisen, ein unbrauchbarer, unnützer Gegenstand.

Der Begriff des Schatzes wird also dahin zu bestimmen sein: **Schatz ist jede bewegliche verborgene Sache, deren Eigenthümer wegen der Länge der Zeit nicht bekannt ist oder nicht ausgemittelt werden kann.**

Durch die Hervorhebung des früheren Eigenthümers wird zugleich darauf hingedeutet, daß die Sache bereits selbstständig in eines Menschen Eigenthum gewesen sein muß, und daß also die sogenannten Naturschätze, z. B. Gold-, Bernsteinlager u. s. w. nicht unter den Begriff des Schatzes fallen sollen. Daß nur bewegliche Sachen hier in Betracht kommen, versteht sich von selbst.

Was nun die civilrechtliche Behandlung des Schatzfundes anlangt, so wird man zunächst daran festhalten müssen, daß das Finden bezw. Entdecken eines Schatzes lediglich eine Unterart des Findens überhaupt ist.

Es wird sich also von selbst empfehlen, die Behandlung des Schatzfundes im Wege der Gesetzgebung möglichst gleichartig mit der Behandlung der übrigen Fundsachen zu gestalten. Dies wird — soweit nicht die Regelung des Eigenthumserwerbs am Schatze gewisse Verschiedenheiten nothwendig erfordert — ohne besondere Schwierigkeiten sich bewerkstelligen lassen.

Bei jedem Schatzfund muß vor allen Dingen festgestellt werden, daß der vermeintliche Schatz wirklich ein solcher sei, d. h. also, daß der vormalige Eigenthümer der Sache nicht bekannt bezw. nicht auszumitteln ist. Um zu dieser Feststellung zu gelangen, können nun unbedenklich dieselben Wege wie zur Ermittelung des unbekannten Verlierers bezw. Eigenthümers einer verlorenen Sache eingeschlagen werden.

Dieselben Gründe, welche es erforderlich machten, dem Finder die Pflicht aufzuerlegen, binnen einer bestimmten Frist der Polizeibehörde des Fundortes von dem Funde Anzeige zu machen, treffen auch beim Schatzfund zu und zwar um so mehr, als bei dem meist erheblichen Werthe des Schatzes die Befürchtung, daß der Finder bezw. Entdecker desselben keine ausreichenden Schritte zur Ermittelung des früheren Eigenthümers unternehmen werde, eine bedeutend größere, als bei gewöhnlichen Fundsachen sein muß.

Wie unten bei Erörterung der Frage nach dem Eigenthumserwerb näher dargelegt werden soll, müssen bei dem Schatz nothwendig dem Eigenthümer der verbergenden Sache gleiche Eigenthumsansprüche wie dem Entdecker des Schatzes zugestanden werden. Der Erstere hat also an der Ermittelung oder Nichtermittelung des Deponenten bezw. früheren Eigenthümers der Sache, d. h. also an der Feststellung der Schatznatur der letzteren dasselbe Interesse.

Aus diesem Grunde erscheint es sicher nicht unbillig, auch dem Eigenthümer der verbergenden Sache zur Pflicht zu machen, von Entdeckung des Schatzes der Polizeibehörde Anzeige zu erstatten. Freilich kann er diese Pflicht nur erfüllen, wenn er überhaupt von dem Schatzfund durch den Entdecker Mittheilung erhalten hat; die Anzeigefrist kann also für ihn — wenn er nicht etwa gleichzeitig selbst der Entdecker ist — erst von dem Tage an laufen, an welchem er diese Mittheilung erhalten hat.

Die Dauer der Anzeigefrist kann unbedenklich dieselbe sein, wie bei Fundsachen überhaupt, und ebenso erscheint es auch bei dem Schatzfund zweckmäßig, die Aufbewahrung des Schatzes bis zur Feststellung der Schatznatur der Polizeibehörde zu übertragen und sonach auch die Ablieferung des Schatzfundes an die letztere anzuordnen. Es liegt auf der Hand, daß eine solche Anordnung auch im Interesse der Wissenschaft bei Entdeckung alter Münzen oder sonstiger Alterthümer von besonderer Wichtigkeit ist.

Wenn man auch dem Staate bezw. der Landesherrschaft — wie dies z. B. nach dem Jütschen Low cap. 113 der Fall ist — keine Eigenthumsansprüche auf derartige Alterthümer einräumen kann, so wahrt man denselben doch durch das Gebot der Ablieferung am Besten die Möglichkeit, Gegenstände, die ein wissenschaftliches oder künstlerisches ꝛc. Interesse gewähren, gegen Ersatz des Werthes zu erwerben. (Vergl. die kurhessische Verordnung vom 22. December 1780 § 6, sowie die württembergische Bekanntmachung vom 17. Februar 1820.)

Im Uebrigen muß die Befugniß der Polizeibehörde, unter gewissen Bedingungen zum Verkauf des eingelieferten Schatzes zu schreiten, auch hier anerkannt werden. Den Interessen des Finders bezw. sonstiger Betheiligter an einer genügenden Verwerthung des Schatzes wird durch das Erforderniß der öffentlichen, unter amtlicher Kontrole stattfindenden Versteigerung entsprochen.

Der Polizeibehörde, an welche der Schatzfund eingeliefert ist, liegt es nun wie bei anderen Fundsachen ob, den Eigenthümer der entdeckten Sache zu ermitteln. Es wird kein Bedenken obwalten, die in dieser Beziehung hinsichtlich der Fundsachen überhaupt getroffenen Bestimmungen auch hier für maßgebend zu erklären. Es fragt sich nur, ob es nicht zweckmäßig ist, eine dem § 79 des preußischen Allg. Landrechts (I, 9) entsprechende Vorschrift zu treffen. Dieser § 79 bestimmt, daß es keines Aufgebotes, d. h. also auch keiner öffentlichen Bekanntmachung des Schatzfundes bedarf, wenn aus der Beschaffenheit des entdeckten Schatzes selbst sich ergiebt, daß derselbe schon seit einem oder mehreren Jahrhunderten verborgen gewesen ist.

Die Zweckmäßigkeit einer solchen Bestimmung kann nicht geleugnet werden. Das Aufgebot würde in solchen Fällen ein Resultat doch nicht haben können, und wenn man, wie hier vorgeschlagen ist, die Ablieferung des Schatzes an die Behörde anordnet, so giebt man der letzteren auch die Mittel und Wege an die Hand, die Beschaffenheit des Schatzes und damit die Umstände, aus denen auf ein bereits ein Jahrhundert andauerndes Verborgensein geschlossen werden kann, genau zu prüfen. Jedenfalls ist es angemessen, der Polizeibehörde in solchen Fällen wenigstens die Befugniß zu wahren, nach pflichtmäßigem Ermessen von einer öffentlichen Bekanntmachung des Schatzfundes Abstand zu nehmen.

Wenn nun — was in den meisten Fällen immerhin die Regel sein wird — eine öffentliche Bekanntmachung des Schatzfundes erlassen wird, o können wie bei Fundsachen überhaupt zwei Fälle eintreten:

1. Es meldet sich der vormalige Eigenthümer oder sonst ein angeblich zur Empfangnahme der Sache Berechtigter (Erbe u. s. w.)

In diesem Falle können unbedenklich die Vorschriften vom Finden eintreten; das frühere Eigenthum an der verborgenen Sache war ebensowenig wie das Eigenthum einer verlorenen Sache untergegangen, der frühere Eigenthümer tritt wieder in seine Rechte ein, und deßhalb muß die Polizeibehörde, sobald sich der sich Meldende als vormaliger Eigenthümer oder sonstiger Berechtigter ausreichend legitimirt und der Behörde die durch die Aufbewahrung der Sache entstandenen Kosten erstattet hat, diesem die Sache aushändigen.

Zu Bedenken kann nur die Frage Veranlassung geben, ob der Entdecker der verborgenen Sache in diesen Fällen ein Entdeckerlohn (Fundlohn) fordern kann.

Bornemann unterscheidet hier, ob derjenige, welcher sein Recht auf den vermeintlichen Schatz nachweist, wußte oder nicht wußte, daß und wo derselbe verborgen war. Im ersten Fall soll die in Rede stehende Sache nicht einmal als eine verloren gewesene angesehen werden und der Finder, weil er dem Anderen zur Wiedererlangung des Besitzes der Sache nicht verholfen, ihm nicht den entferntesten Vortheil verschafft hat, selbst die Rechte eines Finders nicht geltend machen können. Im zweiten Falle dagegen, wo die Sache ohne Dazwischenkunft des Entdeckers dem Eigenthümer verloren geblieben sein würde, soll der Entdecker die dem Finder verlorener Sachen ausgesetzte Belohnung fordern dürfen, weil er dem Eigenthümer zum Genuß seines Eigenthums wieder verholfen habe. Von demselben Grundgedanken geht offenbar auch das preußische Allg. Landrecht aus, wenn es im § 105 (I, 9) eine Belohnung nur demjenigen Entdecker zubilligt, welcher durch seine Anzeige und Entdeckung den Erben desjenigen, welcher die Sache verborgen hatte, zu dem Genusse der Sache, den sie sonst wahrscheinlich hätten entbehren müssen, verholfen hat.

So scharfsinnig eine solche Unterscheidung auch ist, so kann sie doch entbehrt werden. Das Entdeckerlohn soll vor Allem eine Entschädigung für die vom Entdecker aufgewendete Mühewaltung d. h. dafür sein, daß derselbe die Sache im Interesse des ihm unbekannten Eigenthümers an sich genommen und der Polizeibehörde behufs Ermittelung des letzteren und event. Aushändigung der Sache an diesen eingeliefert hat. Der Entdecker kann unmöglich wissen, ob der Eigenthümer wußte oder nicht wußte, daß und wo die Sache verborgen war; seine Mühewaltung, seine redliche Absicht, die Sache dem sich meldenden Eigenthümer wieder zukommen zu lassen, ist in beiden Fällen dieselbe und muß in beiden Fällen gleich belohnt werden, wenn anders man nicht dem Entdecker das Unterlassen der Anzeige und die Unterschlagung der entdeckten Sache nahe legen will.

Es erscheint daher angezeigt, dem Entdecker in allen Fällen, mag sich der ursprüngliche Deponent oder dessen Erbe gemeldet haben, einen Entdeckerlohn zuzubilligen, dessen Höhe füglich nach denselben Grundsätzen wie beim Fundlohn bemessen werden kann und analog der bei gefundenen Sachen vorgeschlagenen Bestimmung in denjenigen Fällen, in welchen die verborgene Sache nur für den Deponenten Werth hatte, nach billigem Ermessen von der Behörde festzusetzen ist.

Dem Eigenthümer der verbergenden Sache, wenn er nicht gleichzeitig selbst Entdecker der letzteren ist, ebenfalls eine solche Belohnung zu bewilligen, liegen keine ausreichenden Gründe vor, selbst dann nicht, wenn man auch ihm, wie hier vorgeschlagen ist, die Anzeigepflicht auferlegt. Im Interesse des Eigenthümers der Sache handelt zunächst und vor Allem der Entdecker; die Anzeige Seitens des Eigenthümers der verbergenden Sache ist nur eine nothwendige Folge der demselben Seitens des Entdeckers gemachten Mittheilung und bedarf nicht noch einer besonderen Anerkennung.

In Betreff der Auslagenerstattung und der Zahlung des Entdeckerlohns können unbedenklich dieselben Grundsätze wie bei gefundenen Sachen zur Anwendung kommen.

2. Es meldet sich Niemand zu der fraglichen Sache oder es kann Niemand Eigenthumsrechte an derselben nachweisen.

In diesem Falle drängt sich wie bei Fundsachen mit Nothwendigkeit die Frage auf, ob nunmehr der Entdecker oder wer sonst etwa neben ihm das Eigenthum der Sache erwerben soll.

Durch die Thatsache, daß der frühere Eigenthümer der Sache sich innerhalb einer vom Gesetz bestimmten Frist — als welche auch hier unbedenklich eine einjährige angenommen werden kann — nicht gemeldet hat, wird die Schatznatur der entdeckten Sache festgestellt. Es kann nunmehr mit Recht angenommen werden, daß der Eigenthümer der Sache wegen der Länge der Zeit unbekannt oder nicht auszumitteln ist. Die Sache ist herrenlos, jam dominum non habet. Nach den Grundsätzen des römischen Rechts müßte sie als solche zunächst und auch ausschließlich dem Entdecker als dem primus occupans zufallen. Hier hat jedoch schon das römische Recht zu Gunsten des Eigenthümers der verbergenden Sache eine Beschränkung konstituirt, indem es demselben ein Anrecht auf die Hälfte des Schatzes zusprach. Es soll hier nicht näher erörtert werden, ob nach römischem Recht der Eigenthümer der verbergenden Sache die Hälfte des Schatzes ipso jure zum Eigenthum erwirbt oder ob der Entdecker nur zur Restitution dieser Hälfte an den ersteren verpflichtet ist, jedenfalls ist dort der unbestrittene Grundsatz zur Geltung gelangt, daß Entdecker und

Eigenthümer der verbergenden Sache das Eigenthum am Schatze zu gleichen Theilen unter sich theilen sollen. Dieser Grundsatz ist von allen neueren Gesetzgebungen übereinstimmend anerkannt, er findet sich im preußischen Allgemeinen Landrecht wie in der württembergischen Bekanntmachung vom 17. Februar 1820, im Code civ. wie im Cod. civ. d'Italia wieder und wird unbedenklich auch bei der einheitlichen Regelung des Fundrechts beibehalten werden müssen. Der Grundeigenthümer, in dessen Grund und Boden der Schatz gefunden wird, kann mit Recht einen Anspruch auf den letzteren erheben, weil der Schatz durch die Länge der Zeit mit dem Grund und Boden gleichsam zusammengewachsen, ein Accessorium desselben geworden ist, und gleichen Anspruch muß man billiger Weise auch dem Eigenthümer einer beweglichen Sache zugestehen, wenn in der letzteren ein verborgener Schatz entdeckt ist.

Gleichberechtigt zum Eigenthumserwerb am Schatz soll also mit dem Entdecker der Eigenthümer der verbergenden Sache sein.

Es liegt auf der Hand, daß wer einen Schatz in seiner eigenen beweglichen oder unbeweglichen Sache selbst entdeckt, hiernach Eigenthümer des ganzen Schatzes wird; ein Mitberechtigter ist hier überhaupt nicht vorhanden.

Für alle diejenigen Fälle aber, in welchen der Schatz in einer fremden Sache entdeckt wird, muß das Gesetz die Ansprüche des Eigenthümers der verbergenden Sache dadurch wahren, daß es ihm Gelegenheit zur Wahrnehmung seiner Rechte giebt, und dies geschieht nach dem Muster des sächsischen Bürgerl. Gesetzbuchs am zweckmäßigsten dadurch, daß man dem Entdecker zur Pflicht macht, dem Eigenthümer binnen einer bestimmten Frist von der Entdeckung des Schatzes Anzeige zu machen. Die dreitägige Frist des gedachten Gesetzbuchs erscheint etwas zu kurz bemessen, es dürfte eine einwöchentliche Frist zweckentsprechender sein; im Uebrigen aber empfiehlt sich dringend auch die Aufnahme der ferneren im sächsischen Bürgerl. Gesetzbuch enthaltenen Vorschrift, daß, wenn der Entdecker die ihm obliegende Anzeige in der bestimmten Zeit an den Eigenthümer der Sache unterlassen hat, der letztere auch das Eigenthum, soweit es sonst dem Entdecker zugefallen wäre — mithin also den ganzen Schatz — erwerben soll. Auf andere Weise werden die Rechte des Eigenthümers der verbergenden Sache gesetzlich kaum gesichert werden können.

Das preußische Allg. Landrecht ist in der Fürsorge für die Rechte des Eigenthümers der verbergenden Sache noch weiter gegangen, indem es im § 89 (I, 9) dem letzteren die Befugniß gegeben hat, von dem Entdecker des Schatzes nach bewandten Umständen d. h. wenn an der Richtigkeit der Angaben desselben Bedenken obwalten, die Ableistung des Manifestationseides über den Betrag des Schatzes zu fordern. Diese Bestimmung ist eine singuläre Vorschrift des Allg. Landrechts, sie findet sich in keiner anderen Gesetzgebung. Dieselbe entspricht jedoch so sehr der Billigkeit, daß es sich dringend empfehlen dürfte, sie bei der einheitlichen Regelung des Fundrechts beizubehalten. Es liegt auf der Hand, daß der gesetzliche Anspruch des Eigenthümers der verbergenden Sache auf die Hälfte des Schatzes schwer geschädigt werden kann, wenn der Entdecker des letzteren den Betrag desselben unrichtig angiebt. Wenn man daher den Anspruch des Eigenthümers der verbergenden Sache auf die Hälfte des Schatzes überhaupt anerkennt, so wird man denselben auch gesetzlich in jeder zulässigen Weise schützen müssen, und dazu bietet eine dem § 89 A.L.R. (I, 9) analoge Vorschrift sicher die entsprechendste Handhabe.

Mehrere Miteigenthümer der verbergenden Sache müssen an den vorbezeichneten Rechten des Eigenthümers selbstverständlich nach dem Verhältnisse ihres Anrechts auf die verbergende Sache Antheil nehmen; die dahin lautende Vorschrift des § 90 A.L.R. (I, 9) hat die nicht unbestrittene Frage, ob die Miteigenthümer pro rata ihres Antheils an der verbergenden Sache oder zu gleichen Theilen auf die Hälfte des Schatzes berechtigt seien, zutreffend entschieden.

Wenn ein Schatz auf der Grenze zweier Grundstücke gefunden wird, so soll nach der Bestimmung der §§ 91, 92 A.L.R. (I, 9) jedem Nachbar von der dem Grundeigenthümer zustehenden Hälfte ein gleicher Theil zufallen, wobei es keinen Unterschied machen soll, wenn auch der Schatz nicht gerade in der Mitte gefunden ist, sondern den Grund eines oder des anderen Nachbars mehr oder weniger berührt hatte. Denselben Grundsatz der gleichen Theilung hat auch das sächsische Bürgerl. Gesetzbuch aufgenommen; er ist schon zur Vermeidung schwieriger Berechnungen und langwieriger Streitigkeiten unbedenklich beizubehalten.

Die Aufnahme besonderer Bestimmungen darüber, wie es bei „getheiltem Eigenthum" an der verbergenden Sache gehalten werden soll, erübrigt sich. Der Schatz ist Accessorium der verbergenden Sache, auf die dem Eigenthümer zufallende Hälfte des Schatzes kann deßhalb nur derjenige Anspruch erheben, welcher an der verbergenden Sache die Rechte des Eigenthümers ausübt, d. h. also bei dem getheilten Eigenthum nicht der sog. Obereigenthümer, sondern nur der nutzbare Eigenthümer, also der Besitzer des Lehns und Fideikommisses. Dies ist ebenso selbstverständlich wie der im preußischen Allg. Landrecht ausdrücklich ausgesprochene Satz, daß derjenige, welcher nur das Nutzungsrecht eines Grundstücks hat, also z. B. der bloße Nießbraucher, auf einen in oder über dem Grundstück gefundenen Schatz die Rechte des Eigenthümers nicht geltend machen und deßhalb an dem Schatze keinen Antheil erwerben kann.

Die Gesetzgebungen der verschiedenen deutschen Staaten haben nun meistens im Anschluß an das römische Recht noch eine Reihe von Spezialbestimmungen aufgestellt, welche zum Theil dazu dienen sollen, die Erfüllung der dem Entdecker des Schatzes bezw. dem Eigenthümer der verbergenden Sache auferlegten Anzeigepflicht zu erzwingen, zum Theil aber auch einem förmlichen Suchen nach verborgenen Schätzen und der dabei gewöhnlichen Anwendung abergläubischer Mittel vorbeugen sollen.

Soweit diese Bestimmungen den ersteren Zweck verfolgen, ist deren Aufnahme dringend geboten.

Der Entdecker eines Schatzes, welcher die vorgeschriebene Anzeige innerhalb der gesetzlich bestimmten Frist an die Polizeibehörde zu machen unterläßt, geht mit Recht des ihm sonst zustehenden Anspruchs auf die Hälfte des Schatzes verlustig; auf andere Weise wird man in der That die Erfüllung der Anzeigepflicht nicht erzwingen; die in dieser Beziehung für Fundsachen hervorgehobenen Gründe treffen auch bei dem Schatzfund in gleichem Maße zu.

Wenn man auch den Eigenthümer der verbergenden Sache zur Anzeige von der Entdeckung des Schatzes verpflichtet, so muß man auch ihm für den Fall der Unterlassung dieser Anzeige den Verlust seines Anspruchs auf den Schatz androhen, und es kann sich nur fragen, wer in diesen Fällen an die Stelle des Entdeckers bezw. des Eigenthümers treten soll.

Bei reinen Fundsachen sollen die Rechte des die Anzeige versäumenden Finders auf die Armenkasse des Fundortes übergehen; es liegt kein Grund vor, beim Schatzfund eine abweichende Bestimmung zu treffen, und es wird deßhalb vorgeschlagen, sowohl an die Stelle des die Anzeige versäumenden Entdeckers, als an die Stelle des säumigen Eigenthümers der verbergenden Sache die Armenkasse des Entdeckungsortes treten zu lassen. Zu Zweifeln kann nur der Fall Veranlassung geben, in welchem der Entdecker des Schatzes zugleich Eigenthümer der verbergenden Sache ist. Nach § 103 des preuß. Allg. Landrechts (I, 9) soll derjenige, welcher in Ansehung eines auf eigenem Grund und Boden gefundenen Schatzes die Anzeige versäumt, „dafür nach Verhältniß der Umstände, der Beträchtlichkeit des Schatzes und seiner sich ergebenden unerlaubten Absicht bei der Verheimlichung, mit einer Geldstrafe bis zur Hälfte des Werths des daran ihm gebührenden Antheils belegt werden.“ Wie Koch zutreffend hervorhebt, läßt diese Bestimmung es zweifelhaft, ob der Eigenthümer die auf das Entdeckerrecht fallende Hälfte verlieren und außerdem noch bis zur Hälfte seines Antheils bestraft werden, oder ob er den ganzen Schatz behalten und nur bis auf ein Viertel desselben Strafe leiden soll, da der „ihm daran gebührende Antheil,“ wenn er zugleich der Entdecker ist, doch immer das Ganze sein muß. Aber auch abgesehen davon ist diese Bestimmung, weil sie eine besondere Geldstrafe anordnet, nicht praktisch; es wird sich vielmehr empfehlen, eine gesetzliche Anordnung dahin zu treffen, daß in den hier in Rede stehenden Fällen der Eigenthümer der verbergenden Sache nur auf die Hälfte des Schatzes Anspruch erheben kann, die andere Hälfte aber der Armenkasse zufallen soll. Jedenfalls würde man zu weit gehen, wenn man den Eigenthümer in diesen Fällen des ganzen Schatzes für verlustig erklären würde.

Als selbstverständlich muß es gelten, daß in denjenigen Fällen, in welchen der Eigenthümer der verbergenden Sache oder der Entdecker auf ihre Erwerbsrechte ausdrücklich oder — durch Unterlassung eines Antrags auf Aushändigung des Schatzes — stillschweigend Verzicht leisten, ebenfalls die Armenkasse des Entdeckungsortes an die Stelle des Verzichtleistenden tritt. Dieselbe wird daher den ganzen Schatz erwerben, wenn derjenige, welcher in seiner eigenen Sache einen Schatz entdeckt hat, auf den Erwerb des letzteren vollkommen verzichtet.

Um die Armenkasse vor Benachtheiligungen, die ihr leicht durch Verschweigen des wahren Betrages des Schatzes zugefügt werden können, zu schützen, wird man derselben übrigens ebenfalls das Recht zugestehen müssen, von dem Entdecker die eidliche Angabe des Betrages des Schatzes zu fordern. (Vergl. § 89 A.L.R. I, 9.)

Was dagegen diejenigen Bestimmungen anlangt, welche zur Verhütung des unbefugten Nachsuchens nach einem Schatz bereits im römischen Recht und im Anschluß hieran im Wesentlichen gleichartig im preußischen Allg. Landrecht, im bayerischen Landrecht, in der württembergischen Bekanntmachung vom 17. Febr. 1820 u. s. w. getroffen sind, so dürfte vor Allem die Aufnahme derjenigen älteren Vorschriften von der Hand zu weisen sein, welche den Entdecker eines Schatzes seines Erwerbsrechts für verlustig erklären, wenn er zur Nachsuchung „vermeintlicher Zaubermittel, durch Geisterbannen, Citiren der Verstorbenen, oder anderer dergleichen Gaukeleien, es sei aus Betrug oder Aberglauben", sich bedient hat, (Vergl. A.L.R. § 86, I, 9 und württem. Bek. v. 17. Febr. 1820). Geisterbannen, Citiren der Verstorbenen, Zaubermittel sind längst zu harmlosen Ammenmärchen herabgesunken, die eine besondere Hervorhebung im Gesetz nicht verdienen, und die deßhalb auch schon das neuere sächsische Bürgerliche Gesetzbuch vollkommen außer Acht gelassen hat.

Desgleichen erscheint es nicht angezeigt, die in fast allen Gesetzgebungen noch vorhandene Bestimmung beizubehalten, daß derjenige, welcher bei Nachsuchung eines Schatzes Strafgesetzen entgegengehandelt hat (A.L.R. § 87, I, 9:

Polizeigesetze, welche zur Vermeidung von Feuersbrünsten oder anderen gemeinen Beschädigungen dienen), seines Anrechts auf den Schatz ebenfalls verlustig gehen soll. Zuwiderhandlungen gegen bestehende Strafgesetze sind lediglich nach diesen zu ahnden; es erscheint unbillig und unzulässig, an Stelle der dort festgesetzten Strafen eine in dem Verlust des Schatzantheils bestehende Vermögensstrafe zu setzen, welche noch dazu je nach dem Werthe des Schatzes in einem Falle nur unbedeutend, im anderen Fall höchst empfindlich sein kann.

Zweifelhaft kann es jedoch sein, ob man eine gesetzliche Bestimmung dahin aufnehmen soll, daß überhaupt derjenige, welcher nach einem Schatze gesucht, denselben also nicht zufällig gefunden hat, keinen Anspruch auf den Schatz haben soll.

Der Code civ. und der Codice civ. d'Italia haben in die Begriffsbestimmung des Schatzes das Erforderniß des lediglich zufälligen Entdeckens aufgenommen. (Vergl. Code civ. art. 716: qui est découverte par le pur effet du hasard.) Dies kann jedoch nicht gebilligt werden. Das rein zufällige Entdecken kann unmöglich zum Begriffe des Schatzes gehören; man wird einer Sache, von deren Verborgensein in seinem Grundstück der Grundeigenthümer z. B. aus alten Chroniken oder dergl. Kenntniß erhalten und welche er alsdann durch Nachsuchen an der angedeuteten Stelle entdeckt hat, sicherlich die Schatznatur nicht absprechen können, wenn sonst der frühere Eigenthümer wegen der Länge der Zeit nicht ausgemittelt werden kann. Das Nachsuchen an und für sich kann das Gesetz unmöglich verhindern wollen, und das preußische Allg. Landrecht hat denn auch ganz mit Recht auch das Nachsuchen auf fremdem Grund und Boden mit Bewilligung des Eigenthümers gestattet. (§ 84. I, 9.) Eine andere Frage ist die, ob man nicht das Eigenthum gegen unbefugtes, eigenmächtiges Schatzgraben Dritter schützen muß. Diese Frage ist in Uebereinstimmung mit fast allen bestehenden Gesetzgebungen zu bejahen. Der Eigenthümer der verbergenden Sache braucht derartige unbefugte Eingriffe nicht zu dulden; es rechtfertigt sich deßhalb die Aufnahme der bereits im sächsischen Bürgerlichen Gesetzbuch enthaltenen Vorschrift, daß, wenn die Entdeckung des Schatzes in einer fremden Sache dadurch geschehen ist, daß der Entdecker ohne Einwilligung des Eigenthümers suchte, der letztere auch das Eigenthum erwirbt, soweit es sonst dem Entdecker zugefallen wäre. (Vergl. auch die württemberg. Bekanntm. vom 17. Febr. 1820 und in Betreff des französischen Rechts: Zachariae a. a. O. I. S. 530 § 200.) Das preußische A.L.R. (§ 85. I, 9) läßt in diesem Falle die sonst dem Entdecker gebührende Hälfte dem Fiskus anheimfallen, es läßt sich eine solche Bestimmung jedoch nicht billigen, da der Eigenthümer der verbergenden Sache auf den Schatz als auf ein Accessorium der letzteren jedenfalls das nächste Anrecht hat.

Die Fälle, in welchen mehrere Personen gemeinschaftlich einen Schatz entdeckt haben, sind nach den für die Konkurrenz mehrerer Finder aufgestellten Grundsätzen zu entscheiden. Vor Allem wird auch hier derjenige als berechtigter Entdecker des Schatzes angesehen werden können, welcher die Sache zuerst ergriffen hat. Wenn Mehrere den Schatz gleichzeitig ergriffen haben, so sind sie Alle für gleichberechtigt zu erachten. Sie theilen sich alsdann in das Entdeckerlohn und erwerben event. das gemeinschaftliche Eigenthum an dem auf das Entdeckerrecht fallenden Antheil des Schatzes.

Von Bedeutung ist nunmehr nur noch die Frage, mit welchem Zeitpunkt der Entdecker des Schatzes bezw. der Eigenthümer der verbergenden Sache das Eigenthum am Schatz erlangen soll.

Wenn man, wie hier vorgeschlagen ist, auch bei dem Schatzfund die Ablieferung des Schatzes an die Behörde vorschreibt, so kann es einem Bedenken nicht unterliegen, das Eigenthum an dem Schatz erst mit der Aushändigung desselben durch die Behörde auf den Entdecker bezw. den Eigenthümer der verbergenden Sache übergehen zu lassen.

Der Polizeibehörde liegt es ob, die Schatznatur der entdeckten, bisher verborgenen Sache festzustellen. Diese Feststellung erfolgt, wie bei Fundsachen, auf Grund der aus den Akten oder Registern der Behörde sich ergebenden Thatsache, daß der frühere Eigenthümer der entdeckten Sache innerhalb der vom Gesetz bestimmten Frist auf die öffentliche Bekanntmachung der Entdeckung hin sich nicht gemeldet hat, und in denjenigen Fällen, in welchen die entdeckte Sache nach dem pflichtmäßigen Ermessen der Behörde länger als ein Jahrhundert verborgen gelegen hat, durch einfache Anerkennung dieser Thatsache. Sobald die Polizeibehörde eine solche Feststellung der Schatznatur der entdeckten Sache auf die eine oder andere Weise hat treffen können, hat sie dem nach dem Gesetz erwerbsberechtigten Empfänger auf dessen Antrag den bis dahin bei ihr aufbewahrten Schatz auszuhändigen.

Mit der Aushändigung erwirbt der berechtigte Empfänger das Eigenthum des Schatzes.

Die Polizeibehörde genügt ihrer Pflicht, wenn sie in denjenigen Fällen, in welchen mehrere Erwerbsberechtigte, also z. B. Eigenthümer der verbergenden Sache und Entdecker, vorhanden sind, auch nur einem Berechtigten auf dessen Antrag den ganzen Schatz aushändigt. Eine Theilung des Schatzes, welche noch dazu in den meisten Fällen überhaupt nicht oder wenigstens nicht sofort wird vorgenommen werden können, kann ihr nicht zugemuthet werden. Wer nur ein Erwerbsrecht auf die Hälfte des Schatzes hat, erwirbt mit der Aushändigung auch nur das Eigenthum an der Hälfte des Schatzes und bleibt zur Aushändigung der anderen Hälfte an den Mitberechtigten verpflichtet, welcher seinerseits allerdings auch schon mit der Aushändigung an den Ersteren alle Rechte des Eigenthümers an dem auf ihn fallenden Theil des Schatzes erhält.

In Betreff der Pflicht des erwerbsberechtigten Empfängers, dem Staate die durch die öffentliche Bekanntmachung der Entdeckung und die Aufbewahrung der entdeckten Sache entstandenen Kosten zu erstatten, kann lediglich auf die hierüber bei den eigentlichen Fundsachen gemachten Bemerkungen verwiesen werden.

Wie bei dem Finden verlorener Sachen entspricht es übrigens auch bei dem Schatzfund der Billigkeit, dem sich etwa später noch meldenden früheren Eigenthümer des Schatzes binnen einer gewissen Zeitgrenze gegen denjenigen, welcher das Eigenthum des Schatzes erworben hat, einen Anspruch auf Herausgabe des noch vorhandenen Vortheils zu gewähren. Es liegt kein Grund vor, beim Schatzfund eine abweichende Bestimmung zu treffen, und es können daher auch unbedenklich die in dieser Beziehung bei dem Finden verlorener Sachen gegebenen Vorschriften hier analoge Anwendung finden.

---

## § 4. Besondere Fälle des Findens.

Einer besonderen Beachtung bedürfen bei der einheitlichen Regelung des Fundrechts noch folgende Fälle:

1. Das Finden von Strandgut.

Die deutsche Strandungsordnung vom 17. Mai 1874 (Reichsges.-Bl. 1874 S. 73) hat die Lehre vom Finden des Strandguts bereits einheitlich geregelt. Als oberster Grundsatz ist auch hier anerkannt, daß die geborgenen Gegenstände dem Eigenthümer, Schiffer oder sonstigen Berechtigten zurückgegeben werden sollen. Wer einzelne Stücke der Ladung oder des Schiffes oder sonstige Gegenstände, welche auf dem Schiffe sich befunden oder zu demselben gehört haben, birgt, muß dies sofort dem mitwirkenden Beamten anzeigen und auf Erfordern die Sachen abliefern. Leicht verderbliche und solche Gegenstände, deren Aufbewahrung mit Gefahr oder unverhältnißmäßigen Kosten verbunden sein würde, können von dem Strandamt öffentlich verkauft werden. Entstehen Zweifel oder Streitigkeiten über die Empfangsberechtigung oder sind die Empfangsberechtigten nicht zu ermitteln, so hat das Strandamt die betreffenden Gegenstände oder deren Erlös in Verwahrung zu nehmen und demnächst das für Bergungssachen vorgeschriebene Aufgebotsverfahren zu betreiben. Eine richterliche Mitwirkung findet hierbei nicht statt; wenn durch geeignete Vorverhandlungen der Empfangsberechtigte nicht ermittelt wird, so werden durch Aushang an Amtsstelle und Anzeigen in öffentlichen Blättern alle unbekannten Berechtigten aufgefordert, bis zu einem bestimmten Termine bei dem Strandamt ihre Ansprüche anzuzeigen, widrigenfalls dieselben bei der Verfügung über die geborgenen Gegenstände unberücksichtigt bleiben würden. Diejenigen Gegenstände, auf welche ein Anspruch nicht angezeigt ist, werden nach Ablauf des Termins den nach § 35 Berechtigten ausgeliefert. Als Berechtigter ist für versunkene und seetriftige Gegenstände der Berger (Finder), bei Gegenständen, welche in Seenoth vom Strande aus geborgen sind, desgleichen für Seeauswurf und strandtriftige Güter der Landesfiskus anerkannt. Letzterer muß dem Berger den Bergelohn geben. Der Empfänger ist, wenn versäumte Ansprüche später geltend gemacht werden, nur insoweit, als er sich dann im Besitze der Sache noch befindet oder durch den aus derselben gelösten Werth noch bereichert ist, dem Berechtigten zur Entschädigung verpflichtet. Der Berger behält auch den noch in seinem Besitze befindlichen Vortheil, insoweit dieser den Bergelohn nicht übersteigt.

Sind dagegen Ansprüche angezeigt, so erfolgt, falls die nach § 35 Berechtigten keinen Widerspruch erheben, die Auslieferung der geborgenen Gegenstände an denjenigen, welcher den Anspruch angezeigt hat. Die Auslieferung darf nur nach Bezahlung oder Sicherstellung des nach Art. 742 ff. H.G.B. zu bemessenden Bergelohns und der Bergungskosten erfolgen.

Wie leicht zu ersehen, entspricht die Behandlung, welche die Strandungsordnung den geborgenen Gegenständen angedeihen läßt, in ihren oben angegebenen Grundzügen der hier vorgeschlagenen Behandlung der Fundsachen. Die verschiedentlichen Abweichungen sind durch die Natur der Sache bedingt, lassen aber das Prinzip im Wesentlichen unberührt. Es liegt demnach kein Grund vor, die Bestimmungen der Strandungsordnung irgendwie abzuändern, und dürfte es sich daher empfehlen, dieselben bei der einheitlichen Regelung des Fundrechts vollkommen unberührt zu lassen.

### 2. Das Finden von Sachen in Dienst- oder Geschäftsräumen einer öffentlichen Behörde oder im Bezirk und in Transportmitteln einer öffentlichen Verkehrsanstalt.

Ueber die Behandlung der im örtlichen Bezirk einer Bahnverwaltung oder in den Wagen gefundenen, an die Eisenbahn abgelieferten Gegenstände sind bereits im § 33 des Betriebs-Reglements für die Eisenbahnen Deutschlands vom 11. Mai 1874 (Centralblatt f. d. D. R. Nr. 41) gewisse einheitliche Bestimmungen getroffen.

Alle im örtlichen Bezirk der Bahnverwaltung oder in den Wagen zurückgelassenen, an die Eisenbahn abgelieferten Gegenstände werden danach mindestens drei Monate lang aufbewahrt. Erst nach Ablauf dieser Frist wird mit denselben nach Maßgabe der bei den einzelnen Bahnen darüber bestehenden Bestimmungen verfahren.

Gegenstände, welche dem Verderben ausgesetzt sind, können bestmöglichst verkauft werden, sobald deren Verderben zu befürchten steht, und wird in diesem Falle der Erlös bis zum Ablauf der festgesetzten Frist zur Disposition der Berechtigten gehalten.

Im Uebrigen sollen jedoch dergleichen gefundene Gegenstände der in den gesetzlichen Vorschriften vorgezeichneten Behandlung unterliegen.

Bei einer einheitlichen Regelung des Fundrechts wird man diese Bestimmungen des § 33 des Betriebsreglements, soweit sie die Aufbewahrung der gefundenen Sachen und den Verkauf verderblicher Gegenstände betreffen, im Wesentlichen unbedenklich beibehalten können. Die Reklamationen der Verlierer um Rückgabe der verlorenen Sachen werden sich naturgemäß zunächst stets an die betreffende Bahnverwaltung wenden, in dessen Bezirk die Sachen ihnen abhanden gekommen sind. Schon deshalb ist es zweckmäßig, die gefundenen Gegenstände in Aufbewahrung der betreffenden Verwaltung zu belassen und nicht etwa die Ablieferung von dergleichen Fundsachen an die Polizeibehörde anzuordnen. Daraus ergiebt sich dann aber auch die Nothwendigkeit, der Verwaltung bei verderblichen Sachen das Verkaufsrecht zu geben.

Für das weitere Verfahren fehlt es an einheitlichen Vorschriften, und es wird sich deßhalb fragen, ob die hier für die Behandlung der Fundsachen vorgeschlagenen allgemeinen Bestimmungen auch bei den hier in Rede stehenden Gegenständen maßgebend sein sollen.

Es muß dies verneint werden.

Die Ermittelung des unbekannten Eigenthümers soll sonst der Polizeibehörde obliegen. Dies kann hier nicht stattfinden, da die letztere die gefundenen Sachen überhaupt nicht in Aufbewahrung bekommen soll. Man kann deßhalb der betr. Bahnverwaltung auch die Ermittelung des Eigenthümers überlassen. Die Art und Weise der Ermittelung wird man im Allgemeinen in das Ermessen der Verwaltung stellen können; als nothwendige Art der Bekanntmachung empfiehlt sich jedoch unter allen Umständen der Aushang eines Verzeichnisses der Fundsachen an den zur Anheftung öffentlicher Bekanntmachungen der betr. Verwaltung bestimmten Stelle. Die Dauer des Aushangs soll — wie bei Fundsachen im Allgemeinen — drei Monate betragen; von einer Insertion der Fundregister in öffentliche Blätter soll bei den bedeutenden dadurch entstehenden Kosten abgesehen werden.

Meldet sich der Eigenthümer einer gefundenen Sache innerhalb der dreimonatlichen Aushangsfrist, so wird ihm die Sache von der Verwaltung gegen Erstattung etwaiger Aufbewahrungskosten ausgehändigt; ein Recht auf Fundlohn kann der Verwaltung nicht zugebilligt werden.

Melden sich die Eigenthümer der gefundenen Sachen innerhalb der dreimonatlichen Aushangsfrist nicht, so würden die Sachen nach den allgemeinen, für Fundsachen vorgeschlagenen Bestimmungen den bezw. Findern ausgehändigt werden müssen. Auch dies kann hier nicht stattfinden. Die Beamten einer Bahnverwaltung, welche in den Geschäftsräumen oder in den Transportmitteln derselben gefundene Sachen an sich nehmen, können an diesen Sachen überhaupt keine Finderrechte erwerben. Zu ihren Dienstobliegenheiten gehört es unzweifelhaft, derartige Gegenstände ihrer Dienstbehörde zur weiteren Veranlassung zu übergeben. Sie selbst sind nicht Finder im Sinne des Gesetzes und können deßhalb auch keine Eigenthumserwerbsansprüche für diejenigen Fälle erheben, in denen der frühere Eigenthümer nicht ermittelt ist bezw. sich nicht gemeldet hat. Deßhalb ist es zweckmäßig, nach Ablauf der dreimonatlichen Aushangsfrist der Bahnverwaltung das Recht zu geben, die in ihrem Bezirk bezw. in den Eisenbahnwagen gefundenen, an sie abgelieferten Gegenstände öffentlich zu versteigern, und die Verwaltung alsdann zu verpflichten, den Erlös nach Abzug der durch die bisherige Aufbewahrung und durch den Verkauf entstandenen Kosten an die Armenkasse ihres Sitzes abzuliefern.

Mit der Ablieferung erwirbt die Armenkasse das Eigenthum des Erlöses; dem früheren Eigenthümer, der unverschuldet die Rückforderung unterließ, wird man allerdings den Anspruch auf Herausgabe des noch vorhandenen Vortheils auch hier eine gewisse Zeit hindurch billiger Weise noch wahren müssen.

Was hier bezüglich der Eisenbahnverwaltungen bemerkt ist, kann unbedenklich auch auf die Verwaltungen aller übrigen öffentlichen Verkehrsanstalten (Pferdebahnen, Post u. s. w.) Anwendung finden. Man wird hierbei zweckmäßig auch keinen Unterschied zwischen Staats- und Privatanstalten machen können, wie ein solcher ja auch in dem Betriebsreglement für die Eisenbahnen Deutschlands vom 11. März 1874 zwischen Staats- und Privat-Eisenbahnverwaltungen nicht constituirt worden ist.

Daß die hier für die Behandlung der im Bereiche einer öffentlichen Verkehrsanstalt zurückgelassenen bezw. gefundenen Gegenstände aufgestellten Grundsätze auch für die Behandlung derjenigen Sachen maßgebend sein können, welche in den Geschäftsräumen einer öffentlichen Behörde gefunden werden, bedarf einer besonderen Erörterung nicht; Aufbewahrung, Bekanntmachung und Verkauf der Fundsachen kann hier in derselben Weise geregelt werden; desgleichen ist auch hier die Ablieferung des aus dem Verkaufe erzielten Erlöses an die Armenkasse des Sitzes der Behörde anzuordnen.

---

## § 5. Entwurf der neuen einheitlichen Bestimmungen.

Als Resultat der vorstehenden Erörterungen ergeben sich nunmehr folgende einheitliche Bestimmungen:

### Das Finden verlorener Sachen.

§ 1.

Wer eine verlorene Sache findet und an sich nimmt, ist dieselbe dem Eigenthümer zurückzugeben schuldig.

§ 2.

Ist dieser unbekannt, so muß der Finder binnen einer Woche von der Ansichnahme an den Fund der Polizeibehörde des Fundortes anzeigen und derselben zugleich die gefundene Sache zur Verwahrung abliefern.

§ 3.

Gegenstände, welche dem Verderben ausgesetzt sind, oder durch deren Aufbewahrung unverhältnißmäßige Kosten entstehen, können von der Behörde sofort verkauft werden.

Der Verkauf muß öffentlich durch eine zur Vornahme öffentlicher Versteigerungen befugte Person geschehen.

Der aus dem Verkauf erzielte Erlös ist nach Abzug der durch die bisherige Aufbewahrung und den Verkauf entstandenen Kosten in amtliche Verwahrung zu nehmen oder zu hinterlegen.

§ 4.

Die Behörde hat den Fund mit Angabe des Fundortes und der Fundzeit durch dreimonatlichen Aushang an der Amtsstelle und mindestens zweimalige, mit dreimonatlichen Zwischenfristen zu bewirkende Einrückung in öffentliche Blätter bekannt zu machen.

In der Bekanntmachung ist der unbekannte Eigenthümer aufzufordern, die Sache gegen Erstattung der erwachsenen Kosten abzuholen, widrigenfalls dieselbe nach Jahresfrist dem Finder werde ausgehändigt werden.

§ 5.

Meldet sich vor Ablauf der in der öffentlichen Bekanntmachung bezeichneten Frist ein zur Empfangnahme der Sache Berechtigter, so erhält er dieselbe oder den aus dem Verkaufe derselben erzielten Erlös gegen Erstattung der durch die Aufbewahrung und öffentliche Bekanntmachung erwachsenen Kosten zurück, muß aber dem Finder auf dessen Verlangen den zehnten Theil des Werthes, welchen die Sache nach Abzug der Kosten hat, oder des aus dem Verkaufe der Sache erzielten Erlöses als Fundlohn geben und ihm außerdem die etwa bis zur Ablieferung der Sache an die Behörde aufgewendeten Auslagen und Aufbewahrungskosten erstatten.

§ 6.

Uebersteigt der Werth der Sache oder der Verkaufserlös die Summe von 300 Mark, so ist vom Mehrbetrag nur ein Prozent als Fundlohn zu entrichten, und wenn die Sache nur für denjenigen Werth hat, welcher sie verloren hat, so ist das Fundlohn von der Behörde nach billigem Ermessen festzusetzen.

§ 7.

Die Behörde hat bei Aushändigung der Sache die Rechte des Finders dem Empfangsberechtigten gegenüber wahrzunehmen.

§ 8.

Der Finder kann auf das Fundlohn und die Auslagenerstattung verzichten; er verliert seinen Anspruch auf das Fundlohn, wenn er es unterlassen hat, die vorgeschriebene Anzeige an die Behörde innerhalb der gesetzlich bestimmten Frist (§ 2) zu machen.

§ 9.

Hat sich innerhalb der in der öffentlichen Bekanntmachung bezeichneten Frist ein zur Empfangnahme der Sache Berechtigter nicht gemeldet, so hat die Behörde die Fundsache dem Finder auf dessen Antrag gegen Erstattung der durch die Aufbewahrung und öffentliche Bekanntmachung erwachsenen Kosten auszuhändigen.

§ 10.

Mit der Aushändigung der Sache erwirbt der Finder das Eigenthum derselben.

§ 11.

Der Finder kann auf den Eigenthumserwerb verzichten; er verliert sein Erwerbsrecht, wenn er es unterlassen hat, die vorgeschriebene Anzeige an die Behörde innerhalb der gesetzlich bestimmten Frist (§ 2) zu machen.

An der Stelle des Finders erwirbt in beiden Fällen die Armenkasse des Fundortes das Eigenthum der Fundsache.

§ 12.

Unter mehreren Findern gebührt demjenigen der Vorzug, welcher die Sache zuerst ergriffen hat. Haben Mehrere den Besitz der gefundenen Sache gleichzeitig ergriffen, so theilen sie das Fundlohn zu gleichen Theilen und erwerben im Falle des § 9 das gemeinschaftliche Eigenthum der gefundenen Sache.

§ 13.

Wenn der frühere Eigenthümer der Fundsache innerhalb Jahresfrist nach erfolgter Aushändigung derselben an den Finder oder die Armenkasse glaubhaft macht, daß er ohne sein Verschulden früher von der geschehenen Aufforderung keine Nachricht gehabt oder verhindert gewesen sei, seine Ansprüche anzumelden, so kann derselbe die gefundene Sache insoweit zurückfordern, als der Finder oder die Armenkasse noch Vortheile von derselben besitzen.

Der Schatzfund.

§ 14.

Schatz ist jede bewegliche verborgene Sache, deren Eigenthümer wegen der Länge der Zeit nicht bekannt ist oder nicht ausgemittelt werden kann.

§ 15.

Wer eine verborgene Sache entdeckt und an sich nimmt, muß davon binnen einer Woche nach der Ansichnahme der Polizeibehörde des Entdeckungsortes Anzeige machen und derselben zugleich die entdeckte Sache zur Verwahrung abliefern.

§ 16.

Ist die verborgene Sache in einer fremden Sache entdeckt, so muß der Entdecker außerdem dem Eigenthümer der letzteren binnen gleicher Frist von der Entdeckung Mittheilung machen.

§ 17.

Der Eigenthümer der verbergenden Sache ist alsdann ebenfalls zur Anzeige und Ablieferung der entdeckten Sache an die Behörde verbunden.

Die einwöchentliche Frist des § 15 beginnt jedoch für ihn erst mit dem Tage, an welchem ihm durch den Entdecker von der Entdeckung Mittheilung gemacht ist.

§ 18.

Wegen der Aufbewahrung der Sache und der öffentlichen Bekanntmachung der Entdeckung soll ebenso wie bei gefundenen Sachen verfahren werden. (§§ 3. 4.)

§ 19.

Einer öffentlichen Bekanntmachung bedarf es jedoch nicht, wenn die Behörde nach pflichtmäßigem Ermessen aus der Beschaffenheit der entdeckten

Sache oder sonst feststellen kann, daß dieselbe schon seit einem oder mehreren Jahrhunderten verborgen gewesen ist.

§ 20.

In Betreff der Aushändigung der Sache an den sich meldenden Eigenthümer und der dem Entdecker zuzubilligenden Belohnung finden die Bestimmungen der §§ 5 bis 8 entsprechende Anwendung.

Dem Eigenthümer der verbergenden Sache steht ein Anspruch auf die dort festgesetzte Belohnung nicht zu.

§ 21.

Hat sich innerhalb der in der öffentlichen Bekanntmachung bezeichneten Frist ein zur Empfangnahme der entdeckten Sache Berechtigter nicht gemeldet, oder liegen die Voraussetzungen des § 19 vor, so gelten in Betreff des Eigenthumserwerbes am Schatze folgende Grundsätze:

§ 22.

Wer einen Schatz in seiner eigenen Sache entdeckt, erwirbt das Eigenthum des ganzen Schatzes.

Bei Versäumung der im § 17 vorgeschriebenen Anzeigepflicht fällt jedoch die Hälfte des Schatzes der Armenkasse des Entdeckungsortes zu.

§ 23.

Wer einen Schatz in einer fremden Sache entdeckt, muß denselben mit dem Eigenthümer der verbergenden Sache theilen.

Der letztere erwirbt das Eigenthum des ganzen Schatzes, wenn der Entdecker desselben ohne seine Einwilligung nach dem Schatze gesucht oder es unterlassen hat, ihm die im § 16 vorgeschriebene Anzeige zu machen.

Der Entdecker des Schatzes verliert den Anspruch auf die ihm sonst zustehende Hälfte des Schatzes, wenn er es unterlassen hat, die vorgeschriebene Anzeige an die Behörde innerhalb der gesetzlich bestimmten Frist (§ 15) zu machen.

An der Stelle des Entdeckers erwirbt in diesem Falle die Armenkasse des Entdeckungsortes das Eigenthum der Hälfte des Schatzes.

§ 24.

Unter mehreren Entdeckern eines Schatzes gebührt demjenigen der Vorzug, welcher den Schatz zuerst ergriffen hat. Haben Mehrere den Besitz des Schatzes gleichzeitig ergriffen, so theilen sie das Entdeckerlohn zu gleichen Theilen und erwerben im Falle des § 23 das gemeinschaftliche Eigenthum der auf den Entdecker fallenden Hälfte des Schatzes.

§ 25.

Mehrere Miteigenthümer der verbergenden Sache nehmen an den in den §§ 22 und 23 bestimmten Rechten des Eigenthümers nach dem Verhältniß ihres Rechtes an der Sache selbst Antheil.

§ 26.

Wird ein Schatz auf der Grenze zweier Grundstücke entdeckt, so wird das Eigenthum der dem Grundeigenthümer zustehenden Hälfte des Schatzes zwischen den Grenznachbarn gleich getheilt.

§ 27.

Dem Eigenthümer der verbergenden Sache sowohl als der Armenkasse steht das Recht zu, von dem Entdecker des Schatzes die eidliche Angabe des Betrages desselben zu fordern.

§ 28.

Die Polizeibehörde hat im Falle des § 21 auf den Antrag eines der nach den Bestimmungen der §§ 22 bis 26 Erwerbsberechtigten diesem den Schatz gegen Erstattung der durch die Aufbewahrung und die öffentliche Bekanntmachung erwachsenen Kosten auszuhändigen.

§ 29.

Mit der Aushändigung des Schatzes erwirbt der Empfänger das Eigenthum des auf ihn fallenden Theiles des Schatzes.

Der Empfänger bleibt zur Aushändigung des einem Mitberechtigten zufallenden Theiles an diesen verpflichtet.

Die Eigenthumsrechte an diesem Antheil gehen auch an den Mitberechtigten bereits mit der Aushändigung über.

§ 30.

Der Entdecker eines Schatzes sowie der Eigenthümer der verbergenden Sache können auf den Eigenthumserwerb verzichten.

An die Stelle derselben tritt alsdann die Armenkasse des Entdeckungsortes.

§ 31.

In Betreff der Rechte des sich später meldenden früheren Eigenthümers des Schatzes findet die Bestimmung des § 13 entsprechende Anwendung.

## Besondere Fälle des Findens.

§ 32.

I. Bezüglich der Behandlung des Strandgutes bewendet es bei den in der Deutschen Strandungsordnung vom 17. Mai 1874 (R.G.Bl. S. 73) getroffenen Bestimmungen.

§ 33.

II. Alle im örtlichen Verwaltungsbezirk einer öffentlichen Verkehrsanstalt oder in deren Transportmitteln zurückgelassenen, an die Verwaltung abgelieferten Gegenstände sind von der letzteren mindestens drei Monate lang aufzubewahren.

§ 34.

Die Verwaltung hat von Zeit zu Zeit ein Verzeichniß der bei ihr aufbewahrten Gegenstände mit Angabe des Fundortes und der Fundzeit an der zum Aushang ihrer öffentlichen Bekanntmachungen bestimmten Stelle öffentlich auszuhängen.

In dem Aushang sind die unbekannten Eigenthümer aufzufordern, die Gegenstände binnen drei Monaten gegen Erstattung der erwachsenen Kosten abzuholen, widrigenfalls der öffentliche Verkauf derselben und die Abführung des Erlöses an die Armenkasse stattfinden würde.

§ 35.

Gegenstände, welche dem Verderben ausgesetzt sind, oder durch deren Aufbewahrung unverhältnißmäßige Kosten entstehen, können sofort öffentlich verkauft werden.

Der Erlös wird in diesem Falle bis zum Ablauf der im § 34 bestimmten Frist zur Disposition der Berechtigten gehalten.

§ 36.

Meldet sich vor Ablauf der im § 34 bestimmten Frist ein zur Empfangnahme einer gefundenen Sache Berechtigter, so erhält er dieselbe oder den aus dem Verkauf erzielten Erlös gegen Erstattung der durch die Aufbewahrung oder den etwaigen Verkauf erwachsenen Kosten zurück.

§ 37.

Gegenstände, welche bis zum Ablauf der im § 34 bestimmten Frist von den Eigenthümern nicht abgeholt worden sind, sind von der Verwaltung öffentlich zu verkaufen.

Der Erlös und gefundenes baares Geld sind demnächst nach Abzug der entstandenen Kosten an die Armenkasse des Sitzes der Verwaltung abzuführen.

§ 38.

Mit der Abführung erwirbt die Armenkasse das Eigenthum der ihr überwiesenen Gelder; in Betreff der Rechte des sich später meldenden früheren Eigenthümers finden die Bestimmungen des § 13 entsprechende Anwendung.

§ 39.

III. Nach den Bestimmungen der §§ 33 bis 38 ist auch zu verfahren, wenn in den Dienst- oder Geschäftsräumen einer öffentlichen Behörde unbekannten Eigenthümern gehörige Gegenstände gefunden worden sind.

# V.

## Gutachten des Herrn Professor Dr. Emil Strohal zu Graz

über die Frage:

Soll im bürgerlichen allgemeinen Gesetzbuche die unvordenkliche Verjährung als Grund des Erwerbes, beziehungsweise Verlustes von Rechten, eventuell bei welchen Aufnahme finden?

---

Die Lehre von der unvordenklichen Verjährung ist eine überaus strittige. Nicht allein über die Provenienz und theoretische Konstruktion, sondern vor Allem auch über die praktische Bedeutung der unvordenklichen Verjährung hat man sich bisher nicht zu einigen vermocht. Schon ein Blick auf unsere Pandektenlehrbücher (vgl. z. B. Brinz I. 2. Aufl. § 164 mit Windscheid I. § 113) zeigt, wie weit die Meinungen hierüber noch immer auseinandergehen.

Und doch kann die Begutachtung der vorliegenden legislativen Frage fester Ausgangspunkte nicht entbehren; ich will deshalb zunächst versuchen, mir diese durch einige vorbereitende Bemerkungen selbst zu markieren.

I. Die Fälle, in welchen die „unvordenkliche Zeit" nach heutigem gemeinen Rechte von Relevanz ist, lassen sich meines Erachtens in fünf Gruppen einreihen.

1. Wie unsere modernen Wasserrechtsgesetze, so stellt bekanntlich auch schon das römische Recht den Grundsatz auf, daß der natürliche Ablauf des Regenwassers weder am oberen Grundstück zum Nachtheil des unteren, noch am unteren zum Nachtheil des oberen geändert werden soll. Dem durch die natura loci bedingten Wasserabflusse steht aber die durch künstliche

Anlagen bewirkte Regulierung des Abflusses dann gleich, wenn ihnen der Charakter der vetustas zukommt.

Hieraus ergibt sich ein Doppeltes:

a. Eine Klage auf Beseitigung einer künstlichen Regulierung des Wasserabflusses ist nicht mehr zulässig, sofern die letztere bereits seit unvordenklicher Zeit bestanden hat (l. 2 § 3 D. de aqua et aquae 39. 3).

b. Hat eine solche Regulierung des Wasserabflusses seit unvordenklicher Zeit bestanden, so kann wegen deren Aenderung mit demselben Erfolge geklagt werden, als ob der durch die natura loci bedingte Wasserabfluß geändert worden wäre (l. 1 § 22 i. f. § 23 D h. t.).[1]

Das Charakteristische dieser beiden Anwendungsfälle besteht darin, daß bei ihnen lediglich die Dauer eines gewissen Zustandes seit unvordenklicher Zeit maßgebend ist, während es auf eine diesem Zustande korrespondierende Rechtsausübung gar nicht ankömmt (vgl. auch Savigny System IV, S. 489). Die obigen Rechtssätze müßten daher auch selbst dann zur Anwendung kommen, wenn die betreffenden Grundstücke zeitweise in Niemandes Besitz gewesen wären.[2]

2. Es kann keinem Zweifel unterliegen, daß sich in der gemeinrechtlichen Praxis in Anknüpfung an die vereinzelten Bestimmungen des römischen Rechtes über „vetustas“, sowie unter dem Einflusse des kanonischen Rechtes und deutschrechtlicher Anschauungen eine weitere Funktion der „unvordenklichen Zeit“ herausgebildet hat, vermöge welcher seit unvordenklicher Zeit erfolgte Rechtsausübung Beweisgrund (vgl. hierzu besonders Arndts Beiträge S. 126 ff.) für den Bestand des ausgeübten Rechtes ist. Die unvordenkliche Verjährung — von der man hier jedenfalls mit besserem Rechte reden kann als in den sub. Nr. 1 hervorgehobenen Fällen — ist zwar auch in dieser Funktion keine begründende Verjährung (Ersitzung) im technischen Sinne, aber sie wirkt praktisch meist gleich einer solchen.

Die hierher gehörigen Anwendungsfälle sind überaus zahlreich, gehören aber freilich vielfach dem öffentlichen Rechte an, das hier außer

---

[1]) Die obigen beiden Rechtssätze bezwecken übrigens lediglich Schutz gegen solche Aenderungen, welche den Wasserabfluß nachtheilig machen würden; nicht Schutz gegen Entziehung des seit unvordenklicher Zeit erfolgten Wasserzuflusses. Theilweise anders neuestens Burkhard in Glücks Pandekten-Commentar, Serie der Bücher 39 u. 40 Th. III S. 373 ff. Die Praxis schwankt.

[2]) Die sonstigen Fälle, in welchen die vetustas schon im römischen Rechte eine Rolle spielt (vgl. l. 3 pr. D. de loc. et itin. publ. 43. 7, ferner l. 3 § 4 D. de aqua quot. 43. 20 u. l. 26. D. de aqua et aquae 39. 3), scheinen mir für das heutige Recht ohne praktische Bedeutung zu sein; der Fall der beiden letzterwähnten Stellen schon deshalb, weil nicht festzustellen ist, was man sich unter dem daselbst erwähnten ductus aquae zu denken hat.

Betracht bleiben kann. Aber auch auf privatrechtlichem Gebiete ist diese Funktion der unvordenklichen Zeit überall dort zur Anerkennung gelangt, wo man mit den römisch-rechtlichen Bestimmungen über Ersitzung das Auslangen nicht fand, oder doch nicht finden zu können glaubte.

Folgende Fälle scheinen mir besonderer Hervorhebung zu bedürfen:

a. Res publicae unterliegen bekanntlich weder der ordentlichen noch der außerordentlichen Ersitzung. Rechtsausübung seit unvordenklicher Zeit leistet dagegen das, was sie überhaupt zu leisten vermag, auch dann, wenn die Sache, hinsichtlich welcher die Rechtsausübung stattfand, sich als res publica herausstellt. Vgl. hierzu die Entscheidungen in Seuffert's Archiv XVII Nr. 5 und XXXIV Nr. 7, woselbst anerkannt ist, daß ein öffentlicher Weg durch unvordenkliche Verjährung allerdings „ersessen" werden könne, ferner XXIV, Nr. 10, woselbst es sich um die Wasserzuleitung aus einem öffentlichen Flusse handelt.

b. Eine zwar unrichtige, aber in der älteren Theorie und Praxis viel verbreitete Ansicht hält die Ersitzung im technischen Sinne bei servitutes discontinuae für ausgeschlossen und deshalb nur unvordenkliche Verjährung für anwendbar. Vgl. die bei Pfeiffer praktische Ausführungen II S. 119 ff. mitgetheilten Entscheidungen Nr. 3, 5, 8, 9 und 10; ferner Seuffert Arch. XXXIV, Nr. 20.

c. Ersitzung im technischen Sinne gegen ein Prohibitivgesetz ist nicht denkbar. Die in diesem Absatze hervorgehobene eigenthümliche Funktion der unvordenklichen Verjährung — vermöge welcher durch die letztere eben nur die Annahme begründet wird, daß das betreffende Recht in längst vergangener Zeit einmal zur Existenz gekommen sei — wird dagegen selbst durch ein Prohibitivgesetz nicht ausgeschlossen. So auch die Entscheidungen in Seuffert's Arch. VII Nr. 146, XXVIII Nr. 198; anders aber freilich wieder die Entscheidungen X Nr. 131, XXXIII Nr. 107.

d. Mangels jeder gesetzlichen Bestimmung ist es in der gemeinrechtlichen Theorie und Praxis bis heute streitig geblieben, ob Reallasten nach Analogie der Servituten schon in 10 respektive 20 Jahren, oder erst in 30 Jahren ersessen werden können, oder endlich, ob bei denselben nicht vielmehr mit der unvordenklichen Zeit zu operieren sei. Die ersterwähnte Ansicht findet sich rücksichtlich rein privatrechtlicher Reallasten z. B. bei Savigny IV S. 583. 584; vgl. auch Seuffert, Arch. III Nr. 192. Die zweiterwähnte Ansicht erscheint adoptiert in den Entscheidungen a. a. O. VI Nr. 232, IX Nr. 201, XI Nr. 168, XVII Nr. 83. 84. Als Beleg für die dritte Ansicht verweise ich auf die Entscheidungen I Nr. 4 (Z. 4), XV Nr. 40 (Entscheidung des O.A.G. Celle, anders aber wieder die unter derselben Nummer mitgetheilte Entscheidung des O.A.G. München), XVII

Nr. 84 (rücksichtlich solcher Reallasten, aus welchen sich nicht in bestimmten Zeiträumen wiederkehrende Leistungen ergeben).

e. Bei Zwangs- und Bannrechten dient die unvordenkliche Verjährung in der uns hier interessierenden Funktion ganz allgemein als Surrogat der gemeinrechtlich nicht anerkannten Ersitzung im technischen Sinne. Vergl. Seuffert, Arch. I Nr. 4 (Z. 1), XI Nr. 181.

f. Gleichfalls als Surrogat der nach gemeinem Recht nicht möglichen Ersitzung findet man die unvordenkliche Verjährung endlich noch anerkannt bei rein obligatorischen Rechten auf wiederkehrende Leistungen und auf ein dauernd negatives Verhalten. Vgl. hierzu die Entscheidungen bei Pfeiffer a. a. O. Nr. 4 (Anspruch eines Fährmannes für zu leistende Ueberfuhr von jedem Gemeindeinsassen jährlich einen Laib Brot und eine Bratwurst zu erhalten) und bei Seuffert, Arch. VII Nr. 5 (Anspruch gegen die Einwohner eines Ortes auf Hilfeleistung beim Herausziehen und Aufstellen des auf dem Ilmstrome geflößten Holzes), VII Nr. 269 (Anspruch des Fiskus gegen eine Dorfgemeinde auf Leistung eines jährlichen Getreidezinses), XIV Nr. 272 (Anspruch der jeweiligen Inhaber eines Hofes gegen den jeweiligen Fährmann auf unentgeltliche Ueberfuhr), XVI Nr. 173 (Anspruch auf Fortentrichtung eines gewissen Frohn- (Dienst-) Geldes), XXX Nr. 256 (Anspruch der Vorstände gewisser Orte gegen den jeweiligen Frohner d. i. Scharfrichter auf Handschuhlieferungen).

3. Eine weitere Funktion der unvordenklichen Zeit besteht darin, daß Rechte, bei welchen dem Berechtigten ein Verpflichteter oder doch Belasteter gegenüber steht, als erloschen anzusehen sind, wenn deren Ausübung seit unvordenklicher Zeit unterblieben ist. So funktioniert die unvordenkliche Zeit vorzugsweise bei Reallasten, Zwangs- und Bannrechten und bei rein obligatorischen Rechten auf wiederkehrende Leistungen oder auf ein dauerndes Unterlassen.

Die gemeinrechtliche Praxis ist zwar darüber einig, daß Reallasten und Bannrechte bereits durch 30- (oder 40-) jährigen non usus erlöschen, wenn mit diesem ein sogenannter Freiheitsbesitz auf Seiten des (oder der) Belasteten zusammentrifft; wo es jedoch an solchem Freiheitsbesitze fehlt, behilft man sich mit der quasiaufhebenden unvordenklichen Verjährung. Vgl. hierzu Seuffert, Archiv I Nr. 171, X Nr. 192, XX Nr. 154, XXX Nr. 255; s. außerdem XXVII Nr. 244, woselbst sogar Freiheitsbesitz seit unvordenklicher Zeit gefordert wird, und III Nr. 3, woselbst sich die Meinung vertreten findet, daß Reallasten schon durch bloßen 30jährigen non usus (ohne Freiheitsbesitz auf Seiten des Belasteten) erlöschen. Bei obligatorischen Rechten auf terminweise Prästationen unterliegt nach römischem Recht nur der Anspruch auf die einzelne fällig gewordene Leistung, nicht aber das Recht im Ganzen der Verjährung; ebenso kann bei Obligationen auf ein dauernd negatives Verhalten nach den Grundsätzen des römischen Rechts niemals die betreffende Obligation selbst, sondern nur der aus jeder einzelnen Verletzung derselben entspringende Klagsanspruch verjähren. Hier wie dort kann daher wieder die unvordenkliche Verjährung praktisch werden. Vgl. auch Pfeiffer a. a. O. Nr. 11 und Seuffert, Arch. XXII N. 13.

4. Wenn die Ausübung von Rechten der sub Z. 3 bezeichneten Art seit unvordenklicher Zeit über das ursprüngliche Maaß hinaus erweitert worden, oder unter demselben zurückgeblieben oder endlich qualitativ eine andere geworden ist, so sind die betreffenden Rechte demgemäß als quantitativ oder qualitativ modifiziert zu betrachten. Vgl. Seuffert, Arch. V Nr. 113, woselbst dem Hutberechtigten die Befugniß abgesprochen wird, sein Vieh in mehreren Heerden aufzutreiben, weil Jener sein Hutrecht seit unvordenklicher Zeit nur durch Auftreiben einer Heerde ausgeübt hat; IX Nr. 120 (Verringerung einer Rentenpflicht), XXIII Nr. 155 (Umwandlung von Frohnden in Geldleistungen).

Im Grunde genommen läßt sich übrigens die hier hervorgehobene Funktion der unvordenklichen Zeit auf die sub Z. 2 und 3 erwähnte, oder doch auf eine Kombination dieser beiden zurückführen.

5. Eine zwar gewöhnlich übersehene, aber trotzdem erwähnenswerthe Funktion der unvordenklichen Zeit erblicke ich endlich darin, daß die seit unvordenklicher Zeit erfolgte Behandlung einer Sache als Bestandtheil eines Fideikommisses oder Lehnes, oder einer Parzelle als Bestandtheil eines bestimmten Grundstücks einen Beweisgrund für die Zugehörigkeit jener Sache zum Fideikommisse oder Lehen, oder jener Parzelle zum Grundstück abgiebt. Vgl. Seuffert, Arch. XXXV Nr. 185, woselbst es sich um die Zugehörigkeit einer Grundfläche zu einem Gemeindegrunde handelt.

II. Meine nächste Aufgabe besteht jetzt darin, die sub I hervorgehobenen Funktionen der unvordenklichen Zeit näher zu würdigen und dabei zugleich die doppelte Frage zu beantworten: ob jene Interessen, welchen durch die obigen Funktionen der unvordenklichen Zeit ein Schutz zu Theil wird, solchen überhaupt verdienen, und bejahenden Falls, ob behufs Gewährung dieses Schutzes die unvordenkliche Zeit als juristischer Faktor beizubehalten oder vielleicht nicht besser anderweitig zu ersetzen ist.

Ich halte mich dabei an die sub I beobachtete Reihenfolge.

1. Die Bedeutung, welche die Römer bei Entscheidung der Frage, ob die actio aquae pluviae arcendae zuständig sei oder nicht, der vetustas beigemessen haben, wird nicht ohne Weiteres als unberechtigt erklärt werden können.

Oder wäre es nicht geradezu unerträglich, wenn der Eigenthümer eines Grundstücks, auf welchem eine künstliche Regulierung des Wasserabflusses stattgefunden hat, auf unabsehbare Zeit hinaus der Klage des Nachbarn auf Herstellung des status quo ante ausgesetzt wäre? Man hat zwar mitunter geglaubt, daß ein solcher Eigenthümer nach Ablauf von 30 Jahren nach Herstellung der Anlage ohnedies schon durch die Verjährung der actio aquae pl. acc. geschützt sei. Dies ist aber schon deshalb unrichtig, weil die Einrede der Verjährung gegenüber einem neuen Eigenthümer des durch die Anlage benachtheiligten Grundstücks — der nicht zugleich Universalsukzessor seines Vorgängers ist — gar nicht durchgreift (vgl. auch Burkhard a. a. O. S. 316 N. 83 und S. 318).

An der Entscheidung des römischen Rechts ist daher auch gewiß nicht auszusetzen, daß auf Beseitigung einer seit unvordenklicher Zeit bestehenden Regulierung des Wasserlaufs nicht mehr geklagt werden kann. Mit besserem Rechte mag man dagegen die Frage aufwerfen, ob die Möglichkeit solcher Klageführung nicht schon viel früher abgeschnitten werden soll? Ich stehe nicht an dies zu bejahen und erblicke die zweckmäßigste Lösung in der Fixierung einer (etwa fünfjährigen) vom Zeitpunkte der künstlichen Regulierung an laufenden Präklusivfrist, innerhalb welcher allein auf Herstellung des früheren Zustandes geklagt werden kann.

Es wäre nicht minder unerträglich, wenn der Nachbar sich z. B. eine den Wasserabfluß vom angränzenden Grundstück für ihn nachtheiliger machende Auswerfung eines seit unvordenklicher Zeit nicht mehr geöffnet gewesenen Grabens blos deshalb gefallen lassen müßte, weil sich aus der Bodenkonfiguration ergiebt, daß der aufgeworfene Graben früher einmal existiert haben mußte und nur künstlich verschüttet worden sein konnte. Fraglich bleibt es nur auch hier wieder, ob man nicht über das römische Recht hinausgehen und dem Nachbar einen Schutz gegen ihm nachtheilige Aenderungen der künstlich herbeigeführten Regulierung des Wasserabflusses selbst dann gewähren soll, wenn diese den Charakter der vetustas noch nicht hat. Ich bin in diesem Falle nicht weniger wie in dem früher berührten zu bejahender Antwort geneigt; nur gestehe ich gerne, daß es hier nicht leicht ist, das richtige Zeitmaß zu finden, nach dessen Ablauf der Schutz gegen Abänderung einzutreten hat.

Mit Rücksicht darauf jedoch, daß es von größter Wichtigkeit ist, einen status quo zu fixieren, der zum Nachtheil des Nachbarn nicht willkürlich geändert werden darf, ferner, daß der lediglich durch die natura loci bedingte Wasserabfluß sich nahezu nirgends mehr feststellen läßt, endlich daß die Konstatierbarkeit der vetustas einer Anlage vielfach nur vom Zufalle abhängt, möchte vielleicht die Aufstellung des Satzes angemessen sein, daß die bereits etwa seit 15 (oder mehr?) Jahren bestehende künstliche Regulierung des Wasserablaufes zum Nachtheil des Nachbargrundstücks nicht mehr geändert werden darf.

Für das deutsche Civilgesetzgebuch sind jedoch die soeben erörterten Fälle kaum von Belang: denn die Ueberweisung der Normierung des Wasserrechtes an die Landesgesetzgebung kann fast als sicher angenommen werden.

2. Unter denjenigen Fällen, in welchen die unvordenkliche Verjährung in der gemeinrechtlichen Praxis als Surrogat einer Ersitzung im technischen Sinne zur Geltung kommt, bedürfen eigentlich nur die sub a und f aufgeführten Fälle einer näheren Beleuchtung.

Die übrigen Fälle erledigen sich bereits durch Folgendes:

Bei Servituten und Reallasten kann es sich de lege ferenda wol nur darum handeln, ob und unter welchen Beschränkungen eine Ersitzung dieser Rechte im technischen Sinne — die mir nebenbei bemerkt mit dem von der deutschen Civilgesetzkommission adoptierten Grundbuchsystem nicht als unvereinbar erscheint — zuzulassen sei. Insoweit man sich für die Zulässigkeit der Ersitzung entscheidet, ist die unvordenkliche Verjährung offenbar überflüssig; insoweit man dagegen aus Gründen des allgemeinen Nutzens eine Ersitzung solcher Rechte auszuschließen findet, darf man auch eine unvordenkliche Verjährung nicht zulassen, da sonst der Erfolg jener Ausschließung theilweise wieder vereitelt würde.

Was die, früher in Deutschland so häufigen, Zwangs- und Bannrechte anbelangt, so sind dieselben durch die deutsche Gewerbeordnung entweder bereits aufgehoben oder doch dem Untergange geweiht (vgl. Gew. Odg. §§ 7, 8 u. 10). Nur ganz ausnahmsweise können neue Zwangs- und Bannrechte noch begründet werden. Selbst rücksichtlich dieser Ausnahmsfälle wäre aber die Zulassung der unvordenklichen Verjährung schon deshalb ganz zwecklos, weil es bei den heutigen Verwaltungseinrichtungen gar nicht mehr als möglich gedacht werden kann, daß ein wirklich neu begründetes Zwangs- und Bannrecht völlig außer Evidenz kommen sollte und deshalb aktenmäßig nicht mehr erwiesen zu werden vermöchte.

Ich wende mich jetzt den zu genauerer Erörterung vorbehaltenen Fällen zu.

Es wird zwar selten genug vorkommen, aber es kann doch vorkommen — und die sub I 2a angeführten gemeinrechtlichen Entscheidungen beweisen es —, daß eine res publica (z. B. ein öffentlicher Weg) durch lange Jahre hindurch ganz oder theilweise dem Gemeingebrauche entzogen und thatsächlich als Privatgut behandelt wird. Erklärt man es hier für zulässig, daß die zuständige Verwaltungsbehörde gegen einen solchen Vorgang jederzeit mit Erfolg reagieren kann, so liegt darin gewiß eine schwere Unbilligkeit, die um so größer wird, je länger die Privatnutzung gedauert hat. Ich halte es daher auch für sehr natürlich, daß die gemeinrechtliche Praxis hier zur unvordenklichen Verjährung ihre Zuflucht genommen hat.

Wenn es jedoch gilt de lege ferenda zu sprechen, so muß man auch in diesem Falle einer Ersitzung im technischen Sinne — für welche aber allerdings eine über das normale Maaß hinausgehende Ersitzungszeit zu fordern wäre und von welcher solche res publicae, die vermöge ihrer unveränderlichen natürlichen Beschaffenheit dem Gemeingebrauch unterliegen, unbedingt ausgeschlossen werden müßten — vor der unvordenklichen Verjährung den Vorzug geben. Die Ersitzung im technischen Sinne erzeugt eben neues Recht, wogegen die unvordenkliche Verjährung in der uns hier beschäftigenden Funktion nur ein Beweisgrund dafür abgiebt, daß der jetzige Zustand rechtmäßig begründet worden sei. Die unvordenkliche Verjährung hat daher überall dort etwas innerlich Unwahres, wo man sich wie in unserem Falle sagen muß, daß rechtlicher Schutz gewährt werden soll, selbst wenn es an einem in der Vergangenheit liegenden rechtmäßigen Entstehungsgrunde des ausgeübten Rechtes thatsächlich fehlt.

Gegen die Zulassung einer solchen Ersitzung scheint freilich das Bedenken zu sprechen, daß Ersitzung juristischen Besitz voraussetze und daß es einen mit der Widmung der res publica zum Gemeingebrauch in Widerspruch stehenden juristischen Besitz gar nicht geben könne. Ich halte dies jedoch nicht für durchschlagend. Denn man kann meines Erachtens sehr wol normiren, daß zwar die regelmäßige Folge des Besitzes, nämlich der Besitzschutz zu Gunsten Desjenigen, der eine res publica in ein solches Verhältniß zu sich gebracht hat, das man sonst Besitz nennt, zunächst nicht eintreten soll, daß jedoch die Fortdauer dieses Verhältnisses durch eine bestimmte Zeit hindurch geeignet sein soll, die Extracommercialität der betreffenden Sache aufzuheben und ein den früheren Gemeingebrauch ganz oder theilweise ausschließendes Privatrecht zu begründen.

Viel einfacher liegt die Sache bei solchen Privatrechten an res publicae, die mit dem Gemeingebrauche verträglich sind: hier wäre es geradezu unerfindlich, warum die allgemeinen Ersitzungsgrundsätze nicht zur Anwendung gebracht werden sollten.

Die letzte Frage, die mir in diesem Zusammenhange zu erörtern noch übrig bleibt, spitzt sich dahin zu, ob demjenigen, welcher ein dauernder Ausübung fähiges, obligatorisches Recht durch lange Zeit ausgeübt hat, schon deshalb allein die Ausübung dieses Rechtes auch für alle Zukunft gesichert werden soll. [1])

Ich antworte verneinend. Zunächst schon aus dem Grunde, weil selbst solche Obligationsverhältnisse, bei welchen eine längere Ausübung möglich ist, regelmäßig doch nur den vorübergehenden Zwecken einzelner Menschen zu dienen bestimmt sind und weil es damit in eklatantem Widerspruche stände, wenn das objektive Recht die Perpetuierung solcher Obligationsverhältnisse ermöglichte, ja sogar erleichterte.

Für Obligationsverhältnisse, bei welchen Berechtigung und Verpflichtung an ein gewisses zuständliches Verhältniß geknüpft ist, trifft das Gesagte allerdings nicht zu. Man denke etwa an einen Fall, wo der jeweilige Pfarrer, Schullehrer u. s. w. der Berechtigte und die Gemeindeinsassen einer bestimmten Kategorie die Verpflichteten sind.

Derlei Obligationsverhältnisse haben jedoch die Eigenthümlichkeit, daß sie normaler Weise zu ihrer Begründung eines speziellen Rechtssatzes, oder doch des Beschlusses einer Behörde oder eines öffentlichen Vertretungskörpers bedürfen; denn wie sollte die ganze Reihe von Personen, die nacheinander in ein bestimmtes zuständliches Verhältniß eintreten, durch Vertrag die Verpflichtung zu wiederkehrenden Leistungen auferlegt werden können?

Ist dies richtig, so liegt hierin abermals ein Argument für die Verneinung der obgestellten Frage. Rechtssätze und Beschlüsse von Behörden oder Vertretungskörpern, pflegen eben heut zu Tage nicht mehr in Verstoß zu gerathen, und der direkt erbringbare Beweis der rechtmäßigen Entstehung von derlei Obligationsverhältnissen wird daher auch durch unvordenkliche Verjährung nicht ersetzt zu werden brauchen.

Eine perpetua causa kann ferner wol auch solchen Obligationsverhältnissen innewohnen, wo sowol Berechtigter als Verpflichteter juristische Personen öffentlichen Rechtes sind, jener also z. B. einer Kultusgemeinde, dieser einer Provinz oder Kreisverband u. dgl. Thun jedoch die verwaltenden Organe nur einigermaßen ihre Pflicht, so wird eine derartige Verdunklung und Versumpfung der obwaltenden Rechtsverhältnisse, welche die Möglichkeit einer Berufung auf unvordenkliche Verjährung als wünschenswerthes Auskunftsmittel erscheinen ließe, gar nicht eintreten können.

3. Die quasi-aufhebende Funktion der unvordenklichen Verjährung entspricht meines Erachtens auf dem Gebiete des gemeinen Rechts — aber allerdings nur, weil anderweitige Abhilfe fehlt — einem entschiedenen Bedürfnisse.

---

1) Man könnte dabei statt an unvordenkliche Verjährung auch denken an Statuierung einer Ersitzung im technischen Sinne oder an die Aufstellung des Rechtssatzes, daß der Beweis etwa 30jähriger Ausübung eines obligatorischen Rechtes — vorbehaltlich des Gegenbeweises — die Annahme rechtmäßiger Entstehung begründe.

Dieselben Zweckmäßigkeitsgründe, welche die Römer dazu geführt haben, den non usus als Erlöschungsgrund der Servituten anzuerkennen, lassen die Anerkennung dieses Erlöschungsgrundes in der That bei allen Rechten als angemessen erscheinen, bei welchen dem Berechtigten ein dauernd Belasteter oder Verpflichteter gegenüber steht. Es liegt in der Natur der Sache, daß die neuerliche Ausübung solcher Rechte, die durch lange Zeit hindurch unausgeübt geblieben sind, für den bisher Berechtigten einen faktischen Vermögenszuwachs bedeutet, während sie dagegen von dem bisher belastet oder verpflichtet Gewesenen gleich der willkürlichen Aufbürdung einer neuen Last empfunden werden muß. Die dauernde Nichtausübung eines Rechtes ist ferner regelmäßig ein sicheres Symptom dafür, daß jenes einem lebendigen Bedürfnisse nicht mehr entspricht; die Gesetzgebung hat daher auch guten Grund, einem solchen Rechte den Lebensfaden definitiv abzuschneiden. Damit ist die Rechtfertigung des Prinzips der Erlöschung der Rechte durch Nichtgebrauch, wie es z. B. im preußischen L.R. (I 9 § 502) und im österreichischen B.G.B. (§ 1479) acceptiert ist, bereits gegeben.

Das theoretische Bedenken, das man speziell bei obligatorischen Rechten auf periodische Leistungen neben den allerdings verjährbaren Ansprüchen auf die einzelnen fällig gewordenen Präftationen nicht noch einen gleichfalls der Verjährung unterliegenden Gesammtanspruch konstruieren könne, ist zwar berechtigt gegenüber Denjenigen, welche die Verjährung des „Rechts im Ganzen“ unter den Gesichtspunkt der Anspruchsverjährung bringen wollen, verliert dagegen jede Bedeutung, sobald man sich auf den oben eingenommenen Standpunkt stellt und demgemäß in der Aufhebung des „Rechtes im Ganzen“ nur eine durch non usus herbeigeführte Aufhebung jenes Spannungsverhältnisses erblickt, aus welchem die einzelnen Präftationen entspringen.

Die Anerkennung des Prinzips der Erlöschung der Rechte durch Nichtgebrauch steht übrigens — wie schon die früher citierten Gesetzbücher beweisen — mit der unvordenklichen Verjährung durchaus nicht in nothwendigem Zusammenhange. Ja man muß sogar sagen, daß die quasiaufhebende Funktion der unvordenklichen Zeit, indem vermöge derselben nur ein Beweisgrund für die in der Vergangenheit erfolgte Aufhebung geschaffen wird, obiges Prinzip nur in verfälschter Form zum Ausdrucke bringt. Der gemeinrechtlichen Praxis war daher die unvordenkliche Verjährung auch hier nur ein Nothbehelf, zu dem sie greifen mußte, weil es abgesehen von den Bestimmungen des römischen Rechtes in Betreff der Servituten an Rechtssätzen über die Erlöschung von Rechten durch non usus während bestimmter Zeit gebrach. Wird also dem Bedürfniß nach solchen Rechtssätzen Rechnung getragen, so ist auch die quasi-aufhebende Funktion der unvordenklichen Zeit völlig entbehrlich.[1])

4. Entscheidet man sich einmal dafür, daß die quasi-begründende und quasi-aufhebende Funktion der unvordenklichen Verjährung im deutschen Civilgesetzbuche nicht adoptiert, wol aber — insoweit ein Bedürfniß dazu vorhanden ist — durch praescriptio definita (welchen Ausdruck ich hier sowol auf Ersitzung als non usus beziehe) ersetzt werden soll, so ist damit im Wesentlichen bereits auch die Beurtheilung der oben sub I. Z. 4 hervorgehobenen Funktion gegeben.

Quantitative Erweiterung und qualitative Aenderung des Inhaltes eines Rechts in Folge fortdauernd modifizierter Rechtsausübung wird also überall dort, aber auch nur dort anzuerkennen sein, wo man Ersitzung im technischen Sinne zuzulassen findet.

Zweifeln kann man dagegen allerdings, ob es angemessen sei, an theilweise Nichtausübung eines Rechtes während bestimmter Zeit die Folge theilweisen Rechtsverlustes zu knüpfen, oder ob es nicht vielmehr entsprechender wäre, zu bestimmen, daß wenigstens dort, wo der Belastete oder Verpflichtete sich nicht in den Besitz eines sogenannten „Untersagungsrechtes" (preuß. L.R. I 7 § 86, 9 § 574) gesetzt hat, schon theilweise Ausübung zur ungeschmälerten Erhaltung des Rechtes genüge. Konsequenter ist wol die erstere Entscheidung und gegen die letztere spricht praktisch, daß die Erweisung eines „Untersagungsrechtes" um so schwieriger ist, je länger die quantitative Einschränkung der Rechtsausübung bereits gedauert hat. Anderseits kann aber nicht verkannt werden, daß die quantitative Einschränkung der Rechtsausübung aus Gründen entspringen kann, welche mit der Absicht der Behauptung des Rechts in seinem vollen Umfange wol verträglich sind. Es dürfte deshalb am richtigsten sein, theilweisen Rechtsverlust in Folge theilweisen non usus nur dann eintreten zu lassen, wenn die Absicht einer Behauptung des vollen Rechts durch die Umstände ausgeschlossen ist, (vgl. auch Dernburg, Lehrbuch d. preuß. Pr.R. I § 108).

5. Da sich das deutsche Civilgesetzbuch auf eine Regelung des Fideikommiß- und Lehnswesens ohnedies nicht erstrecken wird, so bedarf die sub I Z 5 konstatierte Funktion der unvordenklichen Zeit nur insoweit einer näheren Würdigung, als jene nach heutigem gemeinen Rechte auch von Belang ist für die Feststellung der Zugehörigkeit einer Parzelle zu einem bestinmten Grundstücke.

---

[1]) Die Frage, ob und in wie weit dieses Prinzip wieder eine Einschränkung bei solchen Rechten erleiden muß, die im öffentlichen Buche eingetragen sind, steht hier nicht zur Erörterung.

Die Erweisbarkeit solcher Zugehörigkeit kann nach den verschiedensten Richtungen hin von größter praktischer Bedeutung sein; so z. B., wenn es sich darum handelt, ob sich das an einem bestimmten Grundstück erworbene Eigenthum, Pfandrecht, Nießbrauchrecht auf eine gewisse Parzelle mit-erstrecke, ob der Verkäufer eines Grundstücks verpflichtet sei, eine vom Käufer als Bestandtheil desselben in Anspruch genommene Parzelle mit zu übergeben u. s. w.

Wie soll jedoch der Beweis der behaupteten Zugehörigkeit einer Parzelle zu einem bestimmten Grundstücke geführt werden? Möglicher Weise wird man sich auf die Angaben im Grundbuche berufen können, insofern dieselben gegen Bestreitung bereits gesichert sind. Wo aber letzteres nicht der Fall ist, oder wo das Grundbuch solche Angaben nicht enthält, oder wo endlich das Grundbuchinstitut noch nicht einmal besteht, müssen sich bei solcher Beweisführung nothwendig die größten Schwierigkeiten ergeben. Die uns an dieser Stelle interessirende Funktion der unvordenklichen Zeit scheint hier einen Ausweg zu bieten; und es soll auch gar nicht geleugnet werden, daß die seit unvordenklicher Zeit eingetretene Behandlungsweise die Annahme der Zugehörigkeit einer Parzelle zu einem bestimmten Grundstücksindividuum zu rechtfertigen wol geeignet ist.

Trotzdem trage ich Bedenken für die Anerkennung dieser Funktion der unvordenklichen Zeit im deutschen Civilgesetzbuche zu plädieren. Es liegt nämlich in der Natur der Sache, daß der Beweis der Zugehörigkeit einer Parzelle zu einem Grundstück vielfach nur durch Indizien geführt werden kann; als das wichtigste dieser Indizien wird sich aber dabei das bezüglich der betreffenden Parzelle bisher thatsächlich obwaltend gewesene Verhältniß ohnedies von selbst aufdrängen. Die Aufstellung des Rechtssatzes, daß der Beweis der *rechtlichen* Zugehörigkeit durch die Herstellung des Beweises der seit unvordenklicher Zeit bestehenden *thatsächlichen* Zugehörigkeit als erbracht anzusehen sei, müßte daher meines Erachtens nicht nur als überflüssig, sondern wegen der darin — wenigstens indirekt — liegenden Einschränkung der freien Beweiswürdigung sogar als höchst bedenklich betrachtet werden.

Ueberaus wünschenswerth wäre es aber freilich, wenn eine den Beweis der Zugehörigkeit *wesentlich* erleichternde, Gegenbeweis selbstverständlich vorbehaltende, Rechtsvermuthung aufgestellt werden könnte. Ich wage es aber nicht hier — nur so nebenbei — einen bestimmten Vorschlag zu machen.

III. Schon in den Ausführungen sub II bin ich zu einer negativen Antwort auf die vorliegende Frage gelangt. Den zur Begründung dieser Antwort bei Besprechung der einzelnen Funktionen der unvordenklichen

Zeit angeführten speziellen Gründen mögen noch folgende Erwägungen allgemeiner Natur beigefügt werden.

Es ist ein Postulat der juristischen Technik, daß rechtlich relevante Thatbestände möglichst scharf umrissen und ausgeprägt seien. Dieses Merkmal fehlt offenbar der unvordenklichen Zeit. Hält man sich an die Wortbedeutung und an die Aeußerungen der römischen Quellen über die „vetustas", so wird man zugeben müssen, daß ein Zustand schon unvordenklich sein kann, obwol er vielleicht nur relativ kurze Zeit dauert (vgl. auch Burkhard a. a. O. S. 318), anderseits wieder, daß selbst ein durch Jahrhunderte fortdauernder Zustand als unvordenklich nicht bezeichnet werden darf, wenn der Anfangspunkt dieses Zustandes durch auf uns gekommene Nachrichten der Vorfahren genau festgestellt ist (vgl. Schelling, Lehre von der unvordenklichen Zeit S. 143). Es ist aber zugleich evident, daß ein mit der unvordenklichen Zeit in diesem Sinne operierendes Institut nur geringen praktischen Werth haben könnte.

In der gemeinrechtlichen Theorie und Praxis hat man dies wol gefühlt[1]) und nicht ohne Erfolg ist man bestrebt gewesen, die „unvordenkliche Zeit" in doppelter Richtung abzugrenzen (vgl. Buchka, unvordenklicher Besitz S. 30 ff. und die daselbst Citierten; und von den Neueren vorzüglich Windscheid a. a. O.). Man ist nämlich zunächst vielfach zur Aufstellung des Grundsatzes gelangt, daß der Beweis der Unvordenklichkeit nur dann als erbracht anzusehen sei, wenn die Dauer des betreffenden Zustandes doch wenigstens für 40 Jahre positiv bestätigt erscheine. Um ferner für die unvordenkliche Zeit auch eine Maximalgrenze zu gewinnen, hat man zumeist auch den weiteren Grundsatz adoptiert, daß der von der einen Partei geführte Beweis der Unvordenklichkeit nicht als widerlegt zu betrachten sei, wenn der von der Gegenpartei erwiesene Anfangspunkt des betreffenden Zustandes nicht mehr innerhalb der letzten beiden Menschenalter (jedes zu 40 oder 50 Jahren gerechnet) gelegen sei.

Aus der Natur der Sache ergeben sich diese Grundsätze jedenfalls nicht und wenn man genauer zusieht, so drängt sich sogar die Ueberzeugung auf, daß gemeinrechtliche Theorie und Praxis — insoweit sie sich zu obigen Grundsätzen bekennen — die „unvordenkliche Zeit" in Wahrheit bereits durch etwas Anderes ersetzt haben, welches mit jener nur mehr sehr äußerlich verwandt ist. Die Sache verhält sich nemlich — wenn ich nicht ganz irre — hiernach folgender Maaßen:

a. Was man „unvordenkliche Zeit" nennt, ist zufolge des zweiten

---

[1]) Vgl. hierzu Friedländer, unvordenkliche Zeit I S. 24 ff., dessen Darstellung ein drastisches Bild der heillosen Verworrenheit giebt, in der sich die Lehre von der unvordenklichen Verjährung noch im 18. Jahrhundert befand.

der vorerwähnten Grundsätze eigentlich ein Zeitraum von mindestens 80 (oder 100 Jahren).

b. Da es dem auf „unvordenkliche Zeit“ sich Berufenden nicht schadet, wenn der Gegner beweist, daß der Zustand vor mehr als 80 Jahren seinen Anfang genommen habe, so muß es vernünftiger Weise jedenfalls genügen, wenn jener auch nur die mindestens 80 jährige Dauer des Zustandes nachweist.

c. Der Beweis der mindestens 80 jährigen Dauer des Zustandes wird jedoch ersetzt durch den unter Umständen leichter zu führenden Beweis, daß der Zustand seit Menschengedenken bestehe, jedoch nur nnter der Voraussetzung, daß auf solche Weise doch wenigstens eine 40 jährige Dauer des Zustandes positiv bestätigt wird.

d. Der im Sinne von lit. c. gelieferte Beweis wird entkräftet durch den Gegenbeweis, daß der Zustand 80 Jahre noch nicht gedauert habe.

Dieses Ergebniß ist überaus lehrreich: Denn es beweist besser, als es die weitläufigste Ausführung vermöchte, wie sehr das Bedürfniß der Rechtsanwendung darauf hindrängt, daß die Zeit, wo sie als juristisches Thatbestandsmoment in Betracht kommen soll, zugleich auch bestimmte Zeit sei.

Wol vorzugsweise aus diesem Grunde ist daher auch das Institut der unvordenklichen Verjährung in keiner der modernen Privatrechtskodifikationen rezipiert worden.

IV. Ich fasse die Resultate meiner Ausführungen schließlich noch in folgenden Sätzen zusammen:

1. Die unvordenkliche Verjährung ist im deutschen Civilgesetzbuche weder als Grund des Erwerbes noch als Grund des Verlustes von Rechten anzuerkennen. [1])

2. Insoweit die unvordenkliche Verjährung auf dem Gebiete des gemeinen Rechts — in wenngleich unvollkommener Weise — wirklichen und auch im heutigen Rechtsleben als berechtigt anzuerkennenden Bedürfnissen entspricht, ist sie im deutschen Civilgesetzbuche in angemessener Weise anderweitig zu ersetzen.

3. Demgemäß empfielt sich insbesondere:

a. die Zulassung einer den Gemeingebrauch ganz oder theilweise ausschließenden Ersitzung bei solchen res publicae, die nur zu Folge besonderer Widmung, also nicht schon vermöge ihrer natürlichen Beschaffenheit, dem Gemeingebrauche dienen,

b. die umfassende Anerkennung des Prinzips, daß solche Rechte, bei welchen dem Berechtigten ein dauernd Belasteter oder Verpflichteter gegenüber steht, durch Nichtgebrauch während bestimmter Zeit erlöschen.

---

[1]) Nach einer Mittheilung Rassow's in Gruchot's Beiträgen 1878 S. 87 hat die deutsche Civilgesetzkommission bereits im Jahre 1877 einen Beschluß im obigen Sinne gefaßt.

# VI.

## Gutachten des Herrn Professor Dr. J. E. Kuntze zu Leipzig

über die Frage:

Soll der Aussteller eines vor der Begebung gestohlnen oder verlornen Wechsels oder sonstigen Ordrepapiers oder Inhaberpapiers dem gutgläubigen Erwerber haften?

---

Meine Antwort wird in vier Abschnitte zerfallen, in welchen 1) der gegenwärtige Stand der Controvers, 2) die Grundlage der von mir vertretenen Theorie, 3) das positive Recht der Wechselordnung und 4) Bedürfniß und Richtung der Praxis behandelt werden.

### I.

### Der Stand der Controvers.

§ 1. Beim Wechsel, wie bei jedem Circulationspapier, liegt der Accent auf dem Papier (Skriptur), bis es zur Einlösung kommt. Dennoch ist die Theorie bis jetzt nicht einig über das Princip der juristischen Construction dieser Rolle des Papiers. Einert hat das Verdienst, dieselbe in den Vordergrund der Theorie gerückt zu haben, aber er that das mit einer so rücksichtslosen Energie, daß er mehr Gegner, als Anhänger gefunden hat. Selbst seine besten Anhänger, wie Brauer und Koch, verklausulirten ihren Standpunkt; Gegner, wie Renaud, Ladenburg und Fick, verwarfen nicht bloß Einiges, sondern das Meiste; erst Liebe und Thöl wiesen dem kühn durchbrechenden Strome Einert's ein civilistisches Bett an.

Einert's Hauptsätze waren: 1) das Papier ist Träger des Versprechens und der Werth demselben inhärent; 2) der Wechsel ist abstraktes Zahlungsversprechen, und 3) es gibt keinen Wechselcontract, sondern die einseitige Zusage (an das Publikum) entscheidet.[1]) Die zwei ersten Sätze fanden dann durch Liebe's Theorie vom Formalakt und durch Thöl's Theorie vom Summenversprechen Bekräftigung, der dritte Satz blieb anfangs fast unbeachtet und ist jetzt noch vorzugsweise controvers. Von der Stellung zu diesem Satze hängt die Antwort auf obige Frage ab.

§ 2. Die von mir aufgestellte Creationstheorie soll die Wahrheit jenes dritten Einert'schen Satzes in juristisch constructiver Weise erhärten; ihr haben sich Viele zugewendet, allein noch immer gehen die Ansichten sehr auseinander, und auch unter Denen, welche jener Theorie zuneigen, finden principielle Abweichungen statt, welche sich in eine Skala bringen und folgender Maaßen bezeichnen lassen.

1) Die Begebungstheorie[2]) steht der sonst herrschenden Vertragstheorie am nächsten; sie verlangt zur Entstehung der Obligatio einen Aushändigungsakt oder Geben und Nehmen, also Vertrag, denkt sich aber das Nehmen seiten der Nachmänner als einseitigen Akt[3]), und ist nur eine Variation des nebelhaften contractus cum incerta persona.

2) Die Emissionstheorie läßt die Obligatio auch ohne Vertrag entstehen und verlangt nur (freiwillige) Besitzentäußerung seiten des Ausstellers[4]), so daß nach Versendung des Wechsels das Wechselgeschäft auch dann zu Stande kommt, wenn der Absender vor dem Eintreffen des Wechsels beim Adressaten sterben oder dispositionsunfähig werden sollte.

3) Die Redlichkeitstheorie verlangt nicht einen Akt der Begebung oder der Besitzentäußerung, sondern nur das (irgendwie geschehene) Gelangen des (ausgefertigten) Papiers in den redlichen Besitz des (designirten) Nehmers, sei das Papier auch ein gestohlnes.[5])

4) Die Creationstheorie geht insofern noch weiter, als sie die Obligatio sogar in der Person des unredlichen Erwerbers des Papiers entstehen und den Aussteller gegen denselben nur durch actio und exceptio doli geschützt werden läßt.[6]) Der Unterschied zwischen 3 und 4 ist mithin nur ein formaler oder theoretischer.

5) Die Personifikationstheorie sieht den Wechsel als den wahren Gläubiger, den Inhaber (Indossatar) nur als den Repräsentanten des

---

[1]) Einert, Wechselrecht (1839) S. 90. 525.

[2]) Von Grawein Aushändigungstheorie genannt (Perfection d. Accepts, S. 109).

[3]) Jolly, Goldschmidt (mit einer Modification), Unger und Grawein.

[4]) Stobbe, Windscheid, Alfr. Pernice.

[5]) Bluntschli, Grünhut, Reichsgericht (s. Entscheidungen II. 1880. S. 7).

[6]) Kuntze, Borchard, Jacobi, Endemann, Blaschke, Stein, Gröning, Ihering, Bähr, Dernburg, Geller (?). Siegel ist schon mit bloßer „Innehaltung“ zufrieden.

Gläubigers an, so daß die Obligatio eigentlich schon da ist, bevor der Wechsel aus der Hand des Ausstellers sich entfernt.[1]) Diese Theorie deckt sich in Betreff der praktischen Seite ganz mit der Kreationstheorie.

## II.

## Die theoretische Grundlegung.

§ 3. Allgemein angenommen ist jetzt, daß die obligatio cambialis nicht ohne die Skriptur entsteht, und daß diese zum Wesen jener gehört. Eine Wechselforderung ohne Skriptur erscheint uns heutzutage geradezu als ein Unding, auf der Ausgestaltung des Wechsels im Papier beruht unser ganzer Wechsel-Verkehr. Fraglich ist aber, ob die Herstellung des Wechselbriefs seiten des Ausstellers hinreicht, um den Grund zu seiner wechselmäßigen Verbindlichkeit zu legen, oder ob noch ein Vorgang außerdem, und welcher, hinzukommen muß.

Zunächst ist hierüber zu bemerken, daß die oben sub 5 aufgeführte Personificationstheorie, welche den gefertigten Wechselbrief sofort und ohne Weiteres eine Forderung (nomen) erzeugen läßt, gegen alle Grundlagen unserer Rechtsanschauung verstößt, indem sie ein Papier zur Person macht, ein einzelnes Rechtsverhältniß zum Range einer Rechtssphäre (denn nur einer solchen entspricht der Persönlichkeitsbegriff) erhebt und im Grunde den Aussteller in Einer Person Gläubiger und Schuldner sein läßt, bevor der Wechsel in die Hand Anderer kommt. Man muß daher behaupten, daß, so lange dies nicht der Fall ist, die beabsichtigte Obligatio noch nicht in's Dasein getreten ist; sie wird durch Ausfertigung des Wechsels zwar vorbereitet, der Grund zu ihrer Entstehung gelegt, aber es muß noch ein Vorgang hinzukommen, nämlich das Gelangen des Papiers in die Hand eines Solchen, welcher Gläubiger aus dem Papier werden kann. Dann erst sind die Grundbedingungen einer Obligatio gegeben, dann erst wird der Wechsel als Träger einer reellen Obligatio perfekt.

§ 4. Weiteres als dies ist aber auch nicht erforderlich, und zwar aus folgenden Gründen.

1) Der Aussteller hat seinen Willen, insoweit derselbe gebunden sein soll, in das Papier mittels der Scriptur hineingelegt, und indem er ihn mit dem Papier organisch verbunden hat, von seiner Person abgelöst, aus sich entlassen und objektivirt. Die Konsequenzen dieser Handlung, die ihm Vortheile gewährt, muß er auch *gegen sich* gelten lassen.

2) Der Aussteller hat nach dem Sinne des Wechsel-Styls versprochne,

---

[1]) *Bekker, Martin, Volkmar* und *Löwy*.

gegen den Wechsel[1]) zu zahlen. Er hat dies im Papier ohne Einschränkung versprochen; wenn man ihn nur unter der Bedingung, daß der Wechsel mit seinem Willen in die Hand des Andern gelangte, haften läßt, tritt man folglich mit jener eigenen Willenserklärung des Ausstellers in Conflikt. Und das ist bei der präcisen und schneidigen Natur des Wechsels durchaus unzulässig.

3) Wechselrechtliches Grundprincip ist, daß die Skriptur über den Inhalt der Schuld entscheidet und schlechterdings nur das in ihr Ausgedrückte, aus ihr zu Ersehende gilt. Und für das Dasein der Schuld sollte die Skriptur nicht entscheiden? Sie würde aber nicht darüber entscheiden, wenn noch ein Umstand — der zustimmende Wille des Ausstellers — hinzukommen müßte, den man dem Papier nimmermehr ansieht. Auch würde es principlos sein, das Princip der Skripturobligation gerade bei ihrer Entstehung verkümmern zu wollen; die Vertragstheorie macht einen eklatanten Riß in das Solennitätsprincip des Ordre- und Inhaberpapiers, und darum ist sie unhaltbar.

4) Bei jeder Ausstellung eines Circulationspapiers erklärt der Aussteller, daß er jedem etwaigen Inhaber (nach Maaßgabe der Regeln des Papiers) haften wolle, und diese eine Erklärung gilt Allen zugleich; es kann aber eine und dieselbe Erklärung nicht verschiedener Art sein, nicht die Natur erst eines Vertrags, dann eines einseitigen Aktes haben, je nachdem sie sich auf den ersten oder einen folgenden Nehmer bezieht; ist also für die folgenden der Vertragsbegriff unanwendbar, so muß er als Requisit auch vom ersten Nehmer fern gehalten werden.

5) Die rechtsgeschäftliche Form der Willenserklärung ist mit der Unterschrift zum Abschluß gekommen. Daneben kann der Aussteller freilich den Willen haben, das Papier noch unbegeben zu lassen, vorläufig zurückzuhalten, aber dieser zweite Wille bleibt ungestaltet, liegt jenseits des eigentlichen Rechtsgeschäfts, und drückt sich lediglich in der negativen Thatsache des Nichtbegebens aus, die ebensogut auch auf Irrthum oder Vergeßlichkeit beruhen und folglich nicht Ausdruck eines rechtsgeschäftlichen Willens sein kann. Sie kann als bloßes Faktum nur unter solchen Umständen rechtlichen Werth erhalten, unter welchen überhaupt bloße Fakta eines rechtlichen Werthes oder Gewichtes theilhaftig werden, nämlich wenn die fides des Gegners dadurch beeinflußt, d. h. der Thatbestand eines dolus generalis (im Sinne der römischen exceptio doli generalis) begründet wird.

§ 5. Lassen wir das Papier (und nur das Papier) entscheiden, so

[1]) Bei dem Inhaberpapier: an den Vorzeiger, Bringer, Präsentanten, au porteur.

müssen wir sagen: Sobald das Papier (mit der Skriptur) bei dem, welcher Gläubigerstelle einnehmen kann, sich befindet, dieser also das Papier hat und vorzeigen kann, ist diese Person nothwendig der Gläubiger; sie ist es unter allen Umständen, selbst wenn sie das Papier unterschlagen, gestohlen haben sollte. Aber freilich das Recht muß hier gegen seine starre Consequenz Schutz und Abhülfe leisten. Mit der condictio sine causa, condictio furtiva, vindicatio, actio quod metus causa, actio und exceptio doli bez. auch auf dem Wege der in integrum restitutio, kann der bestohlene oder gezwungene oder hintergangene oder in seiner Erwartung getäuschte Aussteller sein materielles Recht wahren und wiederherstellen; das Recht läßt ihn keinesfalls im Stiche.

Man wende hiergegen nicht den von Ulpian[1]) aufgestellten Satz ein: Nemo de improbitate sua consequitur actionem, denn in dem von diesem Juristen vorgestellten Falle handelt es sich um eine Strafklage, welcher nicht erst durch exceptio doli begegnet werden darf. In unzähligen Fällen sonst gibt ja das römische Recht die actio einem mala fide Handelnden, es dem Gegner überlassend, sich mit der actio bez. exceptio doli zu helfen — eben um der Consequenz willen; selbst im Falle des (psychischen) Zwanges gilt die Handlung des Gezwungenen, sein Versprechen obligirt ihn nach strengem Recht[2]), aber er hat die actio und exceptio quod metus causa oder die in integrum restitutio.

§ 6. Die aufgestellte Theorie ist:

1) Die einfachste: denn man kommt mit dem einfachen Gedanken aus, daß Alles am Papier, an der Skriptur hange, Wortlaut und Präsenz der Urkunde entscheidend seien. Wenn das Papier fertig, dann die Willenserklärung fertig; wie der Text, so der Inhalt des Rechts; wo das Papier, da das Recht (nach ordnungsmäßigem Ausweis des Ordrepapiers). Wir bedürfen hier keiner Nachhülfe, wie sie von der Vertragstheorie, ja auch von der beschränkten Creationstheorie in der Hinzufügung der Präsumtion, daß das Papier vom Aussteller begeben sei, künstlich geschaffen wird, um nicht hinter dem Verkehrsbedürfniß ganz zurückzubleiben.[3])

2) Die praktikabelste: denn der Gläubiger braucht nichts weiter anzuführen, als daß er das Papier (bez. mit Girokette) habe, und diese Anführung beweist er sofort durch Präsentation.

---

1) Fr. 12. § 1. D. de furtis (47, 2).

2) Fr. 21. § 4. D. quod metus causa (4, 2).

3) Siehe Jolly in der krit. Vierteljahrsschrift II. S. 557. Dazu Kuntze, Deutsches Wechselrecht S. 310.

3) Die billigste: denn der Aussteller ist in der Lage, sich vor Verlust zu schützen durch hinreichende Wachsamkeit und Umsicht, während der Nehmer selten Anlaß, Zeit und Gelegenheit hat, Nachforschungen über die Umstände des Papier-Ursprungs und Circulationsbeginns anzustellen. Das Ansinnen dieser Nachforschung wäre unerträgliche Zumuthung eines Risico und würde den Verkehr mit dergleichen Papieren lähmen; unsere Theorie dagegen schützt den (durchschnittlich) Hülfslosen auf Kosten des (durchschnittlich) Nachlässigen und Unvorsichtigen, der sich hätte selber helfen können, und ich denke, daß das in der Ordnung und der einzig gesunde Standpunkt ist.

## III.
## Das positive Recht.

§ 7. Wir besitzen keine principiellen Aussprüche unseres positiven Rechts über die gestellte Frage, aber die Deutsche Wechselordnung ruht bewußt oder unbewußt auf der Creationstheorie, wie theils aus dem ganzen terminologischen Gerüste der W.-O.[1]), welcher der Vertragsbegriff fremd ist, theils aus einer Reihe einzelner Artikel erhellt, welche nur unter dieser Voraussetzung recht erklärbar und unter sich zusammenhängend sind.

1) Die W.-O. verlangt im Wechsel Angabe des Ortes und Zeitpunktes der Ausstellung[2]), versteht unter letzterer die Vollziehung der Urkunde, sieht daher diese, die doch eine einseitige Thätigkeit des Trassanten ist, als die Entstehung des Wechsels an und bestimmt danach die Geltungsdauer des Sichtwechsels, sowie die Berechnung des Datowechsels.[3])

2) Die W.-O. (Art. 8) sagt schlechthin, der Aussteller hafte, ohne daß außerdem noch die Thatsache des Begebens erwähnt wird.

3) Die W.-O. (Art. 9. 10. 14. 67. 76. 81) sagt schlechthin, durch Indossament werde der Wechsel übertragen, durch das Indossament gehen alle Rechte aus dem Wechsel auf den Indossatar über, der Indossant hafte, er hafte aus seinem Indossament; nirgends wird das Begeben als eine weitere Voraussetzung des Haftens erwähnt.

4) Die W.-O. (Art. 85) erkennt an, daß, wenn es sich um die Anwendung ausländischer Gesetze handelt, die Gesetze des Ortes maßgebend sind, an welchem die Wechsel-Erklärung erfolgt, d. h. unterzeichnet ist.

5) Die W.-O. behandelt auch das Accept als einseitigen Rechtsakt: dies ergibt sich nicht bloß aus der in Art. 21 ausgesprochenen Unwiderruflichkeit, sondern auch daraus, daß der Acceptant beschränkend (also ab-

---

[1]) Sie sagt: Erklärungen (Art. 7), Wechsel-Erklärungen (Art. 85. 94. 95).

[2]) Art. 4, Nr. 6; Art. 96, Nr. 6. Vergl. Art. 31. 32.

[3]) Vergl. dazu Kuntze, W.-R. S. 52, Anm. 3.

weichend vom Willen des Trassanten) acceptiren kann (Art. 22), daß er aus seinem Accept haftet, auch wenn die Tratte unächt oder von einem Unfähigen ausgestellt ist (Art. 3. 75), daß der mehrere Exemplare desselben Wechsels Acceptirende mehrfach haftet (Art. 67), und daß das Accept, auch wenn der Wechsel von einem Vertragsunfähigen oder Unredlichen präsentirt war, den Unterzeichner bindet (Art. 18. 23): was Alles der Unterstellung eines Vertrags mit dem Trassanten, beziehungsweise mit dem Präsentanten entgegensteht.

6) Die W.-O. läßt die Wechsel-Verbindlichkeit des Trassanten, Acceptanten, Indossanten, Avalisten auf Grund der „Wechsel-Erklärung" Jedem gegenüber entstehen, welcher in indossamentmäßigen Besitz des Papiers kommt (Art. 36. 81). Die Verpflichtung entsteht ohne Weiteres, auch wenn der Verpflichtete noch gar nicht weiß, wer der Gläubiger ist, auch wenn es ihm sehr ungelegen sein sollte, gerade diesen Wechselgläubiger zu haben, und ferner auch, wenn die Girokette bloß formell (skripturmäßig) in Ordnung ist und der materielle Geschäftszusammenhang fehlt.[1])

7) Unterstützend ist die Proceßpraxis, welche weder im Klaglibell das positive Anführen, daß der Wechselunterzeichner auch wirklich begeben habe, fordert, noch den Beweis der Begebung dem Wechselkläger auferlegt, sondern es darauf ankommen läßt, ob der Beklagte anführen und beweisen werde, daß Kläger in mala fide sei.[2]) Und in Bezug hierauf sagt die W.-O. (Art. 74) ausdrücklich, daß der Wechsel dem Inhaber nur dann den Dienst versage, wenn er in bösem Glauben oder grob fahrlässiger Weise erworben worden. Nichts hindert, diesen Satz auch zwischen dem Aussteller, dessen Wechsel wider Willen in Umlauf kam, und dem Inhaber gelten zu lassen.

## IV.

### Praktischer Werth der aufgestellten Theorie.

§ 8. Mit der aufgestellten Theorie, wonach Ordre- und Inhaberpapier vom Aussteller einseitig geschaffen, von jedem Unterzeichner des Wechsels dieser einseitig durch neue Obligirung gesteigert wird, erlangen wir folgende praktische Konsequenzen.

1) Der Aussteller, Indossant, Acceptant, Avalist haftet aus seiner Wechsel-Erklärung, auch wenn er nach Absendung des Papiers sterben oder

---

[1]) Siehe Windscheid, Pand. II. § 304, Anm. 11.

[2]) Siehe Kuntze, W.-R. S. 301 sub III. v. Gröning im Arch. f. civ. Prax. Bd. 44, S. 374.

wahnsinnig werden sollte, bevor das Papier an den Adressaten gelangt und in dessen Willenskreis eintritt.[1])

2) Kommt das gefertigte Papier ohne Wissen und Willen des Unterzeichners (Ausstellers u. s. w.) in Umlauf — sei es bei Lebzeiten desselben oder auch erst nach dessen Tode —, so erwirbt jeder (ordremäßig legitimirte redliche) Inhaber das Forderungsrecht gegen jenen, bez. dessen Erben. Fälle: Das Papier wird vom Fensterbrett herab auf die Straße geweht oder aus der Tasche verloren oder von einem Bekannten des Adressaten entwendet und dann vom Finder oder Entwender abgesendet; der Finder sendet bona oder mala fide ab; der Finder kann auch der Bezogene selbst sein, welcher etwa den Wechsel acceptirt und an den (mit diesem Sachverhalt unbekannten) Remittenten sendet. Dabei ist gleichgültig, ob der Unterzeichner schon definitiv die Begebung beabsichtigte und nur durch Zufall die Absendung selbst zu bewerkstelligen verhindert wurde, oder ob der Unterzeichner vor der Absendung noch eine persönliche Erkundigung hatte anstellen wollen. Unter denselben Gesichtspunkt gehört der von Dernburg[2]) angeführte Fall, da das Papier erst nach dem Tode des Unterzeichners von dessen Erben begeben wird und der Tod dem Nehmer bekannt ist. Auch hier geschieht die Begebung ohne Wissen und Willen des Unterzeichners, der eben nicht mehr am Leben ist, aber gleichviel, ob bloß ohne Willen oder sogar gegen den Willen des Unterzeichners: der Nehmer erwirbt das Forderungsrecht, und seine Kenntniß dieser Sachlage verhindert nicht den Erwerb und die Geltendmachung des Forderungsrechts, weil die Handlung des Erben mala fides auf Seiten des Nehmers ausschließt. Auch der Fall, da der Unterzeichner zwei Wechsel (verschiedenen Inhalts) gefertigt, den einen abzusenden, den anderen noch zurückzuhalten beschlossen hat, aber irrthümlich statt des einen den anderen absendet, bietet nach unserer Theorie keine Schwierigkeit, denn der abgesendete Wechsel war vom Aussteller fertig gestellt, sein Umlauf bindet ihn folglich.

3) Von dem Augenblick an, wo der Aussteller faktisch nicht mehr über das (abhanden gekommene) Papier verfügen kann, kann er es auch rechtlich nicht mehr, d. h. er kann den Wechsel, das Indossament, Accept, Aval nicht mehr in einer für das Papier selbst gültigen Weise widerrufen, er kann es weder dem dermaligen, noch auch (im Voraus) dem künftigen Inhaber gegenüber. Nur wofern das Papier ohne sein Wissen und Wollen in Umlauf kam, kann der Aussteller durch rechtzeitigen Protest bei dem

---

[1]) Vergl. dazu fr. 8. § 2. D. de opt. leg. (33, 5); fr. 2. § 6. D. de donat. (39, 5). Dazu Kuntze, W.-R. S. 306 und Seuffert's Archiv XIV, Nr. 15.

[2]) Lehrb. d. Preuß. Privatr. II. 1. S. 23.

einzelnen Dritten diesen in mala fides versetzen und dadurch wirksamen Erwerb der Obligatio in dessen Person vereiteln. Das Unwiderruflichkeitsprincip gilt auch dann, wenn der bereits in der Hand eines Indossatars befindliche Wechsel dem Aussteller wieder zu Gesicht kommt, und dieser, die gute Gelegenheit mißbrauchend, einen nachträglichen Widerruf eiligst auf dem Wechsel vermerkt.[1])

§ 9. Das Ordre- und Inhaberpapier beruht also nicht auf Vertrag, sondern auf einseitigem Rechtsgeschäft. Aber ein privates Rechtsgeschäft ist und bleibt es, darum kann ohne neue Rechtsnormen nicht über die gezogene Linie hinausgegangen werden. Jenseits dieser Linie würde der Fall liegen, wenn der Aussteller in der Art zwei (bis auf die Unterschrift niedergeschriebene) Papiere verwechselt hat, daß er das eine über 500 M. unterzeichnen wollte, aber irrthümlich das andere über 1000 M. unterzeichnet und abgesendet hat. Hier liegt in der That keine Willenserklärung vor, denn was gewollt war, ist nicht erklärt, und was erklärt worden ist, ward nicht gewollt. Auf gleicher Bahn liegt der Fall, wenn Jemand ein Papier joci oder demonstrandi causa ausstellt, und dieses dann zufällig in Umlauf kommt; auch hier fehlt es der Erklärung an dem Willen. Solche Fälle unterliegen den allgemeinen Rechtsnormen, und nur de lege ferenda kann in Frage kommen, ob der Verkehrssicherheit wegen auch hier dem Papier Obligirungskraft beizulegen sei. Außerdem würde höchstens von einer Entschädigungspflicht des Ausstellers (auf Grund culposen Gebahrens) die Rede sein können.

§ 10. Mir scheint nach alledem die unumwundene Bejahung der in der Ueberschrift bezeichneten Frage so natürlich und unbedenklich, daß die andauernde Opposition nur durch einen besonderen Umstand erklärbar ist. Dieser Umstand ist die schulmäßige Gewöhnung unserer romanistisch gebildeten Theorie in den Contractstypus, welcher den Privatverkehr im Sinne des römischen Rechts auf der ganzen Fläche des commercium inter vivos beherrscht. Man soll davon nicht voreilig und principlos abweichen, weil man immer in solchen Fällen Gefahr läuft, mit den Fesseln der Methode auch die Methode selbst los zu werden und in principlose Willkür oder Spielerei zu gerathen. Aber wo so dringende und wie mir scheint einleuchtende Gründe vorliegen, wie hier, ist es nur eine Frage des Muthes und der Energie des Gedankens, welcher die behagliche und ge-

---

[1]) Dies gegen Regelsberger, Civilrechtl. Erörter. I. S. 6; Goldschmidt, Zeitschr. f. Handelsr. XIII. S. 334; Sohm, ebendas. XVII. S. 79; Schott, Der oblig. Vertrag unt. Abwes. S. 139.

wohnte Bahn verläßt und sich einen neuen Weg bahnt. — Zu Gunsten der Bejahung unserer Frage führe ich noch Folgendes an.

Ich habe zu wiederholten Malen mich mit der Frage, ob die Niederschrift als solche von bindender Kraft sei, an Kaufleute gewendet, und neuerlich nochmals dieselbe Frage in einem Kreise von acht angesehenen und mit dem größeren Wechselverkehr wohl vertrauten Geschäftsmännern, welche in den verschiedensten Geschäftszweigen thätig sind, ausdrücklich so formulirt: Würden Sie sich, wenn Sie eine Tratte ausfertigten, dann Ihnen die Tratte wider Willen abhanden und in die Hand eines (redlichen) Präsentanten käme, zur Einlösung verpflichtet erachten? Einstimmiges Ja ward mir zur Antwort: der Kaufmann müsse seine Handschrift honoriren; der Wechsel sei von ihm gefertigt, er müsse ihn einlösen; man müsse sich schämen, den Wechsel zu beanstanden, wenn man seine Unterschrift nicht leugnen könne; wer seiner Unterschrift keine Folge leiste, würde sich vom Wechselverkehr bald ausgeschlossen sehen; man solle seine Unterschrift nicht eher auf das Papier bringen, als bis man es von der Hand gebe. Mit Wendungen solcher Art ward das Ja bekräftigt, und keine einzige Stimme schlug sich auf die Seite des unglücklichen Trassanten, welcher demgemäß seinen Verlust wird tragen müssen, wie andere Verluste, wenn ihm Werthsachen abhanden kommen. — Man sieht, dem praktischen Kaufmann ist der Sinn für die Bedeutung der Unterschrift im Wechsel aufgegangen und lebendig, während der theoretische Jurist zögert und die Doctrin im Schwanken ist.

# VII.

## Gutachten des Herrn Dr. Malß zu Frankfurt a. M.

über die Frage:

Soll das Recht auf die Lebensversicherungssumme zum Nachlaß des Versicherten gehören?

---

Wenn diese Frage vom Juristentag gestellt wird im Hinblick auf eine bevorstehende Codification des nicht maritimen Versicherungsrechtes, insbes. der Lebensversicherung, so kann ich die Gegenfrage nicht unterdrücken, ob solche Codification z. B. räthlich sei? Und es scheint mir diese Frage heute ebensowenig bejaht werden zu können, als im Jahre 1866, wo ich im Vorwort zur Zeitschrift für Versicherungsrecht meiner Ueberzeugung in folgenden Worten Ausdruck gab:

> „Da die Zahl der Versicherungs-Zweige nicht abgeschlossen ist, das Prinzip der Versicherung vielmehr fortwährend auf neue Gegenstände angewendet wird: so gilt es zunächst allgemeine Grundprinzipien aufzustellen, die von der besonderen Anwendung unabhängig wären. Allein der Gesetzgeber, der sich hierauf einlassen wollte, würde seinem Werke den bedenklichen Karakter eines Lehrbuchs geben, ohne daß er die Gewißheit hätte, Etwas Genügendes zu liefern. Diese Arbeit kann mit Erfolg nur von der Wissenschaft übernommen werden, und ehe sie wirkliche Resultate zu Tage gefördert hat, wird der weise Gesetzgeber seine Feder ruhen lassen. Er müßte sich also mit der Behandlung einzelner Versicherungszweige begnügen. Allein auch bei dieser beschränkteren Aufgabe stehen Hindernisse entgegen. Wenn nämlich

die Aufgabe „der Gesetzgebung nicht sowohl in der Verkündigung positiver Rechtsregeln besteht, als vielmehr in der Aufzeichnung eines im Bewußtsein des Volkes bereits (wenigstens im Wesentlichen) erzeugten Rechtes; wenn mit anderen Worten das Gesetzbuch weniger eine Quelle als eine Beurkundung des Rechts sein soll; so fehlt es augenscheinlich für das nicht maritime Versicherungsrecht an der ersten Vorbedingung der Codification. Denn das eben dürfte schwerlich bestritten werden können, daß die nöthigen versicherungsrechtlichen Rechtsüberzeugungen, wie sie aus den vereinten Kräften des Lebens und der Wissenschaft hervorgehen müssen, um diesen Namen zu verdienen, vorerst im Bewußtsein des Volkes noch nicht vorhanden sind."

Mögen nun auch in den verflossenen 16 Jahren die Feuer- und die Transportversicherung reif zur Codification geworden sein, ja mögen überhaupt die allgemeinen Grundprinzipien des Vers. Rechtes genügend festgestellt sein, um im Gesetzbuch beurkundet werden zu können; so ist dies doch bezüglich der Lebensversicherung ganz gewiß nicht der Fall. Wenn Thöl (Handelsrecht ed. V. I, 2 § 310) und Hinrichs (Zeitschrift für Handelsr. XX S. 339 f.) der Lebensversicherung jeden assecuranzrechtlichen Karakter geradezu absprechen und sie als einen besonders gearteten Darlehnsvertrag behandeln; wenn Predöhl (ibid. Bd. XXII. S. 441) bei der Lebensversicherung nach — wie ich glaube — richtiger und nachgerade kaum mehr zu bezweifelnder Ansicht in der Prämie das versicherungsrechtliche von dem Sparkassenelement unterscheidet, und hinwiederum Goldschmidt bezweifelt, ob diesem zwiefachen Inhalt der L.-V. eine juristische Bedeutung zuzugestehen sei — so scheinen mir die Ansichten noch so wenig geklärt, daß ich nicht wüßte, was der Gesetzgeber anders thun könnte, als dem Streit durch Aufstellung einer selbstständigen Theorie ein willkührliches Ende zu machen. (In diesem Falle würde ich unmaßgeblich rathen, den Ansichten von Predöhl zu folgen, der m. E. (das beste geliefert hat, was bis jetzt über L.-V. geschrieben worden ist.) Ist hiernach die L.-V. zur Codification noch nicht reif, so scheint mir der richtige Moment für das Eingreifen des Gesetzgebers um so weniger gekommen, als gerade jetzt die großartigste praktische Anwendung des Prinzips der L.-V. bei den social-politischen Plänen des Reichskanzlers bevorsteht.

Aus allen diesen Gründen möchte ich dem Juristentag empfehlen, seine Ueberzeugung daher auszusprechen:

daß die Lebensversicherung zur Codification nicht reif sei.

Gehe ich gleichwohl eventuell zu der gestellten Frage über, so wird dieselbe zunächst wohl näher dahin zu präcisiren sein:

Soll derjenige, zu dessen Gunsten die L.-V. genommen wurde, ein den Gläubigern des mit Tode abgegangenen Versicherten vorgehendes Recht auf die Versicherungssumme haben?

Bei dieser Abgrenzung der Frage gehe ich davon aus, daß das Recht des Besitzers einer auf den „Inhaber" lautenden Polizze nach den besonderen Grundsätzen über Cession und Inhaberklausel zu beurtheilen und daher hier nicht zu berücksichtigen sei.

Dem Juristentag, der kein Forum zur Entscheidung juristischer Controversen ist, wird es mehr oder weniger gleichgültig sein können, welche civilistischen Gründe für die Bejahung oder Verneinung der aufgestellten Frage sprechen. Er wird vielmehr lediglich danach forschen wollen, welche Ansicht dem Bedürfniß der heutigen Gesellschaft und dem allgemeinen Rechtsbewußtsein des Volkes besser entspreche.

Bereits vor 15 Jahren habe ich in einer kleinen Abhandlung:

„Der Streit der Gläubiger mit den Relikten eines Versicherten, um die Lebensversicherungssumme Ztschr. f. Vers. R. II. S. 123 f."

nachgewiesen, daß die Rechtsprechung in Frankreich und Belgien, und die Gesetzgebung in England und einer Reihe transoceanischer Staaten für das Recht der Relikten eintritt. Ich vermöchte zu deren Gunsten heute kaum etwas Besseres zu sagen, als was ich dort aus französischen und belgischen Entscheidungsgründen ausgezogen habe und ich halte es für nützlich, diese interessanten und belehrenden Stellen der Abtheilung des Juristentags, welche über diesen Gegenstand berathen wird, zugänglich zu machen.

Auch die deutsche und schweizerische Rechtsprechung war schon zu jener Zeit den franz. und belgischen Vorgängen wenigstens theilweise gefolgt; und wenn ich auch unsere Rechtsprechung seitdem nicht mehr beobachtet habe, so glaube ich doch annehmen zu dürfen, daß man auf demselben Wege weiter gegangen ist.

Wenn ich aber von der Rechtsprechung ganz absehe, und lediglich nach dem Bedürfniß der Gesellschaft und dem Rechtsbewußtsein des Volkes forsche, so vermag ich in der That kaum zu begreifen, wie man jene Frage überhaupt nur aufwerfen mag. Ist es nicht gewiß,

daß jeder, der sein Leben zu Gunsten von Frau und Kindern versichert, gerade den Fall am meisten im Auge hat, daß er wirthschaftlich zu Grunde gehen kann, oder daß sein Nachlaß zur Erhaltung der Familie nicht ausreichen werde?

Ist es nicht das höchste Bedürfniß der Gesellschaft, daß für die

Hinterbliebenen des Arbeiters — und nur wenige sind es, die wir nicht als solche zu betrachten haben — durch Ersparnisse gesorgt werde?

Ist es aber nicht ausgemacht, daß in der unendlichen Mehrzahl der Fälle die möglichen Ersparnisse nicht genügen, jedenfalls aber nicht im Stande sind, den Gefahren zu begegnen, welche der frühzeitige Eintritt von Arbeitsunfähigkeit oder Tod bereitet? und daß hiergegen nur eine Ergänzung durch Versicherung zu schützen vermag? und ist es nicht die laut ausgesprochene Absicht des Kanzlers „auf Befehl S. M. des Kaisers" eben auf diesem Wege der Versicherung für die alten Tage der „Enterbten" und für ihre Relikten zu sorgen?

Wie aber könnte dies geschehen, wenn es den Gläubigern gestattet würde, sich der Versicherungssumme zu bemächtigen?

Haben sich alle politischen Parteien bemüßigt gesehen, den Ideen des Kanzlers wenigstens im Prinzipe zuzustimmen, so wird auch der Juristentag nicht anders können, als laut und entschieden mit dem ganzen Gewicht seiner Stimme zu verkünden:

es sei das Bedürfniß der heutigen Gesellschaft und die zweifellose Rechtsüberzeugung des deutschen Volkes,

daß die Lebensversicherungssumme nicht dem Nachlasse der Versicherten, d. h. seinen Gläubigern, sondern denjenigen gehöre, zu deren Gunsten die Versicherung genommen ist —

sofern nicht — und damit wahren wir unser civilistisches Gewissen — die paulinischen Grundsätze die Zahlung der Prämie anfechtbar erscheinen lassen.

# VIII.

## Gutachten des Herrn Amtsrichter Dr. Kronecker zu Berlin

über die Frage:

**Wie sind die Befugnisse des Amtsrichters im vorbereitenden Untersuchungsverfahren sachgemäß zu konstruiren?**

---

### I. Vorbemerkung.

Dem Referenten ist Seitens der ständigen Deputation der ehrenvolle Auftrag zu Theil geworden, dem deutschen Juristentage ein Gutachten über die Frage vorzulegen:

> „Wie sind die Befugnisse des Amtsrichters im vorbereitenden Untersuchungsverfahren sachgemäß zu konstruiren?"

Der Referent glaubte auf das Wort „Befugnisse" keinen besonderen Nachdruck legen, und die gestellte Frage demgemäß nicht im engsten Sinne auffassen zu müssen, sondern in dem weiteren:

> „Wie ist das vorbereitende Untersuchungsverfahren, insoweit darin eine Mitwirkung des Amtsrichters in Anspruch genommen wird, sachgemäß zu konstruiren?"

Diese Frage konnte zunächst in der Weise beantwortet werden, daß ohne Rücksicht auf die vorhandene Gesetzgebuug das nach Auffassung des Referenten sachgemäßeste System eines richterlichen Vorbereitungsverfahrens aufgestellt wurde. Dies System würde demjenigen ähnlich sein, welches von Gneist in der zweiten seiner „Vier Fragen" [1]) angedeutet und von

[1]) „Vier Fragen zur deutschen Strafprozeßordnung." Berlin 1874. II „Die Oeffentlichkeit der Voruntersuchung." S. 58. ff.

Marquardsen und von Puttkammer in der Reichsjustizkommission [1]) näher ausgeführt worden ist. Die Grundzüge sind folgende: Das vorbereitende Verfahren und die Voruntersuchung werden kombinirt. Der Staatsanwalt bereitet zunächst die Sache in völlig freier Thätigkeit vor. Sobald aber eine bestimmte Person als Beschuldigter vernommen werden soll oder Eingriffe in die Rechtssphäre dieser oder einer anderen Person nothwendig erscheinen, tritt der Untersuchungsrichter ein. Dieser befindet über die Anträge des Staatsanwalts und ladet denselben, sowie den Beschuldigten und seinen etwaigen Vertheidiger zu einem Termine. In diesem und, falls erforderlich, auch in späteren Terminen bringen die Prozeßbetheiligten ihre Beweise vor, verhören insbesondere ihre Zeugen, wobei der Untersuchungsrichter ergänzend, unterstützend und kontrollirend eingreift. Auf Grund dieser Verhandlungen erläßt dann der Untersuchungsrichter nach Anhörung der Prozeßbetheiligten eine auf Verweisung vor das erkennende Gericht oder aber auf Einstellung des Verfahrens lautende Entscheidung.

Es würde jedoch zur Zeit keinen praktischen Zweck haben, dieses System im Einzelnen zu entwickeln und zu begründen.

Denn diese Gutachten und die Verhandlungen des deutschen Juristentages sind wesentlich dazu bestimmt, auf die zukünftige Gesetzgebung einzuwirken. Die vorliegende Materie ist erst jetzt durch die Reichsstrafprozeßordnung geregelt. Nun ist allerdings zu erwarten, daß in nicht allzuferner Zeit der Versuch gemacht werden wird, durch eine Novelle Verbesserungen herbeizuführen, die bei der Handhabung des Gesetzes als nothwendig erkannt sind; es ist aber mit Sicherheit anzunehmen, daß die gesetzgebenden Factoren beim Erlaß einer solchen Novelle nicht darauf eingehen werden, die Grundgedanken der eben in Kraft getretenen Gesetzgebung in einer so durchgreifenden Weise zu modifiziren, wie dies die Einführung des erwähnten Systems mit sich bringen würde; vielmehr wird man sich darauf beschränken, die hauptsächlichsten Unzuträglichkeiten zu beseitigen, welche bei der Anwendung des geltenden Strafverfahrens in der Praxis hervorgetreten sind.

Zur Vorbereitung einer derartigen Novelle könnten die Verhandlungen des Juristentages und das vorliegende Gutachten einen Beitrag liefern. [2])

Es ist also hier nur zu untersuchen,

wie unter Beibehaltung der Prinzipien des Reichsstrafprozeßrechts

---

[1]) Protokolle S. 229. ff. Hahn Materialien S. 737 ff.

[2]) Diejenigen Juristentage, welche, wie der dritte, vor Erlaß der gemeinsamen deutschen Strafprozeßordnung die hier einschlagenden Fragen behandelten, hatten hierin eine freiere Stellung.

das vorbereitende Verfahren, soweit darin eine Mitwirkung des Amtsrichters erfolgt, sachgemäß zu konstruiren ist.

Bei der Prüfung dieser Frage ist der Referent zu folgenden Ergebnissen gelangt:

1. Die Befugnisse, welche dem Amtsrichter im vorbereitenden Verfahren nach gegenwärtigem Recht zustehen, sind im Allgemeinen beizubehalten.
2. Die Befugniß der Staatsanwaltschaft, in diesem Verfahren den Amtsrichter anzurufen, ist in Betreff der Zeugenvernehmungen zu beschränken.
3. In Haftsachen ist an Stelle des vorbereitenden Verfahrens, so weit und sobald dies irgend möglich ist, die Voruntersuchung zu setzen.

Diese Vorschläge sollen im vorliegenden Gutachten im Einzelnen formulirt und begründet werden. Hierbei sind zunächst die Funktionen, welche das vorbereitende Verfahren gegenwärtig erfüllt, zu entwickeln und die Stellung, welche der Richter in diesem Verfahren nach bestehendem Recht einnimmt, darzulegen. Alsdann sind die Schwierigkeiten und Unzuträglichkeiten, welche durch diese Gestaltung des Verfahrens herbeigeführt werden, auseinanderzusetzen und Mittel zur Abhülfe vorzuschlagen.[1])

## II. Funktionen des vorbereitenden Verfahrens nach gegenwärtigem Strafprozeßrecht.

Das vom Staatsanwalt geleitete vorbereitende Verfahren hat nach gegenwärtigem Recht zwei Funktionen, welche sich nach den Stadien des Strafprozesses scheiden, in denen dies Verfahren zur Anwendung kommt.

A. Im Stadium vor Auffindung einer zu beschuldigenden Person dient es zur Feststellung des objectiven Thatbestandes, so wie zur Ermittelung des Verdächtigen. Diese Funktion ist dem vorbereitenden Verfahren aus prinzipiellen Gründen beigelegt; würde man anstatt dessen eine gerichtliche Voruntersuchung einführen, so wäre damit das Anklageprinzip für das Vorverfahren fast völlig beseitigt.

B. Im Stadium nach Ermittlung des Beschuldigten dient dies Verfahren zur weiteren Vorbereitung der Anklage in einem verschiedenen Grade, je nachdem für die Entscheidung Schöffengericht, Strafkammer, Reichsgericht oder Schwurgericht zuständig sind.

---

[1]) Der Referent wird hierbei an einzelnen Stellen dasjenige wiederholen, was er in einer kleinen Abhandlung im letzten Bande des Goltdammer'schen Archivs (Bemerkungen aus der Praxis über das richterliche Vorbereitungsverfahren der Reichsstrafprozeßordnung) ausgeführt hat.

In schöffengerichtlichen Sachen, wo die Voruntersuchung für unzulässig erklärt ist, fungirt es als ausschließliches Mittel zur Feststellung der für die Anklage nothwendigen Punkte. — In Strafkammersachen kann es nach dem Ermessen der Staatsanwaltschaft fortgesetzt werden, bis die Einreichung einer Anklageschrift möglich erscheint, oder sofort oder in einem beliebigen späteren Moment durch die Voruntersuchung ersetzt worden. — In den zur Zuständigkeit der Schwurgerichte und des Reichsgerichts gehörenden Sachen, wo die Voruntersuchung nothwendig ist, muß das vorbereitende Verfahren sofort oder in einem späteren Zeitpunkte, dessen Auswahl der Staatsanwaltschaft vorbehalten ist,[1]) durch die Voruntersuchung ersetzt werden.

Diese Funktion ist dem vorbereitenden Verfahren nicht aus prinzipiellen, sondern aus Zweckmäßigkeitsgründen beigelegt; grundsätzlich würde einer Vorschrift, nach welcher in allen Strafsachen sofort nach Ermittelung einer zu beschuldigenden Person die Voruntersuchung zu beantragen oder die Anklageschrift einzureichen wäre, nichts entgegen stehen.

## III. Thätigkeit des Richters im vorbereitenden Verfahren nach gegenwärtigem Recht.

Die Thätigkeit des Richters im vorbereitenden Verfahren ist sowohl in Bezug auf die vorzunehmenden Handlungen als auf die Veranlassung zu deren Vornahme eine sehr mannigfaltige.

A. Die einzelnen hier vorkommenden richterlichen Untersuchungshandlungen sind:

1. Einnahme des richterlichen Augenscheins, wohin auch die Leichenschau zu rechnen ist.
2. Leichenöffnung.
3. Ertheilung von Aufträgen und Stellung von Ersuchen an Sachverständige und sachverständige Behörden.
4. Uneidliche Vernehmung von Zeugen und Sachverständigen.
5. Eidliche Zeugenvernehmungen.
6. Beschlagnahme.
7. Durchsuchung.
8. Durchsicht der bei der Durchsuchung gefundenen Papiere.
9. Vernehmung des Beschuldigten.
10. Bestellung eines Vertheidigers.

---

[1]) Hierbei ist die Staatsanwaltschaft, wie auch in landgerichtlichen Sachen, für den Fall, daß der Beschuldigte verhaftet ist, durch die Bestimmung des § 126 St.P.O. beschränkt.

11. Verhaftung, Haftentlassung und die während der Haft zu erlassenden gerichtlichen Entscheidungen.

Die Vornahme dieser Untersuchungshandlungen ist im vorbereitenden Verfahren von keinen weiteren Voraussetzungen abhängig, wie im Hauptverfahren; nur für die Haft ist eine zeitliche und für die eidliche Zeugenvernehmung eine sachliche Beschränkung vorgeschrieben.

Die Zulassung der Untersuchungshandlungen zu 1—8 ist im vorbereitenden Verfahren auch dann erforderlich, wenn dasselbe lediglich die aus prinzipiellen Gründen nothwendige Funktion der Feststellung des objectiven Thatbestandes und Ermittlung der zu beschuldigenden Person [1]) zu erfüllen hätte. Die zu 9—11 erwähnten würden in diesem Falle für das vorbereitende Verfahren ausgeschlossen werden.

Die Untersuchungshandlungen zu 3. 4. 6. 7 und 9. können auch von der Staatsanwaltschaft, die zu 4. 6. 7 und 9. auch durch die Hülfsbeamten der Staatsanwaltschaft, die zu 6 [2]) und 7 aufgeführten jedoch nur unter gewissen Beschränkungen vorgenommen werden, die übrigen sind dem Richter ausschließlich vorbehalten.

B. Nicht minder mannigfaltig sind die Veranlassungen zur Vornahme richterlicher Untersuchungshandlungen. Diese Veranlassungen können liegen:

1. In einem Antrage der Staatsanwaltschaft (§ 160 St.P.O.). Dies ist der regelmäßige Fall. Dem Richter steht hier eine Prüfungsbefugniß zu, welche sich auf die Frage nach der konkreten Zulässigkeit der beantragten Handlung erstreckt, also weder auf die Untersuchung der abstrakten Zulässigkeit beschränkt, noch auf die Zweckmäßigkeitsfrage ausgedehnt ist.

2. In einer Gefahr im Verzuge. Diese Durchbrechung des Prinzips ist sowohl im Interesse der Untersuchung als in dem des Beschuldigten erfolgt. Der Richter fungirt hier gleichzeitig als Strafverfolgungsbehörde (anstatt des schwerer zu erreichenden Staatsanwalts), welche den Antrag stellt, und als Richter, welcher den Antrag erledigt.

3. In einem Antrage des Beschuldigten. Hierher gehören hauptsächlich die Anordnung und Vornahme von Untersuchungshandlungen in Gemäßheit des § 164, eine erhebliche zu Gunsten des Beschuldigten eingeführte Ausnahme von dem Prinzip des vorbereitenden Verfahrens; ferner die Bestellung eines Vertheidigers, sowie ein Theil der in Bezug auf die Ordnung im Gefängnisse (§ 116) und auf die Sicherheitsleistung (§§ 117—122) bezüglichen Entscheidungen, endlich die Haftentlassung.

---

[1]) Vergl. oben II. A.

[2]) Die Vornahme der zu 6. erwähnten Beschlagnahme durch die Staatsanwaltschaft und deren Hülfsbeamte ist eine lediglich provisorische; sie verhält sich zur richterlichen Beschlagnahme, wie die vorläufige Festnahme zur Verhaftung.

4. In einem Eingriff der Polizeibehörden oder der Staatsanwaltschaft in die Rechtssphäre, welchem die Thätigkeit des Richters bestätigend, oder aufhebend, wie bei der vorläufigen Festnahme (§§ 127. 128) und der Beschlagnahme, (§§ 98—100) oder aber ergänzend, wie bei der Durchsuchung (§§ 105, 110) zu folgen hat.

5. Endlich in dem auf Prüfung der Sachlage gestützten Ermessen des Richters selbst, wie bei einem Theile der in Bezug auf die Ordnung im Gefängnisse und die Sicherheitsleistung ergehenden Entscheidungen so wie bei der Bestellung eines Vertheidigers und der Haftentlassung, falls ein bezüglicher Antrag des Beschuldigten nicht vorliegt.

## IV. Uebelstände des jetzigen Verfahrens.

Die Uebelstände, welche durch die eben erwähnte Thätigkeit zweier Behörden, der das Verfahren leitenden Staatsanwaltschaft und des einen Theil der Ermittelungen vornehmenden und über die verschiedensten Punkte entscheidenden Amtsrichters entstehen, zerfallen in zwei Gruppen.

A. Die erste Gruppe entsteht aus der getrennten Thätigkeit des Amtsrichters und des Staatsanwalts, von denen der Letztere, welcher das Verfahren leitet, bei dem größten Theil der Untersuchungshandlungen nicht zugegen ist. Hieraus entspringt zunächst eine außerordentliche Langsamkeit des Verfahrens.

Schon durch das einmalige Hin- und Hersenden der Akten zwischen Staatsanwaltschaft und Gericht wird selbst dann, wenn beide Behörden an demselben Orte ihren Sitz haben, eine Verschleppung in der Erledigung der Sache herbeigeführt, die durch die langsame Abfertigung auf den mit Arbeiten verschiedener Art überlasteten Sekretariaten der Staatsanwaltschaft häufig zu einer erheblichen wird. Diese Verzögerung tritt selbstverständlich nicht nur bei jeder neuen auf Antrag der Staatsanwaltschaft vorgenommenen richterlichen Handlung, sondern auch bei jeder Wiederholung einer früheren von neuem ein. Eine solche Wiederholung wird aber besonders bei Zeugenvernehmungen häufig erforderlich. Der Staatsanwalt beantragt gewöhnlich nur die Vernehmung einer Person als Zeuge; eine nähere Angabe, über welche Umstände die betreffende Person vernommeu werden soll, würde ihn meistens zu sehr mit Arbeit belasten. Der Richter befragt in Folge dessen nicht selten den Zeugen über ganz andere Punkte als über die nach Auffassung des Staatsanwalts erheblichen. Der Staatsanwalt schickt dann die Sache abermals an den Richter mit dem Antrage, bestimmte Punkte festzustellen; auch hierbei können jedoch bei der Natur des schriftlichen Verkehrs Mißverständnisse vorkommen, welche eine nochmalige Vernehmung erforderlich machen. Da außerdem durch abweichende

Aussagen des Beschuldigten und anderer Zeugen eine erneute Abhörung veranlaßt werden kann, so vergehen oft mehrere Monate bis zum Schluß eines vorbereitenden Verfahrens, in welchem außer der Vernehmung zweier oder dreier Zeugen und eines Beschuldigten weitere Untersuchungshandlungen nicht vorgenommen sind. Die Nachtheile, welche eine derartige, für Haftsachen allerdings durch die Bestimmung des § 126 ausgeschlossene Verzögerung mit sich bringt, sind augenfällig. Der unschuldig Verdächtigte wird über sein Schicksal übermäßig lange in Ungewißheit gehalten. Der Schuldige entgeht eine geraume Zeit seiner Strafe, wodurch letztere einen großen Theil ihrer Wirkung einbüßt. Für absichtliche und zufällige Verdunkelungen wird ein weiterer Spielraum geschaffen; die Wahrnehmungen der Zeugen verwischen sich. Eine große Menge von Arbeitskraft und Zeugengebühren wird nutzlos verwendet; die Zeugen werden übermäßig oft belästigt.

Hiermit in Zusammenhang steht die Schwierigkeit für den Staatsanwalt, eine sachgemäße öffentliche Klage zu erheben, ohne die betheiligten Personen gesehen zu haben. Gesetzlich ist dem Staatsanwalt zwar das Recht eingeräumt, Zeugen und Beschuldigte selbst zu vernehmen und unter Umständen [1]) bei der richterlichen Zeugenvernehmung zugegen zu sein; in der Praxis werden diese Befugnisse fast nie ausgeübt.

Der Staatsanwalt hat daher als Material zur Entscheidung der Frage, ob er die öffentliche Klage erheben soll, abgesehen von anderweitigen Mittheilungen meist nur gerichtliche oder polizeiliche P r o t o k o l l e vor sich. Diese enthalten aber die Aussagen des Zeugen oder Beschuldigten nur in der Form, wie sie der aufnehmende Richter oder Polizeibeamte aus ihnen herausfragt, auffaßt und formulirt. Bei einer Vernehmnng durch den Staatsanwalt kann möglicherweise ein ganz anderes Protokoll zu Stande kommen. In einfachen und an sich klaren Sachen wird eine solche Verschiedenheit weniger vorkommen, wie in schwierigern und komplizirten. Es kommt aber bei Beantwortung der Frage, ob eine öffentliche Klage zu erheben, nicht nur darauf an, w a s die Zeugen oder die Beschuldigten sagen, sondern auch darauf, w i e sie das Gesagte vorbringen. Die Art und Weise des Auftretens der betreffenden Personen bildet einen wichtigen Factor für die Beurtheilung ihrer Aussage. [2]) Mit Rücksicht auf diesen Umstand bitten die Staatsanwälte auch häufig bei Stellung des Antrages auf Vernehmung eines Zeugen oder Beschuldigten, zu registriren, „was

---

[1]) § 191 Abs. 2 § 167 Abs. 1.

[2]) Die verschiedenen Momente, welche speziell bei der Beurtheilung von Zeugenaussagen in Betracht kommen, hat G l a s e r in seiner Abhandlung „zur Kritik des Zeugenbeweises“ im Gerichtssaal von 1881 erschöpfend dargelegt.

derselbe für einen Eindruck macht," oder, „ob derselbe einen glaubwürdigen Eindruck macht." Eine derartige Registratur nützt dem Staatsanwalt aber nicht viel, weil einerseits die einzelnen Momente, aus denen sich ein derartiger Eindruck zusammensetzt, sehr schwer fixirbar sind, andererseits der Eindruck, den das Auftreten eines zu Vernehmenden auf den betreffenden Beamten macht, je nach der Individualität des Letzteren noch mehr verschieden ist, als die Auffassung einer Aussage.[1]) Die Anhörung der Aussage des Beschuldigten oder eines Hauptzeugen würde in vielen Fällen dem Untersuchungsplan des Staatsanwalts eine ganz andere Wendung geben, als die Durchsicht der betreffenden Protokolle.

B. Die zweite Gruppe von Uebelständen geht daraus hervor, daß die Thätigkeit des Richters und die der Staatsanwaltschaft sich vielfach kreuzt, wodurch sowohl der Untersuchungszweck gefährdet, als auch dem Beschuldigten derjenige Schutz, welcher ihm durch die betreffenden Vorschriften gewährt werden sollte, theilweise wieder entzogen wird.

Diese Uebelstände treten vorzugsweise bei denjenigen Untersuchungshandlungen hervor, welche in die Rechtssphäre des Beschuldigten oder dritter Personen eingreifen, und zwar einigermaßen schon bei den lediglich die Vermögenssphäre berührenden Maßregeln der Beschlagnahme und Durchsuchung, viel mehr aber bei dem bedeutendsten der von der Strafprozeßordnung zugelassenen Eingriffe in die persönliche Rechtssphäre, der Verhaftung, und besonders bei den Entscheidungen, welche in Folge derselben erforderlich werden. Hier vermehren sich die erwähnten Schwierigkeiten noch dadurch, daß der Beschuldigte in seiner Vertheidigung durch die Haft faktisch beschränkt ist, während die mit der Vorbereitung und Einreichung der Anklage betraute und deshalb naturgemäß die Interessen der Anklage vorzugsweise berücksichtigende Behörde das Verfahren leitet,[2]) ferner dadurch, daß der Richter bei der größeren Anzahl der zu fällenden Entscheidungen der Akten und damit der Grundlage für seine Entscheidung ent-

---

[1]) Vergl. Peterson, Die Beeidigung der Zeugen im Vorverfahren, Goltddammer. Archiv 1881. S. 294.

[2]) Glaser in den Verhandlungen des dritten Juristentages S. 315.: „Ist der Staatsanwalt der künftige Ankläger, so hat er allerdings eine Parteistellung. Er ist allerdings nicht parteiisch, weil seine Stellung ihn keineswegs dazu zwingt, zum Ankläger zu werden, aber bei alledem ist er doch der Mann, dessen Amtspflicht es ist, die Anklage zu vertreten. — Heinze, (Staatsanwalt) Gutachten zum 3ten Juristentage S. 22: „Je eifriger der Staatsanwalt auf Vereinfachung und Abkürzung des vorbereitenden Verfahrens ausgeht, je zweifelloser und vollständiger ihm die Sachlage bereis aufgeklärt erscheint, desto geneigter wird er sein, die von der Vertheidigung für nothwendig gehaltenen Ermittelungen zu verweigern, den Entlastungsbeweis zu verkümmern."

behrt, in denjenigen Fällen aber, wo er die Akten von der Staatsanwaltschaft erlangen kann, den Fortgang der Untersuchung verzögert und möglicherweise die Erreichung ihres Zwecks in Frage stellt.

Die während der Haft ergehenden Entscheidungen zerfallen in drei Klassen.

Erstens ist der Verhaftete einer bestimmten Strafthat beschuldigt und auf Grund dieser Beschuldigung der Freiheit beraubt. In Gemäßheit dessen werden eine Anzahl materieller Entscheidungen über den Fortgang der Sache, die Verlängerung und Aufhebung der Haft erforderlich, von denen die letzteren durchweg, die ersteren zum Theil dem Richter vorbehalten sind.

Zweitens wird der Beschuldigte durch die Verhaftung Mitglied einer zu einem bestimmten Zwecke hergestellten häuslichen Gemeinschaft, in welcher zur Aufrechterhaltung der Ordnung bestimmte allgemeine Verfügungen und einzelne Maßregeln erforderlich sind. Einen Theil dieser Maßregeln hat der Richter zu treffen.

Drittens bleibt der Beschuldigte trotz der Verhaftung größtentheils Mitglied derjenigen rechtlich und thatsächlich bestehenden Lebenskreise, welchen er bis zu seiner Verhaftung angehört hat, wenn auch seine Beziehungen zu den übrigen Mitgliedern dieses Kreises durch die Verhaftung eine thatsächliche Lockerung erfahren. Es ist die Aufgabe der zuständigen Behörde, dem Verhafteten, soweit dies zulässig erscheint, die Möglichkeit zu gewähren, den erforderlichen Verkehr mit den übrigen Mitgliedern dieser Kreise aufrecht zu erhalten. Diese Entscheidungen sind vom Richter zu erlassen.

Die aus dem ersten Gesichtspunkt zu treffenden Entscheidungen kommen zum Theil, die aus den andern beiden sämmtlich auch in der Voruntersuchung vor.

Hier ist der Untersuchungsrichter zuständig. Er leitet das Verfahren, hat die Akten in den Händen und ist deshalb zum Erlaß dieser Entscheidungen völlig befähigt.

Anders der Amtsrichter. Er leitet das Verfahren nicht und kennt auch den Untersuchungsplan des mit der Leitung des Verfahrens betrauten Staatsanwalts nicht. Er ist ferner in der Regel nur bei den aus dem ersten Gesichtspunkte zu erlassenden Entscheidungen theilweise im Besitz der Akten oder in der Lage, diesen Besitz erlangen zu können. Die übrigen Entscheidungen muß er häufig ohne Einsicht der bei der Staatsanwaltschaft befindlichen Akten treffen und sich durch Rückfragen, bei welchen oft die wichtigste Zeit vergeht, ein nothdürftiges Material beschaffen.

Um die hervorgehobenen Schwierigkeiten im Einzelnen darzulegen, müssen die wichtigsten hier in Betreff kommenden Entscheidungen kurz besprochen werden.

## A. Entscheidungen in der Sache selbst.

Die hauptsächlichsten Entscheidungen welche der Richter im vorbereitenden Verfahren in dieser Hinsicht zu treffen hat, sind die Haftverlängerung, die Haftentlassung, die Entscheidungen, welche die Sicherheitsleistung betreffen und die Bestellung eines Vertheidigers.

### 1. Haftverlängerung.

Der Entwurf bezeichnete den vor Erhebung der öffentlichen Klage erlassenen Haftbefehl als „Verwahrungsbefehl" und beschränkte diese „Verwahrung" auf einen Zeitraum von 14 Tagen, dessen Verlängerung bis auf 6 Wochen durch den Richter sollte erfolgen dürfen. Da trotz dieser zeitlichen Beschränkung ein sachlicher Unterschied zwischen der „Verwahrung" und der vom zuständigen Richter zu verhängenden Haft nicht vorhanden war, so beseitigte die Reichstagskommission den Ausdruck „Verwahrung". Die Frist setzte sie auf eine Woche fest, ließ aber eine Verlängerung durch den Amtsrichter um eine Woche und, wenn ein Verbrechen oder Vergehen vorlag, um weitere zwei Wochen zu. — Die Entscheidung über diese Verlängerung kann der Amtsrichter in sachgemäßer Weise ohne Einsicht der Akten nicht treffen. In der Praxis haben jedoch die Staatsanwälte, um die durch Hin- und Hersendung der Akten entstehende Verzögerung zu vermeiden, fast stets Haftverlängerungsanträge ohne Beifügung der Akten gestellt, und die Amtsrichter haben meist diesen Anträgen entsprochen, wobei selbstverständlich in eine Prüfung des Antrages nicht eingetreten werden konnte. Daß dies Verfahren sich mit dem Sinne des § 126 nicht in Einklang bringen läßt, erscheint ohne weiteres klar; aber auch der entgegengesetzte der erwähnten Bestimmung entsprechende Modus bringt erhebliche Uebelstände mit sich. Zunächst kennt der Amtsrichter den Untersuchungsplan der Staatsanwaltschaft nicht und kann daher nicht beurtheilen, wie lange Zeit unter Einhaltung dieses Plans für die Vorbereitung und Erhebung der öffentlichen Klage erforderlich ist; der Untersuchungsplan, den er sich aus den Akten gestaltet, ist für den Staatsanwalt nicht maßgebend. Zweitens kennt er die Arbeitslast der Staatsanwaltschaft nicht und es fehlt ihm auch nach dieser Richtung hin das genügende Material zur Prüfung des Antrages. Endlich wird durch das Hin- und Herschicken der Akten, namentlich wenn Staatsanwaltschaft und Gericht sich nicht an demselben Orte befinden, die Untersuchung sehr verzögert.

Es giebt wenige Vorschriften der Strafprozeßordnung, über deren Verwerflichkeit alle betheiligten Praktiker, Richter wie Staatsanwälte, so einig sind, wie in Betreff der vorliegenden. Es wäre aber auch wieder unzweckmäßig, Abhülfe in der Art zu schaffen, daß diese Fristbestimmung einfach beseitigt würde; denn alsdann würde das vorbereitende Verfahren in Haftsachen mit seinen übrigen hier darzulegenden Uebelständen ins Unbestimmte verlängert werden.

## 2. Die Haftentlassung.

Nach § 125 St.P.O. ist zur Erlassung des vor Erhebung der öffentlichen Klage erforderlich werdenden Haftbefehls und der auf die Untersuchungshaft bezüglichen Entscheidungen der Amtsrichter befugt, in dessen Bezirk ein Gerichtsstand für die Sache begründet ist, oder der zu Verhaftende betroffen wird. Die Bestimmungen der §§ 114—123 finden entsprechende Anwendung. Hierbei ist der § 124, in welchem bestimmt ist, daß der Untersuchungsrichter zur Aufhebung eines Haftbefehls nur mit Zustimmung der Staatsanwaltschaft befugt sein soll, nicht allegirt; hieraus folgt, daß der Amtsrichter zur Aufhebung eines Haftbefehls ohne Zustimmung der Staatsanwaltschaft berechtigt ist. Diese Befugniß kann aber in der Praxis nur dann realisirt werden, wenn zu der Zeit, wo ein muthmaßlicher Haftentlassungsgrund oder der Wegfall eines Verhaftungsgrundes durch einen Antrag des Beschuldigten oder sonst zur Kenntniß des Amtsrichters gelangt, die Akten aus einer anderen Veranlassung, z. B. zur Vernehmung von Zeugen oder zur Beschlußfassung über einen Haftverlängerungsantrag, sich in den Händen des Amtsrichters befinden. Dann kann dieser auf Grund der Akten über die Haftentlassung Beschluß fassen. Wenn er aber die Akten nicht in Händen hat, die Staatsanwaltschaft ein auf Aktenübersendung gerichtetes Ersuchen mit dem Bemerken ablehnt, daß die Akten anderweitig gebraucht werden, und eine hiergegen erhobene Beschwerde erfolglos bleibt, so kann eine Entlassung nicht stattfinden. Denn, wird z. B. der Strafantrag zurückgenommen, so kann der Richter ohne Einsicht der Akten nicht entlassen, weil er nicht weiß, ob ein Antragsdelict vorliegt; bescheinigt der Beschuldigte, daß für ihn eine feste Wohnung gemiethet ist, und somit Fluchtverdacht nicht mehr vorliegt, so kann der Richter ohne Einsicht der Akten die Entlassung nicht verfügen, weil er nicht weiß, ob außerdem Kollusionsgefahr vorhanden ist. Uebersendet dagegen die Staatsanwaltschaft dem Ersuchen gemäß aus eigenem Antriebe oder auf Anweisung des Oberstaatsanwalts die Akten, so wird dadurch der Fortgang der Sache verzögert und möglicherweise gestört, andererseits auch die Erledigung eines etwa begründeten Entlassungsgesuchs aufgeschoben.

## 3. Die Entscheidungen, welche die Sicherheitsleistung betreffen, und die Bestellung eines Vertheidigers.

Hier liegt die Sache ähnlich, wie im vorigen Falle. Um die gedachten Entscheidungen treffen zu können, muß der Richter die Sachlage auf Grund der Akten prüfen; falls er dieselben nicht zufällig in Händen hat, so muß er die Staatsanwaltschaft um Uebersendung ersuchen. Wird das Ersuchen abgelehnt, so kann die Entscheidung nicht ergehen; findet die Uebersendung statt, so wird der Fortgang der Sache aufgehalten und andererseits doch möglicherweise bis zum Eintreffen der Akten ein Zeitpunkt vorübergelassen, in welchem die Freiheit des Beschuldigten für ihn besonders werthvoll oder das Eingreifen des Vertheidigers vorzugsweise erforderlich gewesen sein würde. Ueber die Bestellung eines Vertheidigers kann der Amtsrichter übrigens auch nach Einsicht der Akten nicht in völlig sachgemäßer Weise entscheiden, weil er den Untersuchungsplan des Staatsanwalts nicht kennt.

4. Die Anordnung von Untersuchungshandlungen in Gemäßheit des § 164 St.P.O.

Bei keinem Punkte zeigt sich die Unhaltbarkeit des gegenwärtig bestehenden Ermittelungsverfahrens in Haftsachen so sehr, wie bei diesem. Die Bestimmung ist ein für das jetzige Strafprozeßrecht relativ angemessenes Mittel, um die durch die Verhaftung im staatsanwaltschaftlichen Vorbereitungsverfahren für den Beschuldigten liegende Härte zu beseitigen; trotzdem wahrt sie weder die Interessen der Strafverfolgung, noch die der Vertheidigung in ausreichendem Maße.

Die ersteren werden dadurch geschädigt, weil häufig dem Untersuchungsplan des Staatsanwalts gemäß gleich nach der Verhaftung Ermittelungen nothwendig werden, deren Vornahme durch jene Untersuchungshandlungen möglicherweise gehindert, jedenfalls aber verzögert wird. — Den Interessen der Vertheidigung entspricht die Bestimmung aus drei Gründen nicht vollständig.

Erstens wird, wie schon bei der Berathung[1]) in der Reichstagskommission der Regierungskommissar Geheimrath Hanauer, der sächsische Bevollmächtigte Held und der Abgeordnete v. Schwarze andeuteten, durch die mit dieser Bestimmung erfolgte Einführung zweier koordinirter Behörden die Möglichkeit geschaffen, daß in Bezug auf die Erhebung der Entlastungsbeweise die eine auf die andere warten und jede die Verantwortung wegen nicht erhobener Entlastungsbeweise auf die andere abladen könnte.

Zweitens stellen die Beschuldigten bei ihrer Vernehmung nicht selten Anträge, welche nicht zu ihrer Entlastung, wohl aber zur Entkräftung der gegen sie geltend gemachten Fluchtverdachtsgründe und dadurch zur Motivirung eines Entlassungsgesuchs dienen sollen. Sie behaupten, den Angaben der Polizeibehörde entgegen, daß sie feste Wohnung oder feste

---

[1]) Protok. S. 896 ff. Hahn, S. 1289 ff.

Arbeit hätten, und berufen sich zum Beweise dafür auf Auskunft einer Behörde oder auf Zeugniß einer Privatperson. Diese Anträge fallen, da sie nicht die Entlastung des Beschuldigten betreffen, nicht unter § 164. Erachtet der Richter daher die betreffenden Angaben nicht für derart glaubhaft, daß er auf dieselben hin die Entlassung des Beschuldigten anordnen kann, und ist er bei vorläufig festgenommenen Personen auch nicht im Stande, vor Ablauf der für die Entscheidung über die Verhaftung festgesetzten Frist (§ 128) die Ermittelung vorzunehmen, so ist er nicht im Stande, dem Antrage stattzugeben.

Drittens besitzt ein großer Theil der Beschuldigten nicht die genügenden geistigen Fähigkeiten, um bereits bei der ersten und in der Regel einzigen Vernehmung vor dem Amtsrichter seine Entlassungsanträge sachgemäß formuliren zu können. Der ungebildete Beschuldigte, wenn er nicht früher bereits öfter in Untersuchung gewesen und dadurch mit der Behandlung von Strafsachen vertraut geworden ist, oder sich vollkommen schuldig fühlt, wird im Laufe der ersten Vernehmung — mag ihm zu Anfang derselben noch so eingehend eröffnet sein, welche strafbare Handlung ihm zur Last gelegt wird — sich bei einigermaßen verwickelten Sachen selten vollständig darüber klar werden, um was es sich eigentlich handelt. Erst nach der Vernehmung, wenn er in seiner Zelle tagelang die Sache durchdenkt, merkt er allmälig, worauf es ankommt, und es fallen ihm Momente ein, die zu seiner Entlastung dienen könnten. Nun läßt er sich dem Amtsrichter vorführen, um seine Entlastungsanträge zu stellen. Jetzt ist aber der Richter nicht mehr im Besitz der Akten und deshalb, wenn er sich nicht zufällig der Sache erinnert, nicht mehr informirt; er kann daher dem Beschuldigten bei der Formulirung seiner Anträge meist nur in geringem Maße zu Hülfe kommen. Es wird daher in vielen Fällen die Aufnahme eines sachgemäßen Protokolls nicht gelingen; die vom Beschuldigten genannten Zeugen z. B. werden wohl stets darin aufgeführt, aber es wird häufig daraus nicht in genügender Weise ersichtlich sein, worüber diese Zeugen vernommen werden sollen. — Wenn nun derartige mangelhafte Protokolle dem Staatsanwalt zur ressortmäßigen Verfügung übersandt werden — der Richter hat sachlich darauf nicht zu verfügen, weil der Antrag nicht bei der Vernehmung gestellt ist, — so ist der Staatsanwalt, wenn er auch den besten Willen hätte, die Entlastungsmomente in gleichem Maße wie die Belastungsmomente zu berücksichtigen, oft wegen der Unverständlichkeit der vom Beschuldigten gestellten Anträge außer Stande, denselben stattzugeben.

### B. Die während der Haft erforderlichen, die Sache selbst nicht betreffenden Entscheidungen.

Während der Haft wird eine größere Anzahl von Entscheidungen erforderlich, welche die Ordnung im Gefängnisse betreffen. Hierher gehören zunächst die Entscheidungen über die dem Gefangenen aufzuerlegenden Beschränkungen[1]), und zwar sowohl über die Anwendung derjenigen, welche dem Untersuchungsgefangenen im Allgemeinen wegen der Natur der Untersuchungshaft auferlegt werden, auf den einzelnen Verhafteten[2]), als auch über die Beschränkungen, welche dem Gefangenen wegen einzelner von diesem ausgeführter Handlungen auferlegt werden müssen, wie Zwangsmaßregeln und Disciplinarstrafen.

Hierher gehören ferner die Entscheidungen über die dem Gefangenen zu gewährenden Vergünstigungen.[3]) Schon beim Erlaß dieser Entscheidungen macht sich für den Richter der Umstand, daß er nicht der Leiter des Verfahrens und nicht im Besitz der Akten ist, in störender Weise geltend. Noch vielmehr aber gilt dies von den Entscheidungen, welche den Verkehr des Gefangenen mit der Außenwelt, namentlich die Unterredungen desselben mit Personen, mit denen er in geschäftlicher oder Familienbeziehung steht, so wie die Absendung und den Empfang von Briefen betreffen. — Die Entscheidung über die dem Verhafteten zu bewilligenden Unterredungen insbesondere gehört zu den wichtigsten richterlichen Handlungen in Haftsachen. Einerseits können durch die Nichtgewährung erhebliche Familien- und geschäftliche Interessen gefährdet, andererseits durch die Bewilligung unter Umständen das ganze Schicksal der Untersuchung in Frage gestellt werden. Denn auch die Gegenwart des Richters ist zur Verhütung von Verdunkelungen nicht immer hinreichend; öfter sind die Kollusionen enthaltenden Worte gefallen, ehe selbst der wachsamste Richter deren Aussprechen verhindern kann. Bei der Fällung der erwähnten Entscheidungen treten dem im vorbereitenden Verfahren fungirenden Amtsrichter unlösbare Schwierigkeiten entgegen. Legt er den Antrag dem Staatsanwalt mit dem Ersuchen um Aeußerung vor und entscheidet er auf Grund dieser Aeußerung über Bewilligung oder Ablehnung, so überträgt er einerseits thatsächlich die Entscheidung unzulässigerweise an den Staatsanwalt und läßt andererseits möglicherweise die richtige Zeit für die betreffende Unterredung

---

[1]) § 116 Abs. 2 St.Pr.O.

[2]) Hierher gehören die unter der Rubrik „Hausordnung" begriffenen Bestimmungen, von denen der Richter in Betreff des einzelnen Gefangenen Modifikationen eintreten lassen kann.

[3]) § 116 Abs. 3 St.P.O. Die dort gewählte Fassung „Bequemlichkeiten und Beschäftigungen" ist zu eng, da hierher auch Bewilligungen gehören, welche unter keine dieser beiden Kategorien fallen, z. B. die Gestattung der Theilnahme am Schulunterricht und am Gottesdienst, sowie die Erlaubniß, während der Haft anderweitig erkannte Freiheitsstrafen zu verbüßen.

oder anderweitige Kommunikation des Gefangenen mit der Außenwelt verstreichen. Ersucht er, um sein Prüfungsrecht zu wahren, die Staatsanwaltschaft um Aeußerung unter Beifügung der Akten, so läßt er hierdurch möglicherweise ebenfalls die für das Interesse des Beschuldigten erhebliche Zeit verstreichen, verzögert, falls seinem Ersuchen um Aktenübersendung stattgegeben wird, den Fortgang der Untersuchung und gewinnt trotzdem keine genügende Grundlage für seine Entscheidung, weil ihm der Untersuchungsplan des Staatsanwalts unbekannt ist.

## V. Beseitigung der Uebelstände.

### A. Einleitung.

Zur Beseitigung der eben geschilderten durch die Thätigkeit zweier Behörden in demselben Verfahren geschaffenen Uebelstände bieten sich naturgemäß drei Wege.

1. Die Aenderung der Stellung beider Behörden zu einander.
2. Theilweises Ausscheiden des Richters aus dem vorbereitenden Verfahren.
3. Theilweises Ausscheiden der Staatsanwaltschaft, das heißt eine Anordnung, daß in bestimmten Fällen, in denen jetzt das vorbereitende Verfahren zugelassen oder vorgeschrieben ist, anstatt dessen die Voruntersuchung eintreten soll.

Um festzustellen, ob und in welchen Fällen einer dieser Wege einzuschlagen ist, muß zunächst klargelegt werden, welche Zwecke mit der Einführung des Richters in das staatsanwaltliche Vorbereitungsverfahren verfolgt werden können, und welche Stellung dem Richter gegenüber der Staatsanwaltschaft eingeräumt werden muß, damit jene Zwecke erreicht werden. Auf Grund dieser Erwägungen in Verbindung mit dem, was oben über die Funktionen des vorbereitenden Verfahrens gesagt ist, wird die gestellte Frage zu beantworten sein.

#### a. Zwecke, welche mit der Einführnng des Richters in das vorbereitende Verfahren verfolgt werden können.

Es sind dies hauptsächlich zwei.

Erstens nämlich wird es vielfach erforderlich, im vorbereitenden Verfahren Thatsachen festzustellen, so wie Erklärungen herbeizuführen und festzustellen, in dem Sinne, daß diese Feststellungen in der Hauptverhandlung als Beweismittel fungiren. Die betreffenden Handlungen sind lediglich durch den Richter vorzunehmen, weil nur von diesem, nicht aber von der Staatsanwaltschaft als der mit Erhebung der Anklage betrauten Behörde der hierzu erforderliche Grad von Unbefangenheit erwartet werden kann. Es gehören hierher folgende Untersuchungshandlungen:

1. Die gerichtliche Augenscheins-Einnahme, Leichenschau und Leichenöffnung.
2. Die Vernehmung des Beschuldigten insofern, als nach § 253 Abs. 1 St.P.O. Erklärungen des Angeklagten, welche in einem gerichtlichen Protokolle enthalten sind, in der Hauptverhandlung zum Zwecke der Beweisaufnahme über ein Geständniß verlesen werden dürfen.[1])
3. Die Vernehmung von Zeugen insofern, als nach § 250 St.P.O. unter Umständen das Protokoll in der Hauptverhandlung verlesen werden kann. Die Vernehmung von Zeugen im vorbereitenden Verfahren ist aber bestimmungsgemäß nur dann Beweismittel, wenn wegen Gefahr im Verzuge eine Beeidigung erfolgt.[2])

Zweitens werden im vorbereitenden Verfahren vielfach physische Zwangsmittel und andere Eingriffe in die Rechtssphäre des Beschuldigten und dritter Personen, so wie das psychische Zwangsmittel des Eides erforderlich. Die Entscheidung über die Anwendung dieser Maßregeln ist im Allgemeinen dem Richter vorbehalten, weil von ihm die sachgemäßeste, die Interessen der Untersuchung und des Einzelnen am unbefangensten gegen einander abwägende Prüfung vorausgesetzt wird. Abgesehen von der letzterwähnten Beeidigung von Zeugen gehören hierher theils selbstständige Untersuchungshandlungen, wie die Verhaftung, die Beschlagnahme und Durchsuchung, theils solche Maßregeln, welche dazu bestimmt sind, andere Untersuchungshandlungen möglich zu machen, wie die Vorführung des Beschuldigten und die Zwangsmittel gegen nicht erscheinende oder ihre Aussage verweigernde Zeugen. Die Verhaftung unterscheidet sich von den

---

[1]) Auch der Staatsanwalt kann Augenschein einnehmen und den Beschuldigten vernehmen, die bezüglichen Protokolle kommen aber nur zur Information, nicht als Beweismittel in Betracht.

[2]) Allerdings kann auch die unbeeidigte Aussage dann als Beweismittel dienen und verlesen werden, wenn ein Zeuge verstorben oder in Geisteskrankheit verfallen, oder sein Aufenthalt nicht zu ermitteln gewesen ist. Diese Fälle kommen jedoch in der Praxis selten vor, ohne daß eine Beeidigung im Vorverfahren, im vorbereitenden Verfahren speziell die wegen Gefahr im Verzuge gestattete, vorangegangen ist. Der zweite im § 250 zugelassene Fall der Verlesung, — wenn die Vernehmung im Vorverfahren eidlich unter Benachrichtigung der Prozeßbetheiligten erfolgt ist und die Voraussetzungen des § 222 vorliegen, — kommt für das vorbereitende Verfahren nur dann in Betracht, wenn in diesem die Beeidigung wegen Gefahr im Verzuge erfolgte. Wird zur Herbeiführung einer wahrheitsgemäßen Aussage beeidigt, so liegt kein Grund vor, die Prozeßbetheiligten zu benachrichtigen.

andern Eingriffen dadurch, daß sie eine mehr oder minder dauernde Beschränkung für den Beschuldigten mit sich bringt; hierdurch werden die zahlreichen oben erwähnten Entscheidungen erforderlich, welche ebenfalls dem Richter vorzubehalten sind, weil es auch hierbei auf die unbefangene Abwägung der Interessen der Strafverfolgung und der Vertheidigung ankommt.

Was die eidliche Zeugenvernehmung betrifft, so ist die Bedeutung der Beeidigung als eines psychischen Zwangsmittels [1]) für das vorbereitende Verfahren besonders dadurch klargestellt, daß sie in diesem, abgesehen von dem Fall der Gefahr im Verzuge, nur dann zugelassen wird, wenn sie zur Erzwingung eines wahrheitsgemäßen Zeugnisses erforderlich ist. Die Entscheidung über die Anwendung oder Nichtanwendung dieses Zwangsmittels muß ebenfalls dem Richter zustehen, um eine sachgemäße Abwägung zwischen den Interessen der Strafverfolgung und denen des Zeugen zu ermöglichen, welchem daran liegen muß, nicht unnöthig diesem Zwangsmittel unterworfen zu werden. Für diese Entscheidung ist der Richter auch deshalb besser qualifizirt als der Staatsanwalt, weil dem Ersteren als Prüfungsmaterial außer den Akten noch die dem Letzteren fehlende persönliche Anschauung des Zeugen zu Gebote steht.

In den vorerwähnten beiden Fällen ist eine Mitwirkung des Richters aus Rechtsgründen erforderlich; sie kann außerdem aber in einem dritten aus Zweckmäßigkeitsgründen wünschenswerth werden, nämlich bei uneidlichen Zeugenvernehmungen, wenn die Sache rechtlich oder thatsächlich zu verwickelt ist, um durch einen Polizeibeamten in geeigneter Weise erledigt werden zu können, und der Wohnort des Zeugen vom Sitz des Staatsanwalts weiter entfernt ist, als von dem des Richters.

b. **Es fragt sich weiter, welche Stellung dem Richter gegenüber der Staatsanwaltschaft eingeräumt werden muß, damit diejenigen Zwecke erreicht werden, wegen deren nach dem eben Bemerkten die Einführung des Richters in das vorbereitende Verfahren erfolgt ist.**

Es kommen hier drei Möglichkeiten in Betracht.

*α.* Der Richter wird zur Staatsanwaltschaft in dasselbe Verhältniß gesetzt, wie die ersuchte Behörde zur ersuchenden; seine Prüfung wird darauf beschränkt, ob die betreffende Handlung nicht absolut

[1]) Glaser, „Zur Kritik des Zeugenbeweises“ (Gerichtssaal 1881, S. 33 ff.) bemerkt S. 61: „Die beweisende Kraft des Zeugeneides liegt nur in der auf die oben bezeichneten Thatsachen (Ueberzeugung von der Schuld und den Strafen des Meineides u. s. w.) gegründeten Vermuthung, daß der Eid den Zeugen zur Wahrhaftigkeit gewissermaßen zwinge.“

unzulässig und ob er örtlich und sachlich für deren Vornahme zuständig ist.

β. Der Richter hat außer seiner örtlichen und sachlichen Zuständigkeit zu untersuchen, ob die konkreten gesetzlichen Voraussetzungen für die Vornahme der beantragten Handlung vorliegen. Dies ist der bestehende Rechtszustand.

γ. Der Richter hat außer den zu β erwähnten Voraussetzungen noch die Zweckmäßigkeit der betreffenden Handlung zu prüfen.

Ueber die Unzulässigkeit der Konstruktion zu γ herrscht allseitige Uebereinstimmung; sie würde das Hauptprinzip des vorbereitenden Verfahrens, die Leitung durch die Staatsanwaltschaft, fast völlig beseitigen. Es bleiben also nur noch die beiden andern Alternativen. Hierbei tritt ein Unterschied zwischen den erwähnten drei verschiedenen Fällen der richterlichen Thätigkeit hervor.

Im zweiten Falle, wo die richterliche Thätigkeit deshalb eintritt, weil nur von dem Richter eine unbefangene Entscheidung darüber, ob die Untersuchungshandlung vorgenommen werden soll, erwartet wird, muß dem Richter die Prüfung der konkreten Zulässigkeit eingeräumt werden, weil sonst jene Entscheidung in die Hände des Staatsanwalts gelegt werden würde.

Anders im ersten und dritten Falle, wo der Richter nur deshalb fungirt, weil von ihm die sachgemäßeste Vornahme der Handlung vorausgesetzt wird. Der Richter kann in dieser Beziehung seine Aufgabe vollständig erledigen, gleichviel ob ihm oder der Staatsanwaltschaft die Entscheidung über die konkrete gesetzliche Zulässigkeit übertragen ist. Lediglich praktische Rücksichten, insbesondere das Interesse der Vermeidung überflüssiger Untersuchungshandlungen [1]) und das der Aufrechterhaltung der richterlichen Autorität [2]) sprechen hier für die erweiterte Prüfungsbefugniß.

---

[1]) Es werden zuweilen Untersuchungshandlungen in Fällen beantragt, in denen wegen Vorhandenseins eines Strafausschließungsgrundes die Strafverfolgung unzuläsig ist, mitunter aber auch dann, wenn die betreffende Untersuchungshandlung nach Lage der Sache ausgeschlossen ist. — Auf einem Kirchhofe bei Berlin fand sich eines Morgens ein Grab aufgewühlt und die Leiche aus dem Sarge genommen und theilweise aufgeschnitten; es lag die Vermuthung vor, daß innere Theile herausgenommen seien. Die Staatsanwaltschaft wollte aus §§ 168 u. 367, 1 einschreiten und beantragte Leichenöffnung. Diese wurde abgelehnt mit dem Bemerken, daß die Leichenöffnung nicht dazu bestimmt sei, den Thatbestand eines an einer Leiche begangenen Delicts festzustellen.

[2]) Der Richter ladet z. B. auf Antrag des Staatsanwalts einen Zeugen vor, dessen Vernehmung nach den Umständen des Falles zulässig ist. Der Zeuge verweigert sein Erscheinen und wird daher hierzu durch die gesetzlichen Zwangsmittel angehalten.

Diese Zweckmäßigkeitsgründe sind jedoch nicht durchschlagender Natur; es würde demnach hier eine Aenderung in der Stellung des Richters zulässig erscheinen, wenn dadurch einer der oben geschilderten Uebelstände beseitigt werden könnte.

## B. Die Wege zur Beseitigung der Uebelstände.

### a. Aenderung in der Stellung des Richters.

Es fragt sich, ob die oben erwähnten Schwierigkeiten durch Aenderung in der Stellung des Richters irgendwie vermindert werden können.

Von jenen Uebelständen hat, wie bereits gezeigt, die eine Gruppe darin ihren Grund, daß ein großer Theil der als Material für den Staatsanwalt dienenden Untersuchungshandlungen durch den Richter in Abwesenheit des Staatsanwalts vorgenommen, dadurch häufig eine unsachgemäße Vornahme, mehrfache Wiederholung, erhebliche Verzögerung der Sache und ungenügende Information des mit der Erhebung der öffentlichen Klage betrauten Staatsanwalts herbeigeführt wird.

Die Unzuträglichkeiten der zweiten Gruppe entstehen daraus, daß der Richter beim Erlaß der Entscheidungen in Betreff der einen Eingriff in die Rechtssphäre enthaltenden Untersuchungshandlungen und die Staatsanwaltschaft bei ihrer Leitung des Verfahrens sich vielfach gegenseitig in in ihrer Thätigkeit durchkreuzen und hindern.

In dem zuletzt erwähnten Falle kann das Prüfungsrecht des Richters nicht beschränkt werden, weil dann der Zweck der richterlichen Thätigkeit nicht erreicht werden würde; im ersteren Falle aber, wo eine solche Beschränkung an sich zulässig ist, würde sie jene Schwierigkeiten nicht beseitigen, weil diese nicht dadurch hervorgerufen sind, daß der Richter über die Vornahme der Handlungen entscheidet, sondern dadurch, daß er sie überhaupt vornimmt, und der Staatsanwalt ihnen nicht beiwohnt.

Es bleiben daher nur die beiden andern Möglichkeiten übrig.

### b. Theilweises Ausscheiden des Richters.

Die erste Gruppe der Schwierigkeiten läßt sich in vollständiger Weise nur durch Einführung des in der Vorbemerkung skizzirten mündlichen Vorverfahrens beseitigen. Nur hierdurch kann eine sachgemäße, Seitens der

---

In einem anderen Falle beantragt der Staatsanwalt eine nach den Umständen des Falles, z. B. wegen eingetretener Verjährung der Strafverfolgung unzulässige Zeugenvernehmung. Diese müßte der Richter bei beschränktem Prüfungsrecht vornehmen, Zwangsmittel zu ihrer Herbeiführung dürfte er aber nicht anwenden. — Ein so verschiedenartiges Verfahren müßte zur Verwirrung des Publikums und zur Schwächung der richterlichen Autorität führen.

Staatsanwaltschaft unter Kontrolle des Richters erfolgende Aufnahme der Belastungsbeweise, eine sofortige Entscheidung über etwa erforderliche Zwangsmaßregeln und Beeidigungen, eine genügende Information des Staatsanwalts, welcher den Antrag auf Verweisung stellt, und des Richters, welcher den Verweisungsbeschluß faßt, — so wie eine möglichst große Beschleunigung des Verfahrens gesichert werden.

Im Rahmen des gegenwärtigen Verfahrens ist nur eine theilweise Verbesserung möglich, nicht durch Ausscheidung des Staatsanwalts, weil, wie bereits erwähnt, ein großer Theil der hier in Betracht kommenden Untersuchungshandlungen im ersten Stadium des Verfahrens vor Ermittelung eines Verdächtigen stattfinden muß und in diesen Fällen Voruntersuchung noch nicht eröffnet werden kann, — sondern durch Ausscheidung des Richters.

Erforderlich ist eine Thätigkeit des Richters bei Zeugenvernehmungen [1]) nach dem oben Ausgeführten nur dann, wenn die Anwendung von physischen Zwangsmitteln oder eine eidliche Vernehmung erforderlich wird.

Wünschenswerth ist sie ferner dann, wenn der Wohnort des Zeugen näher am Sitz des Amtsrichters als an dem der Staatsanwaltschaft sich befindet und die Sache rechtlich und thatsächlich zu verwickelt ist, um durch eine Polizeibehörde bearbeitet zu werden. Ueber den letzten Punkt wird jedoch das Ermessen der Staatsanwaltschaft zu entscheiden haben.

Der § 160 der St.Pr.O. würde hiernach dahin zu formuliren sein:

Abs. 1 wie jetzt.

Abs. 2. Vernehmungen von Zeugen dürfen jedoch bei demjenigen Amtsrichter, welcher denselben Amtssitz hat, wie die Staatsanwaltschaft, nur dann beantragt werden, wenn eine eidliche Vernehmung für nothwendig erachtet wird, oder wenn der Zeuge sich geweigert hat, vor der Polizeibehörde oder der Staatsanwaltschaft zu erscheinen oder Zeugniß abzulegen.

Abs. 3 wie jetzt Abs. 2.

Hierdurch würden die Schwierigkeiten der ersten Gruppe so weit gehoben werden, als dies im Rahmen des gegenwärtigen Systems möglich ist. Der Staatsanwalt könnte, wie bisher, einfache Thatbestände durch die Polizeibehörde feststellen; in verwickelten Sachen hätte er, falls nicht der

---

[1]) Daß die Vernehmung des Beschuldigten stets durch den Richter erfolgt, ist deshalb wünschenswerth, weil es leicht vorkommen kann, daß die Verlesung des später widerrufenen Geständnisses in der Hauptverhandlung erforderlich wird.

zuständige Amtsrichter einen anderen Amtssitz hat, abgesehen von den erwähnten beiden Fällen, die Zeugen selbst zu vernehmen, wodurch das zeitraubende Hin- und Herschicken der Akten vermieden und sachgemäßere Vernehmungen, so wie eine bessere Vorbereitung der öffentlichen Klage erzielt werden würde.

Es könnte hiergegen zunächst eingewendet werden, daß staatsanwaltliche Vernehmungen im vorbereitenden Verfahren weniger wünschenswerth sind, als gerichtliche, weil nur letztere nach § 253 Abs. 1 Str.P.O. in der Hauptverhandlung als Beweismittel verlesen werden dürfen. Allein der Fall, daß uneidlichen Vernehmungen aus dem Vorverfahren diese Funktion zu Theil wird, ist ein so seltener, daß er bei der Konstruktion des Vorverfahrens außer Acht bleiben kann. Wollte man diesem Gesichtspunkte entsprechend das Vorverfahren gestalten, so müßten alle in der Hauptverhandlung zu vernehmenden Zeugen schon im vorbereitenden Verfahren durch den Richter abgehört werden.

Es könnte ferner eingewendet werden, daß schon nach gegenwärtigem Verfahren eine uneidliche Zeugenvernehmung durch den Staatsanwalt zulässig ist. Dies genügt aber nicht; denn wo keine gesetzliche Nöthigung zu eigener Vornahme der Vernehmung vorliegt, wird die an das schriftliche Verfahren gewöhnte Staatsanwaltschaft fast stets die Uebertragung der Vernehmung an eine andere Behörde vorziehen.

c. Ausscheidung des Staatsanwalts. (Einführung der Voruntersuchung anstatt des vorbereitenden Verfahrens.)

Die Schwierigkeiten der zweiten Gruppe können durch Ausscheidung des Richters ebenso wenig beseitigt werden, als durch Abschwächung der ihm zustehenden Prüfungsbefugniß; sie können dagegen bis zu einem gewissen Grade durch Ausscheidung des Staatsanwalts, das heißt dadurch gehoben werden, daß an Stelle des vorbereitenden Verfahrens die Voruntersuchung gesetzt wird.

Im Prinzip sind Theoretiker und Praktiker im Wesentlichen darüber einig, daß eine Verhaftung im Vorverfahren nur im Laufe der Voruntersuchung oder gleichzeitig mit der Eröffnung derselben stattfinden dürfe.[1])

Die starke Durchbrechung dieses Prinzips, welche in der Reichsstraf-

---

[1]) Planck, Strafverfahren S. 211. (Dieser Schriftsteller will auch eine Beschlagnahme nur in der Voruntersuchung oder im Hauptverfahren gestatten.) Gneist in der Reichsjustizkommission Prot. S. 135 (Hahn Mat. S. 660) ebenda S. 233. (Hahn S. 741). Struckmann ebenda S. 165. (Hahn S. 685). Hänel bei der ersten Berathung der Strafprozeß-Ordnung im Plenum, Sten. Ber. S. 238. (Hahn S. 506) Lasker ebenda S. 348 (Hahn S. 540).

prozeßordnung stattgefunden hat, ist hauptsächlich aus folgenden Gründen hervorgegangen.

1. Zuweilen, sagt man, müsse in einem Zeitpunkte verhaftet werden, wo der Ort der That noch nicht bekannt sei und deshalb noch nicht feststehe, bei welchem Untersuchungsrichter der Antrag auf Eröffnung der Voruntersuchung zu stellen ist.[1])

Es kommt in der Praxis sehr selten vor, daß Jemand verhaftet wird, ohne daß der Ort der That feststeht; eine Verzögerung des Antrages auf Eröffnung der Voruntersuchung kann aber, auch wenn dieser Mangel in der Feststellung des Thatbestandes zur Zeit der Verhaftung noch vorhanden ist, durch denselben bei der gegenwärtigen Fassung der §§ 7—9 St.P.O. deshalb nicht mehr herbeigeführt werden, weil nach diesen Bestimmungen die öffentliche Klage auch im Gerichtsstande des Wohnorts des Beschuldigten und, falls dieser Wohnort nicht bekannt ist, im Gerichtsstande der Ergreifung erhoben werden kann.[2])

2. Es müsse zuweilen verhaftet werden, bevor der objective Thatbestand feststünde; alsdann könne Eröffnung der Voruntersuchung noch nicht beantragt werden.[3])

Dies kann nach der gegenwärtigen Fassung des Gesetzes als richtig nicht anerkannt werden. In dem Haftbefehl muß die dem Beschuldigten zur Last gelegte strafbare Handlung, also nach der allgemein anerkannten Auslegung[4]) die Strafthat unter Hervorhebung ihrer individuellen Begriffsmerkmale bezeichnet werden. Diese wesentlichen Merkmale müssen demnach vor Erlaß des Haftbefehls feststehen. Mehr ist zur Eröffnung der Voruntersuchung auch nicht erforderlich, der an der betreffenden Stelle (§ 177 Nr. 80) gebrauchte Ausdruck „zur Last gelegte That" ist mit dem hier angewendeten „zur Last gelegte strafbare Handlung" sachlich identisch.

3. Durch die Eröffnung der Voruntersuchung werde dem Beschuldigten

---

[1]) Erklärung des Regierungskommissars Hanauer in der Reichstagskommission Prot. S. 687.

[2]) Nach den Beschlüssen der ersten Lesung sollte der Gerichtsstand des Wohnsitzes unbedingt nur bei Uebertretungen, bei anderen Strafthaten nur auf Antrag der Staatsanwaltschaft oder des Angeschuldigten und auf Grund eines Beschlusses des oberen Gerichts zulässig sein. Bei dieser Fassung war die von Hanauer entwickelte Ansicht bis zu einem gewissen Grade begründet.

[3]) Erklärung des Regierungskommissars Hanauer in der Reichstagskommission. Prot. S. 168, 170. (Hahn S. 687. 689.) Aeußerung des Abgeordneten Becker ebenda in der II. Lesung Protok. S. 898. Hahn S. 129.

[4]) Geyer, Lehrbuch S. 584. v. Holtzendorff, Handb. I S. 351, Loewe, Kom. Anm. 3 zu § 114. Vierhaus, Formularbuch S 50.

ein größerer Nachtheil zugefügt, als durch die Verhaftung im vorbereitenden Verfahren. [1])

Dies kann für zutreffend nicht erachtet werden. In den Augen des Publikums und für die bürgerlichen Verhältnisse des Beschuldigten besteht zwischen der Verhaftung im vorbereitenden Verfahren und der Verhaftung in der Voruntersuchung gar kein Unterschied; nicht die Eröffnung der Voruntersuchung, sondern die Verhaftung ist es, welche den Beschuldigten schädigt, gleichviel ob diese Freiheitsbeschränkung im vorbereitenden Verfahren, der Voruntersuchung oder in dem Hauptverfahren stattfindet. [2])

4. Die Voruntersuchung sei länger als das vorbereitende Verfahren. [3])

Diese Annahme entspricht in ihrer Allgemeinheit nicht den thatsächlichen Verhältnissen. Die Voruntersuchung ist vielmehr, sofern die Vorschrift des § 188 Abs. 1 St.P.O. innegehalten wird, kürzer, als das vorbereitende Verfahren. [4]) Das äußerst zeitraubende Hin- und Hersenden der Akten zwischen Gericht und Staatsanwaltschaft wird vermieden; der Untersuchungsrichter braucht seinen an auswärtige Amtsrichter ergehenden Ersuchen um Vornahme einzelner Untersuchungshandlungen (§ 183 Abs. 2 St.P.O.) die Akten nicht beizufügen und kann daher, während das Ersuchen erledigt wird, seinerseits weitere Ermittelungen anstellen; der Staatsanwalt dagegen muß auch seinen an auswärtige Amtsrichter gerichteten Anträgen die Akten beifügen, um die in § 160 Abs. 2 St.P.O. vorgeschriebene Prüfung zu ermöglichen und muß daher, während diese Anträge erledigt werden, im Uebrigen die Sache ruhen lassen.

5. Bei der Größe der Landgerichtsbezirke würden zu große und zahl-

---

1) v. Schwarze in v. Holtzendorffs Handb. Bd. II S. 593.

2) Peterson in Goltd. Archiv Bd. 29 S. 295. „In vielen Untersuchungen, in denen von Anfang an eine bedeutende Belastung oder sogar ein Geständniß vorliegt, ist die öffentliche Klage ein selbstverständliches, für den Ausgang des Prozesses wenig ins Gewicht fallendes Moment. Ungleich wichtiger gestaltet sich oft die Frage, ob eine Verhaftung vorzunehmen."

3) Dahin äußerte sich der Regierungskommissar Oehlschläger in der Reichstagskommission (Prot. S. 70, Hahn S. 607) mit dem Bemerken, daß bei einer Steigerung der Zahl der Voruntersuchungen die Richter vermehrt werden müßten. Selbst die Richtigkeit dieser Behauptung vorausgesetzt, wäre auf der anderen Seite zu berücksichtigen, daß bei einer häufigeren Anwendung der Voruntersuchung die Zahl der Staatsanwälte vermindert werden könnte.

4) Mayer Kritik des Entw. zur St.P.O. (1874) S. 111.: „Die Untersuchung wird durch die Voruntersuchung nicht verschleppt, sondern beschleunigt." Im Wesentlichen übereinstimmend Dorn, Gutachten für den III. Juristentag S. 5. Geßler, Gutachten für den III. Juristentag S. 9. v. Puttkammer in der Reichsjustizkommission, Prot. S. 70. (Hahn S. 606); v. Forcade ebenda S. 213. (Hahn S. 725).

reiche Transporte erforderlich sein, wenn man den Amtsrichter nicht als Zwischenglied einschieben wollte.[1])

Dies Moment hat für diejenigen Fälle, in welchen der betreffende Amtsrichter seinen Sitz an einem anderen Orte hat als das zuständige Gericht und die Staatsanwaltschaft, seine Bedeutung, kann jedoch das vorbereitende Verfahren in Haftsachen in der gegenwärtigen Ausdehnung nicht rechtfertigen.

Hiernach werden für Haftsachen folgende Modifikationen des gegenwärtigen Verfahrens vorgeschlagen.

A. In schöffengerichtlichen Haftsachen ist Voruntersuchung zulässig. Die Voruntersuchung wird durch den Amtsrichter eröffnet und geführt.

Hiergegen könnte eingewendet werden, daß der Amtsrichter hierdurch befangen und für die Leitung der Hauptsache ungeeignet würde. Allein wenn überhaupt eine solche Befangenheit vorkommt, was Seitens des Referenten bezweifelt wird, so wird diese im gegenwärtigen Verfahren in Folge der zahlreichen Untersuchungshandlungen, die der Amtsrichter vor Eröffnung des Hauptverfahrens vorzunehmen hat, kaum in geringerem Maße eintreten; übrigens kommt es auch jetzt vor, daß der Amtsrichter die ihm übertragene Voruntersuchung führt und demnächst als Vorsitzender des Schöffengerichts fungirt, welchem die Sache zur Entscheidung überwiesen ist.

B. Beantragt die Staatsanwaltschaft die Haft, so hat sie gleichzeitig die öffentliche Klage zu erheben.

C. Im Uebrigen würde das Verfahren verschieden zu gestalten sein, je nachdem am Amtssitz des Amtsrichters, in dessen Bezirk der Beschuldigte betroffen wird, sich gleichzeitig eine Staatsanwaltschaft befindet oder nicht.

1. Befindet sich am Amtssitz des betreffenden Amtsrichters gleichzeitig eine Staatsanwaltschaft, so ist, falls eine vorläufige Festnahme erfolgt, der Festgenommene zunächst der Staatsanwaltschaft vorzuführen. Diese hat spätestens am nächsten Tage die Freilassung anzuordnen oder unter gleichzeitiger Erhebung der öffentlichen Klage die Haft beim zuständigen Richter zu beantragen. Letzterer muß ihn spätestens am Tage nach Eingang der Sache vernehmen und demnächst über seine Verhaftung oder Freilassung entscheiden.

---

[1]) Gneist in der Reichs-Justizkommission Prot. S. 169. (Hahn, Mat. S. 688.)

2. Befindet sich am Amtssitz des betreffenden Amtsrichters keine Staatsanwaltschaft, so geschieht, falls eine vorläufige Festnahme stattgefunden hat, die Vorführung vor den Amtsrichter und dieser hat den Beschuldigten spätestens am Tage nach der Festnahme zu vernehmen und demnächst über seine Verhaftung oder Freilassung zu entscheiden. Beschließt der Amtsrichter die Haft, so hat er die Akten unverzüglich der Staatsanwaltschaft zu übersenden, und diese hat beim zuständigen Richter die Freilassung oder unter gleichzeitiger Erhebung der öffentlichen Klage die Haftfortdauer zu beantragen.

Wenn der Amtsrichter, an dessen Amtssitz sich keine Staatsanwaltschaft befindet, von Amtswegen, ohne vorangegangene vorläufige Festnahme die Haft beschließt, so ist, nachdem die Einlieferung des Beschuldigten in das Gefängniß und dessen Vernehmung erfolgt ist, ebenfalls in Gemäßheit der Bestimmungen des vorigen Absatzes zu verfahren. Wenn nicht binnen vier Tagen nach Vollstreckung des Haftbefehls die öffentliche Klage erhoben und, falls ein anderer Richter zuständig ist, die Fortdauer der Haft durch den zuständigen Richter angeordnet und diese Anordnung zur Kenntniß des Amtsrichters gebracht ist, so muß der Haftbefehl aufgehoben werden.

Die Frist von vier Tagen genügt, falls für den Antrag auf Eröffnung der Voruntersuchung keine größere Spezialisirung verlangt wird, als oben angedeutet ist. In zahlreichen einfachen Sachen wird in dieser Frist sogar die Anklageschrift eingereicht werden können.

In den Fällen zu C ist stets derjenige Richter und derjenige Staatsanwalt zuständig, in dessen Bezirk der Beschuldigte betroffen wird.

An den Vorschriften des § 211 St.P.O. wird hierdurch Nichts geändert.

# IX.

## Gutachten des Herrn Amtsrichter Dr. Bonitz zu Berlin

über die Frage:

Wie ist die Behandlung gefundener Sachen civilrechtlich einheitlich zu regeln?

---

### Vorbemerkung.

Der Verfasser hat im Herbste des Jahres 1880 gelegentlich eines über die mit der neuen Civilproceßordnung gemachten Erfahrungen eingeforderten Berichtes auf die praktische Unbrauchbarkeit der jetzt in Preußen bezüglich der Fundsachen anzuwendenden Bestimmungen hingewiesen und den Vorschlag ausgesprochen, das Verfahren in Fundsachen ganz den Verwaltungsbehörden zu übertragen. Die Stellung der Frage:

> Wie ist die Behandlung gefundener Sachen civilrechtlich einheitlich zu regeln?

giebt ihm die Gelegenheit, diesen Gedanken weiter auszuführen und die Begründung des Vorschlags zu versuchen.

Dabei hat der Verfasser den Begriff des Fundes, wie er besteht, zur Voraussetzung genommen, darauf verzichtend, nach den grundlegenden Untersuchungen von Delbrück u. A. hierüber neues oder besseres zu sagen.

Auch insofern hat er sich beschränkt, als er ausschließlich von wirklichen Fundsachen handelt, und ebensowohl die vom Meer angespülten Sachen (für welche überdies eine einheitliche Regelung durch das Reichsgesetz vom 17. Mai 1874 schon geschaffen ist), wie den Schatz außer Betracht gelassen, weil in beiden Fällen das Verfahren von je her anderen Regeln folgte und andere Voraussetzungen hat.

Zur Begründung seiner Vorschläge kann der Verfasser darauf hinweisen, daß eine Neigung, die Behandlung der Fundsachen den Verwaltungsbehörden zu übertragen, sich in der neueren Gesetzgebung mehr und mehr geltend macht. Der Verfasser möchte in dieser Entwickelung nicht etwas Zufälliges und allein aus Bequemlichkeitsrücksichten Hervorgegangenes sehen, sondern das Durchdringen einer inneren Nothwendigkeit.

Die Thätigkeit des Finders entspringt immer dem Wohlwollen, d. h. der Finder widmet seine Thätigkeit einem vorgestellten fremden Willen, d. h. dem vorgestellten Willen des Verlierers, seine Sache wieder zu erlangen.

In seiner praktischen Philosophie hat Herbart [1]) dargelegt, daß die Idee des Wohlwollens in der Staatsgesellschaft als solcher nicht durch das Rechtssystem, sondern ausschließlich durch das Verwaltungssystem zur Verwirklichung gelangen kann. Es dürfte sich als eine erfahrungsmäßige Bestätigung dieses bedeutenden Gedankens betrachten lassen, wenn an einem einzelnen Punkte die historische Entwickelung in die Bahn führt, welche die Theorie bereits vorgezeigt hat.

## I.

Das Verfahren in Fundsachen hat die Aufgabe, die rechtlichen Folgen des Auf- und Ansichnehmens von fremden beweglichen Sachen zu regeln, von denen man nach Lage der Sache annehmen muß, daß sie wider den Willen ihres Besitzers aus dessen Besitz gekommen sind, so weit dieses Auf- und Ansichnehmen in der Absicht geschieht, die Sache dem unbekannten Verlierer in geeigneter Weise zu erhalten und nicht sich selber zuzueignen. Dies Verfahren festzustellen sind schon die ältesten deutschen Rechtsbücher bemüht gewesen (vgl. Delbrück, Jahrbücher für die Dogmatik Bd. III, S. 9 f. und nach ihm Gruchot, Beiträge Bd. 4, S. 440 f.); auch haben die mittelalterlichen Rechtsbücher, Sachsen- und Schwabenspiegel, die einzelnen Stadtrechte u. s. w. diese Rechtsmaterie behandelt. Wiewohl nun in denselben gemeinsame Grundanschauungen hervortreten, so differieren sie wieder in vielen Punkten, vor allem in dem für die ganze Materie entscheidendsten, nemlich in der Regelung des vakanten Eigenthums der gefundenen Sache. Durchgehends finden wir die uralte Anzeigepflicht des Finders, die Bekanntmachung des Fundes und eine Art von Aufgebot; auch

---

[1]) Herbart, Praktische Philosophie. 1835.

wird der Finder als Aufbewahrer der Sache mit dessen Rechten und Pflichten angesehen. Darüber hinaus gehen die einzelnen Rechte weit auseinander; Fundlohn wird zum Theil ganz verweigert oder in verschiedener Höhe zugebilligt, die Aufgebotsfristen variiren, und das aufgebotene Fundgut wird, falls sich der Verlierer nicht meldet, bald dem Richter und dem Finder, bald diesem allein, bald endlich dem Reich oder der Kirche gegeben (Delbrück a. a. O. S. 13.).

So lagen die Dinge, als die Reception des römischen Rechts erfolgte. Fast in allen Gebieten, in welchen das römische Recht selbst Bestimmungen enthielt, hat seine Reception eine Assimilirung der vorgefundenen Particularrechte bewirkt und eine einheitliche Regelung der betreffenden Materie herbeigeführt. Bei den Fundsachen trat indessen der eigenthümliche Fall ein, daß das römische Recht über die ganze Frage viel weniger als irgend ein Particularrecht enthielt, ja daß offenbar die ganze Materie einer Ordnung nicht unterworfen worden war, vielleicht weil dies zu geringfügig erschien, vielleicht auch, wie Delbrück meint, weil die römischen Juristen hier lieber eine Lücke unausgefüllt ließen, als die Frage der Eigenthumsveränderung in einer mit ihren Rechtsanschauungen vom Eigenthumsübergang nicht harmonirenden Weise zu lösen. a. a. O. S. 53.

Die weitere Folge hiervon war, daß die ganze Lehre von gefundenen Sachen stationär blieb, ein Zusammenschmelzen des recipirten und particularen Rechts nicht eintrat, vielmehr noch heute die rein römischen Bestimmungen als geltendes gemeines Recht gelehrt werden, und nur vereinzelt ein particulares Gewohnheitsrecht sich erhalten hat.

Gemeinrechtlich kommen sohin nur die wenigen Bestimmungen des C. j. in Betracht: verlorene Sachen in der Absicht an sich zu nehmen, sie dem sich meldenden Eigenthümer zurückzugeben, ist erlaubt; thut der Finder dies in der Absicht, sie sich zuzueignen, so begeht er ein furtum; um sich dieses Verdachts zu erwehren, ist es räthlich und geschieht wohl meistens, den Fund bekannt zu machen, verpflichtet ist aber der Finder nicht dazu. Dem unbekannten Eigenthümer bezw. Verlierer gegenüber erscheint der Finder als Geschäftsführer ohne Auftrag mit dessen Rechten und Pflichten (Windscheid, Pandecten Bd. I § 184 a. 7. Bd. II § 430). Der sich meldende Eigenthümer wird seine Sachen mittelst der dinglichen Klagen wieder erlangen können; meldet er sich nicht, so bleibt die Sache beim Finder, aber dieser wird nicht Eigenthümer derselben, denn der Verwahrer des Fundes hält ja die Sache für verloren (deperdita) und nicht für herrenlos (derelicta), er kann sie nicht usucapiren, er wird aber den an ihr wider Willen verlorenen Besitz mittelst einer condictio possessionis (Windscheid II, 421, 7) wiedererlangen können und mit Ablauf der allgemeinen

Klageverjährungsfrist, also nach 30 Jahren, vor etwaigen Ansprüchen der Eigenthümer geschützt sein.

Dies ist heute, wo nicht etwa particularrechtlich anderes besteht, giltiges gemeines Recht, wie z. B. in der Provinz Hannover (vgl. von Schwarzkopf, Zeitschrift für hannöversches Recht B. IV, S. 76 flg.; das Rescript des hannöverschen Kriegsministers vom 24. April 1855; Schlüter, Jurist. Zeitung 1859 S. 353; Daube, Aufgebotsverfahren S. 218); nur eine aber nicht einmal wesentliche Abweichung besteht hier, daß es als ein „altes Herkommen" bezeichnet wird, daß der Finder von seinem Funde baldigst der nächsten Polizeibehörde Anzeige mache. (v. Schwarzkopf a. a. O. S. 82, Verordnung vom 29. März 1865; Spangenberg, Sammlung der ält. hannöverschen Verordnungen Th. II, S. 116.)

Hieraus ist ersichtlich, daß, soweit das gemeine Recht ausschließlich gilt, die Frage des Fundwesens einer Ordnung im Sinne der späteren Gesetzgebung gar nicht unterzogen wurde, sondern alles, die Ermittelung des Eigenthümers und das rechtliche Schicksal der gefundenen Sache der thatsächlichen Lösung anheimgestellt ist. Delbrück a. a. O. S. 52; Dernburg, Preuß. Privatrecht, Bd. I, S. 562.

Delbrück hat in dem schon mehrfach angezogenen Aufsatz zwar nachzuweisen versucht, daß auch für das gemeine Recht, was particularrechtlich ja stellenweise gilt, der Finder nach erfolglos gebliebener öffentlicher Bekanntmachung Eigenthümer der verlorenen Sache, und zwar ex tunc werde, auch einen Anspruch auf einen Fundlohn habe. Aber seine Ausführungen sind wohl mit Recht als unzutreffend abgelehnt worden (Windscheid I, 184, 7; v. Gerber, Deutsches Privatrecht. 9. Aufl. § 91, 3), denn die Commentatoren der Particularrechte bemerken ausdrücklich, daß, entgegen den Bestimmungen des gemeinen Rechts, „bei uns" nach erfolglosem Aufgebot die Fundsache von der Obrigkeit dem Finder zugesprochen werde. (Reyscher, Das gemeine und württemberg. Privatrecht. 1847. Bd. II, S. 18, Anm. 9, auch Kreittmayr, Commentar z. bayer. Landrecht Bd. II, §§ 511 folg.) Sie sind sich also des Gegensatzes zu dem gemeinen Recht immer bewußt gewesen.

So wie für Hannover liegt die Sache in allen übrigen deutschen Landestheilen, wo particularrechtliche Rechtssätze nicht zur Geltung gelangten, also Hessen-Nassau, Frankfurt und Schleswig-Holstein.

Diese gesetzliche Lage ist aber nun überall, wo man zur Ordnung dieser Rechtsmaterie oder zur Codification des Rechts überhaupt ging, als unzulänglich erfunden worden, und man entfernte sich überall ziemlich selbständig von dem bisher geltenden gemeinen Rechte, und ordnete die Materie unter Zugrundelegung des Gerichtsgebrauchs (vgl. Siebenhaar,

Comm. z. bg. G.B. für Sachsen I, S. 230—234; Koch, Landrecht Bd. I. 5. Auflage S. 429), wenn auch dabei der Irrthum mit unterlief, daß letzterer eine Entwickelung des römischen Rechts darstelle, indem man den von römischen Juristen erwähnten Gebrauch der Bekanntmachung des Fundes (vgl. l. 43 §. 8 Dig. 47, 2) mit der deutschrechtlichen Anzeigepflicht, bezw. dem Aufgebote identificirte.

Wenn also die jetzige Lage der gesetzlichen Bestimmungen für das Verfahren in Fundsachen gegeben werden soll, was zur Beantwortung der gestellten Frage vorweg erforderlich erscheint, so bleibt lediglich eine Nebeneinanderstellung der geltenden Bestimmungen möglich. Dies ist im zweiten Abschnitte versucht; dabei ist das Gebiet des gemeinen Rechts nicht nochmals behandelt, da das vorstehend einleitungsweise Gesagte für den vorliegenden Zweck genügen dürfte.

Bei aller Selbständigkeit indessen, mit der sich die Particulargesetzgebung entwickelte, lassen sich einige Hauptziele der Entwickelung, die je später desto klarer hervortreten, nicht verkennen; offenbar hat das tägliche Bedürfniß des öffentlichen Lebens überall gleichartig gewirkt. Als solche sind hervorzuheben: 1) das Bestreben, die Gerichtsbehörden möglichst von dem Verfahren in Fundsachen zu entlasten, 2) dies Verfahren im Interesse des Verlierers wie des Finders möglichst einfach zu gestalten; dem Verlierer gegenüber, um ihm unnütze Kosten zu ersparen, dem Finder gegenüber, um ihm die in wohlmeinender Absicht ausgeführte Handlung nicht durch ein weitläufiges Verfahren zur Qual werden zu lassen, 3) dem Finder auf sein Verlangen ein Entgelt für seine Mühewaltung in Gestalt eines Fundlohnes zu geben, und 4) die Frage des vakanten Eigenthums in möglichst kurzer Frist definitiv zu lösen.

Diese Sätze werden zwar anscheinend schon durch den ersten der folgenden Abschnitte, das Gebiet des preußischen Landrechts betreffend, widerlegt, doch ist dies nur scheinbar, denn vor allem das preuß. Landrecht ist es gewesen, welches zuerst, wenn auch unter vielen Cautelen und in Casuistik sich erschöpfend, dahin gestrebt, und es auch für die unendlich überwiegende Zahl der Fälle erreicht hat, bezüglich des vakanten Eigenthums eine definitive Entscheidung in möglichst kurzer Zeit und zwar zu Gunsten des Finders herbeizuführen.[1]) Das Ausführungsgesetz zur C.P.O. vom 24. März 1879 hat zwar die Sachlage, wie nachfolgend dargelegt, vollständig geändert, daß dies aber thatsächlich zu einem Rückschritt geführt hat, ist wissenschaftlicher Seits bereits erkannt, (Dernburg Bd. I S. 563)

---

[1]) Das frühere pr. Recht ist nicht besonders dargestellt, der Abschnitt b) Braunschweig, — in welchem das dem früheren pr. Recht nachgebildete (Verordnung vom 25. April 1824) noch gilt, giebt ein genügendes Bild.

und in der Praxis veranlassen die jetzt geltenden Bestimmungen eine Weitläufigkeit, einen Kostenaufwand und schließlich eine Resultatlosigkeit, die zum völligen Verschwinden von Fundsachen führt oder doch führen wird.

Die Ordnung der einzelnen Abschnitte ist wesentlich eine historische.

## II.

### a. Jetziges Recht im Bezirk des A.L.R.

Wer eine verlorene Sache findet (§. 19. 20. I 9. A.L.R.) ist bei sonstigem Verlust seines Anspruchs auf Belohnung (§ 70 I 9. A.L.R.) verpflichtet, hiervon unverzüglich, d. h. binnen drei Tagen, der nächsten Polizeibehörde Anzeige zu machen, welche die erforderliche Bekanntmachung darüber erläßt (Minist. Rescript vom 12. October 1812 Jahrb. Bd. I.).

Eine Verpflichtung, die gefundene Sache bei Gericht oder bei einer an dessen Stelle getretene Behörde zu hinterlegen, hat Finder nicht (§ 23 des Ausf. Ges. z. D.C.P.O.). Will sich aber der Finder mit der gefundenen Sache nicht weiter befassen, so ist er befugt, dieselbe zu hinterlegen (§ 51 I 14. A.L.R.), und zwar hat er gefundenes Geld, Werthpapiere, Kostbarkeiten bei der Hinterlegungsstelle, andere Gegenstände bei dem Amtsgerichte des Ortes (§ 1 u. 87 der Hinterleg. Ordg.) zu hinterlegen.

Thut der Finder das letztere, so hat er die Umstände des Fundes im Hinterlegungsantrage genau anzugeben (§ 22 I 9. A.L.R.) und wird bemerken müssen, ob er den Ersatz etwa bereits aufgewendeter Verwahrungs- rc. Kosten und Finderlohn verlangt (§§ 61. 62. I 9. A.L.R.). Im Uebrigen wird er aller Verbindlichkeit gegen den Verlierer ledig.

Der Finder kann aber den Fund auch seinerseits „aufbewahren" (§ 25 I. 9.) und ist solchergestalt als ein redlicher, aber unvollständiger Besitzer anzusehen.

Der Finder sowohl wie die an seine Stelle getretene Hinterlegungsstelle haben dem Verlierer gegenüber im Allgemeinen die Pflichten eines Verwahrers, sie haben also die fragliche Sache mit einer Sorgfalt wie die eigenen Sachen zu verwahren (§ 11 u. 12 I 14 bezw. 237 I. 13. A.L.R.). Dritten gegenüber, an die sie wider Willen ihren Besitz verlieren (§ 184 I. 7 A.L.R.), werden sie die Fundsache durch die Possessorien-Klage als redliche unvollständige Besitzer jeder Zeit wieder erlangen können (§ 162 I. 7. A.L.R. vgl. Koch A.L.R. hiezu).

Meldet sich der Verlierer bei dem Finder, so hat er nachzuweisen, daß er die gefundene Sache vorher besessen habe (§ 57 I. 9. A.L.R.). Es ist eine konkrete Frage, in welcher Weise der Verlierer den Finder hiervon überzeugt, jedenfalls hat dieser auch bei der Prüfung des Anspruchs auf Herausgabe (§ 59 I 9. A.L.R.) dem unbekannten Verlierer die Sorgfalt wie in eigener Sache zu bewähren. Verweigert der Finder die Herausgabe, so stehen dem Verlierer je nach Lage der Sache die Eigenthumsklage (§ 1. I 15) beziehungsweise die Public. Klagen. (§ 161 I 7 A.L.R.) zur Seite.

Der Finder kann nicht in dem Umfange eines redlichen unvollständigen Besitzers über den Fund verfügen — diese Stellung hat er nur Dritten gegenüber —; zum Verkaufe einer Fundsache bedarf der Finder immer gerichtlicher Genehmigung (§ 23 des Ausf. Ges. zur D.C.P.O.), und diese ist nur zu ertheilen, wenn die Sachen dem Verderben ausgesetzt sind, oder die Kosten der Aufbewahrung ihrem Werthe nicht entsprechen (§§ 27. 28. I 9. A.L.R. § 810. C.P.O.). Ein Gebrauchs- oder Nutznießungsrecht, etwa an gefundenen Werthpapieren, steht dem Finder nicht zu; natürlich aufkommende Nutzungen, wie die Milch einer Kuh, mindern um ihren Werth des Finders Kostenersatz-Anspruch (§ 61 I 9. A.L.R). Dagegen kann er bei der Rückgabe des Fundes seine Aufwendungen ersetzt und einen Fundlohn bezahlt verlangen, wenn erstere den Werth des Fundes nicht schon erschöpfen (§ 64. I. 9. ebend.). Der Fundlohn beträgt 10% des Werths bis zu 1500 M., vom Mehrbetrag 1%. Für angefundenes Hausvieh ist anderes bestimmt.

Den Anspruch auf Herausgabe des Fundes kann der Verlierer jeder Zeit bis zum Ablauf der allgemeinen Verjährungsfrist erheben.

In der Mehrzahl der Fälle wird sich der Verlierer indessen nicht melden. Hat in solchem Falle der Finder die gefundene Sache hinterlegt, so wird nach Ablauf der allgemeinen Verjährungsfrist die Hinterlegungsstelle mit dem Aufgebotsverfahren vorgehen, und schließlich der realisirte Fund der Staatskasse zufließen (§§ 58. 59 d. Hinterl. Ordg.).

Hat der Finder die Sache in eigenem Gewahrsam behalten, so kann er abermals einen doppelten Weg einschlagen, wenn es sich um einen Gegenstand im Werthe bis 300 M. handelt, (bei höheren Objekten tritt die Ortsarmenkasse beschränkend hinzu § 23 d. Ausfgg. z. D. C.P.O.): entweder er bewahrt nach erfolgter polizeilicher Meldung seinen Fund ruhig weiter, oder er beantragt das Aufgebot desselben.

Es ist unter I bereits des Finders rechtliche Stellung zum Verlierer bezw. zu Dritten bis zum Augenblicke der Verabfolgung des Fundes an den Verlierer erörtert worden. Diese rechtliche Lage des Finders ändert sich ferner überhaupt nicht, er bleibt nach den landrechtlichen Bestimmungen redlicher unvollständiger Besitzer; als solcher kann er nicht ersitzen, denn eine Ausnahme hat der Gesetzgeber für ihn nicht gemacht, wie dies anderweit etwa für seinen Erben geschehen (vgl. §§ 94—97 I. 21. § 614 ff. I 9. A.L.R.), und konnte sie nicht machen wollen, weil der in Erörterung befindliche Fall erst durch den § 23 des Ausführungsgesetzes zur D. C.P.O. möglich wurde. Hieraus folgt, daß der Finder erst nach Ablauf der 30-jährigen Verjährungsfrist auch dem Verlierer gegenüber im Besitze geschützt ist; das Eigenthum an der Fundsache kann vom Verlierer nicht ausgeübt, vom Finder nicht erworben werden, es ruht.

Das von dem Finder beantragte Aufgebot folgt den Regeln der Civilprozeßordnung §§ 823—834. § 187 C.P.O. In dem mit sechswöchentlicher Frist anberaumten Aufgebots-Termine hat der Finder den Erlaß des Ausschlußurtheils zu beantragen. Erfolgt eine Anmeldung eines Anspruchs auf das aufzubietende Fundobjekt, so hat das Gericht entweder das Aufgebotsverfahren bis zur endgültigen Entscheidung über den erhobenen Anspruch auszusetzen, oder das angemeldete Recht im Ausschlußurtheil vorzubehalten. § 830 C.P.O. Das Aufgebotsverfahren hat sohin nur zur Ermittelung eines Prätendenten geführt; die Entscheidung über den Anspruch erfolgt aber wieder wie in dem oben erörterten Falle, daß der Verlierer sich von selbst meldet, also im Wege gütlichen Vernehmens oder des Prozesses.

Meldet sich hingegen im Aufgebots-Termin Niemand, so ist das Ausschlußurtheil zu erlassen. Ein Zuschlag findet nicht statt, vielmehr ist das Ausschlußurtheil dahin zu erlassen, daß dem unbekannten Verlierer oder Eigenthümer, welcher sich nicht gemeldet hat, nur der Anspruch auf Herausgabe des durch den Fund erlangten und zur Zeit der Erhebung des Anspruchs noch vorhandenen Vortheils vorbehalten, jedes weitere Recht aber ausgeschlossen wird.

Es ist fraglich, welche rechtliche Stellung nun der Finder zum Verlierer und zu seinem Funde hat. Die Motive besagen, daß der redliche Finder nach Erlaß des Ausschlußurtheils im Stande sei durch Besitznahme Eigenthum zu erwerben, und ziehen § 9 I 9. A.L.R. hierfür an. Dies dürfte indessen zu verneinen sein; der Inhalt des Ausschlußurtheils erklärt die gefundene Sache keineswegs für herrenlos, vielmehr beschränkt das Ausschlußurtheil nur das bisherige Eigenthum des Verlierers. Der redliche Finder ist nach Erlaß des Ausschlußurtheils nur redlicher vollständiger Besitzer, wie er dies vor Bestehen des Ausführungsgesetzes zur D. C.P.O. inhaltlich der §§ 52, 53, 55, 56. I. 9. A.L.R. auch wurde, im Gegentheil, während früher kraft gesetzlicher Bestimmungen der redliche Finder bei Objekten unter 300 M. durch den Zuschlag Eigenthümer wurde §§ 49, 52 I. 9. A.L.R., ist dies jetzt ausnahmslos nicht der Fall.

Dem sich meldenden Eigenthümer wird sohin der Finder immer die noch vorhandene Sache in natura herausgeben müssen, und zwar nach den Grundsätzen von dem Räumen des redlichen vollständigen Besitzers gemäß §§ 188 ff

I 7. A.L.R., ist die Sache redlicher Weise veräußert, nach den Bestimmungen der §§ 28—32 I. 15 A.L.R. Beide Ansprüche verjähren mit der allgemeinen Verjährungsfrist.

Aus dem Erörterten ergiebt sich, wie Dernburg I 565 bemerkt, daß nach der jetzigen Lage des preußischen Rechts eine Regelung des aus dem Finden entspringenden Rechtsverhältnisses niemals eintritt, sondern die Frage der faktischen Erledigung überlassen ist.

Zu bemerken ist für das preußische Recht noch, daß bei Fundsachen über hundert Thaler die Ortsarmen-Kasse einen Anspruch auf die Hälfte des Ueberwerths der Fundsache an den Finder hat. Früher stand dieser Anspruch der Armenkasse selbständig zu (§ 45 I. 9. A.L.R.); § 23 der C.P.O. hat diesen Anspruch in einen gegen den Finder aufgelöst.

b. Braunschweig,

welches hier alsogleich angeschlossen werden soll, weil die herzogl. Verordnung vom 15. April 1824, Verordnungs-Sammlung Nr. 10 S. 71—73, dem vormals geltenden preußischen Rechte im Wesentlichen folgt.

Der Finder hat binnen 8 Tagen von seinem Funde, wenn er nicht weniger als 12 Groschen werth ist, unter Ueberlieferung desselben Anzeige zu machen und zwar bei der nächsten Polizeibehörde. Sachen im Werthe bis zu 10 Thalern kann der Finder an sich behalten, doch hat er dann statt der erwähnten Anzeige eine Privatbekanntmachung vorzunehmen; die Unterlassung dieser Anzeige hat zur Folge, daß 1) die Vermuthung redlichen Besitzes fortfällt (vgl. §§ 70, 71 I. 9 A.L.R.), 2) ihn eine dem Werthe des Fundes gleichkommende Geldstrafe trifft. Verschweigen des Fundes endlich hat die Folgen wie § 73 I. 9 A.L.R. und den Verlust des Rechts auf die gefundene Sache und auf die etwa ausgesetzte Prämie (§ 7 d. Verordnung u. § 70 I 9. A.L.R.).

Die Polizeibehörde oder das Gericht macht den Fund bekannt, ladet den Verlierer zur Meldung seines Rechts binnen einer dem Objekt nach variirenden Frist, (vgl. § 4 dieser Verordnung und §§ 31 f. I 9. A.L.R.) bei Verlust desselben vor. Meldet sich der Verlierer nicht, so giebt die Polizeibehörde die Sache an das Gericht ab, welches dem Finder sie auf Verlangen zuschlägt, anderenfalls fällt sie der Ortsarmenkasse zu. Nach erfolgtem Zuschlage findet eine Wiedereinsetzung in den vorigen Stand nur statt, wenn die Sache über 50 Thaler werth war, und der Verlierer nachweist, daß er ohne sein Verschulden von der Aufforderung keine Nachricht erhielt (vgl. § 6 der Verordnung und §§ 49 f. I. 9 A.L.R.). Der Finder erstattet aber auch dann nur den wirklich noch vorhandenen Vortheil.

Einen Fundlohn gewährt die Verordnung nicht, der Finder kann nur den Ersatz seiner Aufwendungen und Kosten fordern.

c. Für das Gebiet des französischen Rechts

ist zu bemerken, daß Art. 717 des Cod. Nap. sich rücksichtlich verlorener Sachen auf besondere Gesetze bezieht, die erlassen werden sollen; gleichwohl sind keine solche erlassen. Bei Ermangelung aller gesetzlichen Bestimmung wurde es deshalb streitig, wem ein Anspruch auf die gefundene Sache zusteht, dem Staate oder dem Finder (Zachariae frz. C.R. Bd. I S. 498), bis ein Rescript des französischen Finanzministers vom 3. August 1825 die Streitfrage auf Grund des Art. 2279 zu Gunsten des Finders entschied. Sirey les Codes annotées Vol. I 1848 bemerkt hierüber: decidé dans ce dernier sens, que lorsque trois ans sont expirés depuis une chose soit perdue et l'action en revindication est proscrite contre le propriétaire primitif, la propriété en est acquise non au fisce mais à celui qui l'a trouvé, et celui çi peut la retirer du lieu ou il a fait le depôt volontaire. Vgl. auch Zachariae a. a. O. S. 538.

Danach liegt für das Rechtsgebiet die Sache so: eine Anzeigepflicht existirt nicht, ein Aufgebot findet nicht statt, die freiwillige Hinterlegung des Fundes scheint üblich zu sein, nach drei Jahren braucht der Finder die Sache nicht wieder herauszugeben, da die Klage auf Herausgabe einer verlorenen oder gestohlenen Sache binnen drei Jahren angestellt sein muß. (Art. 2279 a. a. O.)

Zu Art. 717 hat nun das badische L.R. einen Zusatz in Art. 717a gemacht, welcher sagt, dem Finder gehören die gefundenen Sachen, wenn er den Fund am Orte desselben bekannt gemacht, und der vorige Inhaber sie binnen drei Jahren nicht zurückverlangt.

Aehnlich legt auch der Cod. civ. d'Italia art. 714 flg. dem Finder die Anzeigepflicht des Fundes an den Ortsvorstand auf, normirt einen Finderlohn von 10 resp. bei höherem Werthe (2000 Fr.) 5 %, überläßt aber dem Finder das Eigenthum am Funde schon nach zwei Jahren. [1]

Zu bemerken ist noch, daß durch eine Präsidialbekanntmachung vom 4. November 1872 die Pflicht zur Abgabe gefundener Sachen bei der Polizeibehörde und zur Bekanntmachung der Fundsachen durch diese für Lothringen eingeführt ist. Im Uebrigen verblieb es bei den gesetzlichen Bestimmungen (vgl. Daube, Aufgebotsverfahren p. 216).

---

[1] Cod. civ. vom 25. Februar 1865. art. 717: Passati due anni dal giorno della secunda pubblicazione senza che si presenti il proprietario, la cosa, oppure il suo prezzo, ove le circonstanze ne abbiano richiesta la vendita, appartiene a chi la trovato.

d. Bayern.

Das bayerische L.R. II, 3 § 5 bestimmt, „daß gefundene Sachen öffentlich verkündigt werden müssen, damit der Eigenthümer sich gehörigen Orts zu melden wisse, wo inmittelst das gefundene Gut in des Erfinders Händen bleibt, und nach ersessener Verjährung gar nicht mehr von ihm gefordert werden mag." Kreittmayr, Com. Bd. 2, §§ 511 bis 513, erklärt hierbei, der Erfinder erwerbe die Sache juxta regulam praescriptionis ordinariae in dreijähriger Verjährung von der öffentlichen Bekanntmachung ab. Außerdem bemerkt er, ein honorarium (ausgenommen den Ersatz der Auslagen) gebühre dem Finder mehr de honestate als nesessitate.

e. Für Württemberg

bezeichnet Reyscher, D. g. u. W. Priv.-R. Bd. II, p. 18 als geltendes Recht: „bei uns wird der Eigenthümer gefundener Sachen öffentlich aufgerufen, und nach fruchtlosem Ablauf der anberaumten Frist die Sache von Obrigkeit wegen zugesprochen. Eine Adjudication liegt hierin nicht, ebenso wenig aber auch bloß eine Ueberlassung des faktischen Besitzes, denn diesen hatte der Finder schon vor dem Proclama, wohl aber ein rechtmäßiger Grund zum Eigenthumsbesitze und damit zur Ersitzung binnen 3 Jahren pro derelicto." Im Uebrigen, auch wegen des Fundlohns ꝛc., gilt gemeines Recht.

f. Sächsisches Recht.

Das sächsische Recht gewährt dem Finder, welcher binnen vier Wochen von der Zeit des Fundes ab der Polizeibehörde des Fundortes den Fund anzeigt, das Eigenthum des Fundes, wenn sich ungeachtet der je nach der Höhe des Objekts (bis 150 M. bezw. darüber) ein- oder zweimal von der Polizeibehörde zu erlassenden Bekanntmachungen kein zur Abforderung des Gefundenen Berechtigter binnen Jahresfrist seit der letzten Bekanntmachung gemeldet hat (§ 239 bg. G.B.; § 6 der E. u. A.B.O. dazu). Zur Ablieferung des Fundes ist der Finder nicht verpflichtet. Meldet sich der Verlierer binnen der erwähnten Jahresfrist, so erhält er, bezw. fordert er klagend, die verlorene Sache zurück (§ 242. 298. 325. 326 bg. G.B.).

Der Verlierer ersetzt dem Finder die nothwendigen und nützlichen Verwendungen wie einem redlichen Besitzer (§§ 242. 314. 316, 77 bg. G.B.), indessen unter Abrechnung gezogener Früchte (§ 317 ebend.), und muß demselben an Finderlohn bei Sachen bis 300 M. 10, für den Mehrbetrag aber eins vom Hundert geben. Bei unschätzbaren Objekten arbitrirt die Polizeibehörde den Lohn (§ 242 ebend.).

Aller dieser Rechte geht der Finder, der seiner Anzeigepflicht nicht genügte, verlustig, und das Eigenthum der verlorenen Sache erwirbt mit der verstrichenen Frist der Staat (§ 243).

Für Sachen im Werthe bis zu 3 M. ist das Unterlassen der Fundanzeige und das Fortfallen der Bekanntmachung nachgelassen, die Rechtsnachtheile des § 243 treten erst beim Verheimlichen auf erfolgte Nachfrage ein.

Während der Jahresfrist bis zum Eigenthumserwerb wird der Finder, da es sich ja immer nur um bewegliche Sachen handelt, durch die Besitzklage des § 326 bg. G.B. den wider Willen verlorenen Besitz wieder erlangen können.

Das sächsische Ausführungsgesetz zur deutschen Civil-Prozeßordnung vom 4. März 1879 hat das bisher gültige Recht nicht geändert.

Hierzu ist zu bemerken, daß inhaltlich der in Siebenhaar, Commentar z. bürg. G.B. &c. Bd. I, S. 230—234 mitgetheilten Motive die Materie in möglichstem Anschluß an das bisherige Recht geordnet ist. Die wesentlichen Abänderungen gegen das frühere Recht sind danach folgende: 1) die Ueberweisung des ganzen Aufgebotsverfahrens an die Polizeibehörden, 2) die Einführung der vierwöchentlichen Anzeigefrist, um einen Einklang mit der bezüglichen Bestimmung des sächsischen Strafgesetzes vom 3. August 1855 Art. 291 herzustellen, 3) ist an die Stelle der früher gerichtsgebräuchlich gewesenen 6wöchentlichen Präclusionsfrist die Jahresfrist gesetzt, und 4) ist der obrigkeitliche Fundantheil, „der immer bestritten war," beseitigt, und sind dafür die Finderstrafen des § 243 bg. G.B. eingeführt.

### g. In Bremen

ist das Fundwesen durch ein Gesetz vom 7. Februar 1873 geordnet, welches bestimmt, daß alle gefundenen Sachen binnen 8 Tagen bei der Polizeibehörde „abzuliefern" sind, nur größere Sachen oder Thiere sind lediglich anzumelden. Der Finder erwirbt das Eigenthum der Fundsache, wenn sich binnen einer nach dem Werth verschiedenen Bekanntmachungszeit (14 Tage bis 3 Monate) kein Empfangsberechtigter gemeldet hat, durch „den Zurückempfang" derselben von der Polizeibehörde. Trotzdem ist der frühere Eigenthümer berechtigt, binnen 3 Jahren nach dem Jahre, in welchem die Sache dem Finder ausgehändigt wurde, sie vom Finder zu vindiciren, beziehungsweise den vom Finder durch die Verwerthung gezogenen Gewinn abzufordern.

Dem sich meldenden Abforderungsberechtigten händigt die Polizeibehörde, ohne für Irrthum dabei zu haften, die abgelieferte Sache aus, doch hat der Finder einen Anspruch auf Ersatz der nothwendigen und nützlichen Verwendungen sowie einen vom Werthe abhängigen, 10 bis 1% [1]) betragenden und hundert Mark nie übersteigenden Finderlohn. Den Werth arbitrirt die Polizeibehörde.

Eingelieferte Sachen, welche vier Wochen nach Ablauf der oben erwähnten Bekanntmachungsfrist nicht abgehoben worden sind, verkauft die Behörde; das frühere Eigenthum erlischt dadurch, der Erlös fließt milden Stiftungen zu.

### h. Anhalt

hat zuletzt noch durch ein Gesetz über das Aufgebotsverfahren vom 10. Mai 1879 das Verfahren in Fundsachen geordnet. In ihm ist das Besondere, daß alle Fundsachen bei der Polizeibehörde abzugeben sind, diese macht den Fund bekannt. Nach Verlauf einer bestimmten Frist wird hierauf jeder nicht abgehobene Fund verkauft und der Erlös zu $^1/_3$ dem Finder als Lohn gegeben, während $^2/_3$ der Landesarmenfonds vereinnahmt, welcher dem während der Verjährungszeit sich meldenden Verlierer das vereinnahmte Kapital zinslos ersetzt.

### i. Oesterr. bürgerl. Gesetzbuch II, 3, §§ 388—394.

Der Finder einer abhanden gekommenen Sache ist verpflichtet, binnen 8 Tagen den Fund auf die ortsübliche Art bekannt zu machen behufs Ermittelung des Eigenthümers; übersteigt der Werth derselben 12 Gulden, so muß der Fund bei der Obrigkeit angezeigt werden, welche die Sache nach ihrem Ermessen dem Finder abnehmen kann („wenn die gefundene Sache nicht ohne Gefahr in den Händen des Finders belassen werden kann") und ihrerseits für die ortsübliche Bekanntmachung sorgt. Der Finder erhält neben der Erstattung seiner Auslagen vom Eigenthümer auf sein Verlangen einen Finderlohn von 10 %, der indessen 1000 Gulden nie übersteigen darf. Meldet sich der Verlierer binnen Jahresfrist nicht, so ist der Finder berechtigt, die gefundene Sache zu benutzen, muß aber dem sich nachträglich noch meldenden Inhaber die Sache oder den gelösten Werth nebst den aufgekommenen Zinsen nach Abzug seiner Kosten und des Finderlohns herausgeben. Erst nach der dreijährigen Verjährungsfrist (§ 1466 a. a. O.) erlangt der Finder das Eigenthumsrecht an der gefundenen Sache, gleich einem redlichen Besitzer.

Alle auf Eisenbahnen, in Wartesälen 2c. gefundenen Gegenstände sind bei dem nächsten Eisenbahnamte abzuliefern, welches die nicht abgehobenen Sachen nach 3 Tagen an die Betriebsdirektion und diese nach

---

[1]) Letzterer Satz gilt für zugelaufenes Vieh und angetriebene Schiffe.

ferneren 3 Tagen an die Polizeibehörde abgiebt. Im übrigen bewendet es bei den allgemeinen Bestimmungen (Minist.-Verordn. vom 9. Juni 1853).

## III.

Wenn man die bunte Mannigfaltigkeit der hier nebeneinander gestellten gesetzlichen Bestimmungen betrachtet[1]) und erwägt, daß sie alle, die preußischen allein ausgenommen, zu dringenden Beschwerden, soweit bekannt, nicht Anlaß gegeben haben, und ferner erwägt, daß anscheinend Bestimmungen über Fundsachen ohne Schaden ganz fehlen können: so kann man wohl gerechten Zweifel hegen, ob es der Mühe werth sei, zu untersuchen, in welcher Weise sich das Verfahren in Fundsachen am besten ordnen lasse.

Indessen schon die eine eben erwähnte Ausnahme, die bestehenden Bestimmungen in Preußen, welche das Verfahren in Fundsachen in einer unerquicklichen Schwerfälligkeit gestaltet haben, gleichwie der andere Umstand, daß die bevorstehende neue Civilgesetzgebung auch an die Ordnung dieser Frage wird heranzutreten haben[2]), rechtfertigen es wohl, wenn im Folgenden einzelne Vorschläge gemacht und zur Erwägung vorgelegt werden, um dadurch für die zukünftige Regelung dieser Materie die bestehenden Wünsche und Bedürfnisse zum Ausdruck zu bringen.

Das vor allem zu erstrebende Ziel wird zweifellos das sein müssen, das Verfahren aufs möglichste zu vereinfachen und billig zu machen, und im Auge wird dabei immer zu behalten sein, daß bei der Ordnung des Verfahrens in Fundsachen vielmehr das öffentliche Interesse in Betracht kommt, als daß die Lösung der sich ergebenden Fragen in strenger juristischer Konsequenz oder in Harmonie mit der sonstigen Lehre vom Erwerb und Verlust des Eigenthums erfolge. Was ersteren Punkt anlangt, so lehrt die Erfahrung, daß sich das wirkliche Leben schließlich selbst hilft und undurchführbare Bestimmungen aus praktischen Erwägungen beseitigt. So hat seiner Zeit, als noch die landrechtlichen Bestimmungen unmodificirt durch die neue Prozeßgesetzgebung galten, die Abtheilung für Credit- ꝛc. Sachen des ehemaligen hiesigen Kgl. Stadtgerichts beschlossen, Fundstücke im Werthe bis zu drei Thalern ohne Beobachtung der Vorschriften der §§ 31 f. 9 A. L.R. einfach durch richterliches Dekret zuzu-

---

[1]) Sie sind nicht erschöpfend aufgeführt, vgl. z. B. die particularrechtlichen Besonderheiten in Neuvorpommern bei Delbrück a. a. O. S. 3, und Schleswig-Holstein, Daude, S. 219.

[2]) Ich halte mich zu der Bemerkung für verpflichtet, daß ich Gelegenheit gehabt habe, die Ansichten des mit dieser Materie befaßten Redaktors der Civilgesetzbuchs-Kommission kennen zu lernen, und daß ich mich demselben bei meinen Vorschlägen mehrfach angeschlossen habe.

schlagen.[1]) Wenn man nun in Betracht zieht, daß erfahrungsgemäß neun Zehntel aller gefundenen Sachen unter dieser Werthgrenze bleiben, so folgt hieraus, daß durch einen gerichtlichen Beschluß das geltende Recht für einen sehr großen Theil des Rechtsgebietes außer Anwendung gesetzt wurde.[2])

---

[1]) Bl. 76 der Gen.-Acten der Credit-Abtheilung des Kgl. Stadtgerichts Berlin.

[2]) Die oben aufgestellte Behauptung wird bestätigt durch den dem Verfasser erst während des Druckes dieses Gutachtens bekannt gewordenen Erlaß des Ministers des Innern vom 21. April 1882. Unter Aufhebung des sich eng an das bestehende Recht anschließenden Cirkular-Erlasses vom 16. Juni 1880 wird ein Reglement für die Behandlung von Fundsachen im Geltungsbereiche des A.L.R. gegeben, welches in den entscheidenden Punkten Folgendes bestimmt:

Der Finder hat binnen 3 Tagen bei Verlust der Belohnung den Fund unter Angabe des Sachverhaltes der Polizeibehörde anzuzeigen (§ 1), welche das Fundgut auf Verlangen des Finders in Verwahrung nimmt (§ 3).

Die Polizeibehörde läßt sich die Ermittelung des Finders angelegen sein (§ 1), sie fordert den unbekannten Verlierer zur Geltendmachung seiner Ansprüche auf, sie setzt eine Abholungsfrist für Verlierer und Finder fest, macht diese jedenfalls durch Aushang im Polizeilokale bekannt; bei Objekten über 3 M. tritt die Inserirung in einem hierzu bestimmten Blatte ein; bei werthvolleren Sachen kann die Polizeibehörde nach ihrem Ermessen noch Weiteres veranlassen (§ 2).

Fundsachen, welche die Kosten der Aufbewahrung nicht tragen oder dem Verderben ausgesetzt sind, verkauft die Polizeibehörde bestmöglichst (§ 5).

Die Polizeibehörde gibt dem sich meldenden und legitimirenden Verlierer die Fundsache zurück, bewirkt die Berichtignng des Fundlohnes, und verweist, wenn Streit über dessen Höhe oder über andere Punkte entsteht, die Parteien auf den Rechtsweg (§§ 6. 7).

Bei Annahme der Fundsache hat die Polizeibehörde vom Finder die protokollarische Erklärung zu erfordern, ob er Fundrechte beanspruche oder nicht (§ 3).

Bezüglich der nicht abgehobenen Fundsachen endlich wird bestimmt (§ 8):

„Meldet sich der Verlierer oder Eigenthümer innerhalb der in der polizeilichen Bekanntmachung festgesetzten Abhebungsfrist nicht, so ist

A. wenn der Werth der in polizeilicher Verwahrung befindlichen Fundsache den Betrag von 300 Mark übersteigt, dem Finder und der Ortsarmenkasse des Fundortes zu überlassen, zu ihren Gunsten das Aufgebotsverfahren zu veranlassen, nach dessen Beendigung die gefundene Sache dem Berechtigten ausgehändigt wird.

B. Wenn der Werth der Fundsache weniger beträgt, so ist dieselbe

a) entweder dem Finder, sofern derselbe auf die Ueberlassung der Sache Anspruch macht, zurückzugeben,

b) oder sofern der Finder keinen Anspruch auf die Ueberlassung der Sache macht, oder sich gar nicht gemeldet hat, oder sich nicht erklärt, nach Ablauf der Abhebungsfrist bestmöglichst zu verkaufen und der Erlös einstweilen in polizeiliche Verwahrung und Verwaltung zu nehmen.

Besteht die Fundsache in Geld, so ist mit demselben ebenso wie mit dem Erlöse aus dem Verkaufe zu verfahren.

Die in Verwahrung und Verwaltung genommenen Beträge sind durch ein Jahr von der Anzeige des Fundes ab aufzubewahren.

Das Verfahren, welches nun damals Platz griff, war eines der primitivsten. Die Partei, welche Anzeige des Fundes bei der Polizei und seine Bekanntmachung in einem Berliner Blatte nachwies, erhielt vom Richter ein Dekret, in dem ihm die Sache vorbehaltlich des Rechts des unbekannten Verlierers zugeschlagen wurde. Mit Recht wird man hier fragen dürfen: wenn der Richter sich nicht weiter mit der Sache befaßt, warum greift er überhaupt ein?

Und dies führt zum zweiten Punkt. Der Richter ist für das Verfahren in Fundsachen, so lange ein Streit zwischen den Betheiligten nicht entsteht, gar nicht die geeignete Person, vor welche die Sache zu bringen ist. Zunächst ist er meistens zu weit, zu schwer erreichbar; der Finder einer Sache (der Erfahrung nach pflegt dies die Regel zu sein) sucht seinen Fund thunlichst bald bei der nächsten Ortspolizeibehörde durch Hinterlegung los zu werden, der Verlierer frägt ebenda nach der verlorenen Sache, und erweist sich die Identität der hinterlegten und verlorenen Sache, legitimirt sich der Verlierer, so ordnet die Polizeibehörde das ganze Verhältniß durch Rückgabe an den Verlierer. Es ist in der That der Frage werth, warum soll nun nicht eben diese Behörde die Ordnung der Angelegenheit übernehmen, wenn sich der Verlierer nicht meldet? Welche Gefahr wird durch das Eingreifen des Richters vermieden?

Bemerkenswerth ist, daß, wie aus der oben mitgetheilten Gesetzgebung hervorgeht, mehr und mehr die Tendenz auftritt, das Verfahren in Fundsachen ganz auf die Verwaltungsbehörden zu übertragen. In gleicher Richtung bewegen sich die Vorschläge, deren Begründung im Folgenden versucht werden soll.

---

Nach Ablauf dieser Zeit, falls der Verlierer oder Eigenthümer sich nicht nachträglich meldet und die Rückgabe verlangt, fließen diese Beträge zur Kasse der Polizeiverwaltung, vorbehaltlich der Ansprüche, welche sonst noch etwa von irgend welcher Seite auf dieselben gemacht werden können.

c) Sofern der Finder seinen Anspruch auf Ueberlassung der Sache an die Armenkasse abtritt, ist die Sache nach Ablauf der Abhebungsfrist der Orts-Armenkasse des Fundortes zu überlassen, vorbehaltlich aller etwaigen Ansprüche, welche nachträglich von dem Verlierer oder Eigenthümer an die Fundsache oder deren Erlös erhoben werden sollten.

d) Sofern in den Fällen zu b und c der Finder Anspruch auf das gesetzliche Finderlohn erhebt, hat die Polizeibehörde das Finderlohn aus dem Funde oder dessen Erlöse zu zahlen."

Nach des Verfassers Meinung entsprechen die Bestimmungen des Reglements den Bedürfnissen des täglichen Lebens; seine eigenen Vorschläge bewegen sich in der gleichen Richtung. Unterschieden davon würde die Frage sein, ob und in wie weit die Bestimmungen des Reglements mit den gesetzlichen, insbesondere §§ 27. 28. I. 9. A.L.R., § 23 des Gesetzes vom 24. März 1879, im Einklang stehen.

## 1. Vom Finder.

Der Finder tritt durch das Aufnehmen des Fundgutes in ein Rechtsverhältniß zu dem unbekannten Verlierer. Er übernimmt die Verpflichtung, diesen zu ermitteln. Er wird ein Geschäftsführer ohne Auftrag und hat die durch das Ansichnehmen des Fundes etwa erwachsenden Kosten und Auslagen, z. B. das Füttern zugelaufenen Viehes, aufzuwenden; er hat endlich als Verwalter des Fundes Sachen, die dem Verderben ausgesetzt sind, durch rechtzeitigen Verkauf zu verwerthen.

Die dem Finder obliegende Verpflichtung der Ermittelung des Verlierers hat in weiterer Entwickelung — es kann dahin gestellt bleiben, ob als eine deutschrechtliche Rechtsbildung oder nicht — in Deutschland insofern eine eigenthümliche Form angenommen, als der Finder fast durch alle Gesetzgebungen hindurch verpflichtet ist, der nächsten Verwaltungs- resp. Gerichtsbehörde von seinem Funde Anzeige zu machen.

Diese Anzeige, welche ihm obliegt, und die er, ohne seine Verpflichtungen dem unbekannten Verlierer gegenüber zu verletzen, nicht unterlassen darf, führt dann zur Bekanntmachung des Fundes, und hiermit tritt für den Finder der Erfolg ein, daß er nach allen geltenden Rechten dieser seiner Verpflichtung genügt hat und fernerer selbständiger Nachforschungen überhoben ist.

Es braucht hier nicht erörtert zu werden, ob diese Anzeigepflicht, so wie sie einmal besteht, als eine aus dem privatrechtlichen Verhältniß zwischen Finder und Verlierer hervorgegangene angesehen werden kann, oder ob nicht vielmehr im öffentlichen Interesse diese Form der Bemühungen, den Eigenthümer zu ermitteln, vorgeschrieben ist. Es ist dies hier nur berührt worden, um auch diesen Gesichtspunkt zur Begründung des Vorschlages, daß diese Anzeige bei der nächsten Ortspolizeibehörde erfolgen soll, heranzuziehen. Dies ist schon in Anhalt, Braunschweig, Bremen, Elsaß-Lothringen, Oesterreich, Preußen und Sachsen der Fall. Die Verpflichtung selbst wird beizubehalten sein, sie ist überall schon bestehendes Recht, und so weit des Verfassers Erfahrung reicht, entsprechend den Wünschen und Rechtsanschauungen der ganzen Bevölkerung. Die Vortheile davon, daß die Anzeige bei der Polizei- (Verwaltungs-) Behörde erfolgt, sind schon hervorgehoben worden.

Zwei Fragen treten hier auf.

1. Binnen welcher Zeit hat diese Anzeige zu erfolgen? Die oben mitgetheilte Gesetzgebung zeigt große Verschiedenheiten, Preußen giebt eine Frist von 3 Tagen, Braunschweig 8, Bremen ebenso, Sachsen 4 Wochen.

Es dürfte sich empfehlen, überhaupt nicht eine bestimmte Frist, binnen welcher die Anzeige erfolgen muß, festzusetzen, sondern damit sich zu begnügen, daß die umgehende Anzeige verlangt wird. Das Erstatten der Anzeige ist an sich eine lästige Verpflichtung. Das Festsetzen einer kurzen Frist verlangt vielleicht ein Opfer vom Finder, welches nicht im Verhältniß zu dem ihm etwa drohenden Rechtsnachtheil steht, z. B. Aufgeben einer Reise behufs Erstattung der Anzeige; die Frist zu weit zu bemessen, auf vier Wochen (Sachsen), mindert den Werth der Anzeige überhaupt, deren Zweck es doch ist, dem Verlierer möglichst bald Nachricht vom Funde zu geben; denn je näher der Zeitpunkt des Verlustes und der der Fundbekanntmachung liegen, desto wahrscheinlicher wird die Ermittelung des Verlierers. Es dürfte schon genügen, wenn man lediglich die sofortige Anzeige forderte.

2. Ist Anzeige von jedem Funde, auch dem werthlosesten, zu machen, empfiehlt sich die Festsetzung einer Werthgrenze, bis zu der sie unterbleiben kann? (vgl. oben Sachsen bis 3 Mark.) Meines Erachtens dürfte es sich empfehlen, keine Ausnahme zu machen. Schon die Ungleichheit der Vermögenslage nach Ständen wie nach Gegenden muß dazu führen, eine Ausnahme nicht zu statuiren.

Ueber die Anzeigepflicht hinausgehend ist in einzelnen neueren Gesetzgebungen die Bestimmung aufgenommen worden, daß der Finder seinen Fund auch abzuliefern habe, und daß die Behörde, bei welcher die Anzeige erfolgt, den Fund abnimmt oder doch nach ihrem Ermessen dem Finder seinen Fund abnehmen kann. Diesen Bestimmungen liegen, wie ich glaube, sehr berechtigte Erwägungen zu Grunde, ja sie sind vielleicht nur eine Konsequenz der Anzeigepflicht selbst. Denn durch das Erfordern der Anzeige, als des geeignetsten Mittels zur Entdeckung des Verlierers, mischt sich der Staat in ein bisher rein privatrechtliches Verhältniß, und es liegt nahe, daß derselbe, da er den ganzen Sachverhalt zunächst beurtheilen kann, auch weiterhin das Interesse des Verlierers wahrnehme, und für die verlorene Sache und deren sichere Verwahrung nöthigenfalls sorge.

Die Bestimmungen sind aber auch hervorgegangen aus einem fast allgemeinen Bedürfniß, — auch Werthstücke geringer Größe verwahrt jemand, der die bereiteste Gelegenheit dazu hat, nicht gerne selbst; der überwiegenden Menge der Bevölkerung macht das hinreichend gesicherte Verwahren ihrer eigenen Sachen die größte Schwierigkeit; die Erfahrung lehrt, daß Diebstähle die minder Begüterten in viel höherem Maße treffen und Sparkassenbücher viel häufiger als andere Dokumente verloren gehen. Es läßt sich daher gar nicht verkennen, daß, wenn Fundsachen, wie es jetzt in Preußen grundsätzlich geschieht, in der Hand des Finders bleiben, sie in überwiegendem Maße höchst unsicher verwahrt sind, und daß es sich schon aus diesem Grunde empfiehlt, hier eben die Behörde, die ja schon die Anzeige erfordert, allerdings nur nöthigenfalls als Verwahrerin eintreten zu lassen. Dabei kann endlich auch nicht übersehen werden, daß damit vielen Findern zu ihrem Segen die Versuchung abgeschnitten wird, nach erfolgter Anzeige der Funde sich diese durch Benutzen und Verbrauchen und Verderben derselben — man denke an Kleidungsstücke — anzueignen.

Es wird sich sohin empfehlen, einestheils die Verpflichtung der Polizeibehörde, den Fund auf Verlangen anzunehmen, wie die Verpflichtung des Finders, den Fund auf Verlangen der ersteren abzuliefern, einzuführen. Zur Angabe von Gründen in letzterem Fall ist die Polizeibehörde nicht verpflichtet; es liegt nahe, daß dieselben in manchen Fällen unnützer Weise verletzend wirken müßten. Eine besondere Bestimmung muß für alle Sachen gemacht werden, die sich zur Aufbewahrung in den sonst zur Hinterlegung bestimmten Räumen nicht eignen, also z. B. für angelaufenes Vieh. Dies wird entweder dem Finder zur Weitererhaltung zu belassen oder geeigneten dritten Personen, die sich hierzu bereit finden, zu diesem Zwecke zu übergeben, im schlimmsten Falle aber zu verkaufen sein. Letzteres wäre zulässig in allen Fällen, in denen die Erhaltungskosten den Werth des Objects übersteigen (vgl. Civil-Prozeßordnung § 810).

Wie alles bisher Erörterte, so ist auch noch die Bestimmung eine in fast allen Fundgesetzen wiederkehrende, daß die auf Grund der Anzeige erfolgende Bekanntmachung durch die Verwaltungsbehörde erfolgt. Auch dies wird beizubehalten sein; es entspricht dies der Stellung, die der Staat in der Regelung der Fundsachen allmälig aber sicher erreicht hat, nämlich die der Fürsorge für das öffentliche Wohl.

Die einzelnen Gesetzgebungen haben nun abweichende Bestimmungen darüber, in welcher Weise diese Bekanntmachung zu erfolgen hat. Es empfiehlt sich nicht, hierüber etwas generelles zu bestimmen; die Bedürfnisse sind nach Ort und Zeit so verschieden, daß es nicht gut thunlich ist; vielmehr dürfte es sich empfehlen, es den Verwaltungsbehörden zu überlassen, die angemessenste Art der Bekanntmachung auszuwählen [1]), und ihnen nur die Verpflichtung aufzuerlegen, die Art der Bekanntmachung je nach Ort und Zeit jährlich vor Beginn des neuen Jahres bekannt zu geben. Zur Empfehlung dieses Vorschlages braucht man nur darauf hinzuweisen, wie viele Proclama's in unseren Amtsblättern thatsächlich begraben werden, welche Schwierigkeit z. B. in Berlin schon das Anbringen der standesamtlichen Publikationen macht und mit wie sicherem Erfolg in Bädern die

---

[1]) Vgl. d. österr. bürg. Ges.-B.

gewöhnlichen Anschläge im Kurhause den Eigenthümer wieder in den Besitz eines verlorenen Gegenstandes bringen.

In allen diesen Punkten wird leicht ein Einverständniß zu erzielen sein, sie ergeben sich aus den täglichen Bedürfnissen.

Aber eine Frage tritt hier bereits auf, welche zu Bedenken Anlaß giebt, die Frage nämlich, wer trägt die Kosten dieser Bekanntmachung, die nach Lage unserer Verhältnisse in den überwiegensten Fällen in den Insertionskosten derselben bestehen werden. Man kann zunächst mit Recht sagen, der Finder, denn in der Anzeige und deren Bekanntmachung erfüllt er seine wichtigste Verpflichtung, nämlich die Ermittelung des Eigenthümers, in der absolut hierzu erforderlichen aber auch genügenden Weise; indessen wird zugegeben werden müssen, daß diese Verpflichtung zu einer großen Härte führen kann. Ein Armer ist vielleicht absolut nicht im Stande, die 1 M. 50 Pf., die ein solches Inserat immer kosten wird, zu erschwingen, vielleicht ist der Werth des Fundes auch nicht immer so hoch, daß der Finder, wenn der Verlierer sich nicht meldet, aus dessen Erlöse den Ersatz seiner Kosten erwarten kann. Hat hier nicht etwa doch der Staat wenigstens für den Unvermögensfall einzutreten?

Die Entscheidung dieser Frage, welche mir mit den noch zu erörternden zwei Hauptfragen zusammenzuhängen scheint, soll erst nach deren Erörterung erfolgen.

## 2. Vom Verlierer und dem Fundlohn.

Schon im vorstehenden Abschnitt ist erörtert worden, daß der Finder einer Sache zum Verlierer in das Rechtsverhältniß eines Geschäftsführers ohne Auftrag tritt, und darum bedarf es hierüber weiterer Ausführungen nicht; übrigens ist es überall bestehendes Recht, daß der Finder bei Zurückgabe der Sache an den legitimirten Verlierer einen Anspruch auf Erstattung aller seiner auf den Fund gemachten nöthigen und nützlichen Verwendungen, also Aufbewahrungs-, Verpflegungs-, Ermittelungskosten, hat. Dies ist geltendes Recht, und daran ist festzuhalten.

Anders steht es mit dem ferneren Anspruch des Finders auf den Fundlohn, den er bei Rückgabe der Sache an den Verlierer nach den Bestimmungen vieler Rechte fordern kann. Aus der oben gegebenen Zusammenstellung ist zu ersehen, daß im römischen Recht ein solcher Anspruch nicht vorhanden war und im gemeinen Recht nicht zur Geltung gekommen ist; vielmehr hat zuerst das Preußische Landrecht einen solchen Anspruch auf gesetzliche Grundlagen gestellt, welchem Beispiele die neueren Gesetzgebungen, wenn sie auch in Bemessung der Lohnhöhe weit auseinandergehen, gefolgt sind, so Sachsen, Bremen, Anhalt, Oesterreich, gleichwie anderweit z. B.

in Bayern das Gewähren eines Finderlohns als der guten Sitte entsprechend, angesehen wird (vgl. Kreittmayr oben II d).

Es kann sohin gesagt werden, daß z. B. im größten Theile Deutschlands dem Finder ein Anspruch auf Finderlohn zusteht, und es läßt sich wenigstens was das Gebiet des Preußischen Landrechts anlangt nicht in Abrede stellen, daß der Anspruch auf Finderlohn eine ganz festgewurzelte Rechtsanschauung ist, die vielleicht an ältere deutschrechtliche anknüpft (vgl. die Beläge bei Delbrück a. a. O. B. III. S. 12.).

Wenn nun auch die Geneigtheit besteht, Finderlohn als einen rechtlichen Anspruch zu statuiren, so ist doch die rechtliche Begründung dieses Anspruchs nicht ohne Schwierigkeit. Denn was der Finder aus seinem Rechtsverhältniß vom Verlierer zu fordern hat, erhält er an sich schon durch dasselbe, d. h. die Erstattung seiner Aufwendungen und Vergütung seiner Bemühungen; was er als Finderlohn beanspruchen kann, besteht daneben und geht darüber hinaus.

Die landläufige Auffassung geht offenbar dahin, daß der Anspruch auf Gewährung eines Finderlohnes eine Belohnung sei (so nennt ihn auch das Landrecht § 62. I. 9. A.L.R.), und zwar in etwas schillernder Weise als Belohnung für eine freiwillig übernommene Mühwaltung, und für die Treue, welche das verlorene Gut erhalten und dem Verlierer wieder verschafft hat. Foerster, Theorie Bd. III S. 185 konstruirt zwar wenigstens für das Preuß. Landrecht den Anspruch so, daß das Fundgeld „ein Entgelt für die Aufbewahrung der Sache sei.“ Dem gegenüber dürfte jedoch zu erwägen sein, daß der Verlierer wirklich entstandene Aufbewahrungskosten (man denke an Stallgelder für ein Stück zugelaufenen Viehs) in Gemäßheit seines Vertragsverhältnisses dem Finder zu ersetzen hat; auch läßt sich nicht verkennen, daß ursprünglich wenigstens das Geben von Finderlohn vielfach den Charakter freiwilligen Gewährens (Delbrück a. a. O. S. 12) hatte, und wesentlich mit der neueren Partikulargesetzgebung und in Uebereinstimmung mit der immer bestimmter entwickelten Anzeigepflicht des Finders erst ein durch ein bestimmtes Gesetz gegebener Anspruch des Finders gegen den Verlierer geworden ist (Förster, a. a. O. S. 187). Man kann darum nur sagen, daß die gesetzliche Gewährung eines Anspruchs auf Finderlohn die Feststellung einer überwiegenden Rechtsgewohnheit enthält, daß der Gesetzgeber, weil er dem Finder durch die Form, in welcher er von ihm die Erfüllung seiner Nachforschungspflicht verlangte (d. h. in der Anzeigepflicht), eine bestimmtere Mühwaltung auferlegte, auch einen besonderen Anspruch gewähren wollte. Der Anspruch ist ein obligatorischer und gleicht jenem auf Gewährung eines usancemäßigen Honorars. Dieses Honorar gewährt das Gesetz für die gesammte vom Finder erforderte Thätigkeit, den Betrieb der Sache bei den Behörden u. s. w., und als Vergütung für die Vorschüsse, die er geleistet. Konstruirt man den Anspruch auf Finderlohn auf diese Art, also daß der Finder außer seinen materiellen Aufwendungen, den baaren Auslagen, ein Honorar zu fordern berechtigt ist, so ergiebt sich daraus von selbst, daß der Finder diesen Anspruch immer erheben kann, ob nun erst nach erfolgter Anzeige und einem Aufgebote oder sonstigem behördlichen Verfahren der Verlierer ermittelt worden ist, oder ob der Finder aus Eigenschaften und Bezeichnungen der verlorenen Sache den Verlierer unmittelbar zu entdecken vermochte und die Rückgabe bewirken konnte. [1])

Was endlich die Höhe des zu gewährenden Finderlohnes anlangt, so haben die verschiedenen Gesetzgebungen, wie aus den oben mitgetheilten Bestimmungen ersichtlich, in verschiedener Weise die Höhe dieses Anspruchs normirt, meist nach Prozentsätzen der gefundenen Objekte und unter Festsetzung einer Maximalgrenze; im sächsischen Gesetzbuche ist indessen schon (§ 242. 69. bg. G.B.) für unschätzbare Objekte die Arbitrirung des Fundlohnes durch die Polizeibehörde eingeführt. Dies für alle Fundsachen zu generalisiren erscheint angemessen. Die Arbitrirung des Fundlohns kann der Polizeibehörde insoweit überlassen werden, als der Finder und der Verlierer sich mit derselben einverstanden erklären. Wird dagegen von einer der beiden Seiten gegen die Arbitrirung der Polizeibehörde Einspruch erhoben, so hat diese die Parteien auf den Rechtsweg zu verweisen. Das Gericht entscheidet dann über die Höhe des Fundlohns nach Lage des Falles; darum kann die Festsetzung bestimmter Prozentsätze für die Höhe, deren Einfachheit einen nur zweifelhaften Werth hat, entbehrt werden.

Da der Fundlohn ein Honorar ist, so folgt endlich, daß derselbe nur gewährt wird, wenn der Finder die ihm gesetzlich obliegenden Verpflichtungen erfüllt, und sohin namentlich seiner Anzeigepflicht genügt hat. Er fällt fort, sobald dies unterblieben.

### 3. Von der gefundenen Sache, deren Eigenthümer nicht ermittelt wurde.

Die bisherige Darstellung behandelt lediglich den zwar wünschenswerthesten, thatsächlich aber ungleich selteneren Fall, daß das eingeschlagene Verfahren zur Ermittelung des Verlierers führt. In einer ansehnlichen Zahl von Fällen stellt der verlorene Gegenstand zwar einen an sich erheblichen Werth dar, indessen keinen so hohen, daß der Verlust für den Verlierer ein schwerer Schade ist; der Verlierer ist zudem gewöhnlich darüber ungewiß,

---

[1]) Anders jetzt nach Preuß. Landrecht § 61 f. I. 9. Dernburg I. S. 564.

wie und wo der Verlust entstanden sein kann,[1]) Umstände die dazu führen, daß er seinerseits nicht die genügenden Nachforschungen nach seinem Eigenthum vornimmt. Diese Verhältnisse führen nun thatsächlich dazu, daß es immer viele gefundene Sachen geben wird, deren ehemaliger Eigenthümer sich behufs Wiedererlangung derselben nicht meldet. Die gefundene Sache ist dann nicht herrenlos; jedermann weiß, daß ihr Eigenthümer irgendwo existirt; das bestehende Eigenthum kommt trotzdem infolge der Sachlage nicht zur Ausübung.

In jedem Falle entsteht bei dieser Sachlage ein sozusagen schwebender Zustand, dessen Beendigung unabsehbar ist, da er durch den allein hierzu befähigten Eigenthümer nicht herbeigeführt wird, durch den zwar vorhandenen Finder nicht herbeigeführt werden kann, da dieser sie nicht ersitzen kann.

In aller Fundgesetzgebung ist daher die Frage der Regulirung des vakanten Eigenthums die schwierigste und am mannigfachsten gelöste gewesen. Auch in der oben gegebenen Zusammenstellung ist dieser Punkt wesentlich berücksichtigt.

Als Hauptarten, die Frage, wie das alte Eigenthum an der Fundsache zu beseitigen sei, zu lösen, treten hervor:

1. Das gemeine Recht läßt die Frage, wie oben dargelegt, ungelöst. Mit Ablauf der Verjährungsfrist der Eigenthumsklage tritt insofern wieder ein fester Rechtszustand ein, als dem Finder die Fundsache nicht mehr entwunden werden kann.

2. Das bayerische Landrecht und das württembergische Privatrecht lassen den Finder (vgl. oben) die Fundsache im Zeitraum von 3 Jahren, gerechnet von der Bekanntmachung des Fundes, ersitzen. Die Finder, denen das Proklama einen Rechtsgrund giebt, erwerben die gefundene Sache juxta regulam possessionis ordinariae.

3. Nach französischem Recht erledigt sich die Frage des Eigenthums durch Verjährung der Vindicationsklage.

4. Nach preußischem Landrecht und dem bürgerlichen Gesetzbuch für Sachsen wird versucht, das bisherige Eigenthum durch ein Aufgebotsverfahren zu beseitigen. Im Gebiet des Landrechts wird ein Ausschlußurtheil in Gemäßheit des § 23 des Einführungsgesetzes zur Civil-Prozeßordnung erlassen. Ob durch dasselbe Eigenthum übergeht, ist zweifelhaft. Im sächsischen Recht geht das Eigenthum nach Ablauf eines Jahres seit der letzten Bekanntmachung des Fundes ohne weiteres auf den Finder über.

---

[1]) Wer die Fundregister einer Pferdebahn gesehen hat, kann gar keinen Zweifel darüber haben, daß lediglich die Ungewißheit des Wie und Wo den Eigenthümer von weiteren Nachforschungen abhält.

Beiden Rechten ist gemeinsam, daß das sich Nichtmelden des früheren Eigenthümers die Rechtsfolge herbeiführt.

5. Das anhaltinische Fundrecht steht auf ganz fremdem Boden; während alle andere Gesetzgebung dahin strebt, in irgend einer Form Rechtens das Eigenthum der Fundsache auf den Finder übergehen zu lassen, beseitigt das anhalt. Gesetz diesen Anspruch durch den Verkauf nicht abgehobener Fundsachen grundsätzlich (vgl. oben II).

6. Dagegen hat das bremische Gesetz vom 7. Februar 1873 nach Analogie der Strandungsordnung die Eigenthumsfrage an der Fundsache dadurch zu lösen gesucht, daß das Eigenthum der abgelieferten Sache nach fruchtlos verlaufenem Ermittelungsverfahren durch „den Zurückempfang" der „abgelieferten" Sache seitens der Polizeibehörde auf den Finder übergeht.

Dabei ist hervorzuheben, daß zum Theil diejenigen Gesetzgebungen, welche in möglichst kurzer Frist das Eigenthumsverhältniß an der Fundsache regeln wollen, eine Art Rückforderungsrecht noch zulassen, so das Allgemeine Landrecht (vgl. §§ 56. I. 9 A.L.R. § 23 des Ausf.-Ges. zur D.C.P.O. oben II a), und das bremische Gesetz, welches ein Rückforderungsrecht des Fundes oder des noch vorhandenen Gewinns dem Eigenthümer nach Ablauf von ferneren 3 Jahren nach Rückgabe des Fundes gewährt. Es ist dies wohl als ein Ausdruck einer gewissen Zaghaftigkeit anzusehen, die sich aus den relativ kurzen Fristen, nach denen der Uebergang des Eigenthums erfolgt, wohl erklären läßt.

Wenn man den in den Abschnitten 1 und 2 gegebenen Erläuterungen beistimmt, also in so erheblichem Maße das Mitwirken der Polizeibehörde als Aufbewahrerin und Ermittlerin des bisherigen Eigenthümers in Anspruch nimmt, wird man nicht in Zweifel sein können, daß die Lösung der Eigenthumsfrage durch Verjährung bezw. Ersitzung, also in 30- resp. 3jährigen Fristen die Frage viel zu lange offen läßt, als daß man irgend eine Behörde mit so umfangreicher Thätigkeit betrauen möchte, auch liegt es in Niemandes Interesse, die Sache so lange in der Schwebe zu halten, da die Nichtermittelbarkeit des Verlierers, dies muß wieder hervorgehoben werden, in der Mehrzahl der Fälle aus seinem eigenen Verhalten hervorgeht.

Das Aufgebotsverfahren, welches die zweite Möglichkeit gewährt, die Frage des vakanten Eigenthums zu lösen, hat zwar nicht die letzterwähnten Gründe gegen sich; wie es aber im Gebiete des allgemeinen Landrechts besteht, stellt es ein überaus schwerfälliges und überaus kostspieliges Verfahren dar, gegen welches überdies die schwerwiegendsten rechtlichen Bedenken geltend gemacht werden können, da hier nicht der Berechtigte, der Eigenthümer der Obligation 2c., zur Meldung von Ansprüchen gegen sich auffordert, sondern im Gegentheil der zweifellos Nichtberechtigte gegen den berechtigten Eigenthümer für den Fall des sich Nichtmeldens Rechtsnachtheile androht.

Um diesen Widerspruch zu beseitigen, hat das bremische Gesetz die Frage der Art geregelt, daß nicht aus dem sich Nichtmelden des Verlierers der Rechtsnachtheil hervorgeht, vielmehr der Staat, welcher die Fundsache in seinen Besitz genommen hat, durch ein Bekanntmachungsverfahren die Ermittelung des unbekannten Eigenthümers versucht. Er konstatirt nach Ablauf einer bestimmten Frist, daß dies nicht gelungen, und setzt nun durch Zurückgabe der Sache kraft Gesetzes einen neuen Eigenthümer derselben ein. Der Staat kann dies auch, er ist in der Lage, gegebenen Falls außer der vorgeschriebenen Bekanntmachung durch sein Organ, die Polizeibehörde, anderweit dienliche Ermittelungen vorzunehmen. Das Gericht kann ohne Antrag derartiges nicht vornehmen, und so empfiehlt sich auch insoweit diese Lösung der Frage, mithin die vollständige Ueberweisung der Fundsachen an die Polizei.

Die Frist, nach deren Ablauf diese Eigenthumseinsetzung erfolgen kann, ist eine nach dem Fall zu bemessende; es empfiehlt sich, eine Minimal- und Maximalgrenze einzuführen. Es wird vorgeschlagen, dieser Frist als Minimalgrenze ein Jahr, als Maximalgrenze drei Jahre zu geben.

Die Frist, nach deren Verlauf mit der Rückgabe der Sache an den Finder, oder, falls diese nicht hinterlegt war, mit der Aushändigung einer Bescheinigung über die Unermittelbarkeit des Verlierers an den Finder, dieser neuer Eigenthümer vermöge Gesetzes wird, ist in ihrem Mindestbetrage auf ein Jahr festgesetzt worden. Es ist dies wesentlich aus praktischen Erwägungen geschehen, und weder die angeblich ursprüngliche germanische Frist von Jahr und Tag (vgl. Delbrück S. 28), noch die Bestimmungen des sächsischen Rechts, welche nach Jahresfrist das Eigenthum geben, noch endlich diejenigen des bürgerlichen Gesetzbuchs für Oesterreich, welche nach Ablauf der gleichen Zeit ein Nutzungsrecht gewähren, sollen zur Begründung herangezogen werden. Maßgebend ist vielmehr die Erwägung gewesen, daß bei allen Sachen von geringerem Werthe sich binnen Jahresfrist entscheidet, daß der vorige Inhaber der Sache sich nicht melden wird und er dieselbe längst verloren gegeben hat, sohin ohne Verletzung seiner Rechte ein neuer Eigenthümer eingesetzt werden kann.

Es empfiehlt sich aber auch fernerhin, die Möglichkeit zu geben, diese Frist bei werthvolleren Sachen auf drei Jahre auszudehnen. Außer dem oben hervorgehobenen Grunde empfiehlt sich dies, weil man dann bedenkenloser den Anspruch auf Rückgabe der noch vorhandenen Sache oder ihres Erlöses abschneiden kann. In allen zweifelhaften Fällen, bei allen werthvolleren Objecten wird die Polizeibehörde erst nach Ablauf letzterer Frist die Sache zurückgeben, und sohin wird das Eigenthum in diesen Fällen auch erst in dem Zeitpunkte übergehen, in dem dies thatsächlich jetzt schon der Fall ist, soweit dies durch Verjährung bezw. Ersitzung erfolgt, also in den Gebieten des französischen, österreichischen, bayerischen und württembergischen Rechts. Die vorgeschlagene Bestimmung wird daher nicht als eine Härte empfunden werden. Das Ziel ist ja nur, daß für geringe Werthe die Regelung in möglichst kurzer Frist, für alle aber in bestimmter Zeit definitiv getroffen werde. Was hilft es, wenn man den Eigenthumsübergang, wie das bremische Recht, schon nach 3 Monaten erfolgen läßt, und dann trotzdem für weitere 3 Jahre dem Verlierer ein Rückforderungsrecht von Sache oder Gewinn giebt?

Dieses Rückforderungsrecht abzuschneiden ist geradezu eine Konsequenz der Anschauung, daß der Staat nach Durchführung eines Officialverfahrens die Nichtermittelbarkeit des Eigenthümers konstatirt und aus diesem Grunde den neuen Eigenthümer eingesetzt hat.

Das ganze bisher vorgeschlagene Verfahren hat selbstverständlich die Voraussetzung, daß irgend ein Streit nicht entsteht, also nicht mehrere Personen als Finder oder verschiedene Personen als Rückforderungsberechtigte auftreten, vielmehr die Verwaltungsbehörde nur mit einer Person, dem Finder, oder in Güte mit Finder und Verlierer zu thun hat. Tritt ein Streit irgend einer Art ein, insbesondere darüber, wer der Rückforderungsberechtigte ist, so haben die Parteien denselben vor das Gericht zu bringen, und die Polizeibehörde händigt die etwa in Verwahrung genommene Sache nur demjenigen aus, dem sie durch rechtskräftiges Erkenntniß zugesprochen ist und welcher ihr dies Urtheil vorweist.

Für Eisenbahnen rc. wird eine Verkürzung der oben gegebenen Fristen, insbesondere die Zulässigkeit eines baldigen Verkaufs der Fundsache vorgeschlagen, dafür aber ein Anspruch auf Erstattung des Erlöses während dreier Jahre gewährt, so daß auch hier mit Ablauf derselben die Sache definitiv wie in allen anderen Fällen geregelt ist.

Die Frist läuft, weil sie das Ende eines fruchtlosen Ermittelungsverfahrens ist, von der ersten Bekanntmachung ab und nicht vom Tage des Findens, also entsprechend den bayerischen und württembergischen Bestimmungen.

Es wird endlich vorgeschlagen, daß der Finder bei Rückgabe der Sachen eine Bescheinigung über den erfolglosen Verlauf des Ermittelungsverfahrens erhalte. Diese schützt ihn für die Zukunft gegen alle Zufälligkeiten und entspricht insofern jenem Decret, welches das Berliner Stadtgericht in Fundsachen bis zum Werthe von 3 Thalern ausstellte. Wie sehr dies wirkliches Bedürfniß ist, geht daraus hervor, daß in Fundsachen die Parteien regelmäßig eine Ausfertigung des Ausschlußurtheils fordern.

Es erübrigt noch hinzuzufügen, daß, folgend den allgemein giltigen Bestimmungen, die Finderrechte auf die Ortsarmenkasse übergehen, falls der Finder auf seine Ansprüche verzichtet.

### 4. Vom Finden der in öffentlichen Gebäuden, Betriebsunternehmungen u. s. w. abhanden gekommenen und verbliebenen Sachen durch Beamte und Dritte.

Unsere Entwickelung hat dazu geführt, daß wenigstens in den Städten alles Leben sich viel mehr als früher in öffentlichen Anstalten, Geschäftsräumen von Behörden, Hörsälen, Theatern, Badeanstalten und durch Vermittelung öffentlicher Betriebsunternehmungen, wie die Post, die Eisenbahn oder Dampfschiffverkehr vollzieht.

Da wir eines Theils zur Benutzung dieser Unternehmungen gezwungen sind, und alle jene Unternehmungen, um ihre complicirte Anlage im Gange zu halten, ein in ihnen die Ordnung aufrecht erhaltendes, Aufsicht führendes Personal verlangen, anderen Theils aber auch die Benutzbarkeit derselben von einer gewissen gegenseitigen Aufmerksamkeit aller Benutzenden bedingt wird, so hat sich eine Rechtsanschauung dahin gebildet, daß in solchen Räumen abhanden gekommene Sachen nicht in dem Sinne verloren sind, wie anderweit anhanden gekommene, sondern gewissermaßen in sicherem Gewahrsam verbleiben und zurück erlangt werden. Es hat sich die Vorstellung gebildet, die abhanden gekommene Sache sei in einen abgegrenzten, immer controlirten Raum gekommen, in dem nichts verloren gehen kann.

Wenn auch nirgends durch ein Gesetz ausgesprochen, sieht sich eines Theils jeder redliche Finder, eben weil er überhaupt in seiner augenblicklichen Lage seinem Fahrgenossen eine erhöhte Aufmerksamkeit schuldet, für verpflichtet an, die gefundene Sache, wenn er nicht zufällig den Eigenthümer kennt, dem nächsten ihm gegenüber tretenden Beamten zu weiterer Veranlassung zu übergeben; und ebenso hat sich auf der anderen Seite die Auffassung gebildet, daß den Beamten dieser Unternehmungen mit ihrer allgemeinen Aufsichtspflicht auch die Verpflichtung obliegt, in den Räumen der Unternehmung abhanden gekommene Gegenstände dem Vorstande der Unternehmung abzugeben, was also in der Sache darauf hinausläuft, daß in solchen Räumen abhanden gekommene Sachen überhaupt von Niemand gefunden, d. h. an sich genommen werden können, sondern von allen nur detinirt werden für den Unternehmer.

In Gemäßheit dieser Rechtsentwickelung ist durch eine Instruction vom Jahre 1878 für alle Postbehörden bestimmt,[1]) daß alle in den Postanstalten zurückgelassenen und von Beamten der Post gefundenen Sachen als von der Behörde gefunden angesehen und von ihr erworben werden. Das deutsche Eisenbahnbetriebs-Reglement vom 11. Mai 1874 bestimmt, daß alle im Bezirk der Verwaltung von Beamten gefundenen oder an diese abgelieferten Gegenstände der Dienstbehörde abzugeben sind, welche sie in Verwahrung nimmt, § 33 ff. Centralblatt f. d. d. R. 1874. S. 87. Privatgesellschaften, wie Pferdebahnen, legen ihren Beamten die gleiche Verpflichtung durch den Engagements-Vertrag auf.

Dies hat weiterhin die Folge, daß jene Beamten, wie sie selbst nicht als Finder erscheinen, den Anspruch auf Fundlohn wie die Möglichkeit des Erwerbes des Fundes verlieren. Beide Rechtsansprüche gehen auf die vorgesetzte Behörde ꝛc. über. Diese anscheinende Rechtsschmälerung der Beamten hat man dann wieder dadurch in einzelnen Fällen zu mildern gesucht, daß man den Erlös der nicht abgehobenen Fundsachen einem wohlthätigen Zwecke zu Gunsten der betreffenden Beamtenschaft widmete. Der Umstand, daß auf diese Weise eine Behörde, eine Gesellschaft u. s. w. Finderin wurde, hat aber auch in einer anderen Beziehung das Verfahren in solchen Fundsachen nicht unerheblich alterirt. Im Punkte der Anzeigepflicht nämlich. Diese ist überall entweder bestimmt oder stillschweigend bei Seite geschoben. An ihre Stelle tritt eine längere Aufbewahrungszeit von etwa drei Monaten, nach deren Ablauf erst die weitere Behandlung der Fundsachen nach der Landesgesetzgebung tritt (Betriebsreglement für die d. Eisenbahnen vom 11. Mai 1874. a. a. O.). Diese Bestimmungen entsprechen durchaus dem Bedürfniß und sind der Ausdruck eines bestehenden Rechtsbewußtseins. Dabei ist noch zu bemerken, daß jenen Unternehmungen, indem ihnen die Obsorge für so viele und an den verschiedensten Punkten gefundenen Gegenstände auferlegt wird, eine nicht unerhebliche Last auferlegt wird, und es erscheint schon aus diesem Grunde gerechtfertigt, diesen Behörden die für ihre besondere Situation erforderliche größere Beweglichkeit im Verfahren mit den gefundenen Sachen zu gewähren und sie selbst an die Stelle der Polizeibehörde zu setzen, da ja durch sie eben die Zwecke, derentwegen die Polizeibehörde in das Fundverfahren eingreift, die Sicherung des Fundgutes wie die leichtere Ermittelung des Finders, gewährleistet wird. Ein Interesse liegt in letzterer Beziehung nicht vor, hier zwischen öffentlichen Behörden und privaten Unternehmungen zu öffentlichem Gebrauch einen Unterschied zu machen, da ja auch letztere selbst das größte Bestreben haben müssen, möglichst das Interesse

---

[1]) Vgl. Dambach Postgesetze 1881.

des unbekannten Verlierers, der ihr Unternehmen benützt, zu wahren. Den öffentlichen Behörden giebt das Gesetz das Recht als Polizeibehörde das Fundverfahren durchzuführen, auf Ansuchen kann dieses Recht Privatunternehmungen ähnlicher Art gewährt werden. In Beziehung auf das weitere Verfahren haben diese Behörden nach den allgemeinen Grundsätzen zu verfahren, nur in zwei Punkten sind sie freier zu stellen, nämlich in Ansehung der Frist, nach der sie über die nicht abgehobene Sache entscheiden können, und bezüglich des Erwerbes der Fundsache.

In erster Beziehung wird es in Anbetracht der zahllosen und werthlosen Fundsachen, mit denen diese Behörden behelligt werden, angemessen sein, denselben im Anschluß an § 33 des Reglements das Recht zu gewähren, bei Fundsachen geringeren Werthes schon nach drei Monaten definitiv durch Verkauf der nicht abgehobenen und Einziehung des Erlöses zu entscheiden. Andernseits scheint es angemessen und entspricht dem Gebrauch, denselben das Recht zu geben, den Erlös der nicht abgehobenen Fundsachen besonderen Wohlthätigkeitsanstalten statutenmäßig zu widmen.

---

Auf Grund dieser Erwägungen werden nachfolgende Vorschläge gemacht.

I. Wer eine verlorene oder abhanden gekommene Sache, dessen Eigenthümer er nicht kennt, an sich nimmt, hat hiervon unverzüglich der nächsten Polizeibehörde Anzeige zu machen. Diese kann nach Ermessen den Fund dem Finder abverlangen, muß aber auf Verlangen des Finders denselben auch abnehmen.

II. Die Polizeibehörde verlangt von dem Finder eine Erklärung, ob er Ansprüche auf Fundlohn und den etwaigen Erwerb der Sache erheben wolle. Der Polizeibehörde liegt die Ermittelung des vorigen Inhabers ob; zu diesem Behuf macht sie den Fund bekannt.

III. Die Art und Zahl dieser Bekanntmachungen wird durch die Behörde festgestellt. Diesen Bestimmungen gemäß hat die Ermittelungsbehörde den Fund bekannt zu machen; sie kann darüber hinausgehen, falls dies ihr dienlich erscheint.

IV. Der Finder hat bis zur Ablieferung des Fundes bei der Polizeibehörde die Rechte und Pflichten eines Geschäftsführers ohne Auftrag. Außer den ihm aus diesem Rechtsverhältniß gegen den Verlierer etwa zustehenden Ansprüchen hat er gegen den ermittelten Verlierer einen Anspruch auf Fundlohn, welchen, im Falle der nicht gütlichen Einigung, das Gericht unter Berücksichtigung des Werthes, der Verhältnisse beider Theile und in Betracht der Thätigkeit des Finders festsetzt.

V. Dem Verderben ausgesetzte Sachen werden auf Anordnung der Behörde öffentlich verkauft. Der Reinerlös tritt an Stelle des Fundes.

VI. Die Bekanntmachungskosten trägt der Finder, falls er nicht auf alle Ansprüche aus dem Funde verzichtet oder mittellos ist. Letzteren Falls schießt die Staatskasse den Betrag vor.

VII. Wird der Verlierer der Sache binnen Jahresfrist seit der ersten Bekanntmachung nicht ermittelt, so erwirbt der Finder das Eigenthum der verlorenen Sache mit der Rückgabe der Fundsache an ihn seitens der Behörde oder mit der Aushändigung einer Bescheinigung über die Unermittelbarkeit des früheren Eigenthümers. Liegt der Verdacht vor, der Verlierer wisse von seinem Verlust noch nichts, oder ist das Fundstück von größerem Werth, so kann die vorbezeichnete Frist auf drei Jahre verlängert werden.

VIII. Ein Rückforderungsrecht nach Ablauf der im vorigen Artikel bezeichneten Fristen steht dem Eigenthümer oder vorigen Inhaber der gefundenen Sache nicht zu.

IX. Erhebt der Finder keinen Anspruch auf den Fund, so gehen seine Rechte auf die Ortsarmen-Kasse über.

X. Sachen, welche in den Dienst- und Geschäftsräumen einer öffentlichen Behörde, Verkehrsanstalt oder anderweiten öffentlichen Unternehmung gefunden werden, sind derselben abzuliefern.

Ein Anspruch auf Fundlohn oder den Erwerb der Sache steht den Findern nicht zu.

XI. Die Behörde, bezw. die Verwaltungs-Direction einer solchen Unternehmung leitet an Stelle der Polizeibehörde nach den allgemeinen Grundsätzen das weitere Verfahren, sie kann indessen schon nach drei Monaten das Fundstück verkaufen und den Erlös vereinnahmen.

XII. Dem Verlierer steht ein Anspruch auf Herausgabe des erzielten Erlöses gegen die Behörde, welche den Verkauf bewirkt hat, binnen drei Jahren vom Tage des Fundes ab, zu.

# X.

## Gutachten des Herrn Privatdocent Dr. Ludwig Elster zu Halle a. d. Saale

über die Frage:

Soll das Recht auf die Lebensversicherungssumme zum Nachlasse des Versicherten gehören?

---

Aus unscheinbaren Anfängen hat sich die Lebensversicherung im Laufe der Zeiten zu einer der bedeutendsten Schöpfungen und segensreichsten Institutionen emporgearbeitet. Herausgewachsen aus den Bedürfnissen des modernen Lebens wurde sie anfangs als unwürdige und gefahrvolle Spekulation von der Gesetzgebung bald zurückgewiesen, bald ausdrücklich verboten, und erst in neuerer Zeit hat man sie als ein wirksames Mittel zur Erreichung der mannigfaltigsten wirthschaftlichen und moralischen Zwecke erkannt. Daß dieses so gekommen, findet seinen wesentlichsten Grund in der volkswirthschaftlichen und in der ethischen Entwickelung der modernen Völker. Unsere ethischen Begriffe sind gegenwärtig andere, als im Altertume, und diese modernen ethischen Anschauungen haben auch das Wirthschaftsleben mannigfach beeinflußt. Wenn nach altrömischer Ansicht ein Jeder seine eigene Welt sich schaffen mußte, ein Jeder für sich handeln, für sich sorgen, durch eigene Thatkraft sein Leben gestalten sollte, so ist unverkennbar in unserer Zeit zu dieser römischen Eigenarbeit und Eigenliebe die Nächstenliebe und Nächstensorge veredelnd hinzugetreten. Die dürre egoistische Formel der Römer: ut alii detur, nihil interest mea, muß heute lauten: ut alii detur, interest mea. „Wir müssen zu dem bekannten tria praecepta iuris noch das vierte hinzufügen: aliis prodesse." [1]) Dieses „aliis prodesse" tritt uns klar und deutlich — um von anderen demselben Beweggrunde entstammenden Handlungen hier abzusehen — in der Lebensversicherung entgegen, die ja vor allem dazu dient, die Sicherstellung, die Versorgung Anderer zu ermöglichen. Der Familienvater sucht durch Versicherung seines eigenen Lebens zu Gunsten seiner Frau oder seiner Kinder, seiner Erben ꝛc. die Existenz derselben auch nach seinem Tode sicher zu stellen. Die Lebensversicherungsgesellschaften lassen eine solche Versicherungsnahme zu, indem sie in ihren Statuten, Versicherungsbedingungen ꝛc. bestimmen, daß im Versicherungsvertrage die Person bezeichnet werden kann, zu deren Gunsten der Vertrag geschlossen und an die dereinst nach dem Tode des Versicherungsnehmers die Versicherungssumme gezahlt werden solle. Diese Lebensversicherungen zu Gunsten dritter Personen haben sich auch, da sie eben einem vorhandenen wirtschaftlichen Bedürfnisse entsprechen, immer mehr und mehr im Leben eingebürgert, trotzdem die rechtliche Wirksamkeit der ihnen zu Grunde liegenden Verträge von den Gerichten mehrfach beanstandet, von der Wissenschaft in Zweifel gezogen ist. Man ging häufig von der Anschauung aus, daß das Recht auf die Lebensversicherungssumme, selbst wenn die Versicherung zu Gunsten dritter Personen genommen, zum Nachlasse des Versicherten (Versicherungsnehmers) gehöre.

Ist diese Anschauung richtig, so liegt es auf der Hand, daß unter Umständen der ganze Zweck der Lebensversicherung vereitelt werden kann, dann vereitelt werden kann, wenn der Nachlaß des Versicherungsnehmers überschuldet ist, da in diesem Falle die Gläubiger zur Befriedigung ihrer Ansprüche die Versicherungssumme heranziehen können; dasselbe tritt ein, d. h. der Zweck des Rechtsgeschäfts wird illusorisch, wenn das Interesse der Erben des Versicherten der in der Police als Beneficiarin genannten Person sich feindlich gegenüberstellt.

Diejenigen, welche von der Ansicht ausgehen, daß die Versicherungs-

---

[1]) Cf. Unger, Die Verträge zu Gunsten Dritter (Jahrb. f. Dogmatik. Bd. X. S. 56). Der obige Gedanke ist in der genannten Arbeit von Unger ausführlicher behandelt. Cf. auch Jhering, Geist des röm. Rechts (3. Aufl.). I. S. 107 fg. Dieser Anschauung Unger's von dem Umschwunge, der sich in den ethischen Begriffen vollzogen hat, und von dem Einflusse, den dieser Umschwung auf die Rechtsprincipien ausgeübt hat, bezw. ausüben muß, stimme ich in allen wesentlichen Punkten bei. Es würde mich hier jedoch zu weit führen, den Gedanken Unger's gegenüber den Gegnern dieser Anschauung eingehender zu begründen; der Kampf unserer Zeit zwischen Arbeit und Kapital, auf den Gareis (Verträge zu Gunsten Dritter. S. 138) gegen Unger polemisierend hinweist, besagt nichts, wenn wir die zahlreichen Schöpfungen des modernen Wirtschaftslebens, in denen sich unzweifelhaft ein aliis prodesse bekundet, wenn wir die ganze sociale Bewegung der Gegenwart dem gegenüber stellen.

summe zum Nachlaß zu rechnen sei, geben dafür ungefähr folgende Begründung: Alles, was beim Tode des Erblassers in seinem Vermögen ist, gehört zum Nachlasse; es giebt keine Erbschaft, ehe die Schulden des Nachlasses bezahlt sind; der Anspruch des Versicherten aus einer Lebensversicherung auf Zahlung der beim Tode des Versicherten fälligen Versicherungssumme ist im Vermögen des letzteren; soll die Versicherungssumme den Erben anheimfallen, so wird dieser Anfall nur durch das Recht der Erbfolge vermittelt, weil ein außer dem Erbrechte liegender, selbständiger Erwerbungsgrund nicht zu erkennen ist; — es gehört sonach die Versicherungssumme zum Nachlasse des Versicherten.[1])

Das preußische Obertribunal, das eben diesen Standpunkt verschiedentlich vertreten hat, hat diese Anschauung in folgendem Rechtssatze zusammengefaßt[2]): „Der Versicherungsvertrag, durch welchen Jemand sein Leben zu Gunsten seiner Erben versichert, erstreckt sich nicht auf den selbständigen Vortheil einer dritten Persönlichkeit, sondern er konstituiert nur Rechte zwischen dem Versicherungsnehmer, bezw. den seine Persönlichkeit darstellenden Erben und der Versicherungsbank. Die Gläubiger des Versicherungsnehmers sind ihre Befriedigung aus der an die Erben desselben zu zahlenden Versicherungssumme zu fordern berechtigt."

Ebenso urteilt Dernburg: „Berechtigt das für den Todesfall des Versicherten bedungene Kapital zu fordern sind an sich die Erben desselben. Häufig wird in der Police dem Versicherer gegenüber Jemand benannt, zu dessen Gunsten die Versicherung auf den Todesfall genommen ist, z. B. zu Gunsten einer Wittwe des Versicherungsnehmers. Es ist dies im Zweifel nicht aufzufassen als Vertrag zu Gunsten eines Dritten. Die Wirkung ist in der Regel nur die, daß der Versicherer befugt ist, die Versicherungssumme nach dem Tode des Versicherten an den Benannten zu zahlen, wenn derselbe im Besitze der Police ist ..... Es ist streitig, ob die Gläubiger des Erblassers die Versicherungssumme in Anspruch nehmen können, wenn die Erbschaft insolvent ist. Nicht selten hat man dies geleugnet, falls die Versicherung zum Vorteil einer dritten Person genommen ist, da man die Versicherungssumme als dieser gehörig ansah. Dies ist unrichtig, der Anspruch gehört zum Vermögen des Erblassers, soweit er nicht rechtsgültig unter Lebenden über ihn verfügt hat."[3])

Dem gegenüber ist nun andererseits gerade die entgegengesetzte An-

---

1) Cf. das Erkenntnis des Rhein. Appellhofes zu Köln vom 4. Dezember 1867 (Preuß. Versicherungs-Zeitschrift, herausgeg. von Wallmann. III. [1869.] S. 138).

2) Cf. die Entscheidungen des Obertribunals vom 18. Juli 1865 und 6. Mai 1866. (Busch, Archiv XI. S. 316; Striethorst, Archiv f. Rechtsfälle. 62. S. 337.)

3) Dernburg, Lehrbuch des Preußischen Privatrechts II. S. 640.

schauung verfechten. Aus der Reihe der Erkenntnisse, in denen die Ansicht vertreten wird, daß die Versicherungssumme nicht einen Teil des Nachlasses des Versicherungsnehmers bilde [1]), soll hier nur eine Entscheidung des Reichsgerichtes angeführt werden. Es heißt in einem Urteil vom 25. Februar 1880 (V. Civilsenat) [2]): „Die Lebensversicherungen auf den Todesfall bezwecken, daß der bestimmten Personen durch das Hinscheiden einer anderen entstehende Vermögensverlust vergütet werde. Wenn eine Versicherung auf den eigenen Todesfall zu Gunsten Dritter genommen wird, so wird diesen letzteren das Kapital oder die Rente ausbedungen, für welche Prämien oder eine Einstandssumme bezahlt werden; sie erscheinen daher als die empfangsberechtigten Gläubiger der Versicherungs summe, der Nehmer der Versicherung hat sich selbst diese Summe nicht ausbedungen und kann sie vom Versicherer nicht beanspruchen. Allerdings ist der Versicherungsnehmer auch den nicht beigetretenen Dritten bei Lebzeiten der Regel nach zu nichts verbunden; er kann die Versicherung aufgeben, verwirken, die Police mit oder ohne Einwilligung des Versicherers übertragen oder die Benennung des Begünstigten wechseln. Aber dadurch wird der Anspruch der in der Police Benannten nur ein bedingter, und wenn die Bedingung — das heißt eine Aenderung der bemerkten Art — nicht eintritt, so ist ihnen auch sofort mit dem Tode des Versicherungsnehmers das Forderungsrecht auf die Versicherungssumme erwachsen, sie sind dem Versicherer gegenüber unwiderruflich die Empfangsberechtigten. Auf die Erben des Nehmers kann dieser dem Erblasser selbst nicht zustehende Anspruch nicht übergegangen sein, sondern höchstens das vertragsmäßige Recht, die Zahlung an die Begünstigten zu fordern."

Dieselbe Stellung nimmt unter den Theoretikern Foerster ein, der sich kurz dahin äußert: „Die Frage, ob die Lebensversicherung einen Teil des Nachlasses des Versicherungsnehmers bildet, mithin von seinen Gläubigern in Anspruch genommen werden kann, ist sehr zweifelhaft, richtiger wohl aber verneinend zu beantworten." [3])

---

1) Das Hofgericht in Mannheim (1866), das Oberappellationsgericht in Dresden (1866), das Stadtgericht in Frankfurt a. M. (1867), das Oberappellationsgericht in München (1868) und das Obertribunal in Stuttgart (1870) haben u. a. in diesem Sinne entschieden. Cf. Central-Organ für das deutsche Handels- und Wechselrecht. Herausgegeben von Hartmann. N. F. VI. (1870.) S. 294 fg.

2) Entscheidungen des Reichsgerichts. Herausgegeben von den Mitgliedern des Gerichtshofes. Entscheidungen in Civilsachen. I. Bd. S. 188. Vergl. auch das Erkenntnis vom 3. März 1880. Entscheidungen Bd. I. S. 378.

3) Foerster, Theorie und Praxis des heutigen gemeinen preußischen Privatrechts. II. Bd. (3. Aufl.) S. 402. Anm. 16.

Man wird nach dem, was hier flüchtig dargelegt, zugeben müssen, daß die Frage, die hier angedeutet worden ist, und über welche sich zu äußern mir von der ständigen Deputation des deutschen Juristentages der ehrenvolle Auftrag zu Teil geworden, nicht ohne Schwierigkeiten ist. Die Formulierung der zu begutachtenden Frage:

> Soll das Recht auf die Lebensversicherungssumme zum Nachlasse des Versicherten gehören?

jedoch ergiebt, daß es sich hier nicht darum handeln soll, zu untersuchen, ob de lege lata, ob event. nach preußischem Rechte unter Heranziehung des A.L.R. I. 5 § 75 fg. die Lebensversicherung zum Nachlasse des Versicherten gehört, sondern ob überhaupt, ob de lege ferenda diese Frage zu bejahen oder zu verneinen ist, d. h. welches Recht sich ergiebt oder ergeben muß aus der wirtschaftlichen Bewegung unserer Zeit, aus dem Wesen, aus dem Zwecke, aus dem inneren Bau der Lebensversicherung.

Indem ich die vorliegende Frage in dieser Weise auffasse, sie so begrenze bezw. erweitere, ist es erforderlich, um zu einer richtigen Beantwortung derselben zu gelangen, zunächst

I. über den Zweck und das Wesen der Lebensversicherung einige Bemerkungen vorauszuschicken, dann

II. an die eigentliche Frage heranzutreten, mit Unterscheidung der möglichen Bezeichnung des Zahlungsempfängers auf dem Versicherungsscheine.

Um jedoch auch nach anderer Richtung hin für die Erörterung und Entscheidung der obigen Frage die richtigen Gesichtspunkte zu gewinnen, werden vorab einige allgemeine Bemerkungen über die Verträge zu Gunsten Dritter nicht umgangen werden können.

---

Wenn ich an dieser Stelle noch mit wenigen Worten über die Verträge zu Gunsten Dritter rede, so geschieht es, weil ich die Lebensversicherungsverträge zu Gunsten dritter Personen unter diese Kategorie der Verträge rubriciere. Selbstverständlich kann es sich hier nicht darum handeln, eine auch nur nach irgend einer Richtung hin genügende Darlegung des Wesens und der Wirkungen dieser Verträge zu liefern, sondern nur um eine Definition mit den notwendigsten Erläuterungen. Diese Definition aber kann nicht umgangen werden, weil ich späterhin auf die pacta in favorem tertii verschiedentlich hinzuweisen habe.

Verträge zu Gunsten Dritter sind Verträge, aus denen ein Dritter ohne sein Zuthun (ex alieno pacto) in Folge der Willensmeinung der Kontrahenten unmittelbar ein selbständiges, nicht aber notwendig unwiderrufliches Recht erwirbt.

Aus dieser Definition ergiebt sich folgendes:

Ein Vertrag zu Gunsten Dritter liegt nicht vor, wenn zur Perfektion des Vertrages, wenn zur Begründung des Rechtes des Dritten das Accept desselben notwendig ist, wenn erst durch die Annahmeerklärung des Dritten Rechte für den Dritten entstehen. Dieses schließt nicht aus, daß bei Verträgen zu Gunsten Dritter eine Annahmeerklärung des Dritten erfolgen kann. Das Recht, das der Dritte erwirbt, erwirbt er lediglich in Folge der Willensübereinstimmung der Kontrahenten. Dieses Recht ist ein selbstständiges, nicht ein cediertes Recht; der Promissar ist der Vermittler, der „Zubringer", „er, der Primus, säet, der Tertius erntet: jener empfängt das Versprechen, dieser das versprochene Recht." [1]) Der Dritte ist nicht Rechtsnachfolger des Promissars; ist er Erbe des Promissars, so erwirbt er die Rechte aus dem Vertrage zu Gunsten Dritter nicht iure hereditario, sondern iure suo.

Man hat häufig die Unwiderruflichkeit des Rechtes des Dritten als ein nothwendiges Erforderniß der pacta in favorem tertii bezeichnet, wie mich dünkt, mit Unrecht! Wenn auch das Recht des Dritten unmittelbar entsteht, so entsteht es doch in Folge und auf Grund der Willensmeinung der Kontrahenten, es entspringt aus dem Vertrage zwischen Promittent und Promissar. Diese drücken daher dem Vertrage „den Stempel seines Wesens" auf. Sie können das Recht des Dritten befristet, bedingt sein lassen, bedingt auch durch den Widerruf des Promissars oder des Promissars und des Promittenten.

Der Vertrag zu Gunsten Dritter ist ein Rechtsgeschäft inter vivos.

Ich kann hier diese Verträge nicht ausführlicher behandeln und die gegebene Definition eingehender unter Zurückweisung anderer Ansichten begründen. Es würde mich dieses unzweifelhaft zu weit führen.

Für mich kam es nur darauf an, diesen Verträgen gegenüber Stellung zu nehmen. [2])

## I.

Bezüglich des Zweckes und des Wesens der Lebensversicherung sollen hier nur wenige Bemerkungen gemacht werden. [3])

---

[1]) Cf. Unger l. c. S. 62.

[2]) Ich verweise hier im übrigen auf die bereits citierten Arbeiten von Unger und Gareis; weiterhin Bähr, Ueber die sogenannten Verträge zu Gunsten Dritter in Jahrb. f. Dogmatik. VI. S. 131 fg. Panofsky, Die Verträge zu Gunsten Dritter. Ein Beitrag zur Lehre vom Vertrage. (Berlin 1877.)

[3]) Cf. vor allem Laband: „Die juristische Natur der Lebens- u. Rentenversicherung in der von der rechts- und staatswissenschaftlichen Fakultät zu Straßburg überreichten Festgabe zum Doktorjubiläum Thöls. (Straßburg 1879) p. 1—37. —

Der Zweck der Lebensversicherung ist bekannt. Derjenige, der sein Leben auf den Todesfall versichert, wünscht, daß nach seinem Tode ein Kapital von gewisser Größe vorhanden sei, das zur Versorgung der Hinterbliebenen oder auch zu irgend einem anderen wirtschaftlichen Zwecke dienen soll. Wenn alle Menschen ein gleich langes Leben hätten, wären die Lebensversicherungsinstitute überflüssig. In diesem Falle würde ein Jeder genau berechnen können, eine wie große Summe er Jahr für Jahr ersparen muß, um am Schlusse seines Lebens das Kapital zurückgelegt zu haben, das er — um einen speciellen Fall ins Auge zu fassen — nach seinem Tode zur weiteren Existenz derjenigen, für welche er bisher zu Lebzeiten gesorgt, als erforderlich erachtet. Allein da dieses nicht der Fall, da die Lebensdauer der Einzelnen völlig unbestimmt ist, so kann ein frühzeitiger Tod die Ansammlung eines solchen Kapitals vereiteln, ein langes Leben hingegen die Auffsammlung eines größeren Kapitals, als beabsichtigt, zur Folge haben.

Aus der Unbestimmtheit der Lebensdauer der Einzelnen ergeben sich daher hier gewisse Mißstände, die indes fortfallen, wenn sich Gesellschaften zum Sparen auf gemeinschaftliche Rechnung bilden, die alsdann an die Stelle der individuellen Lebensdauer des Einzelnen die durchschnittliche Lebensdauer aller Mitglieder setzen, mit anderen Worten, die jedem einzelnen Mitgliede, bezw. den obigen Fall berücksichtigt, seinen Hinterbliebenen diejenige Summe auszahlen, die er erspart haben würde, wenn er mit Erreichung dieser durchschnittlichen Lebensdauer gestorben wäre. Eine solche Gesellschaft kann jedoch in der einfachen Form der Societät den beabsichtigten Zweck der Ersparung eines bestimmten Kapitals nicht erzielen, da sie zur Voraussetzung eine bestimmt begrenzte Mitgliederzahl haben müßte, die nicht beliebig würde vermehrt werden können; diese Mitglieder müßten aber auch gleichaltrig sein und ihr Gesundheitszustand ein gleich langes Leben erhoffen lassen. Die Repartierung der ev. Ersparnisse würde auch erst nach dem Tode des zuletzt Sterbenden eintreten können, da erst dann eine Berechnung der durchschnittlichen Lebensdauer sämmtlicher Mitglieder möglich ist. Es leuchtet ein, daß die Lebensversicherung in dieser einfachen Form der Societät den thatsächlichen Bedürfnissen nicht entspricht und daß sie fußend auf der durch die Erfahrung festgestellten Absterbeordnung zu dem System der „Prämien-Erhebung" übergehen mußte.[1]) Hierdurch er-

---

Hinrichs: „Die Lebensversicherung, ihre wirtschaftliche und rechtliche Natur" in der Zeitschrift für das ges. Handelsrecht. XX. Bd. (1875) p. 339 fg. — Elster: „Die Lebensversicherung in Deutschland." (Jena 1880) bes. p. 23—35.

[1]) Elster, l. c. p. 31.

hielt die Lebensversicherung äußerlich ein ähnliches Aussehen, wie die Schadensassekuranzen, welche das System der Prämien-Erhebung lediglich aus Zweckmäßigkeitsgründen zur Anwendung gebracht haben. Aber auch nur äußerlich herrscht hier Uebereinstimmung, nur die Technik des Assekuranzgeschäftes ist auf die Spar- und Versorgungsgeschäfte der Lebensversicherung übertragen. Das Wesen der letzteren ist völlig verschieden von dem Wesen der Schadensversicherungen.

Ich habe an anderer Stelle auf die wesentlichen Unterschiede zwischen der sog. Lebensversicherung und der eigentlichen Assekuranz aufmerksam gemacht und im Anschluß an die vorzüglichen Darlegungen Labands gezeigt, daß die hauptsächlichsten ökonomischen und juristischen Begriffe für die Versicherung — Gefahr, Schade, Interesse — auf die Lebensversicherung nicht anwendbar sind.[1]) Es ist kein eigentlicher Versicherungsvertrag, welcher dem in der Lebensversicherung zum Ausdruck gelangenden Rechtsgeschäfte zu Grunde liegt, es sind keine Versicherungs- sondern lediglich Spargeschäfte, welche die Lebensversicherung betreibt, und nur das gleichartige Gepräge, nur die Gleichartigkeit des äußeren kaufmännischen Betriebes hat beiden Geschäften den gemeinsamen Namen, die Bezeichnung Versicherung verliehen.

Der Lebensversicherungsvertrag ist zu definiren als ein zweiseitiger Vertrag, vermittelst dessen sich ein Kontrahent (auch hier, wie bei den Schadensversicherungen, Versicherer genannt) gegen Entgelt (fortlaufende Prämie, Mise) einem anderen (auch hier Versicherungsnehmer oder Versicherter genannt) gegenüber verpflichtet, Einzahlungen des Versicherten aufzusparen und zu verwalten und im Falle eines bestimmten Ereignisses (Tod oder Erleben eines bestimmten Lebensalters) diese durch nutzbare Anlegung beständig anwachsenden Einlagen, unter ev. Ergänzung auf eine bestimmte Summe, an den Versicherten, seinen Rechtsnachfolger oder an die in der Polize benannte dritte Person, zu deren Gunsten der Vertrag geschlossen, zurückzuzahlen.[2])

Zu diesem Ergebnis gelangt man sowohl bei Prüfung der wirtschaftlichen wie der juristischen Natur der Lebensversicherung.[3])

---

1) Laband, l. c. p. 3—14. Elster, l. c. p. 24—28.

2) Bei dieser Definition ist an die wichtigste Art der Lebensversicherung, die ich auch im folgenden vor allem im Auge habe, an die Kapitalversicherung auf den Todesfall gedacht. Dieselbe Definition ist aber wenig modificiert auch auf die Rentenversicherung 2c. anzuwenden.

3) Ich lege viel Gewicht darauf, daß man nicht nur vom juristischen, sondern besonders auch vom wirtschaftlichen Standpunkte aus zum Sparkassencharakter der Lebensversicherung gelangt. Letzteres bestreitet Ad. Wagner (cf. „Bemerkungen

Während die Prämien bei den Schadensassekuranzen verbraucht werden, werden sie bei der Lebensversicherung den Versicherten kreditiert und nutzbar angelegt. Der Versicherte zahlt ein Kapital, der Versicherer verpflichtet sich, dieses Kapital nebst Zinsen zurückzugeben, d. h. nicht genau das Kapital nebst Zinsen, welches eingezahlt ist, sondern den Durchschnittsanteil, den der Versicherte an dem Gesammtkapitale nebst Zinsen hat.[1]) Während der Einzelne, der allein auf sich angewiesen ist, nicht mit Sicherheit darauf rechnen kann, daß er innerhalb einer längeren oder kürzeren Zeit diese oder jene Summe erspart haben wird, da der Tod seine Rechnung durchkreuzen kann, so ist er doch dazu in der Lage, wenn er sich mit Mehreren vereinigt, wenn er mit Anderen auf gemeinschaftliche Rechnung das Geschäft des Sparens betreibt. Für den Einzelnen ist es unmöglich zu wissen, wie lange er leben wird, für eine größere Anzahl von Personen jedoch kann man die durchschnittliche Lebensdauer angeben und diese durchschnittliche Lebensdauer zur Basis der Berechnungen für das Spargeschäft nehmen.

Und so erscheint, von diesem Gesichtspunkte aus betrachtet, die Lebensversicherung als eine „verzinsliche Kapital-Leihe", wie sie Laband auch treffend charakterisiert hat, als ein Kreditgeschäft, das den Bedürfnissen des modernen Wirtschaftslebens erwachsen, durch das moderne Verkehrsrecht geschaffen und ausgebildet ist.

## II.

Die soeben näher gekennzeichneten Lebensversicherungsverträge können abgeschlossen werden sowohl zu eigenen Gunsten des Prämienzahlers, wie zu Gunsten dritter Personen. Lautet der Lebensversicherungsvertrag zu Gunsten des Versicherungsnehmers, des Prämienzahlers &c., so unterliegt es keinem Zweifel, daß die Versicherungssumme zum Nachlasse des Versicherten gehört, da ja keine andere Person, als eben der Versicherte, einen

über einige Punkte des Versicherungswesens" in den Jahrb. f. Nat. u. Stat. B. 36. S. 164, bes. S. 171), wie mir jedoch scheint, mit nicht stichhaltigen Gegengründen. Wer möchte daran zweifeln, daß nur durch die Gesamtheit der Versicherten selbst die Mittel aufzubringen sind, durch welche die Leistungen an die einzelnen Versicherten gedeckt werden müssen? Daß dabei der Eine mehr, der Andere weniger erhält, als er einzahlte, ist sicherlich richtig, aber ist diese „Chance des Zufalls" schon als Versicherung zu bezeichnen? spricht dieses allein schon gegen den Sparkassencharakter?

[1]) Ueber die Auffassung, nach der der Lebensversicherungsvertrag in einen doppelten, einen Spar- und Versicherungsvertrag zerfällt, cf. Malß in der „Zeitschrift für Versicherungsrecht" II. S. 225 fg. Predöhl in der Zeitschrift für das ges. Handelsrecht. XXII. S. 464 fg. Reuling in der Zeitschrift f. das ges. Handelsrecht. XV. S. 335 fg. Dagegen cf. Laband l. c. S. 26.

Anspruch auf die Versicherungssumme haben kann. Dasselbe ist der Fall, wenn die Versicherung abgeschlossen ist zu Gunsten der Erbschaft, des Nachlasses 2c.; es ist zweifellos, daß hier von dem Rechte irgend eines Dritten nicht die Rede sein kann. Die Frage:

Soll das Recht auf die Lebensversicherungssumme zum Nachlasse des Versicherten gehören?

kann daher nur aufgeworfen werden, wenn der Lebensversicherungsvertrag zu Gunsten dritter Personen abgeschlossen ist. Als eine solche Versicherung zu Gunsten Dritter muß die Versicherung des eigenen oder fremden Lebens (soweit die Versicherung fremden Lebens zulässig ist) bezeichnet werden, bei welcher der Anspruch auf die Versicherungssumme einer anderen Person, als dem Versicherungsnehmer zufällt. Die Lebensversicherungsgesellschaft übernimmt gemäß des abgeschlossenen Vertrages als Aequivalent für die eingezahlten Prämien die Leistung des Kapitals an den Dritten, ebenso wie bei den einfachen Kreditgeschäften zu Gunsten Dritter die Sparkasse die Auszahlung des Kapitals an den Dritten als Aequivalent für die eingelegten Spargelder erfolgen läßt.

Das bez. Rechtsgeschäft erscheint als ein Vertrag zu Gunsten Dritter. Promittent ist die Lebensversicherungsanstalt, der Versicherungsnehmer Promissar, der Dritte derjenige, zu dessen Gunsten der Versicherungsnehmer sein eigenes oder ein fremdes Leben versichert hat. Dieser Dritte kann verschiedentlich bezeichnet sein, und hiernach lassen sich auch mehrere Arten der Lebensversicherung zu Gunsten Dritter unterscheiden.

1. Ich will zunächst einmal den Fall berücksichtigen, daß die Lebensversicherung abgeschlossen ist zu Gunsten eines (oder auch mehrerer) bestimmt benannter Dritter.

Das Recht des Dritten entspringt unmittelbar aus dem Vertrage, den der Versicherungsnehmer mit der Versicherungsgesellschaft abgeschlossen hat. Dieses Recht entsteht unmittelbar, nicht aber unbedingt, nicht sofort, nicht unwiderruflich. Das Recht auf die Lebensversicherungssumme ist erst wirksam vom Tode des Versicherten an, und das Forderungsrecht des Dritten hat zur Voraussetzung, daß einmal der Dritte den Versicherungsnehmer überlebt, und daß weiterhin der Versicherungsnehmer, der Promissar, die Zuwendung an den Dritten nicht widerrufen, nicht auf eine andere dritte Person übertragen hat 2c.[1]) Hat der Versicherungsnehmer die Versiche-

[1]) Es ist somit das Recht des Dritten einmal suspensiv bedingt durch das Erfordernis des Ueberlebens gegenüber dem Objekte der Versicherung, dann resolutiv bedingt durch den Nichteintritt des Widerrufs. Die durch die richtig geleistete Prämienzahlung, die exakte Erfüllung der Anzeigepflicht und ein kontraktmäßiges Verhalten verursachte Bedingtheit ist nur eine scheinbare. (Cf. die klare Darstellung bei Hoff-

rung nicht aufgegeben, die Police nicht übertragen, die Benennung des Begünstigten nicht gewechselt, so ist der Anspruch des Dritten auf die Versicherungssumme ein unbedingter.

Man hat aus diesem Rechte des Versicherten, den Begünstigten zu wechseln, statt dem ursprünglich Begünstigten sich selbst resp. seinen Erben die Versicherungssumme zuzuwenden, gefolgert, daß der Versicherte, so lange er sich dieses Rechtes nicht begeben habe, selbst der Berechtigte sei. War, so wird argumentiert, der Versicherungsnehmer hiernach der Anspruchsberechtigte, so ist durch die einseitige Willenserklärung unter Lebenden, ohne daß eine Acceptation andererseits erfolgt ist, der Anspruch aus seinem Veemögen nicht ausgeschieden. Ist der Anspruch auf die Versicherungssumme bis zum Tode des Versicherungsnehmers von einem anderen nicht erworben, so gehört derselbe zum Nachlasse des Versicherungsnehmers. [1])

Diese Anschauung, daß der Erwerb des Rechtes erst dadurch erfolge, daß der dazu Berechtigte die Acceptation jenes ihm zugedachten Vorteils den Kontrahenten erklärt habe, ist u. a. auch von Staudinger[2]) verfochten.

Wie mir scheint jedoch mit Unrecht.

Das Recht des Dritten entspringt unmittelbar aus dem Vertrage des Promissars und Promittenten, es entsteht aus dem vom Promissar acceptierten Versprechen des Promittenten. Eine weitere Acceptation seitens des Dritten ist, nachdem der Promissar acceptiert, ebenso unnütz wie irrelevant. Irrelevant, weil die Bedingtheit des Erwerbs durch die Acceptation des Dritten nicht beseitigt werden würde. Acceptiert z. E. der Dritte gegenüber dem Promissar, so besagt er damit weiter nichts, als daß er bereit sei, das ihm zugedachte Recht, wie es ist, d. h. bedingt, befristet, anzunehmen. Bedient sich der Versicherungsnehmer seines Widerrufsrechtes, bezeichnet er der Versicherungsgesellschaft eine andere Person, als die Begünstigte, so hat die Gesellschaft an die zuletzt benannte, nicht an die anfangs bedachte dritte Person zu zahlen, trotzdem letztere den Vertrag acceptiert. Ganz dasselbe findet statt, wenn der Dritte dem Promittenten gegen-

---

mann, Das Recht auf die Versicherungssumme bei der Lebensversicherung zu Gunsten Dritter. [Stuttgart 1880.] S. 40—46.)

[1]) Cf. Gruchot's Verträge, hgg. von Rassow und Küntzel. 1881. S. 8 fg. (Zur Frage, ob nach preußischem Rechte bei Versicherung eigenen Lebens auf den Todesfall zu Gunsten eines Dritten, welcher dem Vertrage nicht beigetreten ist, die Versicherungssumme als Gegenstand des Nachlasses des Versicherungsnehmers zu betrachten ist? Von einem preußischen Juristen.)

[2]) Staudinger, Die Rechtslehre vom Lebensversicherungsvertrage. (Erlangen 1858.) S. 159 fg.

über acceptiert hat. Die Lebensversicherungsgesellschaft ist trotzdem verpflichtet, die Versicherungssumme an jenen anderen Dritten auszuzahlen, der seitens des Versicherungsnehmers als der Begünstigte nach der Acceptationserklärung des ersten Dritten bezeichnet worden ist.[1]) — Der Dritte ist für den Promittenten eine fremde —, eine Nebenperson, der „Rechtsparasit". Der Promittent hat nur den Weisungen des Promissars zu folgen, dem es aber völlig freisteht, seinen Sinn beliebig zu ändern, dem aus dem Vertrage das ius variandi (der Person des Dritten) zusteht.

Der Lebensversicherungsvertrag wird allein abgeschlossen zwischen der Versicherungsgesellschaft und dem Versicherungsnehmer, diese Beiden setzen das Vertragsverhältniß fest, diese drücken dem Vertrage den Stempel seines Wesens auf. Unmittelbar aus diesem Vertrage der Paciscenten entsteht das Recht des Dritten; ex alieno pacto tertio competit actio. Dieses Recht ist kein anderes Recht als das, was kraft der Willensübereinstimmung der Kontrahenten gewollt ist. Hier liegt ein echter Vertrag zu Gunsten Dritter vor, und zu einer besonderen Vertragshandlung des Dritten ist kein Raum. Würde die Acceptation des Dritten erforderlich sein, so würde der Lebensversicherungsvertrag aus der Reihe der pacta in favorem tertii ausscheiden, denn der Dritte würde dann nicht in seiner Eigenschaft als Dritter, sondern als Mitkontrahent Gläubiger werden. Dieses aber liegt weder in dem Willen der Parteien, noch ist solches in dem gewöhnlichen Geschäfte der Lebensversicherung vorgesehen.

Es ist sehr bezeichnend, daß Staudinger, der im Anschluß an Beseler[2]) die Notwendigkeit der Acceptation vertritt, diese seine Anschauung nicht auf eine Statutenbestimmung irgend einer Lebensversicherungsanstalt stützt, während er doch im übrigen stets die einzelnen Bestimmungen der verschiedenen Gesellschaften citirt. Er griff seinen Stoff, wie er solches im Vorworte ausdrücklich betont, aus dem „praktischen Leben" heraus, aber für diese Ansicht, daß der Berechtigte die Acceptation des ihm zugedachten Vorteils den Kontrahenten erklären müsse, bot das „praktische Leben" keinen Anhaltspunkt. Die Acceptation des Bedachten ist nirgends als notwendig hingestellt; findet sie statt, so ist sie wirkungslos. In keinem Statute begegnet man der Bestimmung, daß die Widerruflichkeit der Zuwendung untergehe, wenn der Dritte sich zur Annahme bereit erklärt habe.

Das Recht des Dritten fußt vollständig auf einem ihm fremden Vertrage, sein Recht ist ein selbständiges, ein vom Rechte des Promissars un-

---

[1]) Gareis l. c. S. 281 u. 282.

[2]) Beseler, Die Lehre von den Erbverträgen. II. S. 76 fg., System des gemeinen deutschen Privatrechts. II. S. 293.

abhängiges. Der Dritte hat sein Recht nicht vom Promissar erhalten, d. h. der Promissar hat das Recht dem Dritten nicht cedirt, sondern um des Promissars willen hat sich der Promittent direkt dem Dritten verpflichtet. Der Rechtserwerb des Dritten ist ein durchaus originärer; das durch den Vertrag des Versicherungsnehmers mit der Versicherungsgesellschaft begründete Forderungsrecht ist unmittelbar in der Person des begünstigten Dritten zur Entstehung gekommen und hat in der Person des Dritten seinen Anfang genommen.[1]) Wollte man an der entschieden irrigen und unzulässigen Fiktion der Cession festhalten, so könnten von dem Promittenten alle Einreden aus der Person des Cedenten, d. h. des Promissars dem Cessionar, d. h. dem Dritten entgegengestellt werden. Es liegt aber auf der Hand, daß eine solche Konstruktion weder dem Willen der Kontrahenten entsprechen würde, noch mit der Praxis in Einklang gebracht werden könnte. Ein Blick gerade auf die letztere zeigt, daß die Zulassung der Einreden aus der Person des Promissars beim Lebensversicherungsgeschäft der Natur der Sache direkt widersprechen würde.[2])

Ebenso irrig ist es, den Promissar als Stellvertreter des Dritten zu betrachten; nicht als Vertreter des Dritten schließt der Versicherungsnehmer den Vertrag, sondern er handelt nur in seinem Namen, agiert lediglich sein eigenes negotium.

So gehört die Lebensversicherungssumme, die der Promissar zu Gunsten eines (oder mehrerer) bestimmt benannten Dritten sich versprechen läßt, nie in das Vermögen des Versicherungsnehmers, daher kann sie auch nie einen Teil des Nachlasses bilden, nie von den Gläubigern und Rechtsnachfolgern des Promissars in Anspruch genommen werden.

2. Hieran reiht sich sofort die weitere Frage: Kann auch der Versicherungsnehmer die Versicherung abschließen zu Gunsten eines (oder mehrerer) nicht bestimmt benannten Dritten, zu Gunsten von incertae personae? Kann auch aus einem solchen Vertrage ein unmittelbares, selbstständiges Recht des Dritten entstehen? — Diese Frage wird meines Erachtens gleichfalls bejaht werden müssen.

Sehr häufig findet man im Vertrage die Festsetzung, daß die Versicherung „zu Gunsten der Erben" abgeschlossen sei (einer der wichtigsten Fälle der Versicherungsnahme zu Gunsten von incertae personae). Hat der Versicherungsnehmer sich des Ausdruckes „Erbe" bedient, so ist er damit dem gemeinen, nicht dem doktrinellen Sprachgebrauche gefolgt. Er

---

[1]) Cf. die eingehende Motivierung in dem Erkenntnis des Obertribunals zu Stuttgart vom 7. Mai 1870; Seuff. Arch. Bd. 24. Nr. 155.

[2]) Cf. Gareis l. c. S. 284.

hatte, indem er diese Bestimmung traf, Individuen, nicht ein ideelles Wesen, nicht die Erbschaft im Auge. Er beabsichtigte mit dem Worte „Erben" diejenigen Personen zu bezeichnen, die nach dem Gesetze als seine Intestaterben berufen sein würden. Man muß sich dabei stets vergegenwärtigen, welche Absicht der Versicherungsnehmer gehabt hat. Er wollte, daß nach seinem Tode denjenigen, denen durch sein Ableben pekuniäre Nachtheile erwachsen können, eine gewisse Summe zur Verfügung stehe, deshalb zahlte er seine Sparbeträge der Lebensversicherungsgesellschaft ein. Würde der Nachlaß, die Erbschaft die Versicherungssumme erhalten, so würde gerade das Gegenteil von dem eintreten, was der Versicherungsnehmer gewollt.

Es ist hierbei wohl zu berücksichtigen, daß der Versicherungsnehmer nicht selten zu einer unbestimmten Bezeichnung zu greifen geradezu gezwungen wird, oder auch, daß ihm eine solche wünschenswerter erscheint. Dieses zeigt sich nicht nur in dem Falle, wo die Stipulation zu Gunsten der Erben, sondern auch da, wo sie zu Gunsten der Kinder lautet. Im Augenblicke der Vertragsschließung weiß der Promissar nicht, wer zur Zeit seines Hinscheidens seine Erben sein werden, daher wählt er die unbestimmte, allgemeine Bezeichnung. Er wählt diese aus praktischen Rücksichten, um nicht gezwungen zu sein, die Person des Begünstigten mehrfach zu wechseln, sobald ein anfangs berechtigter Erbe späterhin durch einen mehrberechtigten verdrängt wird. Dasselbe gilt mutatis mutandis von dem Ausdrucke „zu Gunsten meiner Kinder". Sind im Moment der Vertragsschließung Kinder vorhanden, so entsteht das Recht auf die Versicherungssumme auf dem Kopfe dieser Kinder, was jedoch nicht ausschließt, daß im weiteren Verlaufe der Zeit noch andere gleichberechtigte Kinder hinzutreten. Es kann daher auch der Vertrag geschlossen werden zu Gunsten noch nicht existirender Personen. Es steht dem nichts im Wege, daß Jemand, der keine Kinder besitzt, sein Leben zu Gunsten seiner Kinder versichert. Er thut dieses in der Annahme und in der Hoffnung, bei seinem Ableben Kinder zu haben. In diesem Falle entsteht das Recht des Dritten nicht sofort; es soll, gemäß des Willens der Paciscenten, erst von einem späteren Zeitpunkte an beginnen, in dem Augenblicke der Geburt eines Kindes.

Es ist daher nicht notwendig, die Person des Dritten sofort zu bestimmen. Es kommt vielmehr sehr häufig der Fall vor, daß sog. offene Versicherungsscheine ausgestellt werden, wobei der Versicherungsnehmer sich vorbehält, erst später durch Ausfüllung des Namens die Person zu bezeichnen, der das Forderungsrecht erworben sein soll. Die Forderung aber besteht, nur fehlt es ihr vorläufig noch an der „subjektiven Anknüpfung", die der Versichernde in seiner Hand hat. Stirbt der Versicherungsnehmer, ohne das Forderungsrecht einer bestimmten dritten Person zugewendet zu haben, so ist damit nicht ein Forderungsrecht des Versicherungsnehmers errichtet, sondern immer nur ein Recht des Dritten. Allerdings werden die Erben des Promissars als Forderungsberechtigte auftreten, sie werden die Versicherungssumme beanspruchen, aber sie werden dieses nur in ihrer Eigenschaft als Dritte thun können, nur iure suo, nicht iure hereditario.[1]) Denn das Recht auf die Versicherungssumme ist niemals im Vermögen des Versicherungsnehmers gewesen und kann auch nicht in dasselbe gelangen. Ich komme somit auch in diesem Falle, wo die Versicherung zu Gunsten von incertae personae genommen ist, zu demselben Ergebnis wie oben, zu dem Ergebnis, daß der Dritte auf die Versicherungssumme ein unmittelbares und selbständiges Recht erwirbt, daß zum Nachlasse des Versicherten die Versicherungssumme nicht gerechnet werden darf.

Wohl mag hie und da, wenn die Versicherungsnahme zu Gunsten unbestimmter Personen erfolgt ist, der Fall eintreten, daß es zweifelhaft erscheint, wer der Begünstigte ist, ob in der That der Versicherungsnehmer zu Gunsten einer dritten Person oder zu eigenen Gunsten den Vertrag abgeschlossen hat. Man wird in solchem Zweifel nicht nur zu untersuchen haben, ob eine Person und welche in der Polize als die berechtigte benannt ist, sondern man wird auch auf die die Grundlage des Versicherungsvertrages bildenden Antragspapiere zurückgreifen müssen. Es wird stets der Wille der Parteien als das höchste Gesetz gelten müssen. Die Kontrahenten sind es, die dem Vertrage seinen Inhalt geben; wollen sie, daß ein Dritter Rechte aus dem Versicherungsvertrage erwirbt, so wird dem Folge geleistet werden müssen; ist es ihr Wunsch, daß kein Recht des Dritten entsteht, so ist auch dieser zu achten. Dann aber liegt kein Vertrag zu Gunsten Dritter mehr vor, sondern zu eigenen Gunsten oder zu Gunsten der Erbschaft, auf die ich oben hingewiesen habe. —

---

Unter Berücksichtigung des Lebensversicherungsvertrages habe ich den Nachweis zu führen gesucht, daß das Recht auf die Lebensversicherungssumme nicht zum Nachlasse des Versicherten zu rechnen sei, daß vielmehr gemäß des Vertrages der Dritte ein unmittelbares, selbständiges Recht auf die Versicherungssumme erlange.

Das römische Recht, das den Rechtssatz aufstellte: nec paciscendo nec legem dicendo nec stipulando quisquam alteri cavere potest, kennt kein solches Recht des Dritten, wie es in dem Lebensversicherungs-

---

[1]) Cf. die Entscheidung des Reichsgerichts vom 3. März 1880. Entscheidungen 2c. I. S. 378.

vertrage zu Gunsten Dritter vorliegt, wenigstens können wir hier im günstigsten Falle nur von Keimen eines solchen Rechtes reden. Unsere Zeit jedoch, der moderne Verkehr drängt zur Anerkennung dieser Verträge, aus denen ein Dritter ohne sein Zuthun Rechte erwirbt, und es ist nicht zum wenigsten das Institut der Lebensversicherung, das auf die Gültigkeit dieser Verträge angewiesen ist. Der Zweck der Lebensversicherung muß bei Beantwortung dieser hier erörterten Frage aber in erster Linie mit berücksichtigt werden. Es gilt vor allem — cf. sub. I. — den Vermögensverlust, der durch das Hinscheiden einer Person einer anderen erwachsen kann, zu vergüten, deshalb zahlt der Versicherungsnehmer seine Sparbeträge der Lebensversicherungsgesellschaft ein. Er thut damit ungefähr dasselbe, als wenn er einem Banquier bestimmte Summen Jahr für Jahr zu Gunsten einer dritten Person übergibt, jedoch mit der Bestimmung, daß das sich hier ansammelnde Kapital erst nach seinem Tode dem Dritten ausbezahlt werden sollte. Die Lebensversicherungsverträge zu Gunsten Dritter, die der Verkehr geschaffen hat, um jenes der Volkswohlfahrt förderliche wirtschaftliche Ziel der Sicherstellung der Existenz der Angehörigen des Versicherungsnehmers durch Verschaffung einer nach dessen Tode an jene zu bezahlende Summe zu erreichen, diese Verträge bedürfen heute der Anerkennung ihrer principiellen Gültigkeit. Wird der Anspruch des Dritten, des Begünstigten auf die Lebensversicherungssumme als ein ihm unmittelbar durch den Versicherungsvertrag erworbener nicht geschützt, nicht anerkannt, so wird der Zweck der Lebensversicherung häufig vereitelt, die Entwickelung dieser für unser Wirthschaftsleben so bedeutsamen Institution gehemmt.

Das Recht hat sich der Volkswirtschaft zu beugen!

Die rechtserzeugende Kraft des Verkehrslebens, jene ewige, nie versiegende Rechtsquelle darf nicht verleugnet werden. Gerade bez. dieses Punktes können wir von den römischen Juristen der klassischen Zeit viel lernen, die es verstanden haben aus dem Leben, aus den wirtschaftlichen Vorgängen, aus den ethischen Anschauungen ihrer Zeit ihre Rechtsprincipien zu schöpfen.

Wie aber Leben und Verkehr mit den sich verändernden geistigen Zuständen der Völker sich entwickeln und neu sich gestalten, so auch Hand in Hand mit ihnen das Recht, das ein stets werdendes, nie stillstehendes ist. Mag immerhin für jene Zeiten, in denen das römische Recht sich gebildet, der Grundsatz, daß nur die eigentlichen Kontrahenten aus dem Vertrage berechtigt und verpflichtet werden können, zweckmäßig und genügend gewesen sein, wir müssen heute dem Vertrage den verschiedenartigsten Inhalt gestatten, wir dürfen ihm keine Grenzen bezüglich seiner Ausdehnung mit Gewalt aufzwängen. Der Jheringsche Ausspruch: „Durch das römische Recht über dasselbe hinaus" gilt auch hier. Wir müssen mit jenen römischen Bestimmungen brechen, die nicht in Einklang zu bringen sind mit den wirtschaftlichen Anforderungen, mit den ethischen Begriffen unserer Zeit. Deshalb aber müssen wir auch endgültig und rückhaltlos die Verträge zu Gunsten Dritter anerkennen.

Das Recht, das unzertrennlich von der Wirtschaft, in lebendigem Verkehr sich fort und fort neu erzeugt, ist weder etwas Gemachtes, noch wartet es darauf, daß es gemacht werde; es ist da, aber muß erfaßt werden. Gerade deshalb aber kann sich die Gegenwart, wie Bruns solches vor wenigen Jahren an dieser Stelle mit Recht hervorhob, „nie das Recht nehmen lassen, einmal mit der Vergangenheit Abrechnung zu halten und die etwaigen Mißbildungen der Geschichte mit scharfen Schnitten zu beseitigen. Die Abfassung neuer Gesetzbücher ist aber so recht eigentlich die passende Gelegenheit dazu." [1]) Das alte Recht bedarf denn der kritischen Revision, die Ideen der Gegenwart müssen zur Anerkennung und Geltung gebracht werden. Bezüglich der hier erörterten Frage haben bereits andere Länder den Weg der Gesetzgebung beschritten. Wir aber müssen ihnen folgen, denn der Beruf der Gesetzgebnng kann nicht nur darin erkannt werden, das geltende Recht zu kodificiren, das Kontroverse in ein unbestreitbares zu verwandeln, vielmehr besteht ihre höchste und edelste Aufgabe darin, „die neuen Rechtsbildungen, welche nach Luft und Licht ringen, an den Tag zu bringen, ihnen Anerkennung und Geltung zu verschaffen und auf diese Art das Recht schöpferisch fortzubilden." [2])

---

1) Cf. Verhandlungen des 14. Deutschen Juristentages (Berlin 1878) S. 85.
2) Cf. Unger l. c. S. 108.

# XI.

## Gutachten des Herrn Privatdocent Rechtsanwalt Dr. Otto Mayer zu Straßburg i. Elsaß

über die Frage:

Sind die deutschrechtlichen oder die römischrechtlichen Grundsätze hinsichtlich des Fruchterwerbes im deutschen bürgerlichen Gesetzbuche aufzunehmen?

---

I. Als der Titel des code civil zur Berathung kam, welcher vom Eigenthum, insbesondere auch vom Fruchterwerb handelt, da erstattete der Bürger Faure im Tribunate Bericht darüber und erklärte, diese vollendete Gesetzgebung verdanke man im Wesentlichen den Römern; vom germanischen Rechte gebrauchte er die strengen Worte: ainsi disparaîtront ces divers systèmes de législation qui rappelaient sans cesse au milieu d'une nation éclairée les resultats éffrayants des invasions des peuples du Nord.[1]) Thatsächlich ist aber doch im französischen Civilrecht der Fruchterwerb viel mehr in Anlehnung an germanische Grundsätze geordnet und ist dabei wohl und fein geordnet, trotz aller Naivetäten der Gesetzgeber. Wir dürfen dergleichen nicht nachahmen wollen; die Reflexion muß uns den glücklichen Instinkt unserer Nachbarn ersetzen. Wir verlangen die Wurzeln bloß vor Augen zu haben, mit welchen unsere zu schaffenden Rechtsinstitute in ihren geschichtlichen Grundlagen hängen, und gerade durch dieses Zurückgehen auf den letzten Grund bekommt die Frage bei uns

---

[1]) Recueil des lois composant le Code civil avec les discours des orateurs etc. T. II p. 91.

gern jene scharfe Gestalt des Entweder — oder, in welcher sie hier gestellt ist.

Wir müssen uns zunächst kurz noch einmal das Gedankenmaterial zurecht legen, welches von der einen und anderen Seite für den Aufbau unseres Rechtsinstitutes geboten wird.

Es ist bekannt, wie eng das germanische Recht die Zugehörigkeit der Fahrniß mit dem thatsächlichen Besitze verknüpft. Dieß wird auch bestimmend für den Erwerb der Frucht, so zwar daß selbst solche Gründe, welche zur Herausgabe der Hauptsache verpflichten würden, sich nicht übertragen auf die gezogenen Früchte; z. B. ein trächtiges Pferd ging verloren, der neue Besitzer muß nur dieses herausgeben, nicht auch das inzwischen geborene Füllen.[1]) Nur wer in offenbarer Rechtswidrigkeit die Nutzung sich verschafft hat, erstattet auch die gezogene Frucht „umme des vrevel willen“; so wird namentlich dem Dieb noch weit über die Frucht hinaus jeder Vorteil aus der Sache abgenommen.[2])

Bei Früchten des Bodens, die eine Bebauung erfordern, greift aber ein mächtigeres Prinzip ein. Wenn das Grundstück dem bisherigen Besitzer abgenommen wird vor der Ernte, fallen die Früchte grundsätzlich dem neuen Besitzer zu. Wenn jedoch die Bebauung bis zu einem gewissen Punkte vorgeschritten war, so machen die Früchte den Wechsel nicht mehr mit: der Bebauer hat durch seine Arbeit ein Recht an ihnen erworben, sie sind sein „verdientes Gut.“[3]) Böser Glaube verhindert meist die Entstehung dieses Rechtes; der Zeitpunkt des endgültigen Erwerbes wird verschieden bestimmt; wir brauchen auf all das nicht näher einzugehen. Was uns interessirt, das ist die dem germanischen Rechte eigenthümliche Anerkennung der That auch hier wieder wirken zu sehen: der neue Besitz an der Frucht wird überwogen durch einen älteren, intensiveren. Es ist der gleiche Gedanke, der auch zu einer Beschränkung oder Ausschließung des Ueberhangsrechtes führt gegenüber gepfropften Bäumen und solchen die in einem Garten stehen.[4]) — Man hat von romanistischer Seite die Bedeutung dieser Regel abzuschwächen gesucht, und vorgebracht: es könne sich nur um ein obligatorisches Aneignungsrecht dabei handeln, es sei ja nicht möglich, daß die mit der Hauptsache noch verbundene Frucht einem Anderen zu Eigenthum gehöre.[5]) Aber römisches Eigenthum ist eben auch nicht in

[1]) Stobbe, Beiträge zur Geschichte des deutschen Rechtes S. 76—77. Heimbach, die Lehre von der Frucht S. 303.

[2]) Stobbe, S. 77—78.

[3]) Heimbach, S. 282 ff. Stobbe, S. 67 ff.

[4]) Hillebrand in Zeitschrift für deutsches Recht Bd. IX, S. 313 Anm. 8.

[5]) Wächter, Erörterungen, Th. I. S. 58, Anm.; Goeppert, organische Erzeugnisse S. 157.

Frage; das germanische Sachenrecht ist freilich nicht so scharf formulirt, wie das römische und namentlich sein Fahrnißeigenthum hat nicht die gleiche Selbständigkeit gegenüber der Obligation. Aber die ganze Zugehörigkeit der Sache, die es zu geben weiß, hat es dem Bebauer bezüglich der Saat jedenfalls geben wollen; mehr ist nicht behauptet, das genügt aber auch, um das Weitere daran anzuknüpfen. —

Im römischen Rechte sehen wir sofort auch auf diesem Gebiete wieder jene verstandesklaren abstrakten Rechtsbegriffe in Thätigkeit, welche die rohe Aeußerlichkeit des Fruchterwerbs in eine Mannichfaltigkeit verschiedener Formen zerlegen. Das Eigenthum, dieses vom sichtbaren Besitze unabhängige abstrakte Recht an der Sache, erzeugt unmittelbar ein gleiches Recht an der von dieser Sache gelösten Frucht (Separationserwerb). Besteht ein dingliches Recht an der Sache auf Erwerb ihrer Früchte, so vollzieht sich für den Berechtigten der Fruchterwerb nicht unmittelbar durch die Loslösung; sein Rechtsverhältniß zur Frucht wird erst vollendet durch einen Erwerbsakt, die Aneignung desselben (Perceptionserwerb). Das dingliche Recht an der Hauptsache hat bloß zur Folge ein Angebot des Erwerbs der Frucht, welches unabhängig vom Willen des Eigenthümers, gleichsam aus der Hauptsache selbst heraus ihm gemacht wird. In der Zwischenzeit vor der Perception, wenn eine solche offenbleibt, wirkt wieder das abstrakte Recht des Eigenthümers der Hauptsache. So wenigstens bei dem Normalfall des usus fructus; ob und inwiefern für andere dinglich Berechtigte, wie emphyteuta und antichretischer Pfandgläubiger, ein unmittelbarer Erwerb eintritt, kann mit Rücksicht auf die Unerheblichkeit der Frage für unseren praktischen Zweck hier nicht näher untersucht werden. Eine dritte Klasse von Fruchterwerbern bilden diejenigen, deren Recht beruht auf einem obligatorischen Vertrage mit dem Eigenthümer der Hauptsache; hierher gehört der Pächter. Auch dieser erwirbt die Frucht durch Perception; aber die Perception hat hier eine andere Bedeutung; sie ist die Vollendung eines Rechtsgeschäfts mit dem Eigenthümer, eine Eigenthumstradition der Frucht, welche in dem Verpachtungsvertrage begonnen hat. Der Erwerb hat also den fortdauernden Traditionswillen des Verpächters zur Voraussetzung. Erklärt derselbe vor der Perception, er wolle nicht mehr, daß sein Pächter erwerbe, so wird dieser auch nicht Eigenthümer.[3]) Die vierte Form bietet der Erwerb des bonae fidei possessor. Wir wollen diese einer genaueren Betrachtung unterziehen, weil gerade an ihr jenes eigenthümliche Spiel der abstrakten Begriffe am schärfsten hervortritt und uns zum Bewußtsein bringt, was es heißt, römischrechtliche Grundsätze für den Fruchterwerb aufzunehmen.

[3]) Sohm in Zeitschrift für Handelsrecht Bd. XVII S. 35 ff.

Wir stellen uns damit auf den Boden der herrschenden Lehre. Denn wenn wir einer von wenigen aber gewichtigen Namen getragenen Auffassung des Falles folgen wollten, so gehörte derselbe gar nicht hierher als besondere Rubrik. Nach Savigny, Windscheid und Göppert[1]) vollzieht sich auch dem bonae fidei possessor gegenüber der Fruchterwerb ganz wie sonst zu Gunsten des Eigenthümers der Hauptsache in der zuerst erwähnten Form; das Besondere liegt lediglich in dem Ausschluß der persönlichen Ersatzforderung wegen der fructus consumpti. Das stimmt natürlich auch im Wesentlichen mit dem praktischen Ergebnisse der Quellen, denn dieses Ergebniß ist auf solche Weise direkt postulirt. Allein über die Frage nach der inneren Begründung sind wir damit nicht hinweg, und die ist so nicht zu lösen.

Zunächst hat diese Theorie schon einen schweren Stand gegenüber den bestimmten Aussprüchen der römischen Juristen, welche auf eine einzige Art der Begründung jenes Ergebnisses hinweisen: der b. f. p. ist Eigenthümer der Früchte gewesen, welche er vor der litis contestatio verzehrt hat: ejus fiunt, suos facit, loco domini est.[2]) Sie haben niemals dem Eigenthümer der Hauptsache gehört: quia nunquam debitoris (des verpfändenden Eigenthümers) fuerunt.[3]) Daran knüpft sich der Mangel eines Ersatzanspruches als selbstverständliche Folge: placuit fructus — ejus esse — et ideo (dominus) de fructibus ab eo consumtis agere non potest.[4]) Wer dem römischen Recht an Stelle dieser von ihm selbst gegebenen Begründung eine andere unterlegen will, der muß damit anfangen, jene zahlreichen Aussprüche als unbedachte Redensarten zu verwerfen, deren Tragweite den Juristen nicht bewußt war, und wie mißlich das ist, hat namentlich Windscheid selbst offen bekannt.[5]) Das Zweite aber, die Angabe eines genügenden Grundes für den Ausschluß der Ersatzforderung, unabhängig von jener Gestaltung des Fruchteigenthums, scheint mir noch weniger geglückt.

Wenn eine fremde Sache bei dem bonae fidei possessor nicht mehr in Natur vorhanden ist, so hat er doch dem Eigenthümer die etwa durch dieselbe ihm gewordene Bereicherung zu ersetzen: quasi ex re tua locu-

---

1) Savigny, Recht des Besitzes S. 315 ff.; Windscheid, Zeitschrift für Civ. u. Pr., N. F. IV S. 55 ff., derselbe: Lehrbuch § 186. Göppert, organische Erzeugnisse S. 344 ff.

2) l. 48 p. D. 41, 1; l. 28 pr. D. 22, 1; §. 35 J. 2, 1; u. a. m.

3) l. 1, 2 D. 20, 1.

4) § 35 J. 2, 1.

5) Zeitschrift für Civ. u. Pr., N. F. IV S. 105. Hiezu die Bemerkung von Brinz in Krit. Vierteljahrsschrift Bd. 15 S. 272.

pletior factus sim.[1]) Bleiben also die Früchte Eigenthum des Eigenthümers der Hauptsache, trotzdem daß ein b. f. p. sie zieht, so müßte der Letztere der Regel nach für diejenigen Früchte haften, welche er außer den extantes gezogen hat, nicht unbedingt, aber wenigstens in jenem Maaße. Daß die rei vindicatio in ihrer älteren Form solche Nebenansprüche nicht umfaßte, daß eine selbständige Klage, die condictio oder eine actio in factum, nothwendig geworden wäre, daß erst im neueren Rechte die Verschmelzung solcher verschiedener Ansprüche stattfand,[2]) thut nichts zur Sache, das Wesen des Anspruchs bleibt dasselbe. Warum also die Ausnahme für die Frucht? Windscheid erklärt sie aus der ökonomischen Stellung der Frucht; dieselbe hat die Bestimmung verzehrt zu werden; also wird der Besitzer durch ihre Konsumtion nicht bereichert. Diese Ausscheidung von Kapital und Erträgniß ist aber doch nur statthaft, wenn ein Vermögen als Ganzes in Betracht kommt. Von der hereditatis petitio nimmt denn auch Windscheid seine Belegstellen. Hier aber, wo es um Einzelsachen sich handelt, sehen wir nicht ein, warum die Kuh weniger die Bestimmung haben soll, verzehrt zu werden, als das Kalb, und das Füllen mehr als die Stute. Auch was unmittelbar die Frage der Bereicherung anlangt, ist oft ein Unterschied zwischen Frucht und Hauptsache nicht zu sehen: wenn ich fremde Wolle verwebe, bin ich ganz ebenso bereichert, ob ich sie als Wolle an mich gebracht oder sie selbst erst vom Schafe geschoren habe. Freilich kann in vielen Fällen der Verlust oder die Verwendung der Frucht ohne übrigbleibende Bereicherung stattfinden; das ist quaestio facti. Aber nimmermehr kann man in Bausch und Bogen Früchte für unfähig erklären eine Bereicherung zu erzeugen. Die Römer wenigstens haben sich gar nicht gescheut anzuerkennen, daß materiell für den verwendenden b. f. p. hier ein lucrum stattfinde, welches unter anderen Umständen die condictio hervorrufen mußte: aut bona fide percepit et lucrari eum oportet, si eos consumsit, aut mala fide et condici oportet (l. 4, 2 D. fin. reg.).

Windscheid ist aber der Einzige, welcher eine ernsthafte Begründung des direkten Ausschlusses der condictio versucht. Von Savigny haben wir ja leider nur die hingeworfene Bemerkung und Göppert begnügt sich im Wesentlichen mit dem Hinweis auf Jurisprudenz und Praxis, welchen vermuthlich die Gewährung der condictio in diesem Falle als eine Härte

[1]) l. 23 D. 12, 1.

[2]) Wetzell, römischer Vindikationsprozeß S. 164; Jhering, Geist des römischen Rechtes III, I. S. 31. Der erstere scheint in der That den Ausschluß der condictio wegen fructus consumpti auf solch einen formellen Grund zurückführen zu wollen.

erschienen wäre.[1]) So bleibt denn die Sachlage die: wenn der Eigenthümer der Hauptsache auch Eigenthümer der Früchte wird, so ist allerwege kein ausreichender Grund zu sehen, warum er wegen der verwendeten Früchte dem b. f. p. nicht die Bereicherung abnehmen sollte. Also darf er nicht Eigenthümer dieser Früchte geworden sein.

Aber warum erwirbt der Eigenthümer dem b. f. p. gegenüber die Früchte nicht ebenso, wie er auch in diesem Falle andere Absonderungen erwirbt? Die herrschende Lehre sucht den Grund in irgend einer Art Verstärkung, welche hier die b. f. possessio erhält, und vermöge deren sie das an sich berechtigte Eigenthum des dominus überwindet. Oft besteht die Verstärkung nur in einer Titulatur: denn mehr ist's doch nicht, wenn man sagt, der b. f. p. sei quasi dominus oder fingirter Eigenthümer.[2]) Andere möchten diese höhere Kraft als einen ehrwürdigen Rest altersgrauer Vorzeit geachtet wissen;[3]) da denn allerdings die Kritik sich zu bescheiden hätte. Am häufigsten beruft man sich jetzt auf praktische Erwägungen, Rücksichten der aequitas oder der Sicherheit des Verkehres, welche dazu geführt hätten, das Fruchteigenthum dem dominus vorzuenthalten und es dem b. f. p. zu geben.[4])

Wir müssen ausscheiden. Die Schwierigkeit liegt ganz und gar auf Seiten des nicht erwerbenden dominus. Denn auf welche Weise der b. f. p. Eigenthümer wird, das sagen uns die Quellen ausdrücklich. Er wird es naturali ratione. Jene Rechtsphilosophie ist hier thätig, welche das jus gentium erzeugt. Es ist die nämliche naturalis ratio, auf welche die Urerwerbsarten der Okkupation, der Erbeutung, der Fruchtziehung zurückgeführt werden,[5]) — Erwerbsarten, von welchen Nerva sagt, daß sie die Spuren des ursprünglichen Rechtszustandes vorstellten, in welchem Besitz und Eigenthum zusammenfallen.[6]) Natürlich können diese vestigia jetzt nur noch wirken, soweit nicht ein erworbenes Recht im Wege steht. So erwirbt der Besitzer der ferae bestiae die Jungen, welche bei ihm geboren werden, naturali ratione.[7]) Der Erwerb des b. f. p. hätte also seine ganz bestimmte Grundlage, aber eine Grundlage, von der man nur ausgehen kann, wenn ein freier Spielraum für den Erwerb an den Früchten

---

1) Organische Erzeugnisse S. 365.

2) Vangerow, Lehrbuch §. 326.

3) Bake, b. f. p. quemadmodum fructus suos faciat p. 140. Heimbach, Lehre von der Frucht S. 259. Janke, Fruchtrecht S. 66.

4) Scheurl, Beiträge, I S. 296; Ihering, in Jahrb. für Dogmat. Bd. 12 S. 320. Koeppen, Fruchterwerb des b. f. p. S. 47.

5) l. 1, l. 2, l. 5, l. 6, D. 41, 1.

6) l. 1, 1 D. 41, 2.

7) l. 2 D. 41, 1.

vorhanden ist d. h. wenn eben der dominus nicht von vornherein selbst Eigenthum daran erhält.

Diese Verneinung des Erwerbes des dominus, welcher die Voraussetzung für alles bildet, kann aber weder eine stehen gebliebene alte Rechtsregel sein, noch auch das Erzeugniß eingreifender Erwägungen praktischer Natur. Denn die Lehre von dem fructus suos facere des b. f. p. kann sich erst entwickelt haben im Anschluß an die feinere Ausbildung der condictio wegen unbilliger Bereicherung. Erst da verlohnte sie sich der Mühe und bekam sie praktische Bedeutung. Das vollzog sich aber doch nur seit der ersten Kaiserzeit. Für diese Zeit besitzen wir aber auch genügendes Quellenmaterial, um eine Vorstellung zu bekommen, auf welche Art die Lehre sich ausbildete. Zweierlei war an sich möglich. Zunächst mußte das Auftreten der condictio zu einer neuen und tieferen Prüfung des Verhältnisses zwischen dominus und b. f. p. führen. Ergab sich, daß der Erstere nicht Eigenthümer der fructus consumpti geworden war, so mußte das jetzt nothwendig ausgesprochen werden, nicht als eine Neuerung, sondern als eine einfache Wahrheit, welche bisher aus Mangel eines Anlasses nicht zum Vorschein kam. Fand man aber, der dominus sei eigentlich Herr der Früchte geworden, so konnte man ihm aus äußerlichen praktischen Gründen dieses Eigenthum doch noch absprechen, etwa damit er die condictio nicht habe, wie Koeppen meint oder aus sonst einer Rücksicht. Aber das war dann ein Entschluß, eine Willensverfügung, wozu wohl ein Gesetz nöthig gewesen wäre; sollte es aber auch nur durch „Jurisprudenz und Praxis" geschehen sein, so hätte diese doch gewiß nicht unterlassen, ihre That und ihre Beweggründe feierlich zu bekennen. Insofern scheint uns also das Schweigen der Quellen von entscheidender Bedeutung. Die Lehre hat sich offenbar in der erst angegebenen Weise entwickelt d. h. durch juristische Zergliederung und Vertiefung des vorhandenen Stoffes. Die römischen Juristen geben es uns als eine einfache aus der rechtlichen Natur des Eigenthumserwerbs des dominus an den Früchten fließende Thatsache, daß derselbe nicht stattfinde, wenn die Hauptsache in Händen eines b. f. p. ist.

Diese Auffassung ist aber sofort auszudehnen auf eine zweite Erscheinung, welche mit der soeben zunächst betrachteten im innigsten Zusammenhange steht. Die Früchte werden dem dominus nicht unbedingt abgesprochen; wenn er nachher „darüber kommt" und die vindicatio anstellt, muß ihm der b. f. p. die fructus extantes als sein Eigenthum herausgegeben (restituere).[1]) Wie und warum nun der dominus doch

[1]) § 35 J. II, 1.

noch Eigenthümer der Früchte wird, darüber ergehen sich unsere Autoren in den mannichfaltigsten Vermuthungen. [1]) Wir halten uns wieder einfach an die Thatsache. Bezüglich der Früchte, welche zur Zeit seiner Vindikation noch vorhanden sind, wird der dominus so behandelt, als sei er Eigenthümer; die Quellen lassen wenigstens keinen Unterschied erkennen. Also muß er doch nach ihrer Meinung jetzt Eigenthum erworben haben. Inzwischen ist aber gar nichts Neues geschehen. Die rei vindicatio für sich selbst ist natürlich kein Eigenthumserwerbsakt; alles was sie von einem solchen etwa enthält, ist nur der animus domini, der erklärte Wille, die Sache als die seinige zu haben. Seine eigentliche Grundlage kann der Erwerb nur nehmen aus dem vorausgehenden Umstande, daß die geforderte Frucht aus dem Eigenthume des Vindikanten erzeugt ist. Es läßt sich gar nicht verkennen, daß wir hier eine einheitliche Rechtsfigur vor uns haben. Die beiden Stücke, versagter Erwerb und doch noch gestatteter Erwerb, fließen in eins zusammen. Das erstere enthält schon einen Theil des Erwerbsaktes, der sich in dem zweiten vollendet. Der Erwerbsakt, durch welchen der Eigenthümer der Hauptsache Eigenthümer der Früchte wird, vollzieht sich unter gewöhnlichen Umständen durch die bloße Separation; ist die Hauptsache in den Händen eines b. f. p. und dadurch dem dominus thatsächlich entfremdet, so bedarf es zur Herstellung des rechtlichen Bandes noch einer besonderen Erwerbshandlung, eines Aneignungsaktes, als welcher die Erhebung der rei vindicatio anerkannt ist.

Dieß ist die Theorie der römischen Juristen. Huschke gibt sie uns wieder in seiner phantasievollen Weise: die Frucht ist bei dem b. f. p. in Gefangenschaft und durch die rei vindicatio kehrt sie zum dominus zurück, iure postliminii. Bei Köppen aber ist sie so klar ausgesprochen, daß wir nichts anderes zu thun haben, als ihm zu folgen. [2])

Warum sollen wir uns aber hiermit nicht begnügen? Wozu bedürfen wir noch äußerlich rechtfertigender Gründe? Nehmen wir doch auch sonst juristische Konstruktionen ohne Weiteres hin und die römischen Juristen wollen jedenfalls dafür angesehen werden, daß sie hier nichts anderes thun, als wenn sie auch beim Usufruktuar die Wirkungen der separatio und der perceptio unterscheiden. Nun ist es ja ganz interessant, wenn man ihnen nachweisen kann, daß sie sich dabei doch durch praktische Rücksichten haben leiten lassen: aber die Kenntniß der inneren Struktur des Rechtsgebildes,

---

[1]) Kurz und treffend behandelt von Goeppert a. a. O. S. 338.

[2]) A. a. O. S. 88; die hieran geknüpfte Lehre von der Pendenz der Rechtsverhältnisse ist für den Zweck des Gegenwärtigen nicht von Wichtigkeit.

wie sie es nun einmal thatsächlich geschaffen haben, wird dadurch nicht gefördert.

Sollen wir noch einen positiven Beweis erbringen, daß wirklich diese juristische Zergliederung des Erwerbsaktes, durch welchen dem dominus die Früchte zufallen, der Grund ist für das eigenthümliche Recht der b. f. possessio, so mag er gegeben werden durch die Antwort auf die Frage, warum nur bei Früchten und nicht auch bei sonstigen Absonderungen dieses Recht Platz greift. Der Unterschied zwischen Beiden liegt eben gerade in der verschiedenen technischen Behandlung des Erwerbs. Das Recht am Ganzen erfaßt auch den Theil und bleibt an demselben bestehn, auch wenn er sich loslöst. Die Loslösung ist also kein Erwerbsakt für sich, der getrennte Theil gehört uns auf Grund des Erwerbsaktes, durch welchen uns die Hauptsache gehört. Dieß ist die allgemeine Regel für Absonderungen jeglicher Art, die Früchte mit inbegriffen [1]), aber für diese hat sich allmählich eine abweichende Auffassung entwickelt: die Fruchtziehung wird als Eigenthumserwerbsakt betrachtet. Noch bei Gaius findet sich keine Spur davon. Bei der Aufzählung der verschiedenen Erwerbsakte in Buch II, § 66 ff. seiner Institutionen geschieht des Fruchterwerbs keine Erwähnung. Die Institutionen Justinian's (II, 1 § 36) schalten ihn in einem eigenen Paragraphen ein. Dieselbe Rolle spielt Gaius in dem Digestentitel de acquir. rer. dom. Dort sind gleich zu Anfang (l. 1 und l. 5) zwei Stellen aus seinem libri VII rerum quotidianarum aufgenommen, welche wieder Eigenthumserwerbsakte aufzählen; der Fruchterwerb ist nicht darunter. Dagegen erhält jedes Mal am Schluß des Citats der spätere Jurist Florentinus mit einem kurzen Fragmente das Wort (l. 2 und l. 6), lediglich um auch noch den Fruchterwerb als Erwerbsart des jus gentium beizufügen. — Diese neuere Auffassung geht so weit, den Fruchterwerbsakt geradezu als Besitz- und Usukapionstitel anzuerkennen, wie andere Eigenthumserwerbsakte. Ursprünglich überträgt sich der Titel der Hauptsache auf die Frucht: ex qua causa matrem usucapere possem — ex ea causa partum me usucapere.[2]) Der Käufer der Hauptsache besitzt also und ersitzt hiernach auch die Frucht pro emtore. Später erkennt man ihm aber einen besonderen Titel zu auf Grund des Fruchterwerbs, den titulus pro suo.[3]) — Damit trennt die Frucht ihr juristisches Schicksal

[1]) Savigny, Besitz S. 22, hält an dieser Gleichartigkeit des Erwerbes der Früchte noch unbedingt fest auch für das neuere Recht. Dagegen Scheurl, Beiträge I, S. 288 ff.

[2]) l. 11, 4 D. 6, 2.

[3]) l. 2 D. 41, 10; Goeppert a. a. O. S. 225 ff. hebt diesen Umstand hervor, verwerthet ihn aber nicht weiter.

von dem der anderen Absonderungen der Hauptsache, an welchen sich die Theorie eines besonderen Erwerbsaktes nicht ausbildete. Denn erst mit dieser Theorie wird es möglich, daß durch Zergliederung des Erwerbsaktes eine Pause entsteht, welche dem Recht des b. f. p. Platz leiht. Gaius, welcher den Erwerbsakt als solchen nicht kannte, spricht auch nicht vom Rechte des b. f. p. [1]); in den Institutionen Justinian's ist das Eine eingeschaltet wie das Andere.

Ueberblicken wir das Ganze, so erhalten wir ein rechtes Bild davon, wie das römische Recht mit abstrakten Begriffen rechnet, auch hier im Fruchtrecht.

Das Eigenthum an den Früchten begründet sich durch einen Erwerbsakt, eine acquisitio. Der Erwerbsakt des dominus, falls ein b. f. p. die Hauptsache hat, ist noch nicht fertig durch die bloße Separation der Frucht. Es bedarf noch eines Aneignungsaktes, ihn zu vollenden. Derselbe liegt regelmäßig in der rei vindicatio. Aber die rei vindicatio ist nur der Hauptfall, ähnlich wie beim Usufruktuar die perceptio. Wie beim Usufruktuar sonstige Besitzergreifung, muß auch hier sonstige thatsächliche Inanspruchnahme der Frucht genügen.

Vor Vollendung seines Erwerbsaktes ist der dominus nicht Eigenthümer der Frucht. Es wirkt also auf dieselbe das auf naturalis ratio beruhende Recht des gutgläubigen Besitzers der Hauptsache; und zwar sofort, denn nach der naturalis ratio genügt der Besitz der Hauptsache zur Zeit der Trennung: quae ex his apud nos sunt edita (l. 2 D. 41, 1). Daher dieses Recht des b.f.p. an den Früchten eintritt: statim ubi a solo separati sunt (l. 48 pr. D. 41, 1).

Sobald der Erwerbsakt des dominus durch die nöthige Aneignungshandlung sich vollendet, hört das Recht des b. f. p. an den Früchten auf, geradeso wie das des dominus durch die perceptio des Usufruktuars. Es ist also ein unsicheres vorübergehendes Eigenthum, was er hat — interim suos facit, loco domini paene est (l. 48 pr. D. 41, 1). Sind die Früchte einmal verzehrt, so kann der Erwerb des dominus sich nicht mehr vollenden; der b. f. p. ist und bleibt ihr letzter Eigenthümer: consumptos suos facit. Eine condictio gegen ihn ist auch nicht möglich, denn was er verzehrt hat, ist niemals Eigenthum des Andern gewesen: quia nunquam debitoris fuerunt (l. 1, 2 D. 20, 1).

II. Wie verhalten wir uns nun zu diesen beiden Systemen? Wir dürfen natürlich nicht glauben, vor einer freien Wahl zu stehen. Früher

---

[1]) Die Erwähnung des b. f. p. in l. 28 de usurio scheint eine Interpolation zu sein: Janke, Fruchtrecht S. 41 ff.

hätte man sich vielleicht damit begnügt, aus der Natur der Sache das Richtige zu deduciren und dann das eine oder das andere System zu empfehlen, als dem Begriff und Wesen der Frucht am meisten entsprechend. Wir haben jetzt mehr Achtung vor den Thatsachen. Nicht das subjektive Meinen und Fürguthalten darf entscheiden, sondern es handelt sich darum, um sich zu schauen und zu beobachten, wohin das Ganze geht. Unsere Gesetzgebung, Rechtspflege und Rechtslehre bieten uns ja eine Fülle von Erscheinungen, an welchen vielleicht eine bestimmte Richtung zu erkennen ist, und ist das der Fall, so muß in dieser Richtung weiter gegangen werden, es gibt dann keine Wahl. Also in welchen Bahnen wandeln wir thatsächlich, das ist die Frage. Haben wir germanische oder haben wir römische Grundsätze für den Fruchterwerb?

Das germanische Fruchterwerbsrecht, so wie es ist, kommt von vorneherein nicht in Frage. Was uns von seinen Grundanschauungen scheidet, das sind Thatsachen unseres Rechtsbewußtseins, welche keines Nachweises bedürfen. Wir haben die Idee eines abstrakten Eigenthums aufgenommen, auch für Mobilien; wir haben uns auch daran gewöhnt, das Recht an der Frucht als die Wirkung eines abstrakt wirkenden Verhältnisses zur Hauptsache anzusehen. Damit fühlen wir uns grundsätzlich der römischen Lehre verwandt und die Prüfung, welche stattfinden soll, ist lediglich nach dieser Seite hin zu richten. Es fragt sich, ob und inwieweit unsere Rechtsentwicklung nicht etwa auch vom römischen Rechte uns abführen will. Merkmale dafür können natürlich nur hie und da und stets in hartem Kampfe mit der Uebermacht des Romanismus zu Tage treten. Gleichwohl sind sie in dreierlei Richtung deutlich genug erkennbar:

1. Die römische Idee, alles Eigenthum an der Frucht zurückzuführen auf eine einfache Entfaltung des Eigenthums an der Hauptsache, verwischt sich; an ihre Stelle tritt die Annahme eines unmittelbaren Erwerbes jeder Person, welcher die Früchte rechtmäßig zukommen sollen; damit wird dieser allgemeiner gefaßte Rechtsanspruch zum Ausgangspunkt. Diese Neigung zeigt auf dem Gebiete des römischen Rechtes selbst ihre Spuren. Es wird im Eigenthum ein besonderes Fruchtziehungsrecht ausgeschieden [1]), das, wenn einmal ausgeschieden, wohl auch den Gedanken verträgt, daß es einem anderen als dem Eigenthümer zustehen könnte. Hieher gehört auch die ganz unrömische, aber ebendeshalb beweiskräftige Lehre vom jus accessionis. [2]) Dieses droit d'accession spielt auch bei den alten französischen Juristen seine Rolle. **Pothier**, der doch gewiß gut römisch zu

---

[1]) **Vangerow**, Lehrbuch S. 326 Anm. 1.

[2]) Dargestellt und widerlegt von **Bechmann**, Eigenthumserwerb durch Accession.

sein wünscht, gibt das bedeutsamste Beispiel der Verwendung dieses Begriffes zu dem angedeuteten Zwecke. Er sagt[1]): Le droit qu'a le propriétaire d'acquérir tous les fruits qui naissent de sa chose par droit d'accession, lequel est renfermé dans le droit de domaine et en fait partie, est lors de la constitution de l'usufruit détaché du droit de domaine et transféré à l'usufruitier lequel acquiert les fruits en vertu de cette partie du droit de domain de l'héritage qui lui a été transférée. Deßhalb soll denn der Nutznießer, allerdings entgegen der „subtilité du droit romain", unmittelbar die Frucht erwerben. Das Gleiche ist aber auch der Fall beim Pächter; denn er ist „aux droits du seigneur de la chose qui l'y a subrogé"; nur meint Pothier, man könne sich in diesem Falle denken, die Früchte seien „acquis pendant un instant de raison au seigneur de la chose". Jedenfalls erfolgt der Erwerb auch hier sofort mit der Trennung. — Die selbständigen Gesetzbücher der Neuzeit lassen denn auch in der That den feinen Unterschied des römischen Rechts zwischen dem Eigenthümer, Nutznießer und Pächter zu Gunsten eines gleichmäßigen sofortigen Erwerbs verschwinden. Im Preußischen Landrechte[2]) ist solcher allen gegeben, welchen das Nutzungsrecht an der Hauptsache zusteht; dasselbe geht ja ausdrücklich noch weiter, worauf noch zurückzukommen. Das Oesterreichische Gesetzbuch erkennt diese Regel mittelbar an, indem es z. B. dem Eigenthümer bei erloschener Nutznießung nur die noch stehenden Früchte zuspricht.[3]) Die Gesetzbücher für Solothurn[4]) und für Bern[5]) stehen auf demselben Standpunkt; auf Grundlage des letzteren gibt Leuenberger[6]) folgenden Satz: „Wenn einem Anderen in Folge eines speziellen Titels ein wohlbegründetes Recht auf die Früchte zusteht, z. B. dem Pächter, dem Nutznießer, dem Grundnachbarn — im Falle des Ueberhangs —, erwirbt nicht der Eigenthümer sondern der Specialberechtigte das Eigenthum an den Früchten, jedoch erst durch die Separation." Dieser Spezialberechtigte ist das vollkommene Seitenstück des preußischen Nutzungsberechtigten[7]), welcher ja auch alle diese Erwerbskategorien unterschiedslos umfaßt, und noch den Eigenthümer selbst dazu. — Soweit mir bekannt, sucht nur das sächsische Gesetzbuch[8]) den Unterschied von separatio und

1) Droit de propriété I, p. 153.
2) Dernburg, Lehrbuch des Preuß. Privatrechts § 234.
3) Bürgerliches Gesetzbuch für das Kaiserthum Oesterreich § 519.
4) Civilgesetzbuch § 743.
5) König, Bernische Civil- und Civilprozeßgesetze Bd. II, S. 165.
6) Vorlesungen über das bernische Privatrecht Bd. II, S. 155.
7) Allg. Landrecht Th. I, § 221.
8) Bürgerliches Gesetzbuch § 244. 245.

perceptio ausdrücklich aufrecht zu erhalten. — Dagegen dürfen wir als schlagenden Beweis für die behauptete Tendenz unserer Rechtsentwicklung das heutige französische Recht vorführen. Der code civil[1]) hatte dem Eigenthümer die Früchte zugesprochen, „par droit d'accession", über die Art des Erwerbs des Nutznießers, des Pächters jedoch nichts Näheres gesagt. Die französischen Juristen sind nun einig, daß dieser Erwerb vor sich gehe durch perception. So heißt es bei Demalombe[2]): l'usufruitier n'acquiert les fruits que par la perception. Also römisches Recht! Aber was versteht man unter perception? Hören wir Demalombe fortfahren; er sagt: Mit der perception sei es allerdings nicht mehr so ernst gemeint, wie im römischen Recht; „si on a continué à se servir des mots perception, perçu, c'est qu'ils expriment le cas le plus ordinaire; mais il est incontestable que le fait même accidentel de la séparation suffit dans notre droit; et les pommes par exemple ou les fruits quelconques arrachés par la violence du vent appartiennent certainement à l'usufruitier. Diese Auffassung ist das geltende Recht, welches sich demnach sehr unberechtigter Weise mit dem römischen Gewande schmückt.[3])

Wir stehen hier vor der Thatsache eines ziemlich gemeinsamen Abfalles von der römischen Lehre. Praktisch scheint vielleicht der Unterschied nicht von großer Bedeutung. Aber er trifft schon den Kern des Systems, denn Eigenthum der Frucht wird hier doch überall durch einen abstrakten Prozeß erzeugt; wenn es das Eigenthum an der Hauptsache nicht mehr ausschließlich ist, was das zu thun vermag, so muß ein neuer Rechtsbegriff an seine Stelle getreten sein.

2. Mit Recht hat schon v. Krämel in einem Vorschlage für die Ordnung dieser Materie im künftigen deutschen Civilgesetzbuche[4]) den unmittelbaren vollen Erwerb des gutgläubigen Besitzers zur Annahme empfohlen. Nach dieser Richtung herrscht große Uebereinstimmung in unseren geltenden Rechten. Dem redlichen Besitzer ꝛc. „gehören" alle Früchte, die während dieses Besitzes abgesondert sind[5]); er „erwirbt das Eigenthum der Früchte", sobald sie von der Sache getrennt sind[6]). Der code civil[7])

[1]) Art. 547.

[2]) Cours de code Napoléon t. X, p. 270.

[3]) Dabei wird das Wort perception durchgängig ebenso cavalierement behandelt, wie von Demalombe. Vgl. Mourlon, repetitions écrites p. 1518; Boileux, commentaires sur le code Napoléon t. II, p. 713 ad art. 585.

[4]) Archiv für civilistische Praxis Bd. 58, S. 261 ff.

[5]) Pr. L.R. Th. I, 7, § 188. 193 ff.; Oesterr. bürgerl. Gesetzbuch § 330.

[6]) Sächs. bürgerl. Gesetzbuch § 244.

[7]) Art. 549.

bedient sich des klassischen Ausdrucks: fait le fruits siens. Darunter ist aber wieder nicht das interimistische stellvertretende Eigenthum des römischen bonae fidei possessor verstanden. Schon Pothier[1]) bestätigt, daß die Praxis, entgegen dem römischen Rechte, keine Klage auf Erstattung der noch vorhandenen Früchte zulasse; auch Duranton[2]), indem er die Unterscheidung von fructus exstantes, welche gefordert, und consumti, welche nicht gefordert werden können, verwirft, beruft sich auf einen alten Gebrauch: la jurisprudence française, sagt er, n'a jamais admis cette distinction; wofür dann eine Reihe alter Autoren citirt wird. Der possesseur de bonne foi erwirbt also gleichfalls volles Eigenthum.

Man darf nun aber nicht glauben, daß dieser Eigenthumserwerb eine Folge sei des neuen Mobiliareigenthumssystems, insbesondere des Satzes: en fait de meubles possession vaut titre. Denn er gilt auch für Rechtsgebiete, welche hier dem römischen Traditionssystem folgen, wie das des preußischen Landrechtes und des sächsischen Gesetzbuches. Auch für das französische Recht ist es anerkannt, daß nicht von einer Wirkung des Satzes en fait de meubles die Rede sein kann. Wäre dieser hier überhaupt anwendbar, so müßte er ebensogut für andere Absonderungen wirken, die nicht als Früchte betrachtet werden, z. B. außerordentliche Holzschläge. Dies ist aber nicht der Fall.[3]) Der Erwerb der Früchte als Einzelsachen wäre also nicht zu begründen. Ueberdies bezieht sich der Besitz des possesseur de bonne foi gar nicht auf die Früchte selbst, die er erwirbt, sondern auf die Hauptsache. Sein Verhältniß zur Hauptsache erzeugt demnach ein abstraktes Recht, vermöge dessen ihm die daraus entstehenden Früchte zufallen. Pothier[4]) führt denn auch den auf gutgläubigen Besitz gegründeten Eigenthumserwerb auf unter den Fällen des Erwerbes par droit d'accession. Jedenfalls ist es das nämliche Recht was dem Pächter, Usufruktuar und Eigenthümer, und was dem gutgläubigen Besitzer zur Seite steht; denn seine Wirkungen sind die gleichen.

3. Zu der Neuerung in der Art des Erwerbes und zu dem neuen Erwerbe haben wir als drittes hinzuzufügen eine Erweiterung der Fähigkeit der Frucht Gegenstand von Rechten zu sein. Diese Fähigkeit hat sie nach heutiger Rechtsanschauung schon vor ihrer Trennung von der Hauptsache, sofern sie nur sichtbar und greifbar da ist. Dem römischen Rechte ist sie bekanntlich in dieser Zeit noch pars fundi; sie besteht rechtlich noch

---

1) Droit de propriété II, p. 341.
2) Cours de droit civil t. IV, p. 361.
3) Aubry et Rau, cours de droit civil. § 206 note 33.
4) l. c. I n. 153.

gar nicht: quae nondum sunt futura tamen sunt ut fructus pendentes.[1]) Daß solche Früchte als spes in Betracht kommen können, ändert daran nichts: ein gegenwärtiges dingliches Recht ist an ihnen unmöglich. Das mittelalterliche Recht hatte die gesäte Frucht unabhängig vom Rechte an Grund und Boden dem Besteller zugewiesen. Es ist vielleicht schon bezeichnend, wie der Kommentator des Codex Maximilianeus mitten aus der Theorie des römischen Rechts heraus einen Sehnsuchtsruf nach dieser Einrichtung erhebt.[2]) Jenes Recht des Sachsenspiegels ist in gewissen Gebieten noch bis in die Neuzeit bestehen geblieben.[3]) Von höchster Bedeutung ist aber die Thatsache, daß auch im Gebiete des gemeinen Rechts selbst diese Idee der Möglichkeit eines Sonderrechts an der stehenden Frucht praktisch wirksam sich eindrängt; und zwar nicht mehr in der unentwickelten Gestalt des germanischen Mobiliaranspruchs, sondern formulirt als dingliches Recht nach römischer Art. Dies ist auf das Glänzendste bezeugt und dargestellt in einem Erkenntniß des O.A.G. Oldenburg von 1870.[4]) Es handelt sich dort um einen Verkauf stehender Frucht; dem Käufer wird gegenüber den Konkursgläubigern des Verkäufers das Separationsrecht ex jure dominii zugestanden. — Das Oesterreichische Gesetzbuch äußert sich nicht direkt; in der Literatur aber, die sich daran anschließt, ist nach dem Zeugnisse von Unger[5]) der „große Irrthum" nicht auszurotten: Eigenthum an den Früchten könne auch gesondert erworben und ebenso ein sofort wirksames Pfandrecht an denselben begründet worden. — Das Preußische Landrecht[6]) steht an der Spitze dieser Bewegung, indem es geradezu ausspricht: „Die Früchte einer Sache sind, gleich bei ihrem Entstehen das Eigenthum desjenigen, welcher das Nutzungsrecht der Sache hat". Bornemann versucht vergebens diesen Satz einzuschränken; er ist zu einfach und klar, und wem Natur und römisches Recht identisch sind, der kann nicht anders als sich der Klage anschließen, in welche Koch hier ausbricht: daß das Landrecht den natürlichen Zusammenhang der Rechtsverhältnisse verlassen und durch einen künstlichen ersetzt hat.[7])

---

[1]) l. 15 pr. D. de pign.

[2]) Kreittmayr, Anmerkungen über den Codicem Maximilianeum Th. II cap. VIII § VII, 2.

[3]) Heimbach, Lehrbuch des partikularen Privatrechts im Bezirk des Oberappellationsgerichts zu Jena § 143; Bamberg, Schaumburg-rudolstädtisches Privatrecht S. 51.

[4]) Seuffert, Archiv für Entscheidungen oberster Gerichte Bd. XXIV Nr. 209.

[5]) Österreichisches Privatrecht S. 423 Anm. 16 und 17.

[6]) Th. I, 9 § 221.

[7]) Bornemann, Systematische Darstellung des preuß. Civilrechtes Bd. II

Im französischen Rechte erscheint, allerdings versteckt unter romanistischen Formen, dieselbe Idee, und zwar gerade hier in besonders sorgfältiger Ausbildung. Sie tritt auf im Zusammenhang mit der Lehre von der Eintheilung der Sachen in bewegliche und unbewegliche. Der code civil in Art. 520 u. 521 bestimmt ausführlich: hängende Früchte sind immeubles; sie werden meubles sobald sie vom Boden gelöst sind, selbst dann wenn sie noch auf den Grundstücken liegen bleiben; wenn erst ein Theil der Ernte abgeschnitten ist, so ist auch nur dieser Theil meuble; auch von einem schlagbaren Walde werden die Bäume erst meubles nach und nach, wie sie gefällt werden. — Man glaubt überflüssige Wiederholungen selbstverständlicher römischer Sätze vor sich zu haben. Die französischen Juristen versäumen auch nicht hinzuzufügen: fructus pendentes pars fundi videntur, als handle es sich um ein Stück aus den Pandekten. Daneben aber ist anerkannt, daß wir uns hier auf einem anderen Boden befinden.

Jene Ausführlichkeit hat ihren Grund in dem Gegensatze, welcher beseitigt werden soll. Die französischen coutumes hatten nämlich den Zeitpunkt, mit welchem die Früchte meubles werden, sehr verschieden bestimmt.[1]) Der code wählt das System der Cout. de Paris,[2]) deren Vorbild sogar an der Redaktion seiner Sätze ersichtlich ist, und schließt die anderen aus. Wir sind also mitten unter den coutumes. Hier ist es nicht mehr die natürliche Eigenschaft der Beweglichkeit oder Unbeweglichkeit, welche entscheidet; sondern gemäß germanischen Grundsätzen werden willkürlich gewisse Gegenstände zum Liegenschaftsvermögen geschlagen, um die Zusammenhaltung desselben bei Erbtheilungen, Lehensfolge u. s. w. zu befördern, oder um besonders werthvolle Vermögensgegenstände der rechtlichen Vorzüge des Grundeigenthums theilhaftig zu machen.[3]) Darin liegt schon gegeben die Idee der relativen Verliegenschaftung, wonach gewisse Gegenstände nur in gewissen Rechtsverhältnissen als immeubles, in anderen als Fahrniß betrachtet werden.[4]) Am ausgeprägtesten ist dies der Fall

---

S. 58. Koch, Commentar zum preuß. Landrecht Bd. I S. 480. — Dagegen Dernburg, Lehrbuch § 234.

[1]) C. d'Artois tit. V art. 98: „my May"; C. de Nivernois, chap. 26 art. 1: „après qu'ils sont nouez"; C. d'Orléans: „fruits coupés estant en maturité"; C. de Rheims, art. 19: „boys taillis de temps de leur couppe ordinaire passé. Das Thema erscheint noch sehr verschieden variirt; vgl. Renaud's Abhandlung in Krit. Zeitschrift für Rechtswissenschaft und Gesetzgebung Bd. 23 S. 83 ff.

[2]) Art. 92.

[3]) Renaud, l. c. S. 87 ff.

[4]) Renaud, l. c. S. 234.

bei den catteux d. h. regelmäßige Früchte und leichte Gebäude, welche nach einzelnen coutumes als besondere Gattung von Sachen ausgeschieden sind.[1]) Dieselben gelten für bestimmte Rechtsverhältnisse, namentlich Erbfolge, als meubles, für alle anderen als immeubles.[2]) Aber auch wo die coutume nach ihrem Wortlaut solche Rücksichten nicht benennt, werden sie als selbstverständlich wahrgenommen. So bemerkt Guy Coquille[3]) zur Cout. de Nivernois, welche die stehenden Früchte von einem bestimmten Zeitpunkte ab für meubles erklärt: „Das gelte nur je nach dem Zwecke; wenn Grundstück und Frucht mit einander genannt werden, wie z. B. bei der Erbschaft, dann seien die Früchte immeubles; anders quand les fruits sont considerez séparément, wie z. B. bei Pfändung derselben; für solche Fälle seien sie zu meubles gemacht." — Dasselbe muß natürlich auch umgekehrt gelten: wenn jetzt der code civil nach der Cout. de Paris die fruits pendens für immeubles erklärt, so ist auch dies bloß im Prinzip gemeint; kommen dieselben für sich, also ohne Zusammenhang mit dem Grundstücke in Betracht, so sind sie doch meubles. Diese Folgerung ist thatsächlich von der französischen Doktrin und Jurisprudenz gezogen und von der Sondergesetzgebung anerkannt. Der Immobiliarcharakter der hängenden Früchte ist rein relativ.[4]) Damit ist aber zugleich die Möglichkeit ihrer rechtlichen Ausscheidung von der Hauptsache gegeben. Wir haben die Pfändung hängender Früchte in Gestalt einer Fahrnißpfändung (saisie brandon).[5]) Wir haben ein Recht des Pächters an solchen Früchten, welches als droit mobilier bezeichnet wird und nicht etwa bloß obligatorisch wirkt, sondern jedem dritten, namentlich — und das ist ja immer der Prüfstein — auch dem pfändenden Gläubiger des Grundherrn im Wege der demande en distraction entgegen gesetzt werden kann. Wenn Art. 585 des code civil sagt: les fruits naturels et industriels pendans par branches ou par racines au moment où l'usufruit est ouvert, appartiennent à l'usufruitier, so ist das kein irriger Ausdruck, wie man schon behauptet hat. Auch Aubry und Rau führen als meubles auf: les recoltes appartenant à un fermier, und erläutern das dahin: le droit de jouissance compétent au fermier étant purement mobilier, les fruits et récoltes dont il est pro-

---

1) z. B. nach der C. d'Artois; Merlin, repertoire v° Catteux.

2) C. d'Artois, tit. V art. 99: catteux en matière de succession sortissent nature de meubles.

3) C. de Nivernois, chap. 26 art. I. note.

4) Demalombe, n. 151: Laurent, principes de droit civil n. 419; Mourlon, rép. écrites, t. I n. 1361; Toullier, droit civil français t. IV, n. 11, 12.

5) C. de proc. art. 626 ss.; Carré, code de procédure t. IV p. 74.

priétaire eu vertu de ce droit de jouissance, revêtent nécessairement à ce point de vue le même caractère.[1]) Ferner: wer von dem Inhaber eines solchen droit de jouissance, sei es der Pächter, Nutznießer oder Eigenthümer, die stehenden Früchte kauft, erwirbt an diesen ein dingliches Recht, welches ebenfalls dem pfändenden Gläubiger des Pächters oder des Verpächters des verkaufenden Pächters entgegen steht und zur Distractionsklage ermächtigt.[2]) Dieses Recht hat vollständig den Charakter des Mobiliareigenthums; es wird sogar art. 1141 l. c. darauf in Anwendung gebracht, wonach bei zweimaligem Verkaufe derjenige vorgeht, welcher zuerst den wirklichen Besitz erlangt, mit oder ohne das Grundstück.[3]) — Die Abgrenzung dieses Mobiliareigenthums an den Früchten gegenüber dem Immobiliarberechtigten am Grundstück, der sie seiner Seits als immeubles beanspruchen kann, gibt Gelegenheit zu zahlreichen Streitfragen und feinen Unterscheidungen.

Wir haben also einen ziemlich ausgesprochenen Gesammtrechtszustand vor uns, welchem die Reichsgesetzgebung Rechnung tragen müßte. Das hat sie aber an einem principiell entscheidenden Punkte bereits mit vollem Bewußtsein gethan. Der Entwurf der C.P.O. § 663 hatte die Pfändbarkeit der Früchte auf dem Halme vielleicht allzusehr als etwas Selbstverständliches vorausgesetzt. In Folge der Kommissionsberathungen[4]) hat dieser § (jetzt 714) eine Fassung erhalten, in welcher er wo nöthig das Civilrecht in diesem Punkte beeinflußt. Wir haben als geltendes gemeines Recht eine Früchtepfändung mit der sofortigen Wirkung des Pfändungspfandrechts und diese Pfändung mit ihrer vollen Wirkung findet statt gegen den jeweiligen Nutzungsberechtigten, gleichviel ob Eigenthümer, Nutznießer oder Pächter. Es ist mithin für uns keine Frage mehr: die stehenden Früchte sind selbständige Rechtsobjekte. Natürlich dürfen sie das nicht für die Pfändung allein sein; der Grundsatz ist da, das Civilgesetzbuch hat ihn nur durchzuführen. —

Diese dritte Eigenthümlichkeit des neuen Rechts ist allerdings wieder so unrömisch als möglich. Daher auch große Anfeindung von romanistischer Seite; wer polemisiren wollte, fände Herausforderung dazu genug. Aber gerade hier ist das divortium a jure Romano wohl am stärksten begründet;

---

[1]) Cours de droit civil § 164 note 14. Aehnliche Ausdrucksweise bei Taulier théorie raisonneé du code civil t. II p. 146.

[2]) Merlin, rép. v[0] fruits n. 2 bringt einen interessanten Rechtsfall dieser Art; es handelt sich um die Frage, ob der Verkauf von stehenden Früchten transcribirt werden muß, um Dritten gegenüber zu wirken.

[3]) Demalombe, n. 183; Dalloy, vo. bieus n. 431.

[4]) Hahn, Materialien zur C.P.O. Bd. I S. 836, 837.

es beruht auf Naturnothwendigkeit. Die Auffsaugung der rechtlichen Existenz der hängenden Frucht durch die Hauptsache ist kein Rechtssatz, sondern eine ursprüngliche Anschauung: ratio enim non permittit, ut alterius arbor esse intelligatur, quam cujus in fundum radices egisset, sagen die Institutionen.[1]) In ein römisches Gehirn will eine andere Auffassung nicht passen. Wir können von dem unsrigen das Gleiche nicht voraussetzen; nachdem unsere alten Volksrechte die Trennbarkeit gelehrt, Reste derselben gerade in diesem Punkte bis in die neueste Zeit sich erhalten haben — das gilt für Deutschland wie für Frankreich, — können wir nicht von uns behaupten, daß Dinge, die wir sichtbar und greifbar vor uns haben, die ihrer Natur nach bestimmt sind, von dem Boden, an dem sie hängen, getrennt zu werden, nicht auch sofort getrennt gedacht, getrennt besessen, getrennt erworben werden dürften. Ist aber einmal dieser Gedanke da, so bedarf es einer ausdrücklichen Verfügung des positiven Rechtes, um die gesonderte Willensherrschaft über solche Dinge auszuschließen und zu einer solchen wird in unbedingter allgemeiner Weise kein Grund sich finden.

III. Mit der thatsächlichen Feststellung solcher Bestrebungen unserer Rechtsentwickelung, wie wir sie beobachtet haben, und mit der Anerkennung, daß unser Civilgesetzbuch dieselben nicht verleugnen darf, ist die Aufgabe noch nicht gelöst. Wir haben zunächst nur drei einzelne Sätze gewonnen, die noch kein System bilden. Es fragt sich, wie sollen sie für unser Gesetzbuch verwerthet werden?

Es mag Leute geben, die da glauben, auf spekulativem Wege oder nach Erwägungen praktischer Nützlichkeit ein allgemein gültiges ideales Fruchterwerbsrecht schaffen zu können, in welchem dann unsere drei Sätze vielleicht, passend oder nicht, Unterkunft fänden. Mit solchen fehlt uns der gemeinsame Boden der Verhandlung.

Ein sehr nahe liegendes Verfahren wäre das, einfach die römische Fruchterwerbslehre zu Grunde zu legen und dann unsere drei Sätze als Abweichungen, als positive Ausnahmen einzuschalten. Nahe liegend nenne ich dieses Verfahren, weil es mit der menschlichen vis inertiae rechnet und den Juristenstand im Ganzen in den Denkformen läßt, die ihm einmal anerzogen sind. Aber daß unsere Gesetzgebung dann nichts anderes ist als Flickwerk, darüber dürfen wir uns auch keiner Täuschung hingeben. Das römische Recht mit solchen bedeutenden Ausnahmen ist eben das schöne energische System nicht mehr, als welches wir es lieben. Die „deutschrechtlichen Grundsätze", die da störend hinein greifen, spielen ihrerseits

---

[1]) § 31 J. II, 1.

eine gar schlechte Rolle. Es sind Reste mittelalterlicher Rechtszustände, die wir in der langen Verkümmerung unseres Rechtes nicht haben loskriegen können. Ein droit haineux wie die französischen Juristen in ähnlichen Fällen sich ausdrückten. Schon der Name „deutschrechtliche Grundsätze", so schön er klingt, will ihnen das Gepräge eines gewissen engen Partikularismus aufdrücken. Und gerade das ist grundfalsch. Diese Grundsätze sind Früchte der gemeinsamen Rechtsentwicklung der Völkerfamilie, welche vom germanischen Rechte ausgegangen ist und die Schule des römischen Rechts durchgemacht hat, der Franzosen wie der Deutschen, Schweizer und Oesterreicher.

Der dritte Weg, auf den wir dadurch hingewiesen sind, und wie mich dünkt der einzig richtige, geht davon aus, daß man unserem modernen Rechte die ganze Ehre läßt, die ihm gebührt. Eigenthümliche volle Rechtsgebilde zu schaffen, ist kein Privilegium der römischen, noch der mittelalterlichen Zeiten gewesen. Unser modernes Recht ist kein bloßes mechanisches Gemisch aus beiderlei Bestandtheilen, sondern es hat seine eigene Lebenskraft, mit welcher es ein Drittes, Neues erzeugt. Dieser müssen wir vertrauen und die anerzogene Scheu ablegen vor Allem, was nicht in den Pandekten steht. Dann enthüllen sich uns hinter den Elementen, die schon im Bisherigen zu Tage traten, tiefere Rechtsideen, welche, voll ausgedacht, zu einem wohlgefügten Systeme führen.

1. Der Fruchterwerb erfolgt uns nicht durch einen besonderen Erwerbsakt an der einzelnen Frucht, sondern, entsprechend der römischen Auffassung, durch ein abstrakt wirkendes Recht, welches beruht auf einem rechtlichen Verhältnisse zur Hauptsache. Nur ist uns dieses Mutterrecht nicht ausschließlich das Eigenthum, sondern ein Recht, welches wohl im Eigenthum enthalten ist, aber auch außerhalb desselben bestehen kann. Wir begegnen diesem Rechte unter den Namen: Accessionsrecht, droit de jouissance, Nutzungsrecht, und werden die verschiedenen Arten seiner Begründung noch zu untersuchen haben. Was uns am Inhalte unseres Nutzungsrechtes vor Allem auffällt, das ist der Umstand, daß es schon vor der Trennung der Frucht von der Hauptsache wirken kann. Sofern nämlich die Frucht bei ihrer Verbindung mit der Hauptsache schon als sichtbar und greifbar gesonderte Sache zu Tage tritt, und dies ist vor Allem bei den Feldfrüchten der Fall, auf welche die ganze Lehre in erster Linie sich bezieht, ist trotz jenes Zusammenhanges ein gesondertes Recht an ihr möglich. Dieses Recht wirkt dinglich und bestimmt die volle Zugehörigkeit der Sache, verdient also schon den Namen Eigenthum. Dieses Fruchteigenthum nun wird bestimmt und erzeugt aus dem Nutzungsrecht an der Hauptsache in derselben Weise, wie der endliche Fruchterwerb. Wenn also das Nutzungs-

recht wechselt, so wechselt mit ihm nothwendiger Weise auch das Eigenthum an den stehenden Früchten. So erhalten wir ein wandelbares Eigenthum, welches dem römischen Rechte fremd ist. Erst mit der Trennung von der Hauptsache wird das Eigenthum an der Frucht von dieser Abhängigkeit befreit, es wird selbständig, wie die bisherige Frucht selbständig wird gegenüber der Hauptsache. Die Trennung ist also immer ein wichtiger Augenblick für den Nutzungsberechtigten; aber nur in solchen Fällen, wo, wie z. B. bei Thiernutzungen und Thierjungen die Frucht nicht vorher schon in äußerlich selbständiger Gestalt vorhanden war, kann man sagen, er erwerbe jetzt Eigenthum; in den regelmäßigen Fällen, wie die Feldfrüchte, Baumfrüchte, Schlagwälder sie bieten, wird vielmehr in diesem Augenblicke sein bisheriges Eigenthum nur verselbständigt, unabhängig gemacht von fernerem Wechsel des Nutzungsrechtes.

2. Das Nutzungsrecht beruht immer auf einer gewissen rechtlichen Beziehung zur Hauptsache; dieselbe ist aber verschiedener Art.

Naturgemäß ist das Nutzungsrecht enthalten im Eigenthum an der Hauptsache als Accessionsrecht oder wie man es nennen mag; mit diesem wird es begründet, mit ihm endigt es. Unter Umständen ist es auch hier ausgeschieden erkennbar, wie denn z. B. das Pfandrecht an der Hauptsache das Nutzungsrecht des Eigenthümers in seinem gegebenen Umfange an sich nicht berührt. Die anderen Arten von Nutzungsrechten, wenn sie auch selbständig wirken, bleiben immer in einer Art Verhältniß zu dem natürlichen Nutzungsrechte, welches im Eigenthume liegt; sie erscheinen diesem gegenüber als Abzweigungen und Beschränkungen.

Am meisten dem Eigenthum verwandt sind die Rechte des emphyteuta und des usufructuar — ersteren werden wir wohl im Laufe der Zeit ganz entbehren können. Hier erscheint ein Nutzungsrecht geknüpft an die Hauptsache durch ein dingliches Recht an derselben, und dieses dingliche Recht hat ganz denselben abstrakten Charakter wie das Eigenthum, wenn es auch seinem Inhalte nach nichts anderes als eben das Nutzungsrecht trägt; ein Stück aus dem Eigenthum ist abgezweigt und als selbständiges Recht aufgestellt.

Ganz anders das Nutzungsrecht des Pächters und des gutgläubigen Besitzers. Es steht seinen Wirkungen nach den Nutzungsrechten des Eigenthümers und des Usufruktuars gleich; es wirkt wie dort als abstraktes Recht ohne Weiteres auf alle Früchte der Hauptsache. Allein es ist nicht auch durch ein abstraktes Recht nach Art des römischen Eigenthumsbegriffes mit der Hauptsache verbunden. Der Nutzungsberechtigte hat ein Recht nur an den Früchten, nicht an der Hauptsache. Die Beziehung zur Hauptsache, auf welche sein Nutzungsrecht sich gründet, ist wesentlich thatsächlicher Natur: Innehabung derselben zur Benutzung mit dem Glauben, Eigenthümer zu sein, oder mit einem zur Fruchtziehung berechtigenden Vertrag mit dem Eigenthümer. — Meist begnügt man sich mit der Feststellung, daß hier das geltende Recht eine Besonderheit darbiete; weil aber weder römisches noch germanisches Recht darin erkennbar ist, wird von tieferer Erforschung des Wesens dieser Erscheinung abgesehen. Wir möchten aber doch wenigstens darauf hinweisen, daß hinter derselben die bestimmten Umrisse einer wohlbekannten Rechtsgestalt sich abzeichnen. Der alte rohe Fruchterwerb durch Bebauung ist's freilich nicht mehr; man kann vielleicht sagen, die alte Idee wirke fort in dem formellen Prinzip des rechterzeugenden Besitzes. Aber dieser Besitz ist eigenthümlich qualificirt und das Vorbild, nach welchem er gestaltet ist, ist kein anderes als das des neugermanischen Mobiliareigenthums. Nicht umsonst nennen die Franzosen das droit de jouissance des Pächters und gutgläubigen Besitzers ein Mobiliarrecht. Es ist der obligationsfreie Besitz, welcher das Nutzungsrecht erzeugt. Wie der Besitzer einer beweglichen Sache nur dann Eigenthümer derselben wird, wenn er nicht verpflichtet ist, dieselbe einem Anderen zu überlassen, so ist der Innehaber eines nutztragenden Grundstücks nur dann Nutzungsberechtigter, wenn keine persönliche Verbindlichkeit besteht, die Nutzung einem Anderen zu lassen. Nun finden wir uns aber hier einem abstrakt wirkenden Nutzungsrechte des Eigenthümers gegenüber, welches für jeden anderen Besitzer des Grundstückes die Pflicht zur Ueberlassung der Nutzung von vorneherein in allgemeiner Weise erzeugt. Wenn also der Besitz eines solchen anderen Besitzers obligationsfrei sein soll, so handelt es sich darum, diese Obligation zu beseitigen. Das geschieht auf zweierlei Weise. Ein auf Billigkeitsrücksichten beruhender Rechtssatz befreit den Besitzer, welcher glaubt, selbst Eigenthümer zu sein; die Idee eines Entgelts für die aus solchem Glauben naturgemäß entspringende Pflege der Hauptsache (cura et cultura) mag dabei wirksam sein. Andererseits kann auch zu Gunsten eines Besitzers, der diesen Glauben nicht hat, die Befreiung statthaben, sofern ein Vertrag besteht — und das ist der Pachtvertrag —, durch welchen der natürliche Nutzungsberechtigte sich verpflichtet, dem Anderen Besitz und Nutzung zu lassen; die natürliche Erstattungsobligation wird dann durch eine stärkere vertragsmäßige überwunden. Es ist dabei nicht zu übersehen, daß der letztere Befreiungsgrund nur relativ wirkt: ist der Verpächter nicht Eigenthümer, so erhält der Pächter trotz Besitzes kein Nutzungsrecht; denn die Obligation zu Gunsten des wahren Eigenthümers bleibt ungebrochen bestehen.

Das Nutzungsrecht ist also hier durch eine mehr konkrete Beziehung zur Sache begründet; es geht verloren, sowie ein wesentlicher Bestandtheil dieser Beziehung wegfällt, sei es, daß der Besitz verloren geht, sei es, daß die Obligationsfreiheit verschwindet durch mala fides superveniens, Ablauf des Pachtvertrags, Eintreten eines neuen Eigenthümers, welcher an den Pachtvertrag nicht gebunden ist. Von diesem Augenblicke an hört das Eigenthum des bisherigen Nutzungsberechtigten an den noch stehenden Früchten auf, die fortan sich trennenden gehören ihm nicht mehr, aber die bereits vorher getrennten verbleiben ihm, denn sie machen, wie in anderen Fällen, wegen erlangter Selbständigkeit die Aenderung im Nutzungsrechte nicht mehr mit.

3. Das Fruchteigenthum, d. h. das Recht an den einzelnen stehenden Früchten, ist übertragbar ohne das Nutzungsrecht durch Rechtsgeschäfte des Nutzungsberechtigten. Die Form der Uebertragung ist die der Uebertragung des Mobiliareigenthums. Wenn also z. B. der Nutzungsberechtigte im Besitze des fruchttragenden Grundstückes und damit der Früchte sich befindet, so genügt nach den Regeln des neugermanischen Mobiliareigenthums — wie es im code civil verwirklicht ist und wie es im Wesentlichen auch schon vom deutschen Handelsgesetzbuche anerkannt wird — der bloße Ueberlassungsvertrag, um den Käufer zum Eigenthümer der Früchte zu machen. Nimmt man die Regeln des römischen Rechtes an, so ist natürlich traditio nothwendig. Jedenfalls ist auch das übertragene Fruchteigenthum noch an das Nutzungsrecht gebunden und wird von einer Aenderung des Nutzungsrechtes erfaßt. Verkauft z. B. der Pächter, der usufructuar die Feldfrucht auf dem Halme und endigt die Pacht, der ususfructus vor Vollzug der Ernte, so kann der Käufer gegenüber dem eintretenden Eigenthümer des Grundstückes kein Recht an den Früchten geltend machen, es sei denn, daß die Verkaufsobligation wegen Rechtsnachfolge oder dolus auch diesem gegenüber wirken. In der gleichen Lage befindet sich der pfändende Gläubiger.

Doch das sind Fragen, welche viel zu enge zusammenhängen mit der Art, wie unser künftiges Mobiliareigenthum gestaltet sein wird. Ebensowenig können wir eingehen auf die verschiedenen Vergütungsobligationen, die an das Fruchterwerbsrecht sich knüpfen, sei es daß Aufwandsersatz, sei es daß Theilungsverrechnung des Ertrages stattfindet.

Wir wollten nur die Grundgedanken anzeigen, die aus unseren thatsächlichen Beobachtungen sich ergeben, und zugleich die wichtigsten Folgerungen aufweisen. Das läßt sich ja leicht in weitere Einzelheiten hinein fortspinnen und überall werden wir dabei wieder den Boden des gegebenen Rechtszustandes berühren. Das ist dann die Probe auf's Exempel.

Unsere Antwort aber auf die gestellte Frage haben wir jetzt gegeben und bekräftigt; sie lautet kurz dahin: kein römisches und kein germanisches Recht, auch kein Kompromißrecht mit sogenannten deutschrechtlichen Grundsätzen, sondern ganz und voll — um einen Ausdruck Kreittmayr's zu gebrauchen — das jus commune modernum! Das ist das Recht, das mit uns geboren ist, und das haben wir zu ergründen und zu formen.

# XII.

## Gutachten des Herrn Professor Dr. Leonhard zu Göttingen

über die Frage:

Soll im bürgerlichen allgemeinen Gesetzbuche die unvordenkliche Verjährung als Grund zum Erwerbe, beziehungsweise Verluste von Rechten und eventuell bei welchen Aufnahme finden?

---

Es empfiehlt sich für die Redaktion des Deutschen Civilgesetzbuches, die Immemorialverjährung für Privilegien ausdrücklich zu beseitigen, im Uebrigen aber mit Stillschweigen zu übergehen.[1])

Vier verschiedene Stellungen sind es, welche für die Deutsche Reichsgesetzgebung gegenüber dem Institute der unvordenklichen Verjährung überhaupt denkbar sind. Sie kann dasselbe in der bisherigen gemeinrechtlichen Gestalt — vielleicht mit Aenderungen untergeordneter Art — beibehalten, sie kann es ausdrücklich aufheben, ferner kann sie es übergehen und endlich kann sie es aus neuen Gesichtspunkten gestalten.

Das Erste, welches am nächsten liegt, könnte wiederum in doppelter Weise geschehen. Zunächst in einer casuistischen, vermöge deren das Gesetz die stattliche Zahl der mit dieser Lehre verbundenen Streitfragen,

---

[1]) Wie in den Beiträgen zur Erläuterung des Deutschen Rechts von Rassow und Küntzel Bd. XXII. 1878. S. 87 mitgetheilt ist, hat die Commission zur Ausarbeitung eines bürgerlichen Gesetzbuches beschlossen, das Rechtsinstitut der unvordenklichen Verjährung nicht in das bürgerliche Gesetzbuch aufzunehmen und hinsichtlich der dem Landesrechte überlassenen Rechtsverhältnisse auch diesen Gegenstand landesgesetzlicher Regelung vorzubehalten. Die Motive sind noch nicht publicirt.

welche die Praxis und Theorie belästigen, durch Einzelentscheidung zu heben suchte. Sodann in einer principiellen unveränderten Feststellung des Unstreitigen, welche die nähere Ausführung der Praxis und der Wissenschaft überläßt.

Von dieser Alternative dürfte in unserer Materie die erstere Seite unpraktisch sein, die zweite aber bei dem Zustande der gemeinrechtlichen Doktrin und Praxis mit der Pflicht eines gewissenhaften Gesetzgebers im Widerspruche stehen.

Unpraktisch würde man eine Entscheidung aller Controversen über das genannte Rechtsinstitut darum nennen müssen, weil diese Methode bedeutende Nachtheile nach sich zieht.[1]) Sie lähmt das Verkehrsleben durch die Furcht vor einer engherzigen Paragraphenauslegung, verflacht das Studium der Rechtswissenschaft durch die Aussicht auf ein Gesetzbuch, dessen man mit einem guten Register und Gedächtnisse wenigstens zum Scheine Herr werden kann, gewährt der unredlichen Gesinnung in den zahlreichen Zerklüftungen der Gesetzesvorschriften allerhand Schlupfwinkel, vermehrt durch die Paragraphenzahl die Möglichkeit, den Sinn des Gesetzes anzuzweifeln, welche gerade abgeschnitten werden sollte, und somit die Zahl der Processe, die mit ihrem Zwange zu zwecklosen Arbeitseinstellungen und Reisen ein nationales Uebel ersten Ranges ist und namentlich die Anschauung, daß die Nichterfüllung von Civilpflichten, das Nichthalten des gegebenen Wortes eine Schlechtigkeit ist, in erschreckendem Umfange untergräbt.

Aus alledem folgt, daß eine casuistische Behandlung durchweg, also auch in der Regelung der Immemorialverjährung, sobald es nur irgend wie möglich ist, vermieden werden muß.

Damit soll aber nicht gesagt sein, daß der Gesetzgeber hier blos die unstreitigen Punkte des gemeinen Rechtes regeln, das Uebrige der Wissenschaft und Praxis überlassen soll. Es würde dabei übersehen werden, daß es gewisse Dinge giebt, welche der Gesetzgeber der Wissenschaft nicht überlassen darf.[2]) Wo die Erfahrung beweist, daß es durch die angestrengte Arbeit von Jahrhunderten nicht gelungen ist, aus gewissen allgemeinen Rechtsvorschriften zu erträglichen und zweifellosen Ergebnissen durchzudringen,

---

[1]) Leider ist auch das in seinen Grundzügen so vortreffliche allgemeine preußische Landrecht unter dem Einflusse dieser überängstlichen Sucht nach Vollständigkeit entstanden.

[2]) Aus Vorschriften, von deren materieller Bedeutung nicht dem Gesetzgeber ein klar umgränztes Bild vorgeschwebt hat, kann unmöglich die Wissenschaft ein solches herstellen, da sie grundsätzlich ihren Stoff nicht schafft, sondern blos darstellt. Es ist dies bei einigen neueren Gesetzesbestimmungen übersehen worden; vgl. z. B. die Motive zu § 267 Reichs-Civ.-Pr.-Ordnung.

da darf die Gesetzgebung diesen Erisapfel nicht auf's Neue in die Juristenwelt hineinwerfen. So liegt es aber hier in der That. Die Lehre von der unvordenklichen Verjährung ist in jedem Punkte zweifelhaft geblieben.[1]) Die Ursachen dieses Zustandes möchte der Verfasser wenigstens in ihren Grundzügen nicht unerwähnt lassen. Sie rühren hauptsächlich daher, daß auch die Entstehungsgeschichte unseres Institutes vielfach durch unvordenkliche Zeit getrübt ist und mit ihren Wurzeln in die verschiedensten Perioden der Rechtsgeschichte hineinragt.[2]) So kommt zunächst auch hier die eigenthümliche Entstehungsart unseres corpus juris civilis in Betracht. Die Werke der klassischen Juristen sind zu kleinen Stücken verstümmelt und durcheinander geworfen worden, die späteren Kaiserconstitutionen, welche das frühere Recht in seinen Fundamenten umgestalteten, wurden einfach angehängt, eine systematische Uebersicht über das byzantinische Recht, wie es sich zu Justinian's Zeit als das Resultat des klassischen Rechts und der späteren Aenderungen wirklich gestaltet hat, konnte sich während der kurzen Kompilationszeit in den Köpfen der byzantinischen Redaktoren nicht bilden. In der Betrachtungsart der vorigen Jahrhunderte mußten somit die Stellen des römischen Rechtes über Servitutenersitzung, vetustas und Anspruchsverjährung sich als unlösbare Räthsel darstellen, weil man sie nicht unter historischer Perspektive, sondern wie Ausgeburten einer und derselben Gesetzesschöpfung ansah. Dazu kam der Geist kritikloser Bewunderung, mit welcher man dem fremden Rechte, dessen man noch nicht Herr zu werden vermochte, gegenüberstehen mußte. Selbst als dieser einer kritischen naturrechtlichen Richtung wich, besaß man doch nicht den allein zutreffenden Maßstab der Kritik, weil man sich der historischen und positiven

---

[1]) Zum Beweise hierfür sei auf die gemeinrechtliche Praxis verwiesen, wie sie in Seuffert's Archiv mitgetheilt wird; vgl. Bd. I. Nr. 4. 5. 169. 170. 171. 172. 183. II. Nr. 15. 8. III. 116. V. 55. 113. 250. 251. VI. 143. 144. VII. 5. 6. 269. 294. IX. 120. 121. 190. X. 227. XI. 12. 113. XIII. 127. XIV. 9. 111. 112. 122. 205. XVI. 173. XVII. 5. 6. XVIII. 116. XIX. 104. 120. 121. XX. 102. XXI. 13. XXII. 11. 13. 14. XXIII. 208. 209. XXVI. 106. XXVII. 89. 134. XXVIII. 189. 197. 198. 247. XXIX. 8. XXX. 3. 256. XXXI. 12. 107. 202. 309.

[2]) Savigny, System IV. S. 484 für den römischen Ursprung des Institutes, wie überhaupt die ältere Meinung. Buchka, Der unvordenkliche Besitz. 1841. leitet es aus deutscher Quelle her. Manche, z. B. Schmidt von Ilmenau, Civilistische Abhandlung S. 173 ff. halten vetustas und Immemorialverjährung für zweierlei. Der Einfluß des kanonischen Rechtes und der deutschen Praxis auf unser Institut kann nicht verkannt werden, doch fehlt es an einer befriedigenden Gesammtdarstellung dieser verschiedenen Rechtsquellen in ihrem gegenseitigen Zusammenwirken, insbesondere seines Zusammenhanges mit dem artikulirten Verfahren. Vgl. auch Unterholzner, Verjährungslehre Bd. I. 2. Aufl. S. 515.

Natur alles wirklichen Rechtes noch nicht bewußt war. Nachdem diese letztere durch die historische Schule erwiesen ist, nachdem die inzwischen entwickelte Nationalökonomie dargelegt hat, daß auch die Bedürfnisse des Volkes ihre besondere Geschichte haben, sucht die neuere Wissenschaft die Aufgabe der historischen Schule durch die Frage nach dem „Zwecke im Recht" (Jhering) zu vertiefen.[1]) Durch die Vernachlässigung dieser Betrachtungsart erklärt es sich, warum man auch in der Lehre von der unvordenklichen Verjährung zu bestimmten Resultaten über den Inhalt der Quellen nicht gelangen konnte.

So nimmt man z. B. gewöhnlich an[2]), daß das älteste römische Recht eine Berufung auf die vetustas nicht gekannt habe, während man jene Frage nach dem Zwecke des Institutes nur aufzuwerfen braucht, um sogleich zu der gegentheiligen Annahme zu gelangen. Wenn Jemand im alten Rom eine Sache erworben hatte und die Zeugen des Erwerbsgeschäfts gestorben waren, so kann unmöglich sein Recht vogelfrei und schutzlos gewesen sein. Auf die usucapio konnte er sich nicht mehr berufen, denn es fehlte ihm die Möglichkeit, den Titel nachzuweisen; wir müssen also annehmen, daß die Unvordenklichkeit den Titel ersetzte und daß also der bei der altrömischen actio aquae pluviae arcendae (l. 2 pr. dig. de aqua 39, 3) erwähnte Satz „vetustas semper pro lege habetur" in der That eine uralte, für alle bleibenden Rechtszustände geltende und durchgreifende Rechtsregel war.[3]) Als schriftliche Schuldurkunden aufkamen, wird jene Regel wohl auch als ein Surrogat der späteren Theodosischen Verjährung gegolten haben, denn unwahrscheinlich ist es, daß z. B. ein römischer judex eine Klage aus einem über hundert Jahre alten Schuldscheine ohne Weiteres zugelassen habe. Man male sich nur aus, welche Wirkungen eine solche Praxis würde haben auf den lebhaften Handelsverkehr der Kaiser-

[1]) Vgl. jetzt auch v. Jhering in Schmoller's Jahrbüchern für Gesetzgebung 2c. Bd. II. Heft 1. S. 4. 5.

[2]) So meint z. B. Unterholzner, Verjährungslehre Bd. I. 2. Aufl. S. 507, daß die Unvordenklichkeit schwerlich im jus civile begründet sei.

[3]) Schmidt von Ilmenau, Civilistische Abhandlung Bd. 1. S. 193 erklärt die römischen Fälle der vetustas mit Unrecht für Singularitäten. Fernere Beweise für das hohe Alter der vetustas sind:

a) der Fall der l. 3. pr. dig. de loc. et itin. publ. 43, 7 muß schon in ältester Zeit vorgekommen sein;

b) die dreißigjährige Verjährung darf im Grenztheilungsprocesse geltend gemacht werden, sie ist aber, wie unten erwiesen werden soll, aus der vetustas hervorgegangen, so daß man sich also aller Wahrscheinlichkeit in dem uralten Grenzscheidungsprocesse auf vetustas hat berufen können. C. 5. 6. Cod. finium reg. 3, 38. vgl. Windscheid, Pandekten Bd. II. § 450 Anm. 10.

stadt ausüben müssen, um das Unwahrscheinliche dieser Annahme zu ersehen. [1])

Ueberdies wissen wir, daß der römische Richter dem Verklagten den Beweis der Zahlung durchaus nicht in solcher durchgreifenden Rücksichtslosigkeit, wie es heutzutage vielfach geschieht, aufbürdete, sondern nur, wo es ihm billig schien. Wo daher das Alter der klägerischen Titels die Giltigkeit oder das Fortbestehen des Klageanspruches zweifelhaft machte, da wird der römische judex aller Wahrscheinlichkeit nach im Hinblicke auf die vetustas dem Kläger die unerschwingliche Beweislast der Nichtzahlung aufgebürdet [2]) und somit im praktischen Resultate ein Surrogat der späteren Extinctivverjährung geschaffen haben.

Daß man diese Präclusion alter Beweismittel, welche in ihrem „ökonomischen Erfolge" [3]) einer Verjährung beinahe gleichkam, mit dem Satze „vetustas semper pro lege habetur" rechtfertigte, [4]) darauf deutet eine sichere Spur hin, [5]) nämlich die Thatsache, daß die spätere Praxis, schon lange vor Theodosius dem zweiten, diese Präsumption unter dem Namen vetustas als eine wahre Verjährung auffaßte, und sie bei persönlichen Klagen als solche anzuwenden suchte, woran sie von den Kaisern gehindert wurde. Wenn wir dies nicht wüßten, so könnte es zweifelhaft sein, ob die Extinctivverjährung von Ansprüchen — diejenige von Servituten war durch non usus und usucapio libertatis geregelt — sich unter den Begriff

---

[1]) In der l. 12 dig. de probat. 22, 3 wird diese Beweislast sogar als eine solche, welche sich nicht prima fronte als billig ergebe, entschuldigt. Der Satz, daß dem Verklagten immer der Beweis der Zahlung obliegen soll, führt bei Geschäften des kleinen Verkehrs, bei welchen fast immer sogleich Zug um Zug geleistet wird, und bei denen die Ausstellung einer Quittung nicht üblich ist, z. B. bei dem Einkaufe von Lebensmitteln auf dem Markte u. dgl. zu so großer Härte, daß die Praxis sich den Hinweis auf die aequitas in der l. 12. dig. de probat. 22, 3 nicht entgehen lassen, und in solchen Fällen den Schuldner von der Beweislast befreien sollte.

[2]) Wir finden eine ganze Reihe von Fällen, in welchen im römischen Recht die Macht des Zeitablaufs Anerkennung findet, ohne daß man darin etwas Anderes sehen kann, als einen Ausfluß des freien Ermessens der römischen Judikatur vgl. l. 10. dig. si quis caut. 2, 11, l. 22 § 2 dig. ad S. C. Trebell. 36, l. 37 § 1 de usurp. et usuc. 41, 3. l. 4 § 4 dig. quod. cum eo 14, 5. l. 7 § 2 dig. de acquir. rer. dom. 41, 1 cst 6. Cod. de rep. hered. 6, 31.

[3]) Grawein, Verjährung und gesetzliche Befristung. Leipzig 1880. S. 28.

[4]) A. M. Savigny, welcher System Bd. IV S. 482 die vetustas auf Erwerbsverjährungsfälle beschränkt. Auch Beseler, System des gemeinen deutschen Privatrechts, § 52 (bei Anm. 22) 3te Aufl. S. 173 meint, daß die unvordenkliche Verjährung nur für Zustände, mit welchen ein Besitz als Rechtsübung verbunden sein kann, wirksam sei, und beruft sich auf die Geschichte des Instituts, welche jedoch, wie sich zeigen wird, mannigfache extinctive Funktionen des Institutes aufweist.

[5]) C. 2 Cod. Theodos de longi temp. praescr. 4. 13.

der vetustas bringen läßt. Die Vetustas erfordert einen Zustand, cujus initii memoria non exstat.[1]) Bei der Extinctivverjährung einer Forderung könnte aber doch nur von einem Zustande des Nichtbestehens oder Getilgtseins der Schuld die Rede sein, welcher durch unvordenkliche Dauer der Tilgung gleichstehe. Nun stellt sich aber dieser Zustand äußerlich genau so dar, wie der Zustand des Bestehens oder des Nichtgetilgtseins, nämlich darin, daß der Gläubiger den Schuldner in Frieden läßt. Trotzdem aber scheinen die Römer, entgegengesetzt der modernen Auffassung, welche geneigt ist, den Fortbestand existent gewordener Forderungen bis in alle Ewigkeit hinein zu präsumiren,[2]) bei sehr alten Forderungen es für das Wahrscheinlichere gehalten zu haben, daß sie entweder nicht ordentlich entstanden oder getilgt sein müßten. Diese Präsumtion trifft auch bei redlichen und ordentlichen Menschen in den meisten Fällen zu, die Römer aber gehen grundsätzlich von der Präsumption der Redlichkeit aus.[3]) Hiernach muß die vetustas bei denjenigen Forderungen, für welche nicht aus besondern Gründen eine kürzere Verjährungsfrist eingeführt war,[4]) den Charakter einer Extinctivverjährung besessen haben. Freilich kann die Behandlung der vetustas da, wo es sich um den Verlust von Ansprüchen handelt, unmöglich die gleiche gewesen sein, wie bei der Acquisitivverjährung. Eine erwerbende vetustas muß nämlich in besonderen Ausnahmefällen eben auch eine kurze Zeit umfassen können, nämlich dann, wenn sich zufälliger Weise in Erinnerung der Menschen an einen Zustand sehr frühe verwischt, so z. B. bei dem in der älteren Literatur oft erwähnten Falle

---

[1]) Vgl. Unterholzner, Verjährungslehre, 2te Auflage 1858, I. § 140. arg l. 2 § 1. § 3. § 8 dig. de aqua 39. 3. Schmidt, von Ilmenau, (civilist. Abhandlungen Bd. I. S. 173—183) behauptet, die römische vetustas umfasse grundsätzlich auch vordenkliche sehr alte Zustände und habe mit der Immemorialverjährung nichts zu thun. Dies ist nach den angezogenen Stellen nicht recht glaublich l. 2 pr. eod. 39, 3 giebt die Erforderniſſe der vetustas überhaupt nicht an l. 2 § 4 eod. (Schmidt, S. 180) spricht nicht von der vetustas, sondern von einer besonderen Vorschrift des Nachbarrechtes, vgl. übrigens auch Seufferts Arch. Bd. I. nr. 68.

[2]) Es ist herrschende Meinung, daß die Existenz eines Rechtes durch den Nachweis seiner Entstehung durchaus erwiesen werde. So Wetzell, System des ordentlichen Civilprozesses. Leipzig 1861, § 15 S. 91. Wach, Vorträge über die Reichscivilprozeßordnung S. 157.

[3]) Die entgegengesetzte Annahme würde geradezu die Redlichkeit entwerthen und die Unredlichkeit prämiiren.

[4]) Sowohl die kurze Verjährung als auch die lange suchen Speculationen auf die Verdunkelung von Thatbeständen abzuschneiden, bei jenen ist aber dieser Zweck ein noch intensiverer als bei diesen. Forderungen, bei welchen nach einiger Zeit leicht im Trüben gefischt werden kann, wie Ansprüche wegen heimlicher Mängel und Deliktsansprüche, bedürfen einer kürzeren Verjährung, als solche, deren thätsächliche Grundlagen durch urkundliche Fixirung gegen Verdunkelungen geschützt werden können.

einer Pest,[1]) welche die Zeugen wegräumt, oder auch bei Rechtsausübungen in abgelegenen Gegenden, z. B. bei Wegerechten in einem Walde, welche nur einer geringen Zahl von Zeugen bekannt sind, im Falle eines Todes der letzteren.[2]) Bei einer Extinctivverjährung dagegen wird man immer erst nach längerer Zeit von einer vetustas haben reden können;[3]) denn der einfache Umstand, daß die Schuld ungetilgt ist, berechtigt zu einem Schlusse darauf, daß sie entweder nicht einwandfrei entstanden oder getilgt sein müsse, immer erst nach längerer Säumniß des Gläubigers.

Im klassischen römischen Rechte muß also die vetustas zur Ergänzung der usucapio und des non usus die Function einer acquisitiven und extinctiven Verjährung ganz allgemein versehen, ja überhaupt die Eigenschaft gehabt haben, alle im objektiven Recht an Thatsachen irgend welcher Art angeknüpften Rechtswirkungen nach sich zu ziehen. So beraubte sie den Eigenthümer eines zu einer öffentlichen Straße verwendeten Privatgrundstücks seines mit der öffentlichen Natur des Weges nicht unvereinbaren Privateigenthumes dann, wenn er sich um die Sache seit unvordenklicher Zeit nicht gekümmert hatte,[4]) der einzige von der Wissenschaft nicht

---

1) Vgl. hierüber Just. Henn. Böhmer jus ecclesiasticum Protest. Halae 1714. lib. II. tit. XXVI § XLII Ludewig opuscula miscella p. 509. Wernher observat. forenses. t. I. obs. 5. § 81.

2) Man hat an der Annahme einer solchen kurzen Verjährung wegen des Wortes vetustas Anstoß genommen z. B. Neller opusc. II. p. 95. Aehnlich Unterholzner, Verjährungslehre I. § 148. Dabei übersah man wohl, daß das Wort „alt" ein relatives ist (so richtig Schmidt von Ilmenau in Abhdl. I S. 174) und z. B. bei einem Bauwerke auf einen ganz andern Zeitraum hindeutet, als bei Kleidungsstücken. Daß namentlich nicht in c. 1. in 6to de praescr. 2, 13 die Immemorialverjährung auf mindestens 40 Jahre normirt ist, ist von der Juristenfakultät Jena in dem in Seufferts Archiv Bd. XIV n. 205 mitgetheilten Urteile des Obergerichts Lübeck vom 4. November 59 ausgeführt worden. Für die Synonymität von vetustas und Unvordenklichkeit spricht auch l. 31 § 1 dig. de acquir. rer. dom. 41, 1 (vgl. hierzu Savigny System § 196 Anm. a. und c. un. Cod. de thesauris).

3) Darum drängte wahrscheinlich gerade bei ihr zuerst die spätere Kaisergesetzgebung zu der Fixirung einer Verjährungsfrist hin.

4) Anm. l. 3 pr. dig. de locis et itin. publ. 43, 7 (Ulpian) vgl. hierzu Savignys System S. 485. 486. Schmidt von Ilmenau's civilist. Abhandl. Bd. 1 S. 191. Die Auslegung Savigny's, der hier ein publicistisches Verhältniß annimmt, entspricht nicht dem Inhalte der Stelle. Es handelt sich hier um den Verlust von Privateigenthum, daß dieser möglicher Weise durch einen publicistischen Akt geschehen kann, verleiht dem verlorenen Rechte keinen publicistischen Charakter. Ueberhaupt handelt es sich hier gar nicht darum, daß ein Privatacker allmälig zu einem öffentlichen Wege wird (so Savigny S. 486), sondern das fragliche Grundstück ist in der l. 3 pr. cit. von Anfang an ein öffentlicher Weg über ein Privatland (vgl. l. 2 § 22 dig. ne quid in loco publ. 43, 8) und nur das Privateigenthum, das sich in einer Gras- oder

beachtete Fall einer Extinctivverjährung des Eigenthümers, [1]) so verwandelt sie ein im freien Eigen stehende Sache in einen Gegenstand des Gemeingebrauches [2]); daß sie den Erwerb der Servituten sanctionirt [3]) ist nur eine Form der in ihr enthaltenen Acquisitivverjährung, daß sie Anstalten für oder gegen den Regenwasserabfluß gegenüber der actio aquae pluviae arcendae schützt, [4]) nur die Zerstörung eines Anspruchs auf Beseitigung

---

Baumnutzung u. dergl. noch zeigen konnte, fällt durch Nichtausübung fort. Von einer Acquisitivverjährung kann man hier, selbst wenn man mit dem Obertribunale von Stuttgart (Urtel vom 21. Februar 1872, Seuffert's Archiv Bd. 28 Nr. 247) das Publikum als Vertreter des Gemeinwesens anerkennt (anderes Urtel des O. App. Ger. Jena v. 17. März 1863; Seuffert's Archiv Bd. 16 Nr. 5), nicht annehmen, denn die Benutzung des Weges als eines öffentlichen steht mit dem Privateigenthum an demselben nach l. 2. § 22 cit. dig. 43, 8. nicht im Widerspruche, erscheint daher durchaus nicht als staatliche Eigenthumsausübung.

[1]) Man nimmt gewöhnlich an, eine Extinctivverjährung des Eigenthums sei nicht denkbar, vgl. z. B. Grawein, Verjährung und gesetzliche Befristung S. 27. 81. Allein von einer Acquisitivverjährung kann in unserm Falle nicht die Rede sein. S. vor. Anm.

Ein anderer veralteter Fall einer Extinctivverjährung des Eigenthums war der Verlust desselben an einem Sklaven, der die Freiheit ersaß. Tit. Cod. VII, 22 de longi temp. praescriptione, quae pro libertate et non adversus libertatem opponitur. Etwas Aehnliches galt nach dem Deutschen Rechtssprichwort: „Die Luft macht frei."

[2]) Vgl. c. 4. Cod. de aquaeductu, 11, 42, welche am ungezwungensten in diesem Sinne zu deuten ist, l. 13 § 1 dig. comm. praed. 8, 4, (betrifft das durch Gewohnheit begründete Recht, an einer bestimmten Stelle gegen Entgelt Steine zu holen); Vgl. Puchta, Gewohnheitsrecht II, 114. Anm. 160. Wachsmuth, Magazin für hannöversches Recht Bd. 7 S. 337.

[3]) Daß dieselbe vetustas, wie sie bei der actio aquae pluviae arcendae galt, auch zur Begründung der Servituten führe, steht mit dürren und klaren Worten in der lex 1 § 23 dig. de aqua et aq. arc. 39, 3 und keine Bemühungen der Interpretationskunst (vgl. z. B. Unterholzner, Verjährungslehre, 2. Aufl. Bd. I. S. 511) werden es verhindern können, daß Unbefangene es immer wieder von dort herauslesen. Jene Bemühungen sind überhaupt wenig dankenswerth; denn sie sind es, welche die Schwierigkeiten erst schaffen. Von einer Servitut sprechen ferner l. 3 § 4 dig. de aqua quot. 43, 20 und l. 26 de aqua et aqu. pluv. 39, 3. Die Behauptung, daß diese Stellen von einer aqua publica rede (glossa, Neller, Savigny) ist widerlegt von Schmidt, civil. Abhandlungen S. 197—204, auch Unterholzner, Bd. I. 2. Aufl. S. 508, Anm.

[4]) Anm. l. 1 § 17. 23. l. 2. pr. § 1. 3. 8. 10. dig. de aqua 39, 3. Savigny, System S. 487—491. Schmidt von Ilmenau, civilistische Abhandlungen, Bd. I. Jena 1841, S. 169—204. Auch hier handelt es sich um Zustände, welche ebenso gut wie durch die lex colonica (vgl. Savigny, System IV. S. 488. Schmidt, a. a. O. S. 195), auch durch Privatabrede geschaffen werden können, also keine publicistischen Rechtsverhältnisse genannt werden können. Diese sehr verständigen Vorschriften des römischen Rechtes, welche beweisen, wie wenig die Römer den Eigenthumsbegriff

einer widerrechtlich angelegten Anstalt.[1]) Alles dies ist nichts als die Consequenz einer fast selbstverständlichen Regelung der Beweislast und eine Folge des Satzes: „Ein Besitzer, der die Titel zum Beweise seines Rechts verloren hat, kann unmöglich dadurch der Willkür jedes Beliebigen freigegeben werden," eines Satzes, welcher eine weitere Consequenz des staatlichen Rechtsschutzes ist; denn ein Rechtsschutz, welcher von der absoluten Beweisbarkeit unvordenklicher Dinge abhinge, würde völlig werthlos sein, und die Idee einer derartigen unpraktischen Institution kann niemals in dem Kopfe eines römischen Juristen bestanden haben. Wenn in der citirten lex 2 pr. dig. de aquae et aqua pl. 39, 3 behauptet ist, daß die vetustas minuendarum litium causa die Kraft eines Gesetzes in sich trage,[2]) so erscheint diese Betrachtung darum als durchaus richtig, weil sich im klassischen Römischen Rechte Rechtsverletzungen aller Art und damit auch Prozesse in Menge entwickelt haben würden, wenn derjenige, dem der Beweistitel seines Rechtes abhanden gekommen war, schutzlos gewesen wäre. Bei lange andauernden Rechtszuständen würde ohne jenes Institut geradezu darauf speculirt worden sein, daß die Beweismittel für dieselben verloren sein könnten.

In dem neuesten Römischen Rechte treten freilich Verjährungen mit bestimmten Zeitfristen auf, welche die bisherige unvordenkliche Verjährung gerade in den wichtigsten Fällen entbehrlich machen.[3]) Diese neuen allgemeinen Verjährungen sind aber der richtigen Meinung nach nichts als weitere Fortbildungen der alten vetustas.

---

in jener Rücksichtslosigkeit, die man ihnen neuerdings vorzuwerfen pflegt, auffaßten, sollen nach einem Urtel des Ober-A.G. Cassel vom 2. Mai 40 unanwendbar sein (Seuffert, Archiv I, 5). Anders die Praxis von Dresden (ebenda I, 68 II, 262). Vgl. auch die beiden Urteile des O.A.G. von Celle, Seuffert, X. 261, ferner: Seuffert XIX. p. 119. XXI. 12. XXVII. 134.

[1]) So mit Recht Burkhard, in der Fortsetzung von Glücks Pandektencommentar Bd. 39 Th. III S. 316.

[2]) Gerade wie bei der Motivirung der Usucapion in l. 1, dig. de usurp. 41, 3 und bei Gajus II, 44. Vgl. Savigny, System Band IV. S. 490. Anm. 9. Kress, de genuina natura et indole vetustatis. Helmst. 1749. S. 1 ff. meint sehr naiv: ut litium finis sit rem non conficit, potest litium finis esse, si res reddantur. Natürlich ist die Minderung der Prozesse nicht der einzige Zweck der Verjährung und wird auch nur bei Acquisitivverjährungen erreicht, während die Extinctivverjährung vielmehr gerade umgekehrt, wie die Erfahrung beweist, zu vielen Prozessen gegen insolvente Schuldner treibt, nur, damit die Verjährung unterbrochen werde. Um diesem Uebelstande zu steuern, wird es sich empfehlen, eine einfache Unterbrechungsart, z. B. die Zustellung einer Mahnung durch den Gerichtsvollzieher einzuführen.

[3]) Wäre dies nicht der Fall, so würde man an der Unentbehrlichkeit der vetustas niemals gezweifelt haben.

Daß dem so war, folgt zunächst deshalb aus der römischen Rechtsentwickelung, weil sich aus den freien Grundsätzen der Judicatur unabhängiger Geschworenen allmälich festere Normen für die kaiserliche Beamtenjurisprudenz mehr und mehr entwickeln mußten.[1]) Auch berechtigt uns der Stand der Quellen, welcher die Ausdrücke vetustas und longa consuetudo einerseits und consuetudo und longum tempus andererseits durchaus als Synonymen zu behandeln geneigt ist,[2]) zu der Vermuthung, daß die verschiedenen Institute, welche wir als longi temporis praescriptio, longa quasi possessio, Aktionenverjährung und vetustas zu trennen pflegen, nichts sind als spätere Sonderbildungen einzelner Zweige desselben ursprünglichen Stammes des „langandauernden Rechtszustandes", der vetustas in der oben dargelegten allgemeinen Bedeutung, in welcher sie früher gegolten haben muß, und aus der Allmäligkeit dieser Fortbildung läßt sich allein der unbefriedigende Zustand unserer Quellen erklären. Zunächst trieb das Bedürfniß eines Ersitzungsschutzes für nichtitalische Immobilien zu der Kaiservorschrift,[3]) daß der titulirte Besitzer nicht erst durch unvordenklichen,

---

[1]) Die Setzung fester Fristen an Stelle des richterlichen Ermessens entspricht dem Geiste des römischen Kaiserthums, welches dem Bedürfnisse nach Rechtssicherheit seine Entstehung verdankte und aus einem unleugbaren praktischen Bedürfnisse, vgl. Jhering, Geist des römischen Rechtes, Band II § 38 S. 328. (3. Aufl.) „Was an Wahrheit oder Correktheit des Gedankens verloren geht, wird an praktischer Anwendbarkeit desselben gewonnen." Analoga finden sich in der Fixirung des Mündigkeitstermins (vgl. Göschel zerstreute Blätter S. 373. Jhering a. a. O.), ferner in Pauli receptae sententiae V, 5 § 8, endlich in der dreijährigen Frist, welche cst. 1 I. Cod. de fideicommissis 6, 42, an die Stelle der unbestimmten Frist der l. 6 pr. dig. de usur. 22, 1 setzt. Auch das deutsche Recht hat sich in dieser Richtung weiterentwickelt, indem es da Todeserklärungen nöthig machte, wo in Rom das richterliche Ermessen waltete (So mit Recht Bruns in den Jahrb. des gemeinen deutschen Rechts Bd. I Nr. 5).

[2]) Man vgl. l. 1. § 23. dig. de aqua et aquae pluv. arc. act. 39, 3. l. 13 § 1 dig. comm. praed. 8, 4. c. 5 Cod. de agricolis censitis 11, 48 cst. I. Cod. in quibus causis censiti dominos accusare possint. 11, 49 (50) c. 20. pr. Cod. de agricolis censitis, et colonis 11, 47, c. 23, § 1, Cod. eodem, ferner die Anm. des Heineccius in dessen Ausgabe von Brissonius de verborum significatione 1744. ad vocem vetustas, endlich Unterholzner, Verjährungslehre 2. Auflage Band I S. 505. II. S. 146.

[3]) l. 76 § 1. dig. de contrahenda emtione 18, 1. „tempora constitutionibus statuta" vgl. Savigny, System Band IV S. 493 nota b. Die Ansicht des Cujacius, welche von Schmidt von Ilmenau, civilistische Abhandlungen Band I S. 173 verworfen wird, und dahin geht, daß vetustas und longi temporis praescriptio mit einander zusammenhängen, dürfte also bei einer Gesammtbetrachtung der römischen Verjährungsverhältnisse um so wahrscheinlicher sein, als auch Schmidt a. a. O. S. 189 mit Recht vermuthet, daß die vetustas ein Surrogat der durch die lex Scribonia verdrängten Servitutenersitzung, also überhaupt ein allgemeines außerordentliches Verjährungsinstitut war.

sondern schon durch zehn, beziehungsweise zwanzigjährigen Besitz geschützt sein soll, so daß seitdem longum tempus der Regel nach einen Besitz von dieser Dauer bezeichnet. [1])

Auch der untitulirte Besitz scheint schon lange vor Justinian in der Praxis nicht mehr unter der Voraussetzung unvordenklicher Dauer, sondern schon nach vierzig Jahren gegen die rei vindicatio des Eigenthümers geschützt worden zu sein. Wenigstens berichten Constantius und Constans, daß unter dem Namen der vetustas eine Anspruchsverjährung üblich geworden sei und verbitten sich, wie schon oben erwähnt wurde, diese Praxis für persönliche Klagen. [2]) Allein dieses Bedürfniß nach einer festen zeitlichen Schranke scheint der Byzantinischen Jurisprudenz doch so dringend gewesen zu sein, daß im Jahre 424 Theodosius II alle Ansprüche für verjährbar erklärte. [3]) Justinian endlich statuirt für den Fall einer Verjährung der Eigenthumsklage eine außerordentliche Ersitzung. [4])

Diese letztere war nichts weiter, als eine nothwendige Konsequenz der Verjährung der rei vindicatio. Die Theorie nimmt zwar an, daß beide Institute noch immer neben einander stehen, so daß also derselbe Eigenthümer seine rei vindicatio durch Verjährung verloren aber sein Eigenthum behalten haben könne. [5]) Dies dürfte jedoch mindestens de lege

---

[1]) Der Ausdruck ist aber in dieser Bedeutung durchaus nicht technisch, sondern bedeutet bald eine kürzere (l. 6 pr. dig. de usuris 22, 1) bald eine längere Frist c. 20 pr. Cod. de agricolis, censitis et colonis 11, 47).

[2]) In der für die Geschichte der Verjährung hochwichtigen constitutio 2 Codicis Theodosiani de longa praescriptione 4, 13. Schmidt von Ilmenau meint zwar in den civilistischen Abhandlungen Band I, S. 171, die hier erwähnte vetustas sei etwas anderes, als die bei der actio aquae pluviae arcendae genannte, doch läßt sich dieses nicht erweisen.

[3]) Cst. un. Cod. Theod. de actionibus certo tempore finendis 4, 14. c. 3. Cod. de praescr. XXX ann. 7, 39.

[4]) Es spricht die höchste Wahrscheinlichkeit dafür, daß Justinian hier nur ebenso, wie bei der Anerkennung der longi temporis praescriptio als einer klagebegründenden Thatsache (hoc enim et veteres leges, si quis eas recte inspexerit sanciebant, cst. 8. pr. Cod. de praescriptione XXX vel XI annorum 7, 39) nur dasjenige bestimmte, was die Praxis als selbstverständlich schon vorher annahm und, wie sich aus dem im Texte Angeführten ergibt, bei einer vernünftigen Regelung des Sachverhaltes annehmen mußte.

[5]) Vgl. z. B. Grawein, Verjährung und gesetzliche Befristung. Leipzig 1880. S. 141. Für das römische Recht ist dies nach cst. 8. Cod. de praescriptione XXX annorum VII, 39 allerdings richtig. Es scheint aber so, als ob Justinian, indem er die Vindicationsverjährung nur bei bona fides zu einer Klage des Besitzers führen ließ, die ältere Praxis einschränkte, welche darin weiter ging. Auch ist dies durch das kanonische Recht wieder abgeändert worden (s. Text), so daß dadurch die unnatürliche Trennung zwischen Verjährung der vindicatio und Ersitzung fortgefallen ist.

ferenda nichts weniger als empfehlenswerth sein. Man vergegenwärtige sich einen Fall, in dem z. B. A seine rei vindicatio gegen B verloren und dieser das Eigenthum doch nicht ersessen hat; hier würden sich A und seine Rechtsnachfolger des Eigenthumsanspruches gegen B und dessen Rechtsnachfolger nicht mehr bedienen können, jedoch für den höchst seltenen Fall, daß die Sache in ihren Besitz gelangen sollte, sie behalten dürfen. Der B würde daher die Sache behalten, aber nur nach der Maßgabe jener seltsamen Konsequenz ihrer sicher sein und sie veräußern können. Welchen Sinn hat nun aber jener fast immer werthlose Rest des dem A zustehenden Eigenthumes, die bloße Aussicht auf das Spiel des Zufalls? [1]) Seitdem nun aber nach kanonischem Rechte zu der Verjährung des Eigenthumsanspruches nach der richtigen Meinung ebenso, wie zur Ersitzung bona fides nöthig geworden ist [2]), kann jener Fall überhaupt nicht mehr vorkommen, sondern ein bösgläubiger Besitzer kann sich nicht mehr gegen die Verjährung des Eigenthumsanspruches schützen, so daß jetzt Vindicationsverjährung und Eigenthumsersitzung durchweg zusammenfallen. Daß nun diese außerordentliche Ersitzung und die Theodosische Verjährung nichts als eine Einschränkung der ursprünglich unvordenklichen vetustas auf eine bestimmte Zeit waren, dürfte aus der Gleichnamigkeit der beiden Rechtsinstitute zu folgern sein, insbesondere, da Justinian jeden Zweifel darüber, daß auch er diese Gleichnamigkeit voraussetze, ausgeschlossen hat, indem er die Worte „excepto vestutatis auxilio", aus welchen diese Voraussetzung hervorgeht, in die cst. 7. Cod. de fundis rei priv. 11, 65 ausdrücklich hat hineincorrigiren lassen. [3])

Hierdurch dürfte die altrömische vetustas in ihrer Eigenschaft als einer unvordenklichen, unbegrenzten Verjährung fast beseitigt worden sein. Bei dem Eigenthume ist sie durch die dreißigjährige Ersitzung überflüssig geworden [4]); denn wenn sich Jemand auf einen mehr als dreißigjährigen

---

[1]) Die Lage des durch die Verjährung der rei vindicatio Geschützten scheint derjenigen eines prätorischen Eigenthümers, der die actio publiciana und exceptio rei venditae et traditae für sich geltend machen konnte, analog gewesen zu sein.

[2]) Cap. 5. 20 X. de praescriptionibus.

[3]) In der novella des Theodosius, aus welcher die c. 7 Cod. de fund. rei priv. 11, 66 (65) entnommen ist, standen sie nicht, sondern sind interpolirt, was Gothofredus im Kommentar zu der c. 2 Cod. Theodos. de longi temp. praescr. 4, 13 entdeckt hat; vgl. Unterholzner, Verjährungslehre. Bd. I. S. 504 Anm. 508.

[4]) So mit Recht Savigny Bd. IV. S. 482 Kind, quaest. forenses t. III. c. 62. Dies wird oft sehr mit Unrecht bestritten. Vgl. Seuffert's Archiv Bd. VI. Nr. 144 und Neller, opuscul II, 115, welcher meint, der unvordenkliche Besitz bilde neben der außerordentlichen Ersitzung einen eventuellen Klagegrund. Vgl. auch Buchka, Der unvordenkl. Besitz. S. 21. Natürlich bleibt es jedem unvordenklichen Besitzer un-

unvordenklichen Besitz beruft, so behauptet er eben dadurch mit logischer Nothwendigkeit immer auch den Thatbestand einer dreißigjährigen Ersitzung (In eo quod plus est, inest minus). Es ist daher geradezu unmöglich, eine Klage auf eine solche unvordenkliche Zeit zu begründen, ohne damit zugleich auch die Thatsache einer dreißigjährigen Ersitzung zu behaupten. Ebenso ist — nach der richtigen Meinung — auch bei den ehemals durch vetustas gegen die actio aquae pluviae arcendae geschützten Anstalten zu dem Abflusse des Regenwassers die vetustas durch das Theodosische Gesetz auf dreißig Jahre beschränkt, weil in dieser Zeit die actio aquae pluviae verjährt. Was die Pandekten uns hier über vetustas mittheilen, ist ohne Weiteres auf die dreißigjährige Verjährung zu beziehen, namentlich der Gegenbeweis gegen die vetustas auf diese Zeit zu beschränken. Der Verfasser entnimmt dies daraus, daß die actio aquae pluviae arcendae vom Momente ihrer Zuständigkeit ab verjähren muß, weil dann actio nata ist.[1]) Die unvordenkliche vetustas hat sich hier in eine dreißig- (bezw. vierzig-) jährige verwandelt. Das Gleiche nimmt der Verfasser auch hinsichtlich der Servituten an, soweit sie dauernd oder wiederholt in sinnlich wahrnehmbarer Weise ausübbar sind. Dies weicht von der herrschenden Meinung ab, welche annimmt, daß es eine Servitutenersitzung von zehn, bezw. zwanzig Jahren gebe, obwohl das ausdrückliche Gegentheil nicht blos von Justinian aufgenommen, sondern geradezu in die lex 10 § 1. dig. de usurp. 41, 3 hineincorrigrt worden ist.[2]) Diese Ansicht ist auch von dem

benommen, von seiner Besitzzeit, wenn sie dreißig Jahre übersteigt, nur diese letztere Jahreszahl zu erwähnen, er kann aber auch die Sachlage darstellen, wie sie ist; in beiden Fällen hat er sich auf die außerordentliche Ersitzung berufen und kann durch einen Gegenbeweis, der einen vor der dreißigjährigen Zeit liegenden Beginn des streitigen Zustandes betrifft, nicht zurückgeschlagen werden. Welchen juristischen Namen er seinem Klagegrunde giebt, ist gleichgiltig, es kommt darauf an, welchen derselbe nach den vor Gericht vorgetragenen Thatsachen verdient. Hiernach hätte es der sehr reichhaltigen Ausführungen in den Entscheidungsgründen des Ober-Appellationsgerichts von Oldenburg (Seuffert's Archiv Bd. VI. Nr. 144) darüber, daß man sich zur Begründung einer Eigenthumsersitzung auch auf unvordenklichen Besitz berufen könne, nicht bedurft.

[1]) Dies Letztere ist gegen Unterholzner von Burkhard (Fortsetzung von Glück's Pandektencommentar Bd. 39 Th. III. S. 316) erwiesen worden. Die Frage, warum trotzdem die Stellen des klassischen Rechtes über die unvordenkliche vetustas bei der actio aquae pluviae arcendae in die justinianische Sammlung aufgenommen sind, glaubte der Verfasser in dem Texte anders beantworten zu müssen, als Burkhard a. a. O. S. 318 es thut. Burkhard nimmt noch jetzt ein Nebeneinanderbestehen der vetustas und der neuen Verjährung bei der actio aquae pluviae arcendae an und führt einige Umstände an, welche dasselbe, wenn auch nicht als nothwendig, so doch als möglich erscheinen lassen.

[2]) Savigny, System Bd. IV. S. 494; Unterholzner, Bd. II. S. 144 mei-

Reichsgerichte ausdrücklich sanktionirt worden [1]), während eine alte mit der Glosse übereinstimmende Auslegung und eine weitverbreitete Praxis, welche bei den servitutes discontinuae nur eine unvordenkliche Verjährung anerkennen [2]), sich durch die innerhalb der letzten Jahrhunderte zu wiederholten Malen ihr gegenüber ausgesprochenen Ausdrücke der Nichtachtung [3]) nicht haben irre machen lassen, sondern schlechterdings von der kurzen Servituten-

---

nen, daß die Compilatoren in höchster Gedankenlosigkeit hier das usucapi in das schlechterdings nicht passende longo tempore capi umgewandelt haben. Dies widerspricht denn doch den Gesetzen historischer Wahrscheinlichkeit gar zu sehr. (Eine andere gezwungene Auslegung van de Water's siehe bei Unterholzner Bd. II. S. 145.) Diese Stelle beweist vielmehr direkt gegen eine zehnjährige Servitutenersitzung. Dafür spricht nicht c. 12 Cod. de pr. longi temp. 7, 33, welche höchstens eine Servitutenersitzung voraussetzt, nicht aber sie anordnet. Dafür spricht auch nicht c. 2. Cod. de serv. 3, 34 (Antoninus); die Worte „ante id spatium“ in derselben, auf welche Savigny Bd. IV. S. 494 n. g. und Unterholzner, Verjährungslehre Bd. II. S. 147 ein übergroßes Gewicht legen, beweisen nichts, denn sie bedeuten, wenn man sie unbefangen betrachtet, nicht als: „vor der nachgewiesenen Zeit der Servitutausübung“. Die l. 10 pr. dig. si serv. vind. 8, 5 sagt nichts als den sehr verständigen Satz, daß, wer sich auf unvordenkliche oder dreißigjährige Ersitzung beruft, nichts weiter als einen so langen Besitz nachzuweisen braucht, wie es ihm möglich ist; der Rest wird, wenn der Gegenbeweis ausbleibt, vermuthet (anders die herrschende Meinung). Die zehnjährige Servitutersitzung ist also unerwiesen und c. 12 in fine Cod. 7, 33, sowie c. 2 Cod. de serv. 3, 34 beweisen nur, daß es überhaupt eine Servitutersitzung giebt, l. 1 § 23 dig. de aqua et aqu. pl. 39, 3, daß diese vetustas hieß. Da nun c. 2 Cod. Theodos. de praescr. cit. erweist, daß die spätere Verjährung dinglicher Ansprüche nur eine Verwandlung der alten unvordenklichen vetustas, cujus memoria non extat in eine solche, cujus memoria intra XXX sine XL annos non extat, für gewisse Fälle ist, so liegt nichts näher, als die Servitutersitzung für ebenso an die Verjährung der actio negatoria angeknüpft zu halten, wie diejenige des Eigenthums an die Verjährung der rei vindicatio. Nur von diesem Standpunkte aus herrscht eine volle Uebereinstimmung der Quellenstellen.

1) Entsch. des Reichsgerichts Bd. III. Nr. 59. S. 211 ff.

2) Vgl. hierüber Unterholzner, Verjährungslehre Bd. I. S. 507. 508.

3) Vgl. z. B. das soeben citirte Urtel des Reichsgerichts. Schon Anton Faber und Wesembeck nannten diese communis opinio einen communis error (Ockel, de praescr. immemoriali p. 259). Sehr abfällig äußert sich auch Neller, opusc. t. II. p. 36 über diese Ansicht. Vgl. auch Pfeiffer, Prakt. Ausführungen Bd. VII. S. 254 ff. Die Ansicht, welche aus den Worten „eo sciente“ in c. 2. Cod. de servit. 3, 34, die nichts als ein die Vitiosität des Besitzes ausschließendes Thatbestandsmoment sind, das allgemeine Usucapionserforderniß der Kenntniß des Eigenthümers des fundus serviens von dem Besitze herleitete, erklärt sich gleichfalls aus dieser Einschränkungstendenz. Die streitigen Schlußworte der c. 12 Cod. de pr. longi temporis 7, 33, welche immer räthselhaft bleiben werden (Unterholzner, Verjährungslehre. 2. Aufl. Bd. II. S. 142) lassen sich sehr wohl dahin erklären, daß auch bei der Servitutenersitzung, insoweit eine solche anerkanut sei, nulla scientia vel ignorantia expectanda est.

ersitzung nichts wissen wollen. Dies beweist, daß in der That ein Bedürfniß des Lebens sich der Auslegung der herrschenden Meinung entgegenstellt.[1]) Es ist äußerst mißlich, daß ein blos zehnjähriger Servitutenbesitz, welcher nach der h. Meinung sogar nicht ein Mal eine zehnjährige Ausübung, sondern nur einen Beginn und den Mangel eines in contrarium actum verlangt, dem Eigenthümer eine so fatale Last, wie es eine Servitut ist, soll aufbürden können. Man bedenke, wie oft der werthvollste Grundbesitz durch eine bloße Nachlässigkeit der Verwalter hierdurch dauernd ruinirt werden kann. Wäre das wirklich römisches Recht, so würde es mit der sonstigen Beschaffenheit dieses durchweg mit den Bedürfnissen des Lebens rechnenden Systems in auffallender Disharmonie stehen.

Allein auch die unvordenkliche Servitutenersitzung muß, soweit sie überhaupt möglich war[2]), durch die Verjährung der actio negatoria überflüssig geworden sein. Für gewöhnlich nimmt man freilich an, daß durch jeden neuen Akt der Servitutanmaßung immer wieder eine neue actio negatoria entsteht, so daß also, wenn Jemand dreißig Mal über ein fremdes Grundstück geht, der Eigenthümer dreißig actiones negatoriae erwirbt. Wie unnatürlich diese Annahme ist, liegt auf der Hand. Sie ist aber auch völlig quellenwidrig. Actio nihil aliud est, quam jus persequendi judicio quod sibi debetur.[3]) Das id, quod sibi debetur ist in allen jenen dreißig Fällen der Eigenthumsverletzung identisch, folglich sind es auch diese scheinbaren dreißig actiones, es ist immer ein und derselbe Anspruch, der also auf ein Mal verjähren muß.

Nun folgt freilich aus dem Schutze dessen, der sich die Servitut anmaßt, gegen die negatoria noch nicht, daß er die actio confessoria gegen den Eigenthümer hat, allein da diese Verjährung nichts ist, als die zeitlich fixirte vetustas, so werden ihm wohl dieselben Mittel, welche dieseben Servitutbesitzern verschaffte, nicht von der byzantinischen Praxis versagt worden sein.[4])

---

[1]) Läge dies Bedürfniß nicht vor, so würde es fast vermessen erscheinen, bei der Zweifelhaftigkeit der Quellen mit einer von der herrschenden Meinung abweichenden Ansicht hervorzutreten.

[2]) Der Verfasser spricht bei Servituterſitzung nur von Personalservituten und den sog. servitutes discontinuae, d. h. den in wiederkehrenden Handlungen ausübbaren, indem er annimmt, daß bei servitutes continuae die sichtbaren Anstalten, deren Benutzung die Servitut bildet, in der Besitz- und Ersitzungslehre wie Theile des praedium dominans behandelt werden (l. 10 § 1. dig. de usurp. 41, 3). Die Verbietungsrechte entziehen sich der Ersitzung; die h. M. nimmt freilich an, hier liege ein Besitz vor, wenn der Berechtigte ein Verbot erlasse und der Eigenthümer sich dabei beruhige, allein diese Beruhigung ist nur ein vorübergehendes Ereigniß, kein dauernder Zustand, wie er zu einer Ersitzung gehört.

[3]) l. 52. dig. de obl. et act. 44, 7; pr. inst. de act. 4, 6.

[4]) lex 10. pr. dig. si serv. vindicetur. 8, 5. l. 5. § 3. dig. de itinere actuque

Neben den genannten Rechten kommt auch noch das Pfandrecht in Betracht, insofern als man bei ihm von einer Ersitzung der Pfandfreiheit, richtiger einer Ersitzung des Eigenthumes als eines pfandfreien spricht. Dies Institut ist ein nothwendiges Surrogat der Eigenthumsersitzung.[1]) Will das Recht den Besitzern nach einer gewissen Zeit die Sicherheit eines unwiderruflichen Eigenthumserwerbes geben, so muß es sie auch gegen Hypotheken, welche ihnen unbekannt geblieben sind, schützen, sonst erweist sich jene Sicherheit als werthlos.

Die Ersitzung einer hypotheca ist, da ihr eine dauernde Ausübung nicht entspricht, unmöglich, diejenige eines Faustpfandes aber sehr wohl denkbar. Man denke an ein von einem Ahnen des X dem Ahnherrn des Y gegebenes Pfand, z. B. einen verpfändeten Familienschmuck, bei dessen Hingabe irgend ein Giltigkeitserforderniß des Verpfändungsgeschäftes, z. B. geistige Gesundheit des Bestellers, fehlte. Hier ist nun eine Ersitzung in den Quellen nicht anerkannt, eine unvordenkliche Verjährung werden wir aber nach dem allgemeinen Satze vetustas semper pro lege est, auch hier für möglich halten müssen.[2]) Superficies und Emphyteusis sind

---

privato 43, 19. Es gilt hier analog alles dasjenige, was oben von der praktischen Inconvenienz eines gegen die Vindication des Eigenthümers geschützten aber nicht mit einer eigenen Klage dieser Art versehenen Besitzes ausgeführt ist, in gleicher Weise von dem vor der negatoria gesicherten Servitutbesitzer. Wenn Justinian in der cst. 12. Cod. de pr. longi temp. 7, 33 und schon Antoninus in c. 2. Cod. de serv. 3, 34 die Servitutenersitzung mit derjenigen von Immobilien vergleichen, so erklärt sich dies daraus, daß die vetustas und ihr späteres Surrogat für Mobilien, bei welchen eine Vindication aus so alter Zeit schlechterdings nicht vorzukommen pflegt, nicht bestimmt war und darum in den Quellen gar nicht vorausgesehen ist. Sollte sie doch einmal Statt finden, z. B. bei einem Familienschmucke u. dergl., so würde natürlich die außerordentliche Ersitzung doch angewandt werden müssen. Bemerkt sei auch noch, daß auch Personalservituten, die auch an Mobilien, z. B. einer Heerde, möglich sind, nach c. 12. Cod. de proscr. longi temp. 7, 33 in fine ebenso wie die Immobilien ursprünglich nur der unvordenklichen und späterhin nur der 30- oder 40jährigen vetustas unterliegen.

[1]) Da in dem Reichscivilgesetzbuche wahrscheinlich das Conventionalpfand für Mobilien ausgeschlossen, für Pfänder an Immobilien aber der Eintragungszwang statuirt werden wird, so wird die Ersitzung der Pfandfreiheit in Wegfall kommen.

[2]) Der hier citirte Fall ist von so außerordentlicher Seltenheit, daß der Referent sich nur im Interesse der Vollständigkeit zu seiner Erwähnung entschließen konnte. Doch spricht das Instrumentum Pacis Osnabrugensis V, 27 von Reichslanden, welche vor Menschengedenken verpfändet seien. Unterholzner, Verjährungslehre Bd. I. 2. Aufl. S. 519 meint, die Worte ante hominis memoriam seien hier nur von einer sehr langen Zeit zu verstehen, weil man bei einem unvordenklichen Besitze nicht wissen könne, ob es Pfandbesitz und wie hoch die Schuldsumme sei. Trotzdem kann sich beides sehr wohl durch Tradition erhalten haben, während es nicht mehr feststeht, welcher

— abgesehen von dem Verhältnisse zum Obereigenthümer — in ihrer thatsächlichen Gestaltung dem Eigenthume durchaus analog und es kann keinem Zweifel unterliegen, daß der Zweck der Ersitzung, ne rerum dominia in incerto essent, auch sie in das Gebiet dieser Verjährungsart hineinzog.

Anders verhält es sich mit dem Verhältnisse des Untereigenthümers zu dem Obereigenthümer. Weder der Erwerb des Obereigenthums noch der Verlust der mit denselben verbundenen Rechte des Kanons, der Laudemial- und der Vorkaufsrechte fällt unter eines der in den Quellen anerkannten Verjährungsinstitute. Auf sie muß die unvordenkliche Verjährung Anwendung gefunden haben. [1])

Wir fanden also eine ganze Reihe von Fällen, in denen die unvordenkliche vetustas noch nicht durch die festbegränzte vetustas (Verjährung) des neuesten römischen Rechtes überflüssig geworden ist[2]), die Umwandlung des Privatwegs in den öffentlichen, die Unterwerfung einer Sache unter den Gemeingebrauch, die Ersitzung eines Faustpfandrechts, die Begründung und die Aufhebung von Obereigenthumsrechten, namentlich des Kanons[3]) und wahrscheinlich auch sonstiger dauernder Lasten, welche sich im römischen Rechte vorfanden.

Außerdem ist aber die vetustas noch insofern von Interesse, als die über sie in den Quellen mitgetheilten Grundsätze auch bei der außerordentlichen Verjährung Platz greifen müssen, soweit sie nicht der Einschränkung der letzteren auf 30 oder 40 Jahre widersprechen.[4]) Endlich ist sie ein Surrogat aller Ersitzungen in jenen Ausnahmsfällen, in denen die Erinne-

---

von den Ahnen des jetzigen Pfandschuldners das Land verpfändete und bei welcher Gelegenheit. Daß freilich derartige Zustände Anlaß zu einem Reichsgesetze geben konnten, ist charakteristisch für die damals in den öffentlich-rechtlichen Verhältnissen unseres Vaterlandes herrschende Unordnung.

[1]) Dafür spricht namentlich, daß z. B. die Frage, ob der colonus statt der Naturalien Geld zahlt, nach der consuetudo praedii geregelt wurde. c. 5. Cod. de agricolis, censitis et colonis 11, 47. Vgl. auch c. 23. § 1. eod. provinciae moderator . . . . . provideat . . . . . veterem consuetudinem in reditibus praestandis eis observare. Vgl. auch c. 20 pr. cod. eodem.

[2]) Die Aufnahme der l. 28. dig. de probationibus 22, 3 in die Sammlung Justinian's beweist, daß es noch immer Fälle gab, in welchen der Beweis einer memoria initii nicht auf Anfänge innerhalb eines zeitlich begränzten Raumes beschränkt, sondern bis in infinitum zulässig war.

[3]) Unvordenkliche Ersitzung des Rechtes auf Reparaturbeiträge steht dem gleich. Urtel des O.A.G. Wiesbaden in Seuffert's Archiv Bd. XIII. Nr. 127.

[4]) Dies ist freilich nicht die herrschende Meinung. Der Verf. meint namentlich, daß die unten darzustellende römischrechtliche Vertheilung der Beweislast, welche von der heutigen Handhabung der Immemorialverjährung sehr abweicht, nach Justinianischem Rechte auch für die außerordentlichen Verjährungen gelten sollte.

rung der Menschen an einen Zustand nicht ein Mal einen Zeitraum von 30 Jahren ausfüllt.

Daß dieses Verhältniß der vetustas zu der Vertheilung der Beweislast und zu den zeitlich geregelten Verjährungen aus der Sammlung Justinian's nicht sonderlich klar hervorleuchtet, wird dann nicht verwundern, wenn man bedenkt, daß es für uns überhaupt nur vom Standpunkte einer Jahrhunderte alten Wissenschaft aus einem mühsam entwickelten Rechtssystem klar werden kann, daß es aber von Tribonian und seinen Zeitgenossen unmöglich in einer ganz klaren Darstellung mitgetheilt werden konnte. Man vergesse eben nicht, daß in der Compilation Justinian's nur dasjenige, was als veraltet in die Augen fiel[1]) und auch dies nicht immer gestrichen worden ist; zu einer wissenschaftlichen Durcharbeitung des gebliebenen ungeordneten Stoffes finden wir wohl in den quinquaginta decisiones[2]) einen ziemlich bedeutenden Anlauf, aber nicht mehr als dies.

Im altgermanischen Rechte[3]) finden wir in Ausdrücken, welche durch ihre Aehnlichkeit mit denjenigen der Digesten die Vermuthung eines romanistischen Einflusses nahelegen[4]), die unvordenkliche Verjährung bei denjenigen Rechten, welche im altgermanischen Rechtsleben eine Hauptrolle spielten, namentlich bei den Wald- und Weidenutzungsrechten, wieder. Es ist dies eine Bestätigung der oben ausgeführten Ansicht, daß sie da, wo keine zeitlich begränzte Verjährung bestimmt ist[5]), als etwas ganz Selbstverständliches in jedem Lande und Volke Platz greifen muß, weil ihre Nichtbeachtung die volle Schutzlosigkeit der bestberechtigten Rechtssubjecte

---

1) Wie z. B. die Ausdrücke fiducia, mancipatio und longi temporis praescriptio.

2) Namentlich in der Verschmelzung des civilen und des prätorischen Eigenthumes und der Legate mit den Fideicommissen.

3) Hierüber finden sich namentlich im Anschlusse an eine Andeutung Mittermaier's sehr reichhaltige Nachweisungen bei Buchka, Der unvordenkliche Besitz des gemeinen Deutschen Civilrechts. Heidelberg 1841. Vgl. Grimm's Weisthümer Bd. I. p. 22 n. 33. 74. 81. 121. 160. 207 u. a. mehrere Stellen, welche bei Buchka und bei Pfeiffer, Zeitschr. f. Deutsches R. Bd. VIII. S. 6 citirt sind.

4) Die Wahrscheinlichkeit romanistischen Einflusses auf das ältere Deutsche Recht hat für die in Erörterung stehende Materie namentlich Pfeiffer in der Zeitschrift für Deutsches R. Bd. VIII. S. 1—21 durch eine Fülle von Urkunden (S. 12—19) aus sieben Jahrhunderten zu belegen gesucht. Insbesondere dürfte die Vermuthung Buchka's a. a. O. S. 18, daß die Päpste sich durch deutschrechtliche Anschauungen haben beeinflussen lassen, nicht erweisbar sein. Vgl. auch insbesondere Pfeiffer a. a. O. S. 20.

5) Vgl. Sachsenspiegel Bd. I. Art. 29. An egene unde an huven mag sik die sasse versvigen binnen drittich jaren unde jar unde dage unde er nicht. Dat rike unde de svavee ne mogen sik nümmer versvigen an irme erve, de wile se't getugen mogen.

nach sich ziehen müßte. Die einzelnen Spuren dieser altdeutschen Rechtsbildungen sind unter sich so zusammenhangslos, daß man aus ihnen einen allgemeinen Gedanken, welcher etwa dem römischen Rechte widerspräche, nicht herleiten kann. [1])

Anderes gilt von dem kanonischen Rechte, welchem das Recht der Immemorialverjährung eine der folgenschwersten Bestimmungen verdankt. Bonifacius VIII. [2]) bestimmte, daß auch gegen das jus commune unvordenkliche Verjährungen angerufen werden können. Wie der Papst dazu gekommen, ist aus der allgemeinen Lage des damaligen Privatrechts nur allzu erklärlich. Das römische Recht begann auf's Neue das in Italien herrschende zu werden und es mochte die höchste Gefahr vorliegen, daß die gelehrten Doctoren ein Verfahren beobachteten, welches sie zum Theile noch heute lieben. Sie besaßen nicht die Kraft, das zu recipirende antike Recht mit den nachrömischen und germanischen Rechtsbildungen zu einem einheitlichen Systeme zu verbinden, wie es für die Praxis ein allerdringendstes Bedürfniß ist, — ist ja doch diese Aufgabe leider noch heute ungelöst! Darum suchte man in den vorigen Jahrhunderten die nachrömischen Rechtsbildungen in irgend welche unpassenden Begriffsformen zu pressen, z. B. die Reallasten in die Servitutform, und was sich dem nicht fügte, das mußte als eine barbarische Mißbildung die Nichtbeachtung befürchten. So blieb von alter Zeit her nichts übrig, als die nachrömischen Rechtsgebilde unter den Begriff der Privilegien zu retten, und so treten in der That ordentliche Institute des mittelalterlichen Rechtslebens, wie es die Zwangs- und Bannrechte und die Regalien sind, als Ausnahmerechte unter dem Namen der Privilegien auf. Um nun auch für sie einen Rechtsschutz möglich zu machen, welcher auf Grund eines Titelnachweises in einer Zeit, in welcher man wenig schrieb, wohl nur selten möglich war, mußte man den festen Ring, der die römische Immemorialverjährung in bestimmte Grenzen einschloß, durchbrechen und bestimmen, daß die vetustas auch gegen das jus commune gehen, d. h. daß alle dauernden Zustände, nicht blos die vom objektiven Rechte als ordnungsmäßige Rechtsinstitute anerkannten, durch Verjährung in Rechte sollen umgewandelt werden können,

---

[1]) Die Deutschen Reichsgesetze (aurea bulla c. 2. § 8. c. 8. § 1. R. A. von 1548 § 56. 59 und von 1576, instrum. pac. Osn. VIII. § 4. IX. § 2, vgl. auch sächsische Landesordnungen bei Kind, quaestiones forenses Bd. III. c. 52. n. b) vermögen zur Aufklärung des in ihnen als bekannt vorausgesetzten Institutes der unvordenklichen Zeit nicht viel beizutragen.

[2]) Cap. 1 in 6to de praescr. 2, 13. Vgl. hierzu Savigny, System Bd. IV. S. 505. Boehmer, jus eccles. Protest. Bd. II. c. 26. § 38. Buchka, Der unvordenkliche Besitz S. 15—20. Außerdem war noch von Bedeutung cap. 26. X. de verbor. sign. 5, 40.

falls sie sich als Rechtsausübungen darstellten. Verdankt diese Vorschrift[1]) ihre Entstehung wahrscheinlich dem Bedürfnisse, nachrömische Rechtsbildungen vor der Systematisirungswuth der Romanisten zu retten, so muß sie sich umgekehrt für die Fortbildung des Rechts von außerordentlicher Fruchtbarkeit erwiesen haben. Alle möglichen Komplikationen dinglicher Rechte, Nutzungs- und Gebrauchsrechte einer noch nie dagewesenen Art, also auch Servituten, welche nach den weisen[2]) Einschränkungen des römischen Rechts unmöglich gewesen sein würden[3]), Ewiggelder und dauernde Lasten einer Gemeinde oder einer Behörde oder des jedesmaligen Inhabers eines Amtes zu Gunsten von Rechtssubjekten, welche in ähnlicher Weise bestimmt waren, alles dies schoß in buntem Durcheinander empor.[4]) Die römischrechtliche Nothwendigkeit, die Ansprüche im Processe juristisch zu charakterisiren, war überdies weggefallen, und nunmehr konnte sich die Rechtsbildung schranken- und zügellos entfalten. Hieraus erklärt sich auch die vollständige Confusion zwischen den Begriffen Gewohnheitsrecht und Verjährung, welche in der Zweideutigkeit des Wortes consuetudo[5]) einen Ausgangspunkt, in dem doppeldeutigen Ausdrucke Herkommen oder, wie man vielfach auch sagt,

---

1) Cap. 1 in 6to de praescriptionibus. II. 13. Bonifacius VIII. (1298) nisi tanti temporis adlegetur praescriptio cuius contrarii memoria non exsistat. Uebrigens spricht die Stelle so, als ob sie nicht sowohl die Verjährung gegen das jus commune als etwas Neues einführe, sondern dieselbe vielmehr als bekannt voraussetze. Nach Lage unserer Quellen müssen wir aber in ihr die Entstehung dieser Erweiterung des Institutes sehen.

2) Vgl. Windscheid, Pandekten. § 209. Anm. 8.

3) Seitdem auch gegen das jus commune präscribirt werden kann, gewinnt die vetustas auch neben der außerordentlichen Ersitzung eine besondere Bedeutung, indem sie auch da zum Eigenthumserwerbe führt, wo die Ersitzung nicht möglich sein würde. So meinte z. B. Böhmer, jus ecclesiast. protest. Halae 1714, daß die Gränzen von Parochien nur durch Immemorialverjährung, nicht durch gewöhnliche Verjährung regulirt werden können. Vgl. auch Berger, oeconomia juris lib. II. tit 2. th. 25. I, 3, endlich Wernher, observ. for. t. I. obs. 5. § 128 über die Ersitzung von bona mensalia und domanalia.

4) Daß der Gedanke: praescriptio immemorialis vim tituli et privilegii habet in der älteren Praxis eine fast sprichwörtliche Bedeutung hatte, darüber vgl. die Nachweisungen bei Buchka S. 21—26.

5) Vgl. l. 1. § 23. dig. de aqua et aqu. pluv. 39, 3. l. 13. § 1 dig. comm. praed. 8, 4 und namentlich den Ausdruck consuetudo praedii in der cst. 5. Cod. de agricolis censitis 11, 48. c. 1. Cod. in quibus causis censiti 11, 49 (50). c. 23. § 1. Cod. de agricolis 11, 47, und hierzu v. Savigny, Zeitschrift für geschichtliche Rechtswissenschaft Bd. VI. S. 292. Puchta, Lehrbuch der Institutionen Bd. II. § 214. Wachsmuth im Magazin für hannöversches Recht Bd. VII. S. 337. Pape ebenda Bd. VIII. S. 165. Pfeiffer, Prakt. Ausführungen Bd. II. S. 9. 10. Anm. Dabelow, Ueber die Verjährung. Halle 1807, confundirt sogar grundsätzlich Gewohnheitsrecht und Observanz zu einer sog. „bestärkenden Verjährung". (S. 108 ff.)

„Observanz“[1]) seinen unverkennbaren Ausdruck fand.[2]) Wo nun neue Rechtsformen in einzelnen Fällen emporschossen, da lag zwar zunächst eine Verjährung gegen das jus commune vor, wurde dies aber zu einer Regel, so mußte die Ueberzeugnng von der Geltung dieser Regel zum Gewohnheitsrechte werden, und was sich demnächst noch von Rechtsformen dieser Art bildete, das entstand aus einer Verjährung nach dem neuen gewohnheitsrechtlichen jus commune; ob nun aber ein unvordenklicher Zustand die Ursache des aus ihm erzeugten Gewohnheitsrechts oder auf Grund desselben durch Verjährung erworben ist, das läßt sich später im einzelnen Falle oft nicht mehr unterscheiden, darum spricht die Praxis bei solchen zweifelhaften Rechtsverhältnissen schlechtweg von Herkommen und es bleibt nichts übrig, als bald die Grundsätze vom Gewohnheitsrecht, bald diejenigen der Verjährung, je nachdem sie der Erhaltung des Zustandes günstiger sind, auf derartige Verhältnisse anzuwenden, sofern nicht nach der besonderen Art des Zustandes das eine von diesen beiden Rechtsinstituten unanwendbar erscheint.[3]) Die Gruppen rechtlicher Wirkungen, welche hiernach zufolge deutscher Praxis der Immemorialverjährung unterliegen, sind:

[1]) Vgl. Savigny, System Bd. I. S. 99. Bekanntlich bedeuten die Worte Herkommen und Observanz drei verschiedene Dinge: partikulare Gewohnheitsrechte, unvordenkliche Ausübungen subjectiver Rechte und thatsächliche Gewohnheiten unter zwei Personen, welche zur Auslegung ihres Vertragswillens von Bedeutung sind. Vgl. auch Beseler, System des gemeinen deutschen Privatrechts § 33. Manche verstehen darunter auch noch Gewohnheiten und Sitten, welche für die Vertragsauslegung wichtig sind. Vgl. Regelsberger in Endemanns, Handbuch des Handelsrechts Bd. II. S. 393.

[2]) Vgl. Buchka, Der unvordenkliche Besitz. 1841. S. 8. 9. Auch die Schöffen sprechen bei Verjährungen von „sit und gewon“ Buchka S. 15.

[3]) Um also nicht durch die „verführerische“ Aehnlichkeit (Meurer, citirt im Magazin für hannov. R. Bd. VII. S. 331) zwischen Gewohnheitsrecht und Verjährung geblendet zu werden, werden wir anzunehmen haben, daß unter den Namen Observanz und Herkommen drei Classen von dauernden Zuständen existiren,

a) solche, bei denen nur von einem Gewohnheitsrecht die Rede sein kann, weil sich der Inhalt des durch Zeit Sanktionirten nicht als Verjährung denken läßt, z. B. die Verpflichtung der jedesmaligen Angehörigen einer Personenklasse;

b) solche, bei denen höchstens nur von einer Verjährung die Rede sein kann, z. B. bei einer bloßen „consuetudo inter partes“, in der die Rechtsüberüberzeugung der Allgemeinheit nicht zum Ausdruck kommen kann. So z. B. wenn der Gutsbesitzer in seiner Gemeinde seit unvordenklicher Zeit kein Schulgeld bezahlt (vgl. Wachsmuth, Magazin für hannöv. Recht Bd. VII. S. 344 und die Urteile des O.A.G. Celle ebenda S. 348 ff.);

c) solche, welche sich sowohl als Gewohnheitsrechts- wie als Verjährungsbildungen darstellen, d. h. diejenigen, bei deren Ausübung die gesammten Mitglieder der rechtsbildenden Gemeinheit thatsächlich betheiligt sind, z. B. Gemeingebrauchsrechte aller Art.

I. Entstehung von Rechten.

a) Zehntersitzungen.

b) Ersitzungen von Servituten gegen das jus commune.

c) Ersitzung von Zwangs- und Bannrechten, unter denen das Brauereirecht, das sog. jus cerevisiam coquendi, auch braxandi genannt, sich einer ganz hervorragenden Berücksichtigung seitens der älteren Literatur und Praxis erfreut[1]), überhaupt der verleihbaren niederen Regalien.[2]) [3])

d) Ersitzung des Rechts auf periodische Leistungen und Abgaben der verschiedensten Art[4]), Baulasten, Reparaturabgabeu für Brücken und Wege u. dergl.

II. Erlöschen von Rechten.

a) Abwälzung von Reallasten.[5])

b) Abwälzung von Steuern und allerhand periodischen Abgaben[6]) [7]), wobei es sich nicht um die einzelne Leistung handelt, welche schon nach dem Theodosischen Gesetze in 30 Jahren verjährt, sondern um eine Verjährung des Rechtes im Ganzen.

III. Umwandlung von Rechten, z. B. von Ansprüchen auf dauernde Leistungen, ihrem Inhalte nach z. B. von Natural- in Geldabgaben.[8])

---

1) Ockel, de praescr. immem. 1707. p. 258. Pufendorfii observat. tom. II. 1748. p. 216. 383. 385. Kind, quest. forens. tom. III. c. 42. ed. secunda p. 298. Bisweilen hat man an der Be- und Ersitzbarkeit solcher Rechte gezweifelt. So z. B. das Oberappellationsgericht Cassel in dem in Seuffert's Archiv Bd. I. Nr. 4 mitgetheilten Urteile, doch ist dies nicht die herrschende Meinung. Vgl. Dabelow, Ueber die Verjährung. Halle 1807. S. 89 und das Urtel des tribunal Cellense vom 8. Dez. 1742 in Pufendorf's observ. p. 385.

2) Cap. 26. X. de verb. sign. 5, 40 spricht von pedagia, guidagia et salinaria (Wegezöllen, Geleitsgefällen und Nutzungen der Salzquellen). Vgl. Unterholzner, Verjährungslehre Bd. I. 2. Aufl. S. 504.

3) Seuffert's Archiv Bd. 28. Nr. 189.

4) Seuffert's Archiv XVI. 173. XIII. 116. Hierher gehört auch das Pferchrecht. Seuffert's Archiv I. 4 zu 3.

5) Z. B. einer Kirchenbaulast (Seuffert's Archiv Bd. V. 55), Reparaturlast (Seuffert's Archiv Bd. XXXI. Nr. 202), Gewährung von Bauholz im Bedürfnißfalle (Seuffert's Archiv Bd. I. Nr. 171.)

6) Vgl. den Reichstagsabschied von 1548 und hierzu Unterholzner, Verjährungslehre Bd. I. S. 516.

7) Das Preußische Recht statuirt hier in § 656 A.L.R. I, 9 eine fünfzigjährige Verjährung.

8) Vgl. hierüber schon c. 5 Cod. de agricolis, censitis et colonis 11, 47. c. 23 § 1 eodem.

## IV. Herstellung von Genossenschaftsbildungen und Interessengemeinschaft in den mannigfaltigsten Komplicationen.[1])

Daß diese üppige Rechtsbildung zwar manches Gute geschaffen hat, andererseits aber zu unerträglichen Zuständen führen mußte, liegt auf der Hand. Es zeigt sich hier der ganze Reichthum, aber auch die ganze Unordnung der Deutschen Rechtsbildung in vollster Ueppigkeit.[2]) Wo von Alters her ein Zustand besteht, eine periodisch-widerkehrende Handlungsweise üblich ist, da legt die Immemorialverjährung ihre Hand darauf, sogleich erstarrt er für alle Zeiten und wird die Ursache einer Entwerthung des Grundbesitzes und eine unerträgliche, zwecklose Sklaverei für die davon Betroffenen. Das Erstere gilt namentlich von den Servituten, welche jetzt, nachdem sie sich durch die Immemorialverjährung wie eine Landplage auf unsere Aecker gelagert haben, mit Mühe und vielen Unkosten wieder abgelöst werden müssen. Der Wiederkehr einer derartigen Nothwendigkeit muß das neue Gesetzbuch jedenfalls vorbeugen. Noch bedenklicher ist die Fixirung periodischer Lasten, durch längere Leistung für alle Ewigkeit, wie sie in der Praxis üblich ist.[3]) Einige Beispiele werden dies am Besten erweisen.

Eine Gemeinde hat in Verbindung mit zwei anderen Gemeinden seit unvordenklicher Zeit einen Steg reparirt, weil derselbe zu einem ihr gehörigen Acker führt. Jetzt veräußert sie den Acker, und es wird nunmehr

---

[1]) In diesen Fällen nennt man die unvordenkliche Verjährung gewöhnlich „Herkommen".

[2]) „Das Gesetz der Sparsamkeit ist eines der Lebensgesetze aller Jurisprudenz", Iherings Geist des römischen Rechts, 3. Aufl. Bd. II § 38 S. 330. Noch heutzutage neigt die Jurisprudenz dazu, alle möglichen Rechtsgebilde, wenn sie sich nur denken und durchführen lassen, ohne Weiteres zuzulassen. Bei solchen Tendenzen kommt dann die Rechtsprechung dahin, den Wald vor lauter Bäumen nicht mehr sehen zu können. — Das Recht hat zwei widerstreitende Interessen mit einander zu vereinigen, die vorhandene Güterwelt für die nachfolgenden Generationen zu erhalten und andererseits auch der gegenwärtigen eine gewisse Freiheit der Bewegung übrig zu lassen. Die Rechtsentwicklung der vorigen Jahrhunderte hat den ersten dieser beiden Gesichtspunkte sicherlich zu sehr betont, freilich sind auch nach der anderen Seite hin Ausschreitungen denkbar.

[3]) Das römische Recht kennt solche Lasten außer denen des öffentlichen Rechts und dem der späteren Zeit angehörigen canon des Emphyteuta nicht. Auch das deutsche Civilgesetzbuch wird diese Lasten nur in einem beschränktem Umfange zulassen können. Wenn ein Grundstück oder eine juristische Person oder der Inhaber eines Amtes mit solchen Lasten, z B. durch Rentenkauf beschwert wird, so sind dies oft Geschäfte, bei denen die augenblicklich lebende Generation für ein verhältnißmäßig kleines Aequivalent den Wohlstand der späteren Geschlechter preisgiebt. Deshalb hatte es auch einen sehr guten Sinn, daß die Römer die Erbschaftssubstitutionen ursprünglich nicht kannten, und den Nießbrauch der juristischen Person nach hundert Jahren erlöschen ließen, auch die Versprechungen namens der Erben im klassischen Rechte einschränkten.

der Anspruch erhoben, daß sie ohne jedes Interesse für alle Ewigkeit gebunden sein solle, den Reparaturbeitrag für die ihr gleichgiltig gewordene Anstalt zu zahlen. [1]) Ein Fährmann erhält seit unvordenklicher Zeit von jedem Einwohner eines Dorfes jährlich eine Bratwurst und ein Stück Brot gegen die Verpflichtung, die Dorfinsassen unentgeltlich über den Fluß zu fahren. Seitdem dieselben nicht mehr jenseits des Flusses Frohndienste zu leisten haben und also das Bedürfniß zur Ueberfahrt nicht mehr empfinden, möchten sie sich gern die zwecklosen Naturalabgaben ersparen. Die Immemorialverjährung zwingt sie ihnen für alle Ewigkeit auf. [2]) — Der Landesherr zahlt jährlich für den Stadtmusikus von Merseburg eine bestimmte Abgabe seit unvordenkliche Zeit. Seitdem die Residenz von dort verlegt wird, verliert er das Interesse an der Unterhaltung jenes seinem Gehöre entrückten Künstlers. Doch lastet auf ihm nunmehr für ewige Zeiten die Pflicht zu der regelmäßigen Leistung, von welcher das Gericht ohne Weiteres annahm, sie müsse im Zweifel animo obligandi und nicht aus bloßer Gnade geschehen sein. [3]) Eine Gutsherrschaft läßt sich durch ihre Mildherzigkeit dazu bewegen, die Armen unter ihren Untergehörigen seit unvordenklicher Zeit unentgeltlich mit Wohnung, Feuerung und ärztlicher Hilfe zu versehen. Die unvordenkliche Verjährung bestraft sie für dieses Verhalten; denn sie legt ihr die Last für alle Ewigkeit auf. [4]) [5]) [6])

Daß in einem Rechtsgebiete, welches derartige Zustände kennt, einem

---

[1]) Das Obertribunal Stuttgart (Seufferts Archiv Bd. I, n. 183) hat zwar die Klage abgewiesen, weil ein Societätsverhältniß vorliege, also kein Besitz denkbar sei. In der That scheint aber dort nur eine Reihe periodischer Leistungen, nicht aber deren Entstehungsgrund erwiesen gewesen zu sein.

[2]) Vgl. den Rechtsfall in Pfeiffers praktische Ausführungen Bd. II S. 20.

[3]) Urtel des Obertribunals von Berlin vom 6. März 1874, Seufferts Archiv Bd. XXX Nr. 3.

[4]) Dies hat zwar das O.A.G. Kiel in seinem Urtel vom 27. December 1860 nicht angenommen, (Seufferts Archiv XIV, 111) jedoch nur aus dem unzutreffenden Grunde, weil hier keine auf ein Grundstück radicirte Last vorliege.

[5]) Vgl. auch das Urtel des O.A.G. zu Cassel vom 16. März 1833 (Seufferts Archiv I Nr. 4, 4.) und Pfeiffers praktische Ausführungen Band II S. 18 ff.

[6]) Aus der preußischen Praxis vgl. den Plenarbeschluß des Obertribunals vom 5. Februar 1849 (Pr. 2092. Entsch. des O.Tr. Bd. 17. S. 10.), nach welchem Befugnisse aus einem Schmiedekontrakte als affirmatives Recht durch Verjährung sollen erworben werden können, dagegen hat das Obertribunal durch Urtel v. 21. Okt. 1864. (Striethorst Archiv Bd. 55 S. 248) — freilich nach den besonderen Umständen des dort vorliegenden Falles — angenommen, daß der Küster, der für eine bestimmte Summe die Kirchthurmuhr aufgezogen und geschmiert habe, hieraus ein Recht für die Kirche durch Verjährung nicht erwerben könne.

jeden die Lust vergehen muß, sich andern dauernd gefällig zu erweisen, hat Fritz Reuter in einer bekannten Dichtung (Die Observanz)[1]) auf das Ergötzlichste illustrirt.

Das Bedenkliche dieses Rechtszustandes, sowie der unbegränzten Zulassung einer Verjährung für alle denkbaren Rechte überhaupt, wie sie früher herrschende Doktrin war (vgl. namentlich Rave doctrina de praescriptionibus Jenae 1780) und dem preußischen Landrechte zu Grunde liegt, beruht in der vollen Unmöglichkeit, diese Theorie durchzuführen. Unmöglich kann jedes Verhalten eines Menschen, das für einen andern von Interesse ist, und sich daher äußerlich wie eine Rechtsausübung desselben darstellt, ohne Weiteres durch seine Dauer zu einem diesem gehörigen Rechte erstarren, läßt man aber erst ein Mal Verjährungen gegen das jus commune zu, so ist nicht abzusehen, warum nicht z. B. eine Gemeinde ein Recht gegen eine Familie in ihrem Bezirke zu wohnen, ersitzen könnte und so fort. Wenn man gewöhnlich darauf hinweist, daß ein Zustand, um zu verjähren, als „Recht" ausgeübt werden müsse, so ist, wie das obige Beispiel von dem Stadtmusikus von Merseburg beweist, damit in der Praxis nicht viel gewonnen.[2]) Wer sich einen Vortheil anmaßt, z. B. über einen Acker geht, pflegt dabei nicht eine Proklamation darüber zu erlassen, ob er dies thue, um eine Gefälligkeit, oder um ein Recht zu usurpiren, sondern er geht schlechtweg. Es giebt freilich Fälle, in denen die Absicht einer Rechtsausübung ausgeschlossen ist (z. B. bei den Gängen eines Boten), andere bei denen sie zu Tage liegt, in der Regel aber wird weder das Eine noch

---

[1]) Reuters Läuschen un Rimels Nr. 1.

[2]) Darüber, inwiefern der bloße Genuß von Vortheilen auf fremde Kosten ein Recht begründen kann, sind in der Theorie und der Praxis Schwankungen vorhanden, vgl. die Urteile in Seufferts Archiv Bd. 19, Nr. 118, Bd. 22, Nr. 11, Bd. 27 Nr. 89. Es wird nichts anderes übrig bleiben, als ein bloßes thatsächliches Verhältniß, sobald es sich äußerlich so darstellt, wie eine Rechtsausübung, namentlich wenn es seinem Inhalte nach zu den im objektiven Recht anerkannten Servitutsformen gehört, auch als eine Ausübung dieses Rechts anzusehen, l. 2 § 1 dig. de aqua et a. pl. 39,3. So: Schweppe, röm. Privatr. 4. Aufl. I. S. 340, und Dabelow, Verjährungslehre II. S. 51. (A. M. Pfeiffer, prakt. Ausführ. Bd. II S. 13. 14). Strengere Bedingungen stellt z. B des O.A.G. Cassel in seinen Urteilen vom 4. April 1865 (Seuff., Archiv XX Nr. 102) und schon in seinem Urteile vom 2. Mai 1850 (Seufferts Arch. I, 5), ähnlich das O.A.G. Kiel in dem Urteile vom 11. März 1843 (Seuff. VI. 143). Dies erklärt sich daraus, daß man — die Schädlichkeit des Institutes der unvordenklichen Verjährung herausfühlend — dasselbe durch Erschwerung seiner Vorbedingungen lähmte. Vgl. z B. die widersprechende Praxis der höchsten Gerichtshöfe in Dresden einer- und in Stuttgart andererseits (Seufferts Archiv II, 8 X, 227 — XXII, 11). Der Standpunkt der ersteren dürfte de lege lata, derjenige des zweiten de lege ferenda der richtige sein.

das Andere der Fall sein. Um also nicht zu dem ungeheuerlichen Resultate zu kommen, daß jede periodische Handlung für alle Ewigkeit zu Wiederholungen verpflichte, hat man die willkürliche Theorie aufgestellt, daß sog. res merae facultatis nicht verjähren können.[1]) Der Zweck dieser Theorie war, der Praxis einen Deckmantel zu gewähren, unter dessen Schutz sie die allgemeine Verjährungsvorschrift des kanonischen Rechtes, sobald sie ihr gar zu unerträglich schien, unangewendet lassen konnte, also z. B. das Recht, eine Wohnung zu kündigen, der Verjährung enthob.[2]) Wie weit aber der Begriff res merae facultatis geht und warum man z. B. die erwähnte Abgabe der Bratwurst an den Fährmann oder das Gnadengeschenk an den Merseburger Stadtmusikus nicht auch dazu rechnen soll, diese Frage hat noch Niemand beantworten können[3]), eben weil die res merae facultatis nichts ist, als ein Wort, das sich einstellte, wo Begriffe fehlten.[4]) Dazu tritt noch der weitere Uebelstand, daß, wenn erst einmal eine Verjährung gegen das jus commune zugelassen wird, die allerwichtigsten Grundlagen der Staatsordnung durch die Hartnäckigkeit von Privatpersonen in Frage gestellt werden können. Daher hat die Theorie und Praxis durchweg den Satz festgehalten, daß es gewisse Staatsgesetze gebe, welche über die Macht der Immemorialverjährung erhaben seien.[5]) Da man

[1]) Vgl. Pfeiffer, praktische Ausführungen Band II § 4. Göschels zerstreute Blätter aus den Hand- und Hülfsacten eines Juristen. Th. I Erfurt 1832 S. 373.

[2]) Vgl. hierüber c. 7 § 6. Cod. de praescr. 30 vel. 40 annor. 7, 39 in fine und die Ausführungen des Referenten in Iherings dogmatischen Jahrbüchern Band 17, S. 472.

[3]) Schließlich wurde sogar das Recht der Gastfreundschaft nach Cicero l. 13 epistol. famil. 19. Livius l. 25. c. 18 für ersitzbar gehalten (so Ockel, de praescr immemoriali p. 275), während z. B. das Recht des Landesherrn, ausschließlich rothe Siegel zu gebrauchen, als res merae facultatis galt (Ockel, de praescr. immemoriali p. 291).

[4]) Vgl. die völlig inhaltlose Definition derselben in § 505 A.L.R. I, 9 und die in Koch's Commentar hierzu abgedruckten Auslassungen der Gesetzesrevisoren über die Unbrauchbarkeit dieses Begriffes.

[5]) Vgl. z. B. die principlosen Auslassungen Ockel's de praescr. immemoriali p. 271 ff. Neller, opusc. II. p. 116 nimmt solche Fälle von der unvordenklichen Verjährung aus, die exemplo grave sein würden, auch Dabelow, Ueber die Verjährung. 1807. Bd. II. S. 46. 88—92 äußert sich ziemlich unbestimmt und will z. B. den Erwerb von Immobiliarbesitz durch Juden schon zu seiner Zeit in Folge der unvordenklichen Verjährung zulassen. A. M. J. H. Böhmer, jus eccl. Prot. II. tit. XXVI. c. 43, welcher ebenda die Ansicht ausspricht, daß Zehntrechte von Laien auch nicht in tausend Jahren ersessen werden können. Ockel a. a. O. p. 382 meint, die Bauern könnten die Freiheit von Frohnden nicht ersitzen u. dergl. mehr. Pfeiffer in den praktischen Erklärungen Bd. II. S. 102 meint, die Immemorialverjährung könne nicht Statt finden, wenn eine „wesentliche Beschränkung der Rechte der Staatsgewalt

nun aber zur Fixirung dieser Gesetze im positiven Rechte keinerlei Anhalt hatte, so konnte man sich hierbei nur allgemeiner nichtssagender Formeln bedienen, bei deren Anwendung man schließlich in Ermangelung eines bestimmt gegebenen Rechtes aus rein legislatorischen Gesichtspunkten urteilen mußte. Da aber diese Gesichtspunkte, wie überhaupt die Meinungen darüber, was dem Staate frommt, erfahrungsmäßig sehr verschiedenartige zu sein pflegen, so herrscht auch in der Lehre von den im öffentlichen Interesse festzuhaltenden Ausnahmen der Immemorialverjährung ein unerfreuliches Schwanken. Die Frage also, wie weit die Immemorialverjährung greift, ist hiernach eine offene und einem durchaus unumschränkten Belieben der Praxis überlassene. Wir stehen also einem nichts weniger als befriedigenden Ergebnisse, einer zügel- und schrankenlosen Rechtsfortbildung gegenüber, deren Quelle, d. i. der Satz des kanonischen Rechtes (cap. 1. in 6to de praescr. 2, 13), daß Verjährungen auch gegen das jus commune zulässig seien, schlechterdings nicht in das Reichs-Civil-Gesetzbuch aufgenommen werden kann.

Aus alledem folgt, daß für die Zukunft das Institut der Immemorialverjährung zu Gunsten von Zuständen, welche nicht in allgemeinen Gesetzesregeln als Formen subjectiver Rechte anerkannt worden sind oder anerkannt werden sollen, wegfallen muß. Dies Ziel würde aber nicht erreicht werden, wenn etwa folgende Vorschrift erginge:

> Frühere Privilegien, welche durch Verjährung entstanden sind, bleiben erhalten, neue können sich nicht in dieser Weise bilden.

Eine solche Vorschrift würde in ihrem Hauptpunkte völlig wirkungslos bleiben; denn wenn z. B. in hundert Jahren irgend ein solches Privileg z. B. ein vereinzeltes Zwangs- oder Bannrecht irgendwo geltend gemacht werden würde, so würde man, falls sein Anfang sich in die Zeit der Vergessenheit verliert, nicht wissen, ob es schon älter ist, als das deutsche Gesetzbuch oder nicht.[1]) Wollte man dann den Beweis verlangen, daß es schon bei dem Erlasse des Civilgesetzbuches gegolten hat, so würde dies unbillig sein, denn einen unerschwinglichen Beweis verlangen, heißt das Recht verweigern. Es bliebe also nichts übrig, als auch solche Rechte auf die Gefahr hin, daß sie erst nach dem neuen Gesetzbuche entstanden sind, zu-

---

eintreten würde.“ Allein hier, wie überall, bedarf das Wort „wesentlich“ weit mehr der Erklärung, als es eine solche zu geben vermag.

[1]) Aus diesem Grunde erklärt sich die weitverbreitete Ansicht, daß es für den Gesetzgeber unmöglich sei, die Immemorialverjährung in Zukunft auszuschließen (vgl. Justus Henning Böhmer, jus eccl. Prot. 1714. lib. II. t. XXVI. c. 43). Das Richtige ist, daß dies nur möglich ist, wenn die bisher auf diese Weise entstandenen Rechte präkludirt werden.

zulassen. Thut man dieses aber, so ist die Ausschließung der Neubildungen durch das Gesetzbuch in ihrem Erfolge völlig illusorisch.[1]) Es verhält sich hier mit der Bildung neuer Rechtsformen durch Verjährung ganz ebenso wie mit der Neubildung von Gewohnheitsrechtssätzen. Der Staat kann beide ausschließen, wie das Strafgesetzbuch beweist, aber nur wenn er dasjenige, was er aus der Vergangenheit von ihnen recipiren will, fest codificirt.[2]) Bleiben dagegen neben den gesetzlich anerkannten Rechtsinstituten nicht fixirte Rechtsnormen erhalten, welche lediglich im Volksbewußtsein ruhen und also nicht in einer staatlich anerkannten Form auf dem Papiere stehen, so versieht dann nothgedrungener Weise das Volksbewußtsein der lebenden Generation genau dieselbe Funktion, welche bei dem geschriebenen Rechte die Gesetzsammlung ausfüllt, es ist der einzig maßgebende Fundort des objectiven Gewohnheitsrechts und was sich dort vorfindet, das muß unterschiedslos gelten, mag nun seine Entstehung älteren oder neueren Datums sein[3]); denn ein Staat, der solche unfixirte, in der Erinnerung des Volkes befindliche Sätze anerkennt, veranlaßt damit seine Unterthanen, sich auf den Inhalt dieser Erinnerungen genau so zu verlassen, wie auf ein ausdrücklich von dem Gesetzgeber proklamirtes Wort.[4])

So ist es auch mit den subjectiven Rechten. Sollen sich keine neuen Formen subjectiver Rechte bilden, so müssen alle diejenigen Rechte, welche nicht in das Gesetzbuch als regelmäßige Institute aufgenommen werden sollen, in irgend welcher Weise präkludirt werden. Es würde sich hierzu etwa empfehlen, die Inhaber von Privilegien älteren Datums zu zwingen, binnen einer Frist von etwa zehn Jahren die gerichtliche Aufnahme eines

---

[1]) So theilt z. B. Justus Henning Böhmer (jus eccl. prot. II. 26. § 43) mit, daß erst das Lateranensische Concil den Besitz von Zehnten den Laien entzogen habe und daß daher ein Laie in dem unvordenklichen Besitze solcher Rechte geschützt wurde, falls nicht die Entstehung des Rechtes nach der Zeit jenes Concils erwiesen war. Hiernach müssen sehr oft auch derartige später entstandene Rechte wegen Unerschwinglichkeit des erwähnten Gegenbeweises geschützt worden sein.

[2]) Damit soll natürlich nicht geläugnet werden, daß die Macht der realen Verhältnisse oft mächtiger ist, als diejenige des Gesetzes, und es forträumt, doch kann das Gesetz diesen Fall seiner Vernichtung unmöglich selbst regeln, er entzieht sich vielmehr als rein historisches Faktum jeder Vorausbestimmung durch menschliche Satzungen.

[3]) Man übersehe nicht, daß die Quellen, wenn sie von dem Gewohnheitsrechte reden, durchaus nicht immer an solche Satzungen denken, welche unbewußt und allmälig entstehen, sondern an bewußte gesetzgeberische Erzeugnisse, welche grundsätzlich nicht aufgeschrieben worden sind und daher von keiner anderen Stelle her abgelesen werden können, als aus der Volksgewohnheit. Das Hauptbeispiel des Gewohnheitsrechts in § 9. 10. inst. de jure naturali I. 2 ist die Lykurgische Gesetzgebung, die klar bewußte Geistesschöpfung eines Einzelnen.

[4]) Vgl. das Wort „confidere" in der lex 34. dig. de legibus I. 3.

Beweises zum ewigen Gedächtnisse zu veranlassen, widrigenfalls sie das Recht verlieren, sich später auf die unvordenkliche Verjährung zu dem Beweise ihres Rechtes zu berufen.

Es bliebe nun die zweite Frage zu erörtern, ob die Immemorialverjährung nicht vielleicht ganz abzuschaffen, also etwa in das Gesetzbuch die Vorschrift aufzunehmen ist: „Eine Berufung auf unvordenkliche Zeit findet hinfort nicht Statt." Es ist dies schon mehrfach befürwortet worden. Zunächst von denjenigen, welche meinten, die Verjährung widerspreche dem „Vernunftrechte", weil „hundert Jahre Unrecht keine Stunde Recht sei." [1]) Darin liegt der richtige Gedanke, daß die Verjährung schwerlich Selbstzweck sein kann, doch ist übersehen, das der Staat mit seinem Versprechen des Rechtsschutzes nicht weiter gehen darf, als er denselben ohne erhebliche Nachtheile zu ermöglichen vermag und daß alle subjektiven Rechte ohne einen Schutz des gegenwärtigen Besitzstandes gegen zweifelhafte Ansprüche aus alter Zeit werthlos sein würden und ihr gesetzlicher Schutz daher sein eigentliches Hauptziel verfehlen müßte. [2]) In dieser Unentbehrlichkeit für die Ermöglichung eines wirksamen Rechtsschutzes gegen frivole Angriffe und eines gesicherten Rechtszustandes [3]) haben von jeher diejenigen den eigentlichen Hauptgrund der Verjährung gesehen, welche am Verständniß für die realen Bedürfnisse des Lebens über ihre nach hohlen Abstraktionen haschenden Zeitgenossen hinausragten. [4]) Die poena negligentiae, [5]) die praesumpta tacita derelictio [6]) sind dagegen nicht eigentliche Recht-

---

1) Vgl. hierüber Citate in Göschels zerstreuten Blättern S. 376, namentlich aber in Samuel Pufendorf's de jure naturali et gentium lib. 4. c. 12 § 6 ff.

2) Kreß de genuina natura et indole vetust. Helmst. 1749 p. 15 ff. nennt die Verjährung eine praecautio calumniarum, und berichtet, daß sie bisweilen gegen gewisse Personen, von deren Seite man eine besondere calumnia befürchtete, besonders kurz normirt wurde. In der That ist es ein Hauptzweck der Verjährung, die Speculation, auf die Verdunkelung von Thatbeständen abzuschneiden.

3) In ihrem legislatorischen Grunde hängt also die Verjährungslehre mit der Regelung der Beweislast auf das Engste zusammen; denn aus dem Satze Iherings (Geist des röm. Rechtes Bd. II. § 38 S. 322): „Was nicht in Wirklichkeit übergeht, ist ein bloßes Scheinrecht", folgt der andere Satz: „Der Staat kann die Rechte nur so lange schützen, als deren gerechte Beurteilung durch die Judikatur nicht unwahrscheinlich oder unmöglich wird."

4) Namentlich Cujacius ad legem 1 dig. de usurp. (opera, Neapoli 1758. p. 1108. C), welche meint, daß die Verjährung damno esse dominis, reipublicae autem esse bono. Sie ist ebenso wie das Beweisrecht juris publici. vgl. Grawein Verjährung und gesetzliche Befristung. S. 31. Anm. 8.

5) Ueber die poena negligentiae vgl. Grawein, Verjährung und gesetzliche Befristung S. 210.

6) Dieser Gesichtspunkt ist namentlich von Hugo Grotius de jure belli ac pacis lib. II. c. 4. vertreten worden. Die hierfür bisweilen citirten l. 3 quae in

fertigungsgründe der Verjährung, sondern nur Entschuldigungsgründe,[1]) welche die unvermeidlichen Härten des Instituts in milderem Lichte erscheinen lassen, Härten, denen die Interessen des redlichen Besitzes als größere und vollgewichtigere Momente gegenüberstehen. Diese Härten des Verjährungsinstitutes, welche selbst Justinian zu dem bekannten Ausspruche: „miseri domini excludebantur“ [2]) hinrissen, fallen nun bei der unvordenklichen Verjährung weg; bei ihr sind gar keine Personen vorhanden, von denen man mit Sicherheit sagen könnte, sie seien benachtheiligt,[3]) die unvordenkliche Zeit hat die Spur aller etwa von früher her Berechtigten verwischt, das Mitleid findet hier keinen Gegenstand seiner Bethätigung vor. Wenn man nun gar früher als einen Beweis dafür, daß die Verjährung unnatürlich sei, die Behauptung aufführte, daß die alten Germanen sie nicht gekannt haben [4]) so ist diese ungeschichtliche Betrachtung der deutschen Vergangenheit, welche sich in dem Geiste der Herren Naturrechtler als ein sonderbares Utopien bespiegelte, durch die citirten verdienstlichen Ausführungen Buchka's und anderer völlig widerlegt worden. [5])

Was somit gegen die Verjährung im Allgemeinen vom legislativen Standpunkte aus gesagt worden ist, paßt zum großen Theile auf die unvordenkliche Zeit nicht, theils ist es überhaupt haltlos.

Nun hat man aber auch gegen die Immemorialverjährung allerhand Gründe, welche sich gerade auf diese Verjährungsart beziehen, in das Feld geführt. Als ein wenig erfreuliches Curiosum sollen die Ausführun-

---

fraudan creditorum 42, 7 und l. 28 dig. de verb. signif. beweisen nur, daß hinter eine Verjährung eine Dereliction stecken kann, nicht aber daß dies der Fall sein muß.

[1]) Vgl. Neller, opuscul. II. p. 115, auch Carlin, Niemand kann auf einen andern mehr Recht übertragen, als er selbst hat. Gießen 1882 und Grawein, Verjährung und gesetzliche Befristung. S. 208 ff. insbes. S. 210.

[2]) C. un. pr. Cod. de usucapione transformanda. VII, 31.

[3]) Man könnte höchstens an solche Personen denken, welche einen Titel anführen, der älter ist als der gegenwärtige unvordenkliche Zustand, allein ein solcher Titel vermag, wie unten näher ausgeführt werden soll, nichts zu beweisen.

[4]) Die näheren Nachweisungen siehe bei Göschel, zerstreute Blätter S. 376.

[5]) Mit dieser ungeschichtlichen Theorie von der Allmacht des objektiven Rechts contrastirt sehr die nüchtere Bemerkung in der Oeffnung von Neftenbach in Grimms Weisthümern Bd. I. S. 74. Alles das da ist in dem Zitt endet sich mit dem Zitt. Auch das Recht unterliegt dem Zwange der Unvollkommenheit alles Irdischen. — Die hier verworfene Ansicht beruhte auch auf dem Sachsenspiegel I Art. 29. und der früher üblichen Identificirung zwischen dem „Sichverschweigen“ und der Verjährung, vgl. z. B. die Definition von Rave (doctrina de praescriptionibus, Jenae 1780 p. 1).

gen Ludewig's[1], erwähnt werden, welche schon von seinen Zeitgenossen nicht eben mit sonderlicher Hochachtung begrüßt worden sind.[2]) Unter den Mitteln, sich bei dem Landesherrn beliebt zu machen, scheint im siebzehnten Jahrhundert auch die Verjährungslehre eine gewisse Rolle gespielt zu haben. Nicht blos als vereinzelte Curiosität, sondern als verbreitete Ansicht[3]) tritt uns aus jener Zeit die Meinung entgegen, die Verjährung sei eine Strafe der Nachlässigkeit und darum als Pönalvorschrift auf den Souverän unanwendbar. Eine Ausgeburt dieser Anschauung ist auch die Behauptung Ludewig's, daß die Immemorialpräscription von treulosen Beamten erfunden worden sei, um ihre Herren in ihrem Eigenthume zu schädigen, eine Aufstellung, welche überhaupt nur in einer Zeit möglich war, in welcher man fast keine Rechtsgeschichte kannte.[4])

Eine recht eigenthümliche Rechtsauffassung giebt sich auch in der Ansicht derjenigen kund, welche die Immemorialverjährung um ihrer Schwierigkeit willen „über Bord werfen" wollen.[5]) Ein Hauptschriftsteller über dieselbe aus dem vorigen Jahrhunderte[6]) kommt, nachdem er sich durch die schon damals trostlose Literatur mit eisernem Fleiße und Anwendung aller in jener Zeit üblichen Hilfsmittel durchgekämpft hat, zu dem verzweiflungsvollen Endresultate, man müsse dies Institut abschaffen, weil sich niemand mit demselben „absque dolore capitis" eingehender beschäftigen könne.[7]) In der That giebt es kaum einen trostloseren Weg, als den-

---

[1]) Ludewig, opuscula miscella t. I. p. 508—511, welcher die Immemorialverjährung ein „anile terriculamentum" nennt.

[2]) Vgl. Wernher, observationes forenses t. I. p. 4. obs. 5. § 58 und die Andeutungen J. H. Böhmer's jus ecclesiast. Protest. Halae 1714. lib. II. tit. XXVI.

[3]) Aus des Referenten Bemerkungen in den dogmat. Jahrb. Bd. XVII. S. 458. Anm. 1 ist dies nicht klar genug ersichtlich. Vgl. hiergegen J. H. Böhmer a. a. O. Wernher a. a. O. § 97 ff. Leyser, meditationes ad pandect. Lipsiae 1737. t. VII. sp. 454. p. 158. — Da das gesammte Privatrecht so eingerichtet ist, daß der Sorgsame durch dasselbe Vortheile, der Nachlässige aber Nachtheile hat, so hätte man, um consequent zu sein, den Grundsatz aufstellen müssen, daß nachtheilige Gesetze auf den Souverän überhaupt nicht anwendbar sind.

[4]) Die sonstigen Argumentationen Ludewig's a. a. O. sind noch weniger beachtenswerth. Vgl. dagegen Wernher, observationes forenses. tom. I. obs. V. § 57 squ.

[5]) Dies scheint die Ansicht von Arndts, Pandekten § 91. Anm. 3 n. E. zu sein. Dieses sehr radikale Heilmittel gegen die Dunkelheiten der Theorie über die Immemorialverjährung ist schon von Alters her in Vorschlag gebracht worden, vgl. die Mittheilungen Wernher's observationum. vol. I. observ. V. § 2. 3.

[6]) Neller, opuscula vol. 2. p. 1. Colon. 1788. op. II—V, insbesondere V. de idea praescriptionis immemorialis.

[7]) Neller l. c. p. 117.

jenigen durch die ältere Dogmengeschichte unseres Institutes, denn dieselbe ist nichts als ein kunstvolles Gewebe von Mißverständnissen des römischen Rechts, eine stete Jagd nach dem unerreichbaren Ziel, für die ihrem Sinne nach völlig unumgränzte Zulassung jener Verjährung durch das kanonische Recht aus dem selbstgeschaffenen Scheinbegriffe der res merae facultatis eine Schranke abzuleiten, endlich als das Bestreben für die Fragen des artikulirten Verfahrens und seiner formalistischen Beweistheorien in den Aussprüchen der klassischen römischen Juristen, welche auf die freiere Proceßform ihrer Zeit berechnet sind, eine Antwort herauszulesen. Daraus erklärt sich auch die Hartnäckigkeit, mit der längst widerlegte Ansichten, z. B. die Behauptuug, daß die Immemorialverjährung keine Verjährung sei [1]), immer wieder auftauchen. Vom Standpunkte unserer heutigen Wissen-

---

[1]) Der Ausdruck praescriptio, auf den sich viele, z. B. Pfeiffer, Prakt. Ausf. Bd. II. S. 8; Windscheid, Pand. § 113. Anm. 4 für die Verjährungsnatur berufen, beweist bei der ungebührlichen Verallgemeinerung desselben in den vorigen Jahrhunderten nicht allzu viel. Trotzdem hätte der Satz, daß die Immemorialverjährung, ebenso wie die ordentliche, Rechte erzeugen und vernichten kann, nicht bestritten werden sollen. Wenn man behauptet, sie erzeuge nur eine Präsumption, gegen welche ein Gegenbeweis möglich sei — Justus Henning Böhmer, jus ecclesiast. Protest. Halae 1714. lib. II. cap. 39. 40 und Dabelow, Verjährungslehre Bd. II. S. 53 sprechen von einer praesumptio urgentissima und violenta — verwechselte man, wie schon oft hervorgehoben ist (vgl. z. B. Pfeiffer, Prakt. Ausführungen Bd. II. S. 87; Unterholzner, Verjährungslehre Bd. I. S. 522), den Gegenbeweis dagegen, daß der Thatbestand einer unvordenklichen Verjährung vorliege, mit demjenigen gegen die Existenz des aus ihr erzeugten Rechtes. Wem wird es einfallen, die Ersitzung für eine bloße Präsumption zu halten, weil der Gegenbeweis gegen die Behauptung ihrer thatsächlichen Voraussetzungen möglich oder weil die legislatorische Erwägung, daß meist der Besitz dem Rechte entspricht, auch für sie eine Rechtfertigung ist? Man verwechsele eben nicht legislatorische Präsumptionen mit blos processualischen, d. h. die bloße Erwägung, welcher die unvordenkliche Verjährung ihre Entstehung verdankt und diese letztere selbst (vgl. auch Beseler, System d. Priv.-R. § 52. Anm. 26. Die Ausführungen Pfeiffer's, Prakt. Ausführungen Bd. II. S. 92 sind nicht recht klar). Diese Präsumptionstheorie ist also widerlegt, vielfach auch von der Praxis verworfen worden, (vgl. z. B. die Nachweisungen in Pfeiffer's Prakt. Ausführungen Bd. II. S. 94) ferner ist wiederholt hervorgehoben worden, daß die Frage, ob die Immemorialpräscription Verjährung oder Präsumption sei, ein „unfruchtbarer Wortstreit ohne praktisches Interesse" ist (so Arndt's Beiträge Bonn 1837. Nr. III. S. 126, eine Schrift, welche dem Referenten nicht zugänglich war), ebenso Pfeiffer, Prakt. Ausführungen Bd. VII. S. 241—245, ebenso auch Windscheid, Pandekten Bd. I. § 113. Anm. 4 in der 4. Auflage, während er es ebenda in der 5. Auflage bezweifelt. Trotzdem besitzt sie in der Praxis die verbreitetste Anerkennung, vgl. Seuffert's Archiv Bd. IX. 120. XI. 113. XVII. 5. Bd. XXVIII. 197. 198, vielfach werden sogar aus ihr praktische Konsequenzen hergeleitet (vgl. die Urteile in Seuffert's Archiv Bd. I. Nr. 169. XIV. Nr. 9. XVII. Nr. 5. XXVIII. Nr. 198. 247. XXXI. Nr. 12), frei-

schaft läßt es sich wenigstens begreifen, woher die Verwirrung entstand, und daher mit einiger objektiven Ruhe an das Institut herantreten, im vorigen Jahrhundert aber gerieth selbst ein so vortrefflicher Gesetzgeber, wie Suarez es war, bei der Besprechung der unvordenklichen Verjährung in eine Gereiztheit, welche ihm sonst nicht eigen war und bei einem Gesetzgeber auffallen muß; denn er ließ sich dazu hinreißen, ein Jahrhunderte altes, durch die reichhaltigste Praxis belegtes Institut „ein wahres Unding" und im Anschlusse an eine völlig unhaltbare Deduction von Cocceji ein „sehr überflüssiges ens juridicum" zu nennen.[1])

Allein die Schwierigkeit der juristischen Behandlung eines Institutes dürfte doch schwerlich ein Grund gegen dessen Beibehaltung sein. Sie kann immer nur die Vereinfachung, niemals die Vernichtung einer sonst als brauchbar erwiesenen Rechtsschöpfung begründen. Zu den Gründen, welche gegen die Beibehaltung der Immemorialverjährung sprechen, muß man schließlich auch Alles rechnen, was selbst von denen, welche Verjährungen zulassen wollen, gegen eine durchgreifende allgemeine Gestaltung des Verjährungsinstituts, wie sie z. B. das allgemeine Landrecht für die preußischen Staaten aufgestellt hat, gesagt worden ist[2]); denn auch die Immemorialverjährung ist ein allgemeines Institut und die Regulirung der Verjährung in dem preußischen Rechte beruht weit weniger auf ihrer Verwerfung, als auf ihrer Einschränkung in eine dreißigjährige — in einigen Ausnahmefällen eine noch längere Frist.[3]) Man meint vielfach,

---

lich nur lauter Konsequenzen, welche man aus einer Anerkennung der vetustas als einer Verjährung besonderer Art ganz ebenso gut hätte entnehmen können (Beseler a. a. O. zu Anm. 23). Die Entstehung dieser Präsumptionstheorie erklärt sich sehr wohl daraus, daß, wie Just. H. Böhmer (a. a. O. Cap. 39) richtig beobachtet hat, nicht leicht jemand vor Gericht erklären wird, er habe sein Recht aus unvordenklicher Verjährung (oder auch aus längerer Ersitzung) erworben, sondern er wird behaupten, es sei ihm einstens mit vollem Rechte zugefallen und er könne dies nur nicht beweisen. Darum nennt sie Dabelow, Ueber die Verjährung Bd. II. S. 86 eine blos schützende Verjährung. Es verhält sich mit ihr ähnlich, wie mit der Rechtskraft. Wer durch ein unrichtiges Urteil ein Recht erworben hat, wird dies auch nur in der Form geltend machen, daß sein früheres Recht durch das Urtel bestätigt worden sei, und doch heißt es mit Recht von der res judicata: jus facit inter partes, nicht aber, sie begründe eine bloße Präsumption.

[1]) Vgl. Koch, Commentar zum A.L.R. Anm. zu § 656. I. 9. In dem ersten Projekte des corpus juris Fridericiani war das Institut noch enthalten (vgl. Göschel, Zerstreute Blätter Th. I. S. 377).

[2]) Gegen dieses allgemeine Verjährungsinstitut haben sich namentlich Koch und die Gesetzesrevisoren auf das Entschiedenste erklärt (vgl. Koch's Anmerkung zu § 505 A.L.R. I. 9).

[3]) § 656 und 660 A.L.R. I, 9. Auch unter dem Namen „Observanz" spielt die unvordenkliche Verjährung namentlich in den ländlichen Gemeindeverhältnissen auch

daß sich ein Verjährungsbegriff nur in seinen besonderen Gestalten bei den einzelnen Rechtsinstituten, nicht in einer alle Verjährungsfälle umfassenden Allgemeinheit fixiren lasse. Nun hat sich allerdings unter dem Namen praescriptio eine allgemeine Verjährungstheorie entwickelt, über deren Irrthümlichkeit wohl kein Zweifel mehr herrscht. Das Wort praescriptio (Einrede) wurde mit dem besonderen Falle der praescriptio temporis (Einrede der Verjährung) identificirt, dann irrthümlich auf die Verjährung selbst bezogen und vielfach, z. B. in cap. 20 X. de praescriptionibus, mit dem Wort praescribere ein Erwerb durch Verjährung bezeichnet. Diesen Ausdruck wandte man auf die römischen Verjährungsfälle an, bildete hiernach zwei Klassen, Acquisitiv- und Extinctivverjährung, und stellte die neueren Rechtsbildungen in diese hinein. Um nun zu wissen, wie weit der Begriff reiche, ging man auf die Etymologie des Wortes praescriptio zurück, welche nichts beweisen konnte, da es nur durch ein Versehen zu dem Begriffe gekommen war, den es nunmehr bezeichnet. Da man nun jene Etymologie aus Unkenntniß des Formularprocesses nicht ermitteln konnte, so kam man auf Abwege, glaubte, praescribere bedeute etwa so viel wie praecludere, verstand dann allmälig unter praescriptio dasjenige, was wir etwa als Präclusion durch einen Zeitablauf bezeichnen würden [1]) und trug in den Begriff neben die einzelnen wahren Verjährungen und die praescriptio immemorialis auch noch eine praescriptio conventionalis und testamentaria (Setzung eines dies durch Privatwillkür) und judicialis (richterliche Fristsetzung) hinein. [2]) Die Verdeutschung des Namens dieses allgemeinen Rechtsbegriffes ist das Wort „Verjährung". Dieser Begriff ist jedoch darum völlig werthlos, weil es wohl fast keine einzige Rechtsvorschrift giebt, welche sich auf alle jene praescriptiones bezieht, und da eine verständige Begriffsbildung nur solche Erscheinungen zusammenfaßt, welche gleichen Grundsätzen unterliegen, so mußte das Unpassende jener Terminologie theils eine Opposition gegen den allgemeinen Verjährungsbegriff überhaupt, theils wenigstens eine Ein-

---

nach preußischem Rechte eine Rolle. Freilich ist auch dort ihre Unterscheidung von dem partikularen Gewohnheitsrechte ein Gegenstand des Zweifels; vergl. das Urtel des Obertribunals vom 18. April 1871. Entscheidungen Bd. LXV. Nr. 26. S. 196 ff.

[1]) Vgl. Ockel, tractatus juridicus de praescriptione immemoriali. 1707. Halae. cap. 1: praescribere = limitare. Kreß, de genuina natura vetustatis. p. 10. praescriptiones sunt fatalia extrajudicialia. Ravii principia doctrinae de praescriptione. Jenae 1780 nennt § 1 „praescriptio die Verjährung, die Verschweigung, Versäumung an seinem Rechte".

[2]) Vgl. namentlich die citirte Schrift von Rave, principia doctrinae de praescriptione. Jenae 1780. § 168, und Kreß, de genuina natura et indole vetustatis p. 12.

schränkung desselben veranlassen. Wie weit nun aber neuerdings jene Einschränkung geht und was wir nunmehr unter Verjährung zu verstehen haben, darüber hat die Wissenschaft einen einheitlichen festen Sprachgebrauch, welchen das Gesetzbuch ohne Weiteres adoptiren könnte, nicht ausgebildet und somit einen nach seinem Umfange fest umgränzten Verjährungsbegriff nicht geschaffen. Nur darin ist man einig, daß man das Wort nicht in dem weiten Sinne beibehalten kann, in dem es früher üblich war, und daß die Actionenverjährung, der non usus und die römischen Ersitzungen dazu gehören, im Uebrigen besteht für den Umfang und Inhalt des Begriffes keine legislatorisch und praktisch brauchbare Abgrenzung [1]), namentlich kein fester Grundsatz über die Anwendbarkeit der Verjährung auf die deutschrechtlichen Institute.

Trotzdem läßt sich ein durchgreifender Verjährungsbegriff bilden und zwar bieten hier in dem bunten Durcheinander aller der vielen Rechtsquellen, welche vor uns liegen, die Pandektenstellen den einzig festen Boden, weil sie aus der Zeit eines völlig geordneten Rechtslebens zu uns sprechen. Entnehmen wir aus den oben besprochenen Quellenentscheidungen über vetustas die diesen allen gemeinsamen Merkmale, so gelangen wir zu dem Satze:

> Ein Zustand, welcher nach seinen äußeren Merkmalen das Bestehen, Nichtbestehen oder eine gewisse Beschaffenheit [2]) eines der in den objektiven Rechtsvorschriften anerkannten Rechte wahrscheinlich macht, hat, wenn sein Anfang in Vergessenheit gerathen ist, zur Folge, daß dieses Recht als bestehend, nicht bestehend oder mit jener Beschaffenheit ausgestattet gilt.

Durch Ausschließung der praescriptio bei den Privilegien ist hier ein durchaus brauchbarer allgemeiner Verjährungsbegriff wiedergewonnen. Die

---

[1]) So ist es namentlich streitig, ob die kurzen Verjährungen Analoga der Theodosischen sind, dagegen Demelius, Untersuchungen aus dem römischen Civilrechte Bd. I. S. 7 ff., dafür der Referent in den dogmat. Jahrbüchern Bd. XVII. S. 458. Anm. 3, dagegen wieder Grawein, Verjährung und gesetzliche Befristung. Leipzig 1880. S. 213 ff., welcher in sehr lesenswerthen Auslassungen die besonderen legislativen Gründe der kürzeren Verjährung hervorhebt und aus diesen ein besonderes Rechtsinstitut „der gesetzlichen Befristung" schaffen will, was der Referent, beiläufig bemerkt, nicht in dem vollen Umfange für nöthig hält, in welchem Grawein es befürwortet. Freilich wird ein definitives Urteil über die Idee Grawein's erst dann gefällt werden können, wenn das gesammte von ihm geplante Werk vorliegen wird. Uebrigens vertrat schon Rave (doctrina de praescript. Jenae 1780. p. 2) eine Lehre von den jura sua natura temporalia im Gegensatz zu den nach allgemeiner Vorschrift verjährenden.

[2]) Der Verfasser denkt hier namentlich an die Eigenschaft einer Sache als res publica oder privata, sowie einer steuer- und pfandfreien.

Frage, an welchen Merkmalen man einem Zustande ansehen kann, ob er im Zweifel für das Bestehen, Nichtbestehen oder für eine gewisse Beschaffenheit eines Rechtes spricht, ist aus demjenigen Gesichtspunkte zu entscheiden, aus welchem allein die Praxis auch nach der üblichen Formel die „Ausübung" oder „Nichtausübung" von Rechten constatiren kann, nach der Gewohnheiten und Gebräuchen des wirklichen Rechtslebens, welche der Richter durch Beobachtung kennen zu lernen verpflichtet ist.[1])

Der Begriff der Immemorialverjährung ist also keineswegs zu allgemein, um sich praktisch verwerthen zu lassen.

Alle erwähnten Gründe, welche gegen das Institut in das Feld geführt werden könnten, haben sich also als unstichhaltig erwiesen.

Dies gilt selbst von den glänzenden Ausführungen Savigny's, welche neben äußerst schlagenden Bemerkungen auch sehr viel Unrichtiges enthalten; denn seine Behauptung, daß die Immemorialverjährung nur für publicistische Rechte passe, hat zwar Beifall gefunden,[2]) eine legislatorische Begründung derselben aus dem Unterschiede der privaten und der publicistischen Rechte wird sich aber wohl in ihrem vollen Umfange schwerlich beibringen lassen.[3])

---

[1]) Die angegebene Definition erklärt auch, wodurch sich die Verjährung von der Präclusion unterscheidet; nur bei jener wird ein behauptetes Rechtsverhältniß aus einem Zustande hergeleitet, welcher in der Mehrzahl der Fälle einen Schluß auf die Richtigkeit der Behauptung verstattet. Darum ist die Idee Grawein's, „Verjährung und gesetzliche Befristung." Leipzig 1880, daß die Wechselverjährung keine reine Verjährung ist, richtig, wenn auch dort wohl zu sehr auf die Spitze getrieben. Es waltet bei ihr anscheinend auch noch der Zweck ob, den Handelsverkehr möglichst vor dem Umlaufe werthloser Wechsel zu schützen.

[2]) Vgl. Schmidt von Ilmenau, Civilistische Abhandlungen Bd. I. S. 169, und Friedländer, Die Lehre von der unvordenklichen Zeit. Marburg 1843. II. S. 67, welcher Letztere aus einer sehr inhaltreichen, jedoch nicht genügend kritischen (vgl. v. d. Pfordten, Krit. Jahrb. Bd. XV. S. 45 ff.) Untersuchung der Dogmengeschichte dahin gelangt, die unvordenkliche Zeit durchweg als Gewährung eines Privilegs aufzufassen (S. 63).

[3]) Das Beispiel, welches Savigny, System Bd. IV. S. 482 anführt, die Gewöhnung des englischen Volkes an ein illegitimes Königshaus, ist zwar auch eine Folge der Macht der Zeit, welche die Lust an einem „Kampf um das Recht" erlahmen läßt, aber keine unvordenkliche Verjährung, denn in dem angeführten Falle ist die „memoria initii" des gegenwärtigen Zustandes so genau vorhanden, daß selbst die Jahreszahl angegeben werden kann. Savigny sagte sich aber wohl als Kenner des Rechtslebens, daß die Immemorialverjährung allenfalls in dem Privatrechte wegen der vielen besonderen Präscriptionen, nicht aber im öffentlichen Rechte entbehrlich sein könnte. Allein auch im öffentlichen Recht muß es das Streben der Gesetzgebung sein, durch urkundliche Fixirung aller bestehenden Rechte Ordnung zu schaffen und die Immemorialverjährung gerade hier, wo controlirte Beamte für ordnungsmäßige Fixirung

Allein auch die Gründe für das Institut sind zum großen Theile nicht von besonderem Werthe. Wenn man bisweilen behauptet hat, das Institut habe seinen Grund in sich selbst, so übersieht man hier, daß ein Grund nach seinem Begriffe immer etwas von dem Begründeten Verschiedenes sein muß. Wenn ferner behauptet worden ist, die Immemorialverjährung sei etwas Natürliches oder Selbstverständliches [1]), so ist das nur eine Antwort auf die Frage, ob sie beizubehalten ist, nicht eine Begründung dieser Antwort. Die Behauptung endlich, daß sie aus dem Besitze und der Zeit sich von selbst entwickelt, wie Göschel meint, bedarf näherer Erklärung, wenn auch ihrem Urheber richtige Ideen vorgeschwebt haben mögen. [2])

Man wird auch nicht zur Rechtfertigung unseres Institutes behaupten dürfen, daß „Zustände und Einrichtungen, je älter sie sind, um so mehr

---

aller Rechtsverhältnisse sorgen, allmälig zu beseitigen, während das Gleiche bei den nicht controlirbaren Privatwirthschaften nicht möglich ist. — Gegen v. Savigny erklärt sich auch Unterholzner, Verjährungslehre. 2. Aufl. Bd. 1. S. 508. 521. Die Praxis schwankt hin und her, das Oberappellationsgericht in Kiel ist Savigny beigetreten (Seuffert's Archiv Bd. XIV. 122), vereinzelte Stimmen dagegen schließen die unvordenkliche Verjährung gerade bei den publicistischen Rechten aus (Seuffert's Archiv Bd. I. Nr. 170. X. 190), während die herrschende Meinung von Alters her (vgl. Buchka, Der unvordenkliche Besitz S. 26) a majori ad minus schließend das Justitut auch auf privatrechtliche Verhältnisse bezieht (Seuffert's Archiv V. 250. XVI. 173. XIX. 120. XXVIII. 8) vgl. Windscheid, Pandekten Bd. I. § 113. Anm. 5.

[1]) J. H. Böhmer, jus ecclesiasticum Protest. lib. II. c. XXVI. § 39: ipsa naturalis ratio dictitat. Kreß, de genuina natura et indole vetustatis Helmst. 1749: ex ipsa rerum humanarum conditione expressa. Rave, principia doctrinae de praescriptionibus § 173 squ. Pfeiffer, Zeitschr. f. d. deutsche Recht Bd. VIII. S. 3 meint sogar, sie sei ein jus, quod natura omnia animalia docuit. Vom Standpunkte der Thiere dürfte freilich ein „unvordenklicher" Zeitraum etwas kurz sein. Selbst die alten Dichter und Philosophen hat man zur legislatorischen Motivirung des Institutes herangezogen; so citirt Justus Henning Böhmer, jus ecclesiast. Protest. II. tit. XXVI. cap. 39 den Ovidius (metam XV. 234) tempus edax rerum tuque invidiosa vetustas omnia destruitis und Cicero orat. pro M. Marcello c. IV: Nihil est opere aut manu factum, quod aliquando non conficiat et consumat vetustas. Für das Institut auch Dabelow, Ueber die Verjährung. Halle 1807. Bd. II. S. 41. Anm. 3. v. d. Pfordten in den Krit. Jahrb. für deutsche Rechtswissenschaft. Bd. XV. S. 45.

[2]) Göschel, Zerstreute Blätter Th. I. S. 373—378, namentlich 377. Vielleicht hat Göschel der richtige Gedanke vorgeschwebt, daß der Besitzesschutz, wie Ihering in seinem „Gründe des Besitzesschutzes." 2. Aufl. 1869 nachgewiesen hat, eine nothwendige Ergänzung des gewöhnlichen Rechtsschutzes ist, und daß das Gleiche auch hinsichtlich der unvordenklichen Zeit der Fall ist. Vielleicht hat er auch diejenigen Argumente, welche unten bei der Beweisfrage Erörterung finden sollen, im Auge gehabt, vgl. namentlich S. 374.

Anspruch auf Schutz haben".[1]) [2]) Das thatsächliche Rechtsleben und damit die Gesetzgebung, welche es fördert und schützt, dienen vielmehr der Befriedigung von zwei scheinbar entgegengesetzten Bedürfnissen, demjenigen nach Erhaltung und demjenigen nach Verbesserung. Die richtige Unterscheidung derjenigen Fälle, in welchen das eine überwiegt von denjenigen, die dem Zwange des andern unterliegen, ist ein Hauptziel der legislatorischen Kunst. Daraus ergiebt sich, daß die „Erhaltung alter Zustände" nicht schlechtweg als ein erstrebenswerther Erfolg hingestellt werden kann. Der eigentlich durchschlagende Gesichtspunkt für die Erhaltung der Immemorialverjährung, die Herstellung eines praktisch brauchbaren Rechtsschutzes, ist nun keineswegs verkannt worden. Die Ansicht, daß sie nur eine „Vermuthung" begründe, ist ja lediglich deshalb unrichtig, weil sie die Fragen, warum jene Verjährung eingeführt sei und worin ihre Wirksamkeit bestehe, mit einander verwechselt; sie enthält aber jedenfalls eine Anerkennung des wahren legislatorischen Grundes unseres Institutes. Dieser letztere zwingt uns nun, die vetustas als Surrogat der gewöhnlichen Verjährungen für die Ausnahmefälle, in welchen diese nicht Platz greifen, und für diejenigen Rechtsgebilde, für welche ihre Annahme unmöglich oder nicht zweckmäßig ist, beizubehalten. Zu ihrer Ausschließung liegt aber auch nicht ein Mal für diejenigen Fälle, in denen sie durch die außerordentliche Verjährung überflüssig wird, eine Veranlassung vor; in diesen Fällen verbietet sie sich, wie oben ausgeführt worden ist, von selbst. Freilich ist dies hin und wieder in der Praxis übersehen worden und hat zu unbefriedigenden Begründungen richtiger Entscheidungen hingeführt[3]), allein gegen unlogische Argumentationen kann kein Gesetzgeber eine Schutzwehr errichten, sie zu widerlegen ist Sache der Praxis und der Wissenschaft.

Das Resultat des Bisherigen ist also, daß die Immemorialverjährung weder in ihrem bisherigen status quo aufrecht erhalten, noch einfach gestrichen werden kann, und zwar soll die vetustas insoweit ihre Kraft be-

---

[1]) So Schelling, Die Lehre von der unvordenklichen Zeit. 1835. S. 1.

[2]) Die Ausführungen Ockel's, tractatus juridicus de praescr. immemoriali. 1707. Halae. p. 4, über den Zusammenhang unseres Instttutes mit dem philosophischen Begriffe der Zeit haben nur für eine Geschichte der Methodologie als das Beispiel einer wunderbaren Verirrung Interesse. Ebenso sind die scholastischen Deductionen Rave's (principia doctrinae de praescr. Jenae 1780. p. 402) heutzutage kaum noch lesbar. Sie deduciren die Nothwendigkeit der Immemorialverjährung aus dem Satze is, qui aliquid ita habet, ut non nisi apertam laesionem eo privari possit, justum titulum habet, einer offenbaren petitio principii, welche ohne Weiteres voraussetzt, daß der durch den Verjährungsschutz abgewendete Nachtheil eine laesio und nicht vielmehr eine rechtliche Nothwendigkeit ist.

[3]) Vgl. z. B. Seuffert's Archiv Bd. IV. Nr. 144.

halten, als sie nicht durch die besonderen Verjährungsinstitute des römischen Rechtes und deren analoge Fortbildungen in deutschrechtlichen Instituten von selbst überflüssig wird. Um nun festzustellen, in wie weit dies geschehen soll, und ob nicht vielleicht hierdurch doch das Institut entbehrlich wird, bedarf es eines Ueberblickes über die Gestaltung, in welcher die einzelnen Verjährungsfälle des römischen Rechtes unter der Herrschaft des neuen Gesetzbuches vermuthlich Anwendung finden werden und einer Prüfung der Frage nach ihrer analogen Anwendbarkeit auf nachrömische Rechtsinstitute.

Zunächst wird die Eigenthumsersitzung wohl beibehalten werden, aber ganz ungemein an praktischem Werthe verlieren. Dieselbe Tendenz, welche sie hervorgerufen hat, ne rerum dominia in incerto essent, hat das neuere Recht noch weiter getrieben, und bei Mobilien im französischen Rechte und bis zu einem gewissen Grade nach dem Handelsgesetzbuche [1]) zu dem unbedingten Schutze des redlichen Erwerbers geführt, weil bei uns die Verkehrsinteressen noch schwerer in das Gewicht fallen, als nach römischem Rechte. Wird der französischrechtliche Grundsatz en fait de meubles la possession vaut titre unbedingt angenommen [2]), so fällt damit dies Bedürfniß nach einer Ersitzung von Mobilien völlig fort, nur für Ausnahmsfälle bleibt sie noch möglich. Wie bei den Mobilien die Verkehrsinteressen die römische Ersitzungsidee bis zu einem unbedingten Schutze des redlichen Erwerbes gesteigert haben, so hat bei Immobilien das Kreditbedürfniß den Eintragungszwang geschaffen, welcher unbedingte Sicherheit des Eigenthums gewährleistet und daher, wo er besteht, die Ersitzung bis zu einem gewissen Grade als überflüssig hat wegfallen lassen. Für Immobilien wird daher eine Ersitzung nur für solche Fälle übrig bleiben, für welche nicht ein Eintragungszwang aufgenommen wird, insbesondere aber für die Feststellung streitiger Grenzen, welche sich aus dem Grundbuche nicht ergeben können. [3])

[1]) Art. 306. 307. H.G.B.

[2]) Die Frage, ob dies sich empfehle, darf wohl dahingestellt bleiben, um so mehr, als der Verfasser die übliche Vorliebe für diesen Grundsatz nicht theilt.

[3]) Wenn es gelänge, öffentliche Bücher herzustellen, welche wie die Steuerkarten das gesammte Land umfaßten und dabei doch wie die römischen Aufzeichnungen des ager limitatus für das Privatrecht direkt entscheidend wären, so würde dies für die Rechtssicherheit ein großer Segen sein. Dies wäre freilich nur möglich, wenn man das gesammte Gebiet von Amtswegen unter Zuziehung der Interessenten endgiltig aufzeichnen, die dabei entstehenden Streitigkeiten im Proceßwege entscheiden und alle nicht erhobenen Ansprüche präkludiren würde. In einem beschränkten Umfange wird durch die in Preußen geschehende Zurückführung der Grundbücher auf die Karten des Katasteramtes wenigstens gegenüber späteren Grundstückserwerbern eine sichere und leichte Feststellbarkeit der Grenzen erzielt.

Bei den Servituten müssen wir die Verbietungsrechte, die Rechte auf den Besitz einer das dienende Grundstück in sichtbarer Weise belastenden Anstalt und die Rechte auf Vornahme wiederkehrender Handlungen und die Personalservituten unterscheiden.

Die Verbietungsrechte können darum keiner Erwerbsverjährung unterliegen, weil bei ihnen der dauernde Zustand fehlt, aus welchem sie hergeleitet werden. Wenn man künstlich einen solchen hat in der Thatsache sehen wollen, daß ein dem Untersagungsrechte entsprechendes Verbot in wirksamer Weise ergangen ist, so ist ein solcher Vorfall kein dauernder Zustand, auch seine Gleichstellung mit demselben nur im Zwange einer überflüssigen Analogie geschehen und von der Gesetzgebung um so weniger anzunehmen, als ein Bedürfniß, die Entstehung solcher Rechte zu befördern, schlechterdings nicht vorliegt. Wer eine derartige Befugniß geltend machen will, der mag dafür sorgen, daß ihm die Beweistitel nicht verloren gehen, sie z. B. eintragen lassen.

Die Rechte auf dauernde Anstalten wird das Reichsrecht wohl in Uebereinstimmung mit dem römischen Rechte dadurch der Ersitzung zugänglich machen müssen, daß es jene Anstalten als Theil der Gebäude behandelt. Auch in dieser Richtung würde das Institut der Ersitzung jedenfalls durch den Eintragungszwang des Grundeigenthums nicht überflüssig werden.

Von der größten praktischen Wichtigkeit ist die Ersitzung der bislang noch unerörterten servitutes discontinuae.

Wenn die herrschende Meinung hier im Widerspruche mit einer zähen Praxis und Angesichts zweifelhafter Rechtsquellen, dieses Institut durchaus festhalten will, so dürfte dies daher rühren, daß man dem juristischen Hilfsmittel der Analogie eine zu große Bedeutung beizulegen pflegt. Durch Analogie hat man Besitz und Ersitzung auf allerhand Institute übertragen, welche dessen gar nicht beburften, indem man, sich an juristisch-dogmatische Aehnlichkeiten haltend, übersah, daß zwei ähnliche Dinge nur dann eine gleiche praktische Behandlung verdienen, wenn sie gerade in demjenigen Punkte einander ähnlich sind, auf welchen es ankommt. Dasjenige aber, worauf es bei der Werthschätzung eines Rechtsinstituts ankommt, ist sein legislatorischer Zweck, nicht etwa die Begriffsformel, in welche es zum Behufe der Rechtsanwendung umgeprägt ist. [1]) Dieser Zweck ist nun bei der usucapio, „ne rerum dominia in incerto essent," und wenn die Quellen weiterhin ausführen, daß die usucapio auf Servituten nicht passe,

---

[1]) Vgl. Ihering in Schmoller's Jahrb. f. Gesetzgebung Bd. VII S. 4. 5. vgl. Ulpian in der lex 13 dig. de legibus 1, 3. Nam, ut ait Pedius, quotiens lege aliquid unum vel alterum introductum est, bona accasio est, cetera quae tendunt ad eandem utilitatem, vel interpretatione vel certe jurisdictione suppleri.

weil diese keine körperlichen Sachen seien, so müssen wir dies dahin verstehen, daß eben der Gesetzgeber nur bei den umgrenzten Dingen der Außenwelt, nicht bei den bloßen unkörperlichen Rechten, eine Unsicherheit der Frage nach den Berechtigten für ein allgemeines Uebel hält.[1]) Und dies ist in der That durchaus der Fall. Bestände keine Ersitzung, so würde Niemand gern ein Grundstück erwerben, Niemand gern das erworbene bebauen wollen,[2]) weil die Unsicherheit des Besitzes seine Arbeitslust lähmen müßte. Dies würde der Ruin des Volkswohlstandes sein. Besteht dagegen keine Servitutenersitzung, so folgt daraus Nichts, als daß man sich möglichst ohne Servituten zu behelfen sucht und sich die Erwerbstitel derselben mit höchster Sorgfalt aufbewahren muß. Letzteres ist für den Einzelnen wichtig, für die Allgemeinheit gleichgiltig, ersteres für dieselbe sogar erwünscht; denn eine Servitut entwerthet das Grundstück, indem es die Wahl seiner Bewirthschaftungsform für alle Zeiten einschränkt. Dies scheint den Römern durchaus klar gewesen zu sein, als sie die Servitutenersitzung durch die lex Scribonia aufhoben, und wenn es bei der Deutschen Rechtsentwickelung nicht beachtet worden ist, so erklärt es sich aus dem Mangel an socialpolitischem Verstande, welche die Volkswirthe der früheren Jahrhunderte zum großen Theile kennzeichnet. Nur in ältester Zeit, in welcher man die Rechtstitel nicht in Urkunden, sondern in das Gedächtniß von Zeugen niederschrieb, konnte man unmöglich den Berechtigten von dem Tode dieser Zeugen ab schutzlos lassen und ließ daher jene usucapio servitutis zu. Als man jedoch ihre schlimmen Folgen sah und sie seit der Verdrängung des „lebendigen Protokolls" der Zeugen durch Urkunden überflüssig geworden war, wurde sie beseitigt. Die oben ausgeführte Meinung des Verfassers, welcher eine dreißigjährige Ersitzung als von Justinian gewollt annimmt, dürfte auch de lege ferenda zu empfehlen sein; denn sie enthält ein Compromiß zwischen der herrschenden Lehre, welche hier der Analogie ein Opfer darbringen und daher nicht von der Servitutenersitzung ablassen wird, und den Bedürfnissen des Lebens, welchem die klassisch-römische Jurisprudenz, die ältere Wissenschaft und ein

[1]) l. 4 § 29 dig. de usurp. 41, 3. l. 14. dig. de servitutibus 8, 1. Wenn Neller opuscula vol. II. p. 32. gegen die hier gemachte Unterscheidung zwischen körperlichen und unkörperlichen Sachen einwendet, daß ja auch das Eigenthum eine unkörperliche Sache sei, so übersieht er eben im Banne naturrechtlicher Anschauungen, daß bei legislatorischen Fragen nicht die juristische Konstruktion der Rechte, sondern ihre Bedeutung innerhalb des wirklichen Rechtslebens in erster Linie entscheidet. Vgl. auch l. 43 § 1 dig. de aquir. rerum dominio 41, 1.

[2]) Vgl. Kreß, de genuina natura et indole vetustatis Helmstädt 1749. § 7, ne dominia rerum sint in perpetua incertitudine nec praedia in aeternum inculta nec possessores actores metuant in infinitum.

Theil der Praxis huldigt. Sollte freilich die Servitutenersitzung ganz abgeschafft und diese Klasse von Rechten blos der Immemorialverjährung überlassen werden, so würde der Verfasser diese Rückkehr zum klassischen römischen Rechte mit Freuden begrüßen. Ueberhaupt sympathisirt er bei Acquisitivverjährungen in keiner Weise mit der spätrömischen Umwandlung der unvordenklichen Zeit in außerordentliche Verjährungen von festbestimmten Zeiträumen, weil es Fälle giebt, in denen ausnahmsweise auch ein nicht dreißigjähriger Zeitraum ein unvordenklicher ist und in solchen Fällen schließlich doch nichts Anderes übrig bleibt, als den Besitzer zu schützen und weil jene Einschränkung des richterlichen Ermessens in eine feste Zahl durchaus nicht unbedingt nöthig ist. Selbst die Theodosische Verjährung dient zwar mit ihrer festen zeitlichen Schranke der Rechtssicherheit, geht jedoch in ihrer Wirkung zu weit. Es hat in der That eigentlich keinen Sinn, daß in Fällen, in welchen es ganz klar ist, daß eine Schuld nicht getilgt ist, sie dennoch als erloschen gelten soll oder daß eine Servitut, welche aller Wahrscheinlichkeit nach ohne Grund entstanden ist, nunmehr bestehen bleiben muß. Das sind aber Consequenzen der festen Verjährungsgrenze, welche bei der alten vetustas nicht galten. Nun haben sich aber diese Byzantinischen Einrichtungen namentlich darum bei uns so durchaus eingelebt, weil in dem articulirten Verfahren mit allen seinen Contumazien, Fictionen und Formeln für eine freie richterliche Behandlung des thatsächlichen Materials kein Platz war. Wir sind von jenem Verfahren zwar glücklicher Weise endlich befreit worden, aber die Spuren desselben haben sich unsern Anschauungen so tief eingeprägt, daß heute Niemand mehr wagen kann, eine Abschaffung aller außerordentlichen Verjährungen im Hinblicke auf die unvordenkliche Zeit alles Ernstes in Antrag zu bringen. Auch der Referent beantragt die Beibehaltung aller dreißig- und vierzigjährigen Verjährungen, deren Zeit sogar noch verkürzt werden muß, da unser Verkehrsleben mannigfaltiger, undurchsichtiger und darum leichter der Verdunkelung ausgesetzt ist, als es das Byzantinische war.[4])

---

[4]) Die Reichsgesetzbuchscommission hat als Regel die 30jährige Frist beibehalten, vgl. Beiträge zur Erläuterung des Deutschen Rechts Bd. XXII. 1878 S. 84 Nr. 4. Es würde sich übrigens empfehlen, die Wirkungen der Anspruchsverjährung dadurch abzuschwächen, daß das direkte Eingeständniß des Schuldners, die Forderung sei giltig und noch ungetilgt, ihn zur Zahlung verpflichten muß. Der Referent hat es mit eigenen Ohren gehört, daß vor einem Richterkollegium, in welchem er als Beisitzer thätig war, ein Verklagter erklärte, er habe den gekauften Wein mit Vergnügen getrunken, wolle ihn aber nicht bezahlen, weil die Schuld verjährt sei. Eine derartige Nichtachtung des Rechtgefühles muß unmöglich gemacht werden. Vielleicht empfiehlt es sich auch als Mittel gegen den Einwand der Verjährung eine Eideszuschiebung dahin, daß Delat nicht glaube, daß die gegen ihn erhobene Forderung gegen ihn ent-

Das altrömische Institut des non usus muß ferner auf alle Fälle beibehalten werden. Es hat denselben Zweck, wie die usucapio, denn es garantirt dem Erwerber eines Grundstücks die Freiheit seines Eigenthumes,[1]) sobald diese eine gewisse Zeit lang erweislich nicht berührt worden ist, es bewirkt auch, daß Servituten, wenn sie überflüssig werden, nach einiger Zeit von selbst wegfallen.[2])[3])

Insoweit für die Servituten, deren Zulassung im Landesculturinteresse sehr wird eingeschränkt werden müssen, ein Eintragungszwang beschlossen werden sollte,[4]) verbietet sich eine Beibehaltung der Verjährung bei ihnen

---

standen und noch unverändert und ungetilgt geblieben sei, zuzulassen. Dies Mittel wird nicht immer etwas nützen, allein anzunehmen, daß es ganz wirkungslos sein würde, hieße die Gewissenhaftigkeit unseres Volkes unterschätzen. Die Kommission für das Deutsche Civilgesetzbuch hat folgenden Beschluß gefaßt:

„Durch die vollendete Verjährung wird der Anspruch vollständig aufgehoben, soweit das Gesetz nicht ein Anderes bestimmt.

Der Richter darf die Verjährung nicht von Amtswegen berücksichtigen."

Rassow's u. Küntzel's Beiträge Bd. XXII. S. 84.

1) Befinden sich Gebäude in der Nähe, so wird freilich der Erwerbslustige, um sicher zu gehen, sich zunächst bei deren Eigenthümern erkundigen müssen, ob sie an dem zu kaufenden Grundstücke Untersagungsrechte haben, und, wenn ihm diese Auskunft verweigert wird, vielleicht deshalb von dem Kaufe abstehen; denn diese Rechte erlöschen nicht durch non usus, sondern nur durch usucapio libertatis.

2) Eine Servitut, welche dem Berechtigten so wenig werth ist, daß er sie dauernd nicht mehr ausübt, erscheint auch als des staatlichen Schutzes nicht mehr bedürftig. Wenn die Frist des non usus kürzer bemessen wird als diejenige der Ersitzung, so bedarf es noch der Bestimmung, daß bei der Ausübung einer Servitut in einer falschen Art und Form, z. B. eines Wegrechtes über die Wiese statt über den Hof, das Servitutrecht in der ursprünglichen Art nicht eher wegen non usus erlöschen soll, als bis es in der ausgeübten Art ersessen ist. Daß die vetustas auch den Inhalt der Servitut umwandeln konnte, dürfte aus dem oben Ausgeführten folgen.

3) Der Satz tantum praescriptum quantum possessum führt nach Deutschem Recht, in welchem die ihrem Umfange nach verschiedensten Arten gesetzlich anerkannter Servituten möglich sind, dazu, den Servitutberechtigten zu einer möglichst rigorosen Ausübung seines Rechtes zu zwingen, weil jedes dauernde geringere Maß der Ausübung sein Recht zwar nicht auf diesem kleineren Umfang durch non usus hinabdrückt (arg. l. 8 § 1 l. 9 dig. quemadm. serv. am. 8, 6. l. 18. dig. de serv. praed. 8, 3), wohl aber ihn in die Lage bringt, sich nur auf dieses geringere Recht als ein ersessenes berufen zu können, (vgl. das Urteil des Reichsgerichtes in den Entscheidungen Band I. S. 335). Diesem Uebelstande könnte die Reichsgesetzgebung nur vorbeugen, wenn sie festumgränzte Formen von Servituten schaffen würde.

4) Die preußische Gesetzgebung hat — vielleicht angesichts der vielen zur Ablösung reifen Servituten — von diesem Eintragungszwange Abstand genommen (§ 12 Gesetz über den Eigenthumserwerb vom 5. Mai 1872 § 58 Anh. A.L.R. I. 22.) Jedenfalls muß die Gesetzgebung dahin streben, ihn allmälig in möglichst großem Umfange einzuführen.

von selbst, jedoch nur, wenn auch der Umfang und die näheren Modalitäten dieser Rechte lediglich nach dem Grundbuche bestimmt werden sollen, was sich wohl kaum praktisch würde durchführen lassen. Unterbleibt diese letztere Vorschrift, so würden Servitutenersitzung und Nichtgebrauch noch hinsichtlich der Bestimmung des näheren Umfanges der eingetragenen Servituten eine selbständige Bedeutung behalten.

Die Personalservituten dürften auch in dem Civilgesetzbuche den servitutes discontinuae hinsichtlich ihrer Ersitzbarkeit gleichzustellen sein.

Nach dem oben Ausgeführten würde für denjenigen Theil unseres Reichscivilrechtes, welcher aus römischen Quellen stammt, die Immemorialverjährung nur noch in den wenigen Ausnahmefällen fortbestehen, in welchen sie, wie oben ausgeführt ist, noch im Justinianischen Rechte eine selbständige Geltung besaß. Wollte man etwa der Uniformität wegen hier überall dreißigjährige Verjährungen einführen, so würde dies keinen Zweck haben, aber bei der geringen Zahl jener Fälle nicht von großem Belange sein; denn die dreißigjährige Verjährung unterscheidet sich von der unvordenklichen nur durch die rigorose Präclusion eines Gegenbeweises der memoria initii aus einer Zeit, die länger als dreißig Jahr zurückliegt, ein solcher Gegenbeweis wird aber ohnehin schwer zu führen sein, fernerhin durch allerhand subtile Ausnahmevorschriften über mala fides, Unterbrechung und dergl., welche bei einer dreißigjährigen Verjährung nöthig, bei einer unvordenklichen Verjährung aber überflüssig sind. Auch läßt sich z. B. die Verjährung des Laudemial- und Vorkaufsrechtes des Obereigenthümers nicht an eine fixirte Zeit der Nichtausübung binden, da jenes Recht weder dauernd noch periodenweise ausgeübt wird. Dies macht freilich angesichts des Umstandes, daß die Anerkennung eines Obereigenthums in dem Reichsgesetzbuche recht fraglich ist, nicht viel aus.

Es ist nunmehr zu untersuchen, in wie weit die Institute des Deutschen Rechtes der unvordenklichen Zeit bedürfen. Daß, wenn in Deutschland Ordnung geschafft werden soll, vor allem der Privilegienbildung ein Riegel vorgeschoben werden muß, ist schon oben ausgeführt. Neben denjenigen Privilegien aber, welche sich noch heutzutage als Ausnahmeerscheinungen darstellen, giebt es auch noch solche, welche sich allmälig zu ordentlichen Rechtsinstituten des Deutschen Rechtslebens entwickelt haben und es bleibt noch die Frage zu erörtern, ob diese der ordentlichen Verjährung unterzustellen oder der unvordenklichen Verjährung vorzubehalten sind.

Gruppiren wir die Erscheinungen des Deutschen Privatrechts, welche sich neben die römischen Rechtsbildungen stellen, so scheiden hier zunächst alle diejenigen Rechte, welche in ihrer Ausübung ein dienendes Grundstück dauernd belasten, wie die Jagdrechte, die Bergwerksrechte und die mannigfachen dinglichen Nutzungsrechte, darum aus, weil Alles, was oben von der Verjährung der Servituten gesagt ist, auf sie analoge Anwendung finden muß.

Ferner interessiren diejenigen Rechte nicht mehr, welche sich als gemeinschädlich erwiesen haben[1]) und darum sicherlich durch des Gesetzbuch beseitigt werden müssen, es sind dies die ungemessenen Nutzungsrechte, die Zwangs- und Bannrechte und die Zehnten. Die Reallasten werden jedenfalls, soweit man sie beibehält, ohne Eintragung in das Grundbuch nicht anerkannt werden können, sich also der Verjährung hierdurch entziehen.

Sehr große Schwierigkeiten werden der Gesetzgebung jene eigenthümlichen Komplicationen[2]) machen, mit deren juristischer Klarlegung man sich oft durch die allgemeinen Wörter „Genossenschaft" und „Gesammteigenthum" abzufinden pflegt. Es sind dies Fälle, in denen die Mitglieder einer juristischen Person die mannigfaltigst geordneten Gemeingebrauchsrechte theils als Gemeindeglieder, theils als Angehörige einer besonderen Gruppe innerhalb der Gemeinde (Vollhufener, Halbspänner u. dgl.) besitzen. Bei allen diesen Gestaltungen vollzog das „Herkommen" bisher die doppelte Funktion eines partikularen Gewohnheitsrechtes,[3]) da es für eine rechtsbildende Gemeinschaft Normen bildete und zugleich einer Verjährung, da der Inhalt dieser Normen die Gewährung von Privatrechten war, es liegen dort eben gewohnheitsrechtliche leges speciales vor. Etwas anders liegt die Sache bei den „Classenrechten"[4]) d. i. Rechten, welche nicht von den Mitgliedern einer Gemeinde als solchen, sondern von den jedesmaligen Angehörigen einer Mehrheit, die als Ganzes kein Gesetzgebungsorgan ist, auch nicht ein Mal eine communis arca, also auch keine juristische Persönlichkeit hat, ausgeübt werden, z. B. den Armen, den irgendwo studirenden

---

[1]) Daß sich das Gebiet der Immemorialverjährung nach dieser Richtung hin sehr verengert, hebt namentlich Wächter in seinem Württembergischen Privatrechte Band II S. 823 hervor.

[2]) Vgl. zu dem Nachfolgenden namentlich Beseler, System des gemeinen Deutschen Privatrechts § 68—71.

[3]) Bei den Gewohnheitsrechten darf man nie übersehen, daß sobald der Staat in seiner Mitte Corporationen zuläßt, welche nach besonderer Verfassung ihre eigenen Angelegenheiten ordnen, er damit einen „kleinen Staat im Staate" sanctionirt und bestimmt, daß die Statuten und Observanzen dieser kleinen Gemeinschaft in ihren inneren Angelegenheiten durchaus nach Analogie der Gesetze und allgemeinen Gewohnheitsrechte unter den Interessenten gelten sollen. Außenstehenden gegenüber kann freilich hierbei von einem objektiven Rechte nicht die Rede sein, sondern höchstens von Verträgen oder Ersitzungen (so das Urtel des O.A.G. Celle vom 25. Mai 1855. Seuffert's Archiv Bd. X u. 190).

[4]) Der Ausdruck ist den trefflichen Ausführungen von Bolze, der Begriff der juristischen Person Stuttgart 1879. § 3 S. 27—40 entnommen.

Angehörigen einer bestimmten Nationalität u. s. w.[1]) Hier kann nur von einer „Ersitzung“ eines „Klassenrechtes“ durch unvordenkliche Verjährung die Rede sein, nicht von einem Gewohnheitsrechte, da sich hier eine Ueberzeugung einer Gesammtheit nicht bethätigt. Ein Gewohnheitsrecht würde höchstens dann in Frage kommen, wenn das ausgeübte Recht derartig ist, daß seine Ausübung ohne eine Anerkennung sämmtlicher Mitglieder der rechtsbildenden Gesammtheit nicht möglich ist, z. B. wenn es sich um gewisse Vorzugsrechte einer Classe der Gemeindemitglieder an dem im allgemeinen Gebrauche stehenden Gemeindelande handelt; hier würde derselbe Thatbestand allerdings zugleich eine Gewohnheitsrechtsbildung und eine unvordenkliche Verjährung enthalten.[2])

---

[1]) Man unterscheide folgende Classe von Personenmehrheiten:

a) Mehrheiten, welche ein Gemeingut verwalten, ohne Nutzungsrecht zu haben, z. B. ein verwaltendes Beamtenkollegium. Diese sind bloße Organe einer juristischen Person.

b) Mehrheiten, welche ein Gemeingut verwalten, und daneben Gemeingebrauchsrechte daran haben. So oft bei Gemeindeländereien: Hier liegt eine juristische Person vor. Die Organe der juristischen Person sind zugleich Inhaber von „Klassenrechten“.

c) Mehrheiten, welche das Gut einer juristischen oder Privatperson, mit deren Vermögensverwaltung sie nichts zu thun haben, im Gemeingebrauche haben oder Ansprüche darauf besitzen. Die Mehrheit bildet keine juristische Person, sondern nur den Rahmen für die Antheilsberechtigten an einem „Klassenrechte“.

d) Mehrheiten, welche ein Gut im Gemeingebrauche haben, ohne daß eine Ausübung von Eigenthumsrechten neben den Gemeingebrauchsrechten von irgend welcher Seite erwiesen ist. Hier liegt ein „Klassenrecht“ vor, die Sache selbst ist aber nach Analogie der lex 3 pr. dig. de locis et itin. publ. 43, 7 für eine res publica zu erachten, d. h. derjenigen politischen Corporation zuzusprechen, in deren Bezirke sie liegt. In solchen Fällen etwa der Mehrheit der Nutzungsberechtigten Eigenthumsbefugnisse beizulegen, würde sich durchaus nicht rechtfertigen.

[2]) Daß derselbe Thatbestand zugleich unter den Begriff eines Gewohnheitsrechts und derjenigen der Verjährung fallen könne, widerspricht zwar der herrschenden Meinung, doch ist die gegentheilige Annahme eine petitio principii. Justus Henning Böhmer (exercitad. pand. t. 5 exerc. 83. p 345), hat zwar, um die unter dem Worte consuetudo und Herkommen vermischter Fälle objectiven und subjectiven Rechtes zu scheiden, den Satz aufgestellt, daß ein Gewohnheitsrecht nur eine lex generalis enthalten, nicht aber auf ein einzelnes Rechtsverhältniß beschränkt sein könne. (Zustimmend Pfeiffer, prakt. Ausf. Bd. II S. 9, Wachsmuth, Magazin für hannöv. Recht, Bd. VII S. 330 Urtel des O.A.G. von Celle vom 30. September 1858, in Seuffert's Archiv Bd. 19 Nr. 104.) Diese Ansicht widerlegt sich dadurch, daß es auch leges speciales giebt und das Gewohnheitsrecht dem Gesetze an Kraft grundsätzlich gleichsteht. Gegen dieses Argument wendet freilich das angezogene Urteil ein, es verwechsele die rechtlichen Wirkungen des Gewohnheitsrechtes mit dessen Begriffs-

Diese Klassenrechte oder auch Rechte eines jedesmaligen Amtsinhabers nun beruhen zumeist auf unvordenklichen Verjährungen und da die Gesetzgebung sie allem Anscheine nach nicht wird völlig aus der Welt schaffen wollen, noch können, so wird wohl auch die unvordenkliche Verjährung hier am Platze sein, wenn man nicht etwa auch hier sich mit einer dreißigjährigen Verjährung begnügen will, die aber offenbar für solche Rechtsbildungen viel zu kurz ist. Man stellt diese Ersitzung von Rechten der Corporations- und Klassenmitglieder gewöhnlich eine Begründung von Pflichten eben derselben Personen durch Verjährung gegenüber und meint, daß durch Leistung von gewissen Beiträgen z. B. seitens aller Vollhufenbesitzer eines Bezirkes auch denjenigen, welche sich nicht betheiligt haben, eine Pflicht auferlegt werde. Ließe sich ein solcher Rechtssatz wirklich nachweisen, so könnte doch eine derartige Entstehung von Pflichten nur unter den Gesichtspunkt eines Gewohnheitsrechtes fallen und demnach rechtlich behandelt werden;[1]) denn es ist wohl denkbar, daß ein anderer Privatmann für mich Rechte ersitzt, Verpflichtungen aber ohne meinen Willen vermag nur ein gesetzlich bestellter Vertreter oder ein Gesetz mir aufzulegen.[2])[3])

---

merkmalen, doch ist dabei übersehen, daß die Begriffsmerkmale, an denen man ein Gewohnheitsrecht erkennt, eben seine Wirkungen innerhalb des realen Rechtslebens sind.

[1]) So behandelt z. B. das Urtel des Oberappellationsgerichts von Jena vom 1. April 1830 Seuffert's Archiv VII, 5 die Heranziehung der Hintersiedler seitens der Gemeinde zur Arbeit an dem angeflößten Holze für ein „durch unvordenkliche Zeit begründetes Obligationsverhältniß", während es sich dabei um einen Rechtssatz handelte.

[2]) Vgl. l. 38 (39.) dig. de negotiis gestis 3, 5 verb. Naturalis enim, simul et civilis ratio suasit, alienam conditionem meliorem quidem, etiam ignorantis et inviti nos facere posse, deteriorem non posse.

[3]) Es ist völlig unmöglich von einer Vertretung der Mitglieder einer Personenklasse durch die andern Mitglieder bei der Zahlung von Präſtationen zu reden, wie z. B. Wachsmuth, Magazin f. hannöv. Recht, Bd. 7 a. a. O. es thut, (anders Pape, ebenda Bd. 8 S. 163—175), wenn man nicht den Begriff der Vertretung in einem ganz weiten juristisch unbrauchbaren Sinne auffaßt. Jemand, der durch seine Handlung mir, ohne mir verantwortlich zu sein, eine Verpflichtung aufwälzt, steht mir nicht als mein Vertreter, sondern als mein Herr gegenüber, er kann es also nur, insofern er legislatorische Befugnisse hat. Sehr mit Unrecht hat daher die Praxis z. B. in Gemeinden, in denen der Pfarrer kraft eines Herkommens ein sog. Kranzgeld von den Bräuten beanspruchen darf, an dieses Herkommen die Erfordernisse einer Immemorialverjährung und nicht vielmehr diejenige eines Gewohnheitsrechtes angelegt, (beide sind verschieden, daher unter Umständen die Frage, wie Pape, Magazin f. hannöv. Recht Bd. 8 S. 173 mit Recht annimmt, zwar von geringerer praktischer Bedeutung, aber keineswegs gänzlich ohne eine solche ist. Vgl. Seuffert's Archiv Bd. XIX Nr. 104 (Urtel des O.A.G. Celle vom 30. September 1858). Man wende nicht mit diesem Urteile ein, daß es sich hier um ein einzelnes Rechtsverhältniß, nicht um eine (par-

Die Frage also, ob die andauernde Leistung gewisser Prästationen seitens der Angehörigen einer bestimmten Personenklasse auch die bisher an den Leistungen nicht betheiligten Angehörigen derselben Klasse binden kann, gehört in die Lehre vom Gewohnheitsrechte und scheidet hier aus.

Die letzterwähnte rechtliche Erscheinung ähnelt sehr einer andern, bei welcher die deutsche Praxis eine Immemorialverjährung zuließ, ohne daß das römische Recht sie hierzu ermächtigte. Durch die mittelalterliche Verschmelzung des öffentlichen und Privatrechts und durch die reiche corporative Gestaltung unseres Staatslebens haben sich innerhalb des Staates eine Reihe bleibender politischer und wirtschaftlicher Gebilde entwickelt, welche dem römischen Rechte unbekannt waren. Während also in Rom dauernde Steuerabgaben, wenigstens in der klassischen Zeit im Wesentlichen nur zu Gunsten des Staates vorkommen, findet sich in Deutschland das Institut dauernder periodischer Leistungen zwischen juristischen Personen und Stiftungskassen aller Art in reichster Blüthe. Daß auch bei periodischen Leistungen unvordenkliche Verjährungen Statt fanden, wurde oben für reine Privatrechtsverhältnisse als eine unerträgliche Fessel geschildert, weniger erscheint sie als solche bei Verhältnissen derjenigen juristischen Personen unter einander, welche schließlich ebenso, wie der Staat, auf dauernde Subsistenzquellen hingewiesen sind. [1]) Soweit nun diese Quellen direkt dem öffentlichen Rechte angehören, also nicht vor den Privatrichter und in das Civilgesetzbuch zu ziehen sind, wird es daher auch wohl hier bei der unvordenklichen Verjährung verbleiben. Eine publicistische dauernde Verpflichtung werden wir aber überall da anzunehmen haben, wo es historisch nachweisbar ist, daß die Leistung zur Ermöglichung der Ausübung staatlicher Hoheitsrechte einen Beitrag bilden sollen, so z. B. zur Ausstattung der Gerichtsbarkeit, der Verwaltung [2]) oder des Heerwesens. Wo dagegen dies nicht nach-

---

tikulare) Rechtsregel handelt; so auch Wachsmuth, Magazin für hannöversches Recht Bd. 7 S. 340. 341; das könnte man von jedem allgemeinen Gewohnheitsrechte ebensogut sagen, denn alle organisirten Mehrheiten, welche ihr Recht für sich haben, ja sogar der Staat selbst, lassen sich als „einheitliche Rechtsverhältnisse" und ihre Gesetze als deren Normen bezeichnen.

[1]) Das ist der wahre Kern der Savigny'schen Einschränkung der Immemorialverjährung auf publicistischem Rechte. Dasjenige was solche bleibende Lasten erträglich macht, ist nicht wie vielfach angenommen wird (vgl. z. B. das Urtel des Ober-Appell.-G. Jena v. 27. 10. 53. Seuffert's Archiv Bd. VII. Nr. 294) die Dauer der daran betheiligten Subjecte, sondern der Umstand, daß ihnen eine causa perpetua, ein bleibendes Aequivalent zu Grunde liegt, vermöge deren auch die späteren Generationen, welche mit ihnen beschwert sind, die Last doch wenigstens nicht umsonst tragen müssen.

[2]) Dahin gehört z. B. auch die in Mecklenburg seit unvordenklicher Zeit be-

weisbar ist oder wo die Leistungen geschehen, um Privatinteressen zu wahren, z. B. bei den oben erwähnten Gemeindebeiträgen zur Erhaltung eines Stegs, da wird die periodische Leistung zwischen zwei juristischen Personen nicht anders beurteilt werden können, als diejenige zwischen zwei Privaten.[1])

Es fragt sich also, ob zwischen zwei Privaten das Recht auf periodische Leistungen Gegenstand einer erwerbenden Verjährung sein kann. Es ist dies theils mit Einschränkungen, theils uneingeschränkt vielfach in der Praxis geschehen. Wer eine Reihe einzelner Leistungen beitreibe, der übe damit, so argumentirt man gewöhnlich, ein Recht als Ganzes aus, sei somit dessen Besitzer und könne es auch ersitzen. Wir finden hier eine neue Quelle, von welcher aus die Lehre von der Immemorialverjährung beeinflußt und nicht eben klarer geworden ist, die juristischen Begriffsformen des altdeutschen Rechtes, namentlich die streitige und zweifelhafte Lehre von der Gewere. Das altdeutsche Recht gruppirte sich die Erscheinungen des täglichen Lebens vielfach nach Gesichtspunkten und Begriffsformen, welche mit den römischen Instituten in ein und demselben Rechtssysteme, wie man es nun einmal im Kopfe haben muß, um die Kunst der Rechtsanwendung mit Sicherheit ausüben zu können, sich schlechterdings ebenso wenig vertragen können, wie Feuer mit Wasser. Daher konnte sich die Verschmelzung der verschiedenartigen Rechtssysteme zu dem Rechte, welches heute wirklich gilt, nicht ohne gegenseitige Schädigung vollziehen. Hat das römische Recht in bedauerlichster Weise einheimische Rechtsgebilde zerstört, so haben umgekehrt diese wieder die römischen Rechtsinstitute verwirrt, und so mußten

---

stehende Verpflichtung des Inhabers einer Scharfrichterei dem Ortsvorstande Handschuhe zu liefern (Urtel des Oberappellations-Gerichts von Rostock vom 9. Oktober 1871 in Seuffert's Archiv Bd. XXX. Nr. 256).

[1]) Die Unterscheidung zwischen publicistischen dauernden Lasten und privatrechtlichen wird, wenn sie nicht schon ohnehin geboten wäre, dadurch, daß die Gesetzgebungscompetenz des Reiches sich nicht auf das gesammte Gebiet des öffentlichen Rechtes bezieht, für das Reichscivilgesetzbuch zur unabweislichen Nothwendigkeit. Nun kann man die publicistischen Rechte von den privaten schlechthin nicht nach ihrem Ursprunge unterscheiden, wie es Savigny, System IV. S. 483 will, wenn er die Anstalten für Regenwasser, die durch die lex colonica entstanden sind (System IV S. 488) für publicistische Rechtsverhältnisse erklärt. Mit demselben Rechte könnte man das vom Staate zugeschlagene Eigenthum ein öffentliches Recht nennen. Die Eintheilung nach dem Ursprunge ist schon darum praktisch undurchführbar, weil dieser meist mit voller Vergessenheit bedeckt ist, wie dies das Ober-Appellations-Gericht Jena in seinem Urteile vom 20. September 1844 (Seuffert's Archiv Bd. V Nr. 250) in treffendster Weise ausgeführt hat. Auch das in Seuffert's Archiv Bd. XIV Nr. 122 mitgetheilte Urtel des O.A.G. Kiel, bestimmt die publicistische Natur der Rechte nicht nach ihrem Ursprunge, sondern nach ihrem gegenwärtigen Bestande.

sich auf manchen Gebieten Rechtszustände entwickeln, welche weder römische, noch altgermanische, noch überhaupt vom legislativen und praktischen Standpunkte billigenswerthe sind. Dies gilt namentlich in der Lehre vom Quasibesitze.[1]) Die Terminologie des altdeutschen Rechtes legt auf die Unterscheidung zwischen Rechten, welche eine Sache direkt belasten, und solchen, welche nur ihren Werth dauernd mindern, kein Gewicht, indem sie beide Arten von Rechten unter den Begriff der Gewere stellt, und hieraus erklärt es sich, daß dauernde periodische Lasten zwischen den Eigenthümern von Grundstücken, die sog. auf Grundstücke radicirten obligatorischen Verhältnisse, oder zwischen juristischen Personen als Gegenstände des Quasibesitzes zugelassen und daher auch der unvordenklichen Verjährung unterstellt worden sind. Bisweilen hat man es sogar ausgesprochen, daß nur Forderungen der gedachten Art Gegenstand einer Gewere und daher des an ihre Stelle getretenen Besitzesschutzes sein können.[2]) Die romanistische Opposition[3]) gegen jene Ausdehnung des Besitzesinstituts hat nicht immer mit tauglichen Waffen gekämpft und den Satz von der Unmöglichkeit des Besitzes von Forderungen mit Gründen bekämpft, welche, genau betrachtet, nur auf Forderungen einer einmaligen Leistung passen. Trotzdem ist freilich durchaus nicht die logische Berechtigung jener Analogie zuzugeben. Wenn wir den einzelnen Servitutausübungen das Recht der Servitut gegenüberstellen, so ist dies darum zutreffend, weil die Summe der ersteren nicht in dem letzteren aufgeht, während die Summe einer Reihe periodischer Forderungen genau dasselbe ist, wie das „Recht als Ganzes" Letzteres ist nichts als das Ergebniß eines verbindenden Denkens, vermöge dessen wir uns die einzelnen Theile als ein Ganzes vorstellen, ohne daß durch diese bloße Vorstellungsform ein neues Vorstellungsobjekt geschaffen wird. Allein nicht in diesem Fehlschlusse liegt die Verwerflichkeit jener Rechtsfortbildung, sondern darin, daß man sich überhaupt bei ihr von dialektischen Subtilitäten, statt von den realen Bedürfnissen des Lebens leiten ließ. Bevor man den Besitzschutz von den Sachen auf jene res incorporales ausdehnte, hätte man sich fragen sollen: Liegt denn das Bedürfniß, welches den Sachbesitz nöthig macht, auch bei jenen unsichtbaren

---

[1]) Vgl. zu dem Folgenden Bruns, Recht des Besitzes S. 328 ff.

[2]) So z. B. das Urtel des O.A.G. Kiel vom 27. Dezember 1860 (Seuffert's Archiv Bd. XIV. 111) und des O.A.G. Dresden vom 19. Dezember 1861 (Seuffert's Archiv Bd. XVI. 5) im Anschlusse an Mittermaier's Deutsches Privatrecht § 150. Zwischen anderen Personen als juristischen, Amtsinhabern und Grundstückseigenthümern ist eine unvordenkliche Leistung von Prästationen auch wohl nur höchst selten denkbar.

[3]) Welche nicht ohne Einfluß auf die Praxis geblieben ist. Vgl. das Urtel des O.A.G. Wolfenbüttel vom 23. April 1875 in Seuffert's Archiv Bd. XXXI. Nr. 107.

Rechtsgebilden vor, bei welchen die Besorgniß der Ausübung eines Faustrechts ohnehin schon durch das decretum divi Marci oder, sofern man dies nicht mehr für giltig hält, durch das Strafgesetzbuch zur Genüge gewahrt ist?[1]) Bevor man nun gar die Ersitzung auf sie bezog, hätte man sich fragen sollen: Bedarf es auch hier eines Mittels dafür, ne rerum dominia in incerto essent? Bedarf der periodisch Berechtigte eines Schutzes, wenn er seinen Titel verloren hat, oder liegt es nicht vielmehr im Interesse der Allgemeinheit, daß derartige hemmende Lasten, welche mit der Zeit unerträglich werden können, möglichst wenig anders als in einer öffentlichen Form für alle Ewigkeit begründet werden?

Hätte man sich diese Frage nur aufgeworfen[2]), so würde man haben zu der Antwort gelangen müssen, daß jene Ersitzung von dauernden Forderungen das Ergebniß einer falschen und unzweckmäßigen Analogie ist. Das Gesetzbuch braucht sie nicht aufzuheben, sie verschwindet durch Uebergehung von selbst, da sie aus der Eigenthumsersitzung sich durch eine richtige Analogie nicht folgern läßt. Selbst wenn also die Begründung periodischer Verpflichtungen als ordentliches Privatrechtsinstitut aufgenommen werden sollte[3]), so würde doch eine Ersitzung solcher dauernden Rechte sich von selbst verbieten.

Etwas anders liegt die Sache hinsichtlich der Abänderung und Auf-

---

[1]) Insbesondere läßt sich für eine Begründung der Ersitzung dauernder Gefälle nicht etwa die Analogie der römischen Vorschriften, welche bei wiederholten Zinszahlungen das Bestehen einer Zinspflicht präsumiren, verwerthen (l. 6. pr. dig. de usur. 22, l. c. l. Cod. de fideic. 6, 42). In diesem Falle handelt es sich nicht um ewige Lasten, auch nicht um einen von Vergessenheit überdeckten Schuldgrund, sondern um Gegenleistungen für das erwiesene Aequivalent einer bestimmten Kapitalsnutzung.

[2]) Vgl. jetzt die Worte Ihering's in Schmoller's Jahrb. für Gesetzgebung, Verwaltung und Volkswirthschaft Bd. VII. Heft 1, S. 4. „Bei dem Begriffe entschlägt man sich nur zu leicht der Frage nach dem Zweck," mit denen auf eine Hauptquelle juristischer Uebelstände hingedeutet wird.

[3]) Der Referent nimmt an, daß dauernde Obligationen für alle Zeit, wenn sie auf Grundstücken, auf Kassen juristischer Personen und der jedesmaligen Inhaber eines Amtes lasten, überhaupt nur insoweit als ordentliches Rechtsinstitut aufgenommen werden können, als sie Aequivalente für dauernde Leistungen des öffentlichen Rechtes darstellen und daß diese ganzen Materien dem öffentlichen Rechte und den zu seiner Wahrung berufenen Organen zu überweisen sind, da unser Civilproceßverfahren auf reine Privatrechte zugeschnitten ist und nicht ein Mal für Familienrechte paßt. Sollten freilich die publicistischen dauernden Lasten als Privatrechtsinstitute aufgenommen werden, so ist auszusprechen, daß nur sie allein in dem in dieser Anerkennung definirten Umfange ausnahmsweise durch unvordenkliche Zeit begründet werden können; am Besten würde sich auch hier eine Präclusionsvorschrift nach Analogie des oben für Privilegien Ausgeführten empfehlen, so wie der Zusatz: „Andere dauernde Lasten können durch unvordenkliche Verjährung nicht begründet werden."

hebung periodischer Lasten durch eine unvordenkliche Zeit hindurch. Hier nimmt die Praxis an, daß eine periodische Last, welche über Menschengedenken hinaus in einer anderen Art geleistet ist, als die Begründungsurkunde ergiebt, diese andere Form nunmehr beibehält, ferner, daß eine Nichtleistung solcher periodischen Lasten die Pflicht zu diesen wiederholten Leistungen für alle Zukunft aufhebt.[1]) Aus der bloßen Theodosischen Anspruchsverjährung folgt diese Consequenz nicht; denn diese bezieht sich nicht auf besagte Rechte, sie läuft für jeden Anspruch, ex quo dies cessit et venit.[2]) Darum kann nach ihren Grundsätzen wohl ein einzelner Anspruch aus einer solchen Reihe, nicht aber das „Recht als Ganzes" verjähren. Trotzdem ist es klar, daß unmöglich aus einer ganz alten Urkunde periodische Leistungen gefordert werden können, welche schon seit Menschengedenken nicht mehr gezahlt sind. Eben weil die vetustas loco legis est, fragt sie nicht nach der juristischen Form dessen, was sie tilgt, sie raubt jenem alten Titel die rechtsverbindliche Kraft, weil ein Ausbleiben der Leistung während einer längeren Zeit es höchst unwahrscheinlich macht, daß jener Titel noch zu Recht bestehe und entweder nicht oder mangelhaft getilgt sei.[3]) Ist diese Zeit nun eine unvordenkliche, so wird der Gegenbeweis gegen diese Präsumption — den man nicht mit dem Gegenbeweis gegen den Schein der Unvordenklichkeit verwechseln darf — unmöglich, jene praesumptio also zu einer praesumptio juris et de jure[4]), d. h. zu einer Tilgung der Forderung; denn ob man sagt, daß eine Rechtswirkung in gewissen Fällen unter Ausschließung des Gegenbeweises präsumirt werde, oder daß sie direkt eintrete, ist völlig einerlei. Das Einzige, was Präsumption und Verjährung unterscheidet, ist die Möglichkeit des Gegenbeweises. Fällt diese fort, so geht der Begriff der Präsumption eines Rechtes wegen langer Dauer seiner Ausübung in denjenigen der Verjährung über.[5]) Wir haben

---

[1]) Vgl. § 656. A.L.R. I, 9 (50 Jahre).

[2]) Arg. c. 7. § 4. Cod. de praescr. XXX vel XL annorum 7, 39 (Justinus).

[3]) Vgl. auch Pfeiffer's Praktische Ausführungen Bd. II. S. 101, welcher — anscheinend als Ergebniß einer zu weit getriebenen Analogie — bei dauernden Lasten neben der Immemorialpräscription die Annahme einer ordentlichen Extinctivverjährung dann vertritt, wenn die Lasten nicht geleistet sind, ein Widerspruch dagegen erhoben ist und der Berechtigte sich beruhigt hat.

[4]) Gegen diese Auffassung einiger Aelteren, welche allerdings einer näheren Erklärung bedürftig, aber nicht geradezu unrichtig ist, wendet sich namentlich Pfeiffer (Praktische Ausführungen Bd. II. S. 89).

[5]) Man kann den Begriff praesumptio juris et de jure nur dann dem Begriffe „Rechtserwerb" oder „Rechtsverlust" gegenüberstellen, wenn es sich um die Präsumption einer nach Raum und Zeit bestimmten, sinnlich wahrnehmbaren Thatsache handelt.

hier also bei dem Erlöschen periodischer Leistungen ebenso, wie bei deren Umgestaltung durch unvordenkliche Unterlassung oder Abänderung derselben [1]) nur eine Anwendung der römischen Grundsätze über vetustas vor uns.

Was endlich die sog. Immaterialgüter betrifft, die Autorrechte, Muster-, Markenschutz-, Patentrechte und dergleichen, so wird wohl bei ihnen die Theodosische Anspruchsverjährung ausreichen, um der „Recht und Unrecht verwebenden" Macht der Zeit [2]) genüge zu thun. Zu Ersitzungen liegt hier ebenso wenig ein Bedürfniß vor, wie bei Servituten. Immerhin läßt sich nicht voraussehen, ob sich nicht dennoch bei diesen für uns noch ziemlich neuen Gestaltungen des Rechtslebens Verwickelungen herausbilden werden, welche die Anwendung eines allgemeinen Verjährungsinstitutes, wie es in dem Satze vetustas semper vicem legis obtinet enthalten ist, wünschenswerth machen. Schon aus diesen Gründen erweist sich eine Beibehaltung der Immemorialverjährung als nöthig. Wenn überhaupt in dem vorstehenden Ueberblicke über die einzelnen Verjährungsinstitute eine möglichste Vollständigkeit angestrebt worden ist, so soll doch nicht übersehen werden, daß bisher leicht selbst von hervorragenden Kennern der Verjährungslehre aus den vielgestaltigen Formen des Rechtslebens wichtige Gebiete in dieser Materie übersehen wurden — ich erinnere blos an die überraschende Geringschätzung des hochwichtigen Institutes durch den Altmeister unserer historischen Schule. — Angesichts dieser Thatsache wird man schwerlich eine Verantwortung für die vollständige Berücksichtigung aller derjenigen Erscheinungen des Rechtslebens, welche mit zur Sache gehören, übernehmen können, und schon deshalb neben den speziellen Verjährungsinstituten ein allgemeines beibehalten müssen, welches in dem römischen Satze der l. 1 § 23 dig. 39, 3, vetustas vicem legis tenet,

---

Sagt man aber, die Immemorialverjährung sei die Präsumption „eines" Titels — gleichviel welches —, so ist hier von einer concreten Thatsache nicht die Rede (Neller, opuscula II. p. 10 meint: praesumitur indeterminate titulus), sondern jene „Titelpräsumption" ist nichts anderes, als ein unklarer Ausdruck für eine Präsumption „des Bestehens des Rechts", beziehungsweise seines Unterganges. Wo aber das Gesetz bestimmt, daß in einem gewissen Falle unter Ausschluß jedes Gegenbeweises ein Recht als bestehend oder als nicht mehr bestehend gelten soll, da spricht man eben von Entstehung oder Untergang eines Rechtes und nennt den Fall einen Entstehungs- oder Aufhebungsgrund, und wenn er ein lange dauernder Zustand ist, „Verjährung". Ueberhaupt könnte man bei dreißigjährigen Verjährungen ganz ebenso gut von einer Titelpräsumption reden, wie bei der vetustas, was Neller a. a. O. auch thut.

1) Z. B. die Umwandlung der Naturalabgaben an die Pfarrer in Geldäquivalente (Wachsmuth, Magazin f. hannöversches Recht Bd. S. 348 ff.). Bei dem Uebergange von der Natural- in die Geldwirthschaft haben sich derartige Umgestaltungen vielfach vollzogen und sind oft nicht anders als durch das Herkommen nachweisbar.

2) Brinz, Pandekten. 1. Aufl. S. 114.

gipfelt, d. h. ein unvordenklicher Zustand, welcher für das Bestehen, die Umwandlung und das Nichtbestehen von Rechten spricht, beweist das Recht oder seine Beschaffenheit oder seine Nichtexistenz unwiderleglich, oder, was dasselbe sagen will, er wirkt so, als ob er das Recht erzeugte, umwandelte oder vernichtete.

Man glaube nicht, daß diese Immemorialverjährung etwa durch die Statuirung der Theorie des preußischen Landrechts, daß alle Rechte durch dreißigjährigen Besitz erworben werden und durch dreißigjährige Nichtausübung erlöschen sollen, ersetzt werden könne[1]), denn wir haben oben einige Verjährungsinstitute vorgefunden, welche sich nicht unter die Formel einer Ausübung oder Nichtausübung von Rechten während einiger Zeit bringen lassen, nämlich

a) die Entstehung von Gemeingebrauchsrechten durch vetustas. Der Gemeingebrauch ist kein subjectives Recht, das sich als ein concretes Vermögensstück mit fest umgrenztem Geldwerthe den wahren Vermögensrechten an die Seite stellen ließe. Da in solchen Verhältnissen der eine auch für den anderen Rechte erwirbt, so läßt sich auch der Erwerb der Letzteren schlechterdings nicht unter den Begriff einer Verjährung durch Rechtsausübung hineinpressen; denn es können hier Rechte auch von solchen Personen, die sie nicht selbst ausgeübt haben, erworben werden.

b) Von der Entstehung gewisser Nutzungsformen innerhalb der deutschen Genossenschaften für die Mitglieder bestimmter Personenklassen und überhaupt die Entstehung von Klassenrechten durch Herkommen gilt dasselbe.

c) Das Erlöschen von dinglichen Vorkaufs- und Obereigenthumsrechten kann unmöglich unter die dreißigjährige Extinctivverjäh-

[1]) Die Setzung fester Fristen ist z. B. von Neller, opuscula Bd. II. p. 102. 114 befürwortet worden. Im Texte ist erwiesen, daß damit die Hauptschwierigkeiten der Lehre durchaus nicht aus der Welt geschafft sind. Unsere neuere Gesetzgebung drängt überhaupt zu einer Anhäufung festbestimmter Präclusionsfristen auf allen Rechtsgebieten, offenbar im Interesse der Rechtssicherheit, doch will es dem Referenten so scheinen, als wenn das Mittel sich nicht durchweg zur Erreichung dieses Zieles eignete. Die Rechtssicherheit besteht nicht blos darin, daß man, falls es zu einem Streite kommt, dessen Entscheidung vorhersehen kann, sondern noch weit mehr darin, daß man sich im Verkehrsleben mit unbefangener Sicherheit bewegen kann, ohne fortwährend in die Fallstricke von Präclusionen zu gerathen. Daß jeder sich durch Gesetzeskenntniß hiergegen schützen solle, ist eine durchaus unbillige Anforderung; denn die Mehrheit der Nichtjuristen kennt solche Zahlenvorschriften nicht und wird sie niemals kennen, und noch weniger kann sie auf Schritt und Tritt Gesetzbücher und Rechtsconsulenten bei sich haben.

rung fallen, weil es nur gelegentlich ausübbar ist.[1]) Das Gleiche gilt von Lasten, welche auch nur in gewissen Fällen in Frage kommen.[2])

d) Das Erlöschen von Rechtstiteln auf periodische Leistungen bei unvordenklicher Nichtzahlung ist keine erlöschende Verjährung durch Nichtausübung, weil die zukünftigen Forderungen, welche wegfallen, vor ihrer Ausübbarkeit ersterben.

e) Die Umwandlung von periodischen Leistungen ihrem Inhalte nach läßt sich nur gezwungen unter den Begriff des Erwerbes oder des Verlustes von Rechten bringen, sie ist eine Verjährungswirkung besonderer Art.[3])

Daß aber alle diese Fälle, in denen mit dem üblichen Verjährungsbegriffe nicht auszukommen ist, unter den Begriff der vetustas fallen, ist ganz selbstverständlich. Die Praxis würde doch wohl schwerlich alle jene unvordenklichen Rechtszustände als schutzlos behandeln dürfen. Dies scheint auch die Meinung von Suarez gewesen zu sein, welcher in einem Athem die Immemorialverjährung für ein Unding und im schroffsten Widerspruche dazu für unentbehrlich erklärt[4]); denn, indem er erklärt: „Wenn Jemand im Besitze einer Sache oder eines Rechtes ist, dergestalt, daß sich gar keine Nachricht findet, daß es jemals anders gewesen ist, so bedarf ein solcher Besitzer nicht erst der Verjährung, um sich bei seinem Rechte zu behaupten," erkennt er an, daß die Immemorialverjährung nur dem Namen nach ab-

---

[1]) Wollte man etwa die 30 Jahre von der einmal versäumten Vorkaufsgelegenheit abrechnen, so würde man zu dem ungereimten Resultate kommen, daß hundert versäumte Vorkaufgelegenheiten, die innerhalb von 30 Jahren liegen, das Recht nicht tilgen können, wohl aber eine einzige, welche vor mehr als dreißig Jahren versäumt worden ist.

[2]) Daher sich die Praxis bei dergleichen Lasten bisweilen zur Ermittelung der Unvordenklichkeit mit der Feststellung eines einzigen Falles begnügt hat; darüber vgl. das Urtel des O.A.G. Celle in Seuffert's Archiv Bd. V. Nr. 55.

[3]) Vgl. z. B. das Urtel des O.A.G. Kiel vom 14. Dezbr. 1859 (Seuffert's Archiv Bd. XIV. Nr. 9). Auch die Steigerung eines Servitutinhaltes, wie sie in der Ausschließung des Mithutsrechtes liegt (Urtel des O.A.G. Cassel, Seuffert's Archiv Bd. I. Nr. 4, 2. Bd. V. 113), ist eine Rechtswirkung besonderer Art, ebenso die Begründung einer besonderen Form für die Vereinigung der Weideservitut mit der Mithut seitens des Eigenthümers (durch die Herstellung einer gemeinsamen Heerde), Urtel des O.A.G. Jena vom 20. Sept. 1844 (Seuffert's Archiv Bd. V. Nr. 251). Die beiden üblichen Kategorien der Acquisitiv- und der Extinctivverjährung reichen also nicht aus, und nur wegen dieser Unzulänglichkeit der üblichen Begriffsformulirung hat die Praxis oft die Verjährungsnatur der vetustas bestritten. Vgl. das Urtel des O.A.G. Celle vom 3. Okt. 1854 (Seuffert's Archiv Bd. IX. Nr. 120.

[4]) Vgl. Koch's Kommentar zu § 656 A.L.R. I, 9.

geschafft, der Sache nach aber beibehalten werden soll. Dies dürfte auf den richtigen Weg hindeuten. Die Immemorialverjährung oder vetustas in ihrer oben angegebenen Bedeutung greift zwar nur Platz, soweit nicht zeitliche Verjährungen vorliegen, ist aber dann ein Institut, das aus anderen allgemeinen Grundsätzen des Rechts von selbst folgt und daher einer besonderen Aufnahme in ein Gesetzbuch, welches es dem Richter überlassen muß, die selbstverständlichen Folgerungen aus den positiven Normen des Gesetzes selbst zu ziehen, nicht bedarf. Die Gesetzesbestimmung, aus welcher die oben entwickelten Grundsätze über vetustas als nur eine von vielen Consequenzen werden gefolgert und in welche sie daher stillschweigend werden eingekleidet werden müssen, wird die Anordnung sein, welche das Gesetzbuch über die Vertheilung der Beweislast treffen muß. Eine nähere Erörterung dieses Punktes ist um so unerläßlicher, als nur aus ihr das eventuelle Votum über die gesetzliche Gestaltung der Immemorialverjährung sich wird entwickeln lassen.

Der Proceß des Mittelalters war ein artikulirter, eine Art processualischen Buchstabirens, die nothwendige Consequenz der Unsicherheit, mit welcher die Juristen des fremden, noch keineswegs geistig recipirten Rechtsstoffes Herren zu werden suchten, und der vom altgermanischen Processe übernommenen formalen Beweistheorie.[1]) In dieser Methode des Umhertappens in den spanischen Schnürstiefeln eines formalistischen Verfahrens wird die Kunst des Substantiirens, dem römischen freien Verfahren, welches uns z. B. die Reden Cicero's auf das Anschaulichste vor Augen stellen, fast unbekannt, nunmehr zur Quintessenz aller juristischen Thätigkeit. Man erholte sich dabei bei der einzelnen Pandektenstelle Rath, nicht beachtend, daß die Responsa der römischen Juristen durchaus nicht den Zweck haben, für die Conception von Parteischriften, welche damals unbekannt waren, Instruktionen zu ertheilen, sondern meistens lediglich auseinandersetzen, auf Grund welcher Thatbestände der Richter abweisen oder verurteilen soll. So hat man z. B. die lex 2. § 8. dig. de aqua et aqua pluv. arc. 39, 3 nnd die l. 28. dig. de probat. 22, 3, welche mit keiner Silbe von einer Vertheilung der Beweislast sprechen[2]), sondern nur sagen, unter welchen

[1]) Wo das objektive Recht nicht codificirt ist, muß entweder die Willkür der Richter herrschen oder wenigstens ein formelles Proceßrecht Schutz gegen dieselbe gewähren.

[2]) Dieser Mangel der richtigen Methode, welche die Rechtsquellen im Lichte ihrer Entstehungszeit auslegt und nur das so ermittelte Gesetz, insoweit es nicht durch spätere Rechtsquellen aufgehoben ist, anwendet, zeigt sich z. B. in den fleißigen Ausführungen Pfeiffer's, Prakt. Ausführungen Bd. II. S. 27 ff. insbes. 39, welcher durchweg unmittelbar aus der Pandektenstelle heraus die Fragen des gemeinrechtlichen Processes entscheiden will. Daß von einem solchen unmöglichen Auslegungs-

Voraussetzungen der Richter aus den beigebrachten Beweisen auf eine unvordenkliche Verjährung schließen darf, nicht aber, wer die Beweismittel beibringen mußte, von alter Zeit her als Belegstellen für die Beweislast dessen, der sich auf eine unvordenkliche Verjährung beruft, angesehen und aus ihnen allerhand formalistische Erfordernisse dieses Beweises, z. B. Alter der Zeugen[1]), Zeugniß über zwei Generationen, einen positiven und einen negativen Theil der Beweisartikel[2]), Dinge, von denen die Stellen, unbefangen betrachtet, kein Wort enthalten, herausgelesen.[3]) Hierdurch hat man einen großen Theil der Schwierigkeiten, welche unsere Materie so unleidlich machen, erst geschaffen. Dies hängt mit einem anderen Mißverständnisse zusammen, dessen letzte Nachwirkungen bis in die heutige

---

standpunkte die citirten Pandektenstellen sich als „die eigentlichen cruces juris consultorum" darstellten (Pfeiffer II. 38), darf nicht verwundern. Vgl. Glück's Pandektenkommentar Theil 21. S. 405 ff.

1) Bald verlangt man 38, bald 40, bald 50, bald 60 Jahre, vgl. Unterholzner, Verjährungslehre Bd. I. S. 527, die Rota Romana erforderte 54 Jahre (Buchka, Der unvordenkliche Besitz S. 31, dagegen das O.A.G. Cassel durch Urtel vom 20. Juni 1846, Seuffert's Archiv III. 116), die sächsische Praxis 38 Jahre 6 Wochen und 3 Tage (Kind, quaestiones forenses t. III. p. 300). Vgl. Ockel (de praescr. immemoriali. 1707. Halae, homines veneranda canitie praediti). Mit der unpassenden Verwendung der lex 28. dig. de probation. 22, 3 hängt auch zusammen, daß Savigny (System IV. S. 534) sich veranlaßt fühlte, das „infinite similiter susum versum" für nicht wörtlich maßgebend zu erklären (dag. das O.A.G. Wolfenbüttel, Seuffert's Archiv XI. 113), während es zu dem Begriffe der Unvordenklichkeit trefflich paßt. Ferner erklärt sich hieraus, daß man wegen der dort erwähnten „omnium opinio" den besonderen Nachweis eines „Gerüchtes" verlangte, da man die Vernehmung aller Menschen unmöglich postuliren konnte, oder, wie Pfeiffer (Prakt. Ausf. Bd. II. S. 48), der sich dagegen erklärt, zu gezwungenen Auslegungen dieser Worte genöthigt war.

2) Seuffert's Archiv Bd. I. Nr. 171 (Celle). Bd. XI. Nr. 12 (Jena). Bd. XIV. Nr. 205 (Lübeck). Vgl. die scholastische Begründung dieser Regel aus dialektischen Theorieen bei Neller, opusc. II. p. 95, III als besonders charakteristisch. Sie ist ein getreues Abbild jener Jurisprudenz, welche Jhering einen „Bastard der Gelehrsamkeit mit dem Rechte" nennt (Geist des römischen Rechts Bd. II. § 38. S. 324).

3) Vgl. Seuffert's Archiv Bd. XI. Nr. 12 (Jena). Bd. XIX. Nr. 121. Bd. XXIII. Nr. 208 (Rostock). Daß die Nothwendigkeit, einen Beweis für zwei Generationen zu führen, nicht aus der lex 2. § 8. dig. de aqua et aqu. pl. 39, 3 und aus der lex 28 dig. de probat. 22, 3 folgt, wie man meist annimmt (vgl. Buchka S. 28), ergiebt sich aus einer unbefangenen Betrachtung dieser Stellen. Aus dem in Grimm's Weisthümern Bd. I. S. 397 mitgetheilten Processe über den Wald von Hägebach wird auf eine Zeit, welche länger denn zweier mann gedächtnusse dauert, Gewicht gelegt; doch wird man hieraus nicht auf ein deutschrechtliches Beweiserforderniß schließen können, zumal bei den Zeugenvernehmungen in diesem Processe (Grimm, Weisthümer I. 400. Buchka, S. 12) von den zwei Generationen nicht besonders die Rede ist.

Doktrin hinein bemerkbar geworden sind. Der Satz, daß der Kläger die intentio beweisen müsse, konnte vor der Auffindung des Gajus nicht recht verstanden werden. Man sah in dieser intentio die Klagebehauptungen des artikulirten Verfahrens, welche thatsächliche Anführungen der Partei enthielten, während im römischen Processe die intentio einen Theil der Formel und wenigstens bei den normalen Klagen, den actiones in jus conceptae[1]), eine Rechtsbehauptung enthielt, z. B. daß Kläger Eigenthümer oder Verklagter eine Summe schuldig sei u. dergl. Jener römische Satz, welcher also dem Kläger die Beweislast seiner Rechtsbehauptung auflegt, besagt weiter nichts, als daß der Kläger diejenigen Thatsachen anführen müsse, aus welchen der Richter jene Rechtsbehauptung folgern kann, welches diese Thatsachen aber sind, darüber sagt er kein Wort. Nun liegt in Ermangelung direkter Quellenbeweise keine Annahme näher, als diejenige, daß der Richter die Frage, wann er irgend eine Thatsache als genügend zum Beweise einer Behauptung ansehen solle, in demjenigen Geiste, welcher der römischen Nation eigen war, beantwortet haben wird, d. h. also nach Gesichtspunkten der Zweckmäßigkeit[2]), nicht aber nach scholastischen abstrakten Regeln. So dürfte es mit den Gesetzen historischer Wahrscheinlichkeit durchaus unvereinbar sein, jene probatio diabolica, welcher man an ihrem Namen und ihren praktischen Konsequenzen die mittelalterliche Herkunft sehr wohl ansieht, alles Ernstes für ein Kind römischen Geistes zu halten, sondern der römische Richter wird wahrscheinlich zum Beweise des Eigenthums diejenigen Thatsachen für genügend gehalten haben, welche auch die heutige Praxis vielfach für genügend hält, nämlich die Thatsache eines ruhigen Besitzes und eines unfreiwilligen Verlustes der Sache. Wenn die herrschende Meinung glaubt, daß er die Entstehung des Rechtes allein für beweiskräftig gehalten habe, um daraus die Existenz des Rechtes zu folgern[3]), so ist diese oft unerschwingliche Anforderung an den Beweis ebenso unpraktisch, wie unlogisch; denn daß aus einem Erwerbe des Rechts vor sehr langer Zeit seine Zuständig-

---

[1]) Bei den actiones in factum conceptae kann der Kläger nicht die Beweislast des vollen Inhaltes der intentio haben zu beweisen brauchen, weil diese unter Umständen auch von der Zahlung sprach (Gajus IV. 47, editio von Krüger und Studemund S. 144) und diese nach l. 12. dig. de probat. 22, 3 dem Verklagten zum Beweise oblag.

[2]) Der Satz Jhering's in seinem Geist des römischen Rechts Bd. II. § 38. S. 322: „Das Recht ist dazu da, daß es sich verwirkliche. Was nicht in Wirklichkeit übergeht, ist ein bloßes Scheinrecht" — enthält auch den eigentlichen Grundgedanken des römischen Beweisrechtes.

[3]) Vgl. Wetzell, System des ordentlichen Civilprocesses § 15. 16. Wach, Vorträge über die Reichscivilproceßordnung S. 157.

keit in der Gegenwart in höherem Grade folge, als aus der Thatsache des ruhigen Besitzes, widerspricht allen Lebenserfahrungen und beruht auf einer Verwechselung der Begriffe „Erwerben" und „Haben". [1]) Wie sollte man in der That es für möglich halten, daß jener diabolische Beweis, gegen den übrigens in einer Schlußwendung der oratio pro Caecina ein Gegenbeweis vorliegt [2]), wirklich in Rom sollte erfordert worden sein, da er doch heutzutage in der Praxis fast undurchführbar ist und damals im Wesentlichen dieselben Gründe für seine Untauglichkeit vorgelegen haben müssen, wie jetzt?

Mit jener Theorie von der Beweisstrenge der Eigenthumsklage hängen die überaus unbilligen Anforderungen zusammen, welche man für die Begründung der Immemorialverjährung machte. Man gewöhnte sich überhaupt daran, alle thatsächlichen Voraussetzungen des objektiven Rechts bei einer jeden rechtlichen Wirkung grundsätzlich dem Kläger aufzulegen, weil man sie für jene intentio oder actio hielt, welche der Kläger beweisen müsse. Dies führte zu einer Ueberspannung der Beweislast nach jeder Richtung hin. [3]) Die wahre und allein stichhaltige Beweistheorie ist diejenige der aequitas, d. h. aber nicht etwa der richterlichen Willkür, sondern einer Vertheilung dieser Last nach gegebenen realen Größen, nämlich den Bedürfnissen des Rechtsschutzes. Dies führt zu dem Grundsatze, daß die Beweislast demjenigen zufällt, welcher sie in den Fällen der in Frage stehenden Art der Regel nach am Besten tragen kann, ohne ein Unrecht zu erleiden. Hiernach können der Partei nur solche thatsächliche Voraussetzungen ihres Antrages zum Beweise obliegen, welche ihr zugemuthet werden können, ohne den Rechtsschutz über-

---

[1]) Der Kläger mußte nachweisen rem suam esse, nicht rem quondam suam factam esse; da zwischen dem Erwerbe und der Gegenwart ein Verlust liegen kann, so ist beides nicht identisch. Wetzell, System des ordentlichen Civilprocesses. Leipzig 1861. § 15. S. 91 meint, die Existenz der Rechte trete nur durch die Thatsachen der Entstehung in die Sinnenwelt hervor. In Wirklichkeit tritt sie aber gar nicht darin hervor, auch durch die Entstehungsthatsachen nicht, sondern kann nur aus solchen concreten Thatbeständen gefolgert werden, mit denen sie erfahrungsmäßig gewöhnlich verbunden zu sein pflegt. Dies ist aber, wie die Beobachtung des Rechtslebens beweist, bei dem gegenwärtigen ruhigen Besitze weit mehr der Fall, als bei einer lange vergangenen Entstehung.

[2]) Oratio pro Caecina cap. 104. Hier wird der geführte Beweis des Besitzes ohne Weiteres als Eigenthumsbeweis bezeichnet. Daß Cicero dies aus Ignoranz gethan habe, ist unglaublich.

[3]) So ist z. B. die Annahme des O.A.G. Jena XIX. 121, daß der eine memoria initii bei der Immemorialverjährung betreffende Gegenbeweis innerhalb zweier Generationen liegen müsse, im Widerspruche mit dem Begriffe der Unvordenklichkeit.

haupt zu gefährden, die anderen müssen präsumirt werden.[1]) — Diesem Grundsatze blieb das römische Recht auch in der Lehre von der Immemorialverjährung treu, es verlangt vom Kläger nur den Nachweis einer längeren Ausübung für einen so großen Zeitraum, als er sie eben erweisen kann[2]), und erwartet von dem Verklagten den verhältnißmäßig leichten Nachweis einer memoria initii.[3]) Hätte sich die Wissenschaft und Praxis mit diesen Sätzen begnügt, so würde die Lehre von dem Beweise der Immemorialverjährung zu den einfachsten des Rechtes gehört haben. Statt dessen aber las man in dem Banne des artikulirten Verfahrens, welches durchaus genau präcisirte Beweissätze verlangte, aus jenen Stellen[4]), welche von der Beweislast dessen, der sich auf die vetustas beruft, überhaupt nicht reden, den Satz heraus, daß der Verjährende „die Unvordenklichkeit" des Besitzes nachweisen müsse, ein Postulat, das unerfüllbar war, das man aber wenigstens insoweit aufrecht erhielt, als man die außerordentlichsten Erschwerungen hinsichtlich des Beweisthemas[5]) und der Beweismittel be-

[1]) Dieser Grundsatz ist freilich nur seitens eines solchen Richters anwendbar, welcher Lebenserfahrungen und einen Blick für das tägliche Leben besitzt. Allein das Gleiche gilt von vielen Fundamentalvorschriften des Rechts, z. B. der Beantwortung der Frage, was culpa ist, was die Parteien bei Verträgen gemeint haben und dergleichen mehr.

[2]) l. 10. pr. dig. si serv. vind. 8, 5 .... sed utilem habet actionem (also erst nach späterem Rechte, das alte Recht gab hier eine Klage aus der durch die lex Scribonia aufgehobenen Servitutersitzung; so mit Recht Schmidt von Ilmenau, Civil. Abhandlungen S. 189), ut ostendat, per annos forte tot usum se non vi non clam non precario possedisse. Die h. Meinung hat, indem sie diese Stelle mit Unrecht auf eine Servitutenersitzung bezieht, große Mühe, sich mit dem forte tot abzufinden (vgl. Savigny § 197. S. 493. Anm. d). Ueber eine irrige Meinung Zimmern's vgl. Windscheid, Pand. § 213. Anm. 8.

[3]) Dies muß man aus l. 2. § 8. dig. de aqua et aqua pluv. 39, 3 folgern, wenn man sie aus der l. 10. pr. dig. cit. 8, 5 erklärt.

[4]) Wenn man in der l. 2. § 8. cit. 39, 3 überhaupt eine Beziehung auf die Beweislast erblicken wollte, so könnte es höchstens eine solche auf diejenige des Gegenbeweispflichtigen sein (arg. verb. „sufficere, si quis sciat factum esse"). Dem Gegner des Präscribenten gebührt die Hauptbeweislast nach der angegebenen Beweistheorie wie nach römischem Rechte. Die deutsche Praxis aber hat von jeher dem Präscribenten eine kaum erträgliche Beweislast aufgebürdet. Sehr bezeichnend ist hier das Urtel des Reichskammergerichts vom Jahre 1550 in Sachen Knobloch contra Hagenow (Mynsinger, singularium observationium imper. Camerae centur. VI. Witebergae. centuria I. obs. 30), in welcher von den Zeugen schließlich eine streng genommen unmögliche Aussage darüber, quod nunquam observatum contrarium, verlangt, dafür aber jeder Gegenbeweis ausgeschlossen wird.

[5]) vgl. Neller, opuscula vol. 2. pag. 96. Pfeiffer, Prakt. Ausführungen Bd. II. S. 27. Buchka, Der unvordenkliche Besitz S. 26 ff. Man verlangte abwechselnd Fristen von 40, 50, 60, 80, 90, 100, eine durissima opinio (Neller) mehr

hauptete. Da dies ohne gesetzlichen Anhalt geschah[1]), so konnte die Wissenschaft in ihrem Streite über diese selbstgeschaffenen Postulate natürlich niemals zur Ruhe kommen.

Es ist nun freilich zweifelhaft, in welcher Weise das Reichsgesetzbuch den obersten Grundsatz für die Vertheilung der Beweislast regeln wird. Allein, mag immerhin diese Regelung nach einer der üblichen Formeln der Theorie[2]) geschehen, sicherlich wird der unbewußte Instinkt der Praxis in dem Bestreben, die allgemeine Norm in concrete Entscheidungen umzusetzen, die Vertheilung der Beweislast in der Hauptsache doch nur in dem oben angegebenen, allein durchführbaren Sinne handhaben können, d. h. als Mittel zur Ermöglichung eines der Wahrheit der Dinge möglichst ent-

---

als 100 Jahr. Selbst eine 120jährige Zeit ist verlangt worden. Sehr verbreitet ist die Ansicht, daß der Beweis zwei Generationen umfassen müsse; vgl. Dabelow, Ueber die Verjährung Th. II. S. 97. Buchka S. 28. Seuffert's Archiv Band XXVIII. Nr. 209.

1) Daß der strenge Beweis, welcher gegenwärtig bei der Immemorialverjährung verlangt, nicht römischen Rechtens ist, ist schon mehrfach hervorgehoben worden, z. B. von Schmidt von Ilmenau, Civilist. Abhandl. S. 173—183, und den Urteilen des O.A.G. von Dresden in Seuffert's Archiv Bd. I. Nr. 68 und Bd. II. Nr. 262, nur hätte dies nicht dahin formulirt werden sollen, daß vetustas und Immemorialverjährung zweierlei sind, sondern dahin, daß das römische Institut der vetustas in einem wesentlichen Punkte unter einem Einflusse formalistischer Beweisgrundsätze in seiner praktischen Brauchbarkeit erschwert und controvers geworden ist. Vgl. auch das Urteil des Spruchcollegiums von Erlangen in Seuffert's Archiv Bd. V. Nr. 250.

2) Nimmt man z. B. mit Windscheid, Pandekten Bd. I. § 133 an, daß jeder nur diejenigen Thatsachen beweisen muß, die „an sich" geeignet sind, sein Recht zu begründen, oder mit Wetzell, System des ordentlichen Civilprocesses § 15. 16, diejenigen, welche die causa efficiens (nicht die bloße conditio sine qua non) des Rechtes sind, immer bleibt die wichtigste Frage diejenige nach dem Merkmale, an welchem man jene Classe der zu beweisenden Thatsachen im einzelnen Falle wird erkennen und von den anderen Voraussetzungen des streitigen Rechtes (den sog. conditiones sine qua non u. dergl.) sondern können. Dieses Merkmal wird nun aber aus keinem anderen Gesichtspunkte zu finden sein, als aus der Frage nach den Bedürfnissen des Rechtsschutzes. Hierbei werden freilich „sich durchkreuzende Gesichtspunkte und Interessen reine Resultate hindern" (so mit Recht Wach, Vorträge S. 156). — Uebrigens sind auch die soeben erschienenen höchst beachtenswerthen Ausführungen von Lammasch („Handlung und Erfolg" in der Zeitschrift für Civilrecht und Proceß, herausgeg. von Grünhut Bd. IX. Heft 2. S. 249 ff.) zu vergleichen, in denen erwiesen wird, daß man die Antecedentien eines jeden Erfolges (also auch der Entstehung eines Anspruches) allerdings in eigentliche Ursachen und bloße conditiones sine qua non eintheilen darf und soll, daß aber diese Eintheilung je nach dem Standpunkte, welchen man wählt, anders ausfällt. Die Hauptfrage wird also für den Richter, der jene Eintheilung vornehmen will, immer die Frage nach dem zu wählenden Standpunkte sein, und diese wird sich nur aus dem allgemeinen Bedürfnisse des sachgemäßen Rechtsschutzes empirisch finden lassen.

sprechenden Rechtsschutzes. Hierbei ist es nun aber natürlich, daß jede durch eine unvordenkliche Zeit sanctionirte Rechtswirkung unbedingte Anerkennung finden muß. Das Gegentheil hieße demjenigen, der anscheinend im Unrechte ist, im Zweifel zum Siege zu verhelfen. Eben darum bedarf das Institut keiner Formulirung. Würde man aber diesen Gedanken gesetzgeberisch fixiren, so wäre zu befürchten, daß Commentatoren die bisherigen gemeinrechtlichen Irrlehren wieder in das neue Reichsrecht hinüberretten könnten, und es ist wünschenswerth, ihnen jede Handhabe hierzu zu entziehen und namentlich den Namen der unvordenklichen Verjährung zu vermeiden, der nichts zur Sache thut, aber zu unnöthigen Controversen Veranlassung gegeben hat. Sollten die vorstehenden Ausführungen über die Ueberflüssigkeit der Ewähnung des Instituts nicht überzeugend erscheinen, so würde der Referent eventuell folgende Gesetzesparagraphen, welche an die oben erwähnte Ausschließung der Privilegienersitzung anzuschließen sein würden, zur Annahme empfehlen:

1) Die Entstehung, Aenderung oder Aufhebung von anderen Rechten [1]) kann durch einen unvordenklichen Zustand geschehen, welcher ihr Bestehen, ihre veränderte Gestalt oder ihr Nichtbestehen wahrscheinlich macht. [2])
2) Unvordenklich im Sinne von Nr. 1 ist ein Zustand, dessen Beginn in keiner Weise mehr erwiesen werden kann.
3) Wer einen unvordenklichen Zustand behauptet, braucht nur zu erweisen, wie lange derselbe besteht. Es liegt in dem Ermessen des Richters, einen Zeitraum, welcher kürzer als dreißig Jahr [3]) ist, zu dem Nachweise einer unvordenklichen Zeit für ungenügend zu erklären.
4) Der unter 3 aufgeführte Beweis wird entkräftet, falls der Beginn des angeblich unvordenklichen Zustandes erwiesen wird. Der bloße Nachweis, daß der gegenwärtige Zustand irgend ein Mal angefangen haben müsse, genügt nicht.

Der letzte Absatz bezweckt, eine Streitfrage aus der Welt zu schaffen, welche bisher noch nicht erwähnt worden ist, um nicht die Uebel, an welchem die gemeinrechtliche Doktrin der unvordenklichen Verjährung krankt, zu sehr auf einen Haufen zusammen zu rücken. Sie stammt aus dem schon oben erwähnten cap. I in 6to de praescriptionibus II, 13 (Boni-

---

1) Im Gegensatze zu den vorher erwähnten Privilegien.

2) Nämlich nach den im wirklichen Rechtsleben für solche Rechtszustände gewöhnlichen Erscheinungsformen.

3) Diese dreißig Jahre sollen eine unschädliche Concession an das übliche Streben nach festen Fristen enthalten.

facius VIII). Dort ist, offenbar in Folge eines Redaktionsversehens als Kennzeichen der Unvordenklichkeit der Mangel einer memoria contrarii aufgeführt, während in den älteren oben citirten Quellenstellen die memoria initii erwähnt ist.[1]) Daß Beides nicht dasselbe ist, liegt auf der Hand. Sobald die Anfangsthatsache eines Zustandes von dem Strome der Vergessenheit überspült ist, so fehlt die memoria initii. Damit ist nicht gesagt, ob nicht vielleicht jenseits jenes Stromes, gewisser Maßen vom andern Ufer her, ein Denkmal aus der Vergangenheit hervorragt, welches beweist, daß der gegenwärtige Zustand einstmals noch nicht bestand. So zahlt z. B. eine Stiftung seit 1494 einer Stadt eine Rente nach der noch vorhandenen Urkunde eines Rentenkaufes, der Inhalt jener Leistungen hat sich seit mehr als 100 Jahren geändert, wann zum ersten Male, weiß man nicht mehr. Die neuerdings üblich gewordenen Leistungen ragen also ihrem Anfange nach in den Nebel der Vergessenheit hinein, aber jenseits desselben ersieht man aus der Begründungsurkunde ein contrarium. Hier ist mit Recht eine unvordenkliche Zeit angenommen worden.[2])

Hätte die Jurisprudenz die Vorschrift des Bonifazius beim Worte nehmen wollen, so würde das Institut der unvordenklichen Verjährung mit einem Schlage aus der Welt geschafft worden sein; denn es giebt keinen Zustand, von welchem man nicht von vornherein die Gewißheit hätte, daß er irgend ein Mal anders gewesen sei.[3]) Diese Consequenz aus den Worten des Bonifazius zu ziehen, würde sicherlich mit den Intentionen des Pabstes nicht harmonirt haben und so befand sich denn die Jurisprudenz der unerquicklichen Aufgabe gegenüber, jene Vorschrift nicht gänzlich unbeachtet zu lassen und doch nicht gänzlich anzuwenden, für die Lust am Unterscheiden und Combiniren ein reiches Feld der Thätigkeit, und mit ihr schwankte die Praxis hin und her.[4]) Sollte das Deutsche

---

1) So z. B. noch in c. 26 X de verb. sign. V, 40.

2) Nach dem bei Seuffert IX, 120 (O.A.G. Celle) mitgetheilten Thatbestande scheint es übrigens, als sei in dem vorliegenden Falle der Anfang der veränderten Zahlung bekannt gewesen, dann lag freilich eine Unvordenklichkeit nicht vor. Ein ganz ähnlicher Proceß betreffend eine Abgabe der Stadt Cassel an die Universität Marburg ist von dem O.A.G. Cassel (Seuffert's Archiv Bd. II Nr. 15) im entgegengesetzten Sinne entschieden worden. Die Zurückweisung eines alten Titels, der jenseits einer zu Vergessenheit gerathenen Periode liegt, findet sich auch in dem Urteile des Ob. Trib. von Berlin v. 17. Nov. 65 (Seuffert's Archiv Bd. XXII Nr. 13.)

3) Neller, opuscusa II. p. 101. „Nulla res praeter Deum est ab aeterno". Es besteht in der That kein einziges subjektives Recht, von dem wir nicht mit ziemlicher Bestimmtheit wüßten, daß es vor viertausend Jahren noch nicht bestand.

4) Das Erforderniß einer bloßen memoria initii dürfte herrschende Meinung sein. Vgl. z. B. im Urtel des O.A.G. Jena in Seuffert's Archiv Bd. IX Nr. 121,

Reichsgesetzbuch also das Institut regeln, so müßte in ihm dieser Redaktionsfehler der päpstlichen Gesetzgebung ausgeglichen werden.

Die zur Aufnahme in das Reichsgesetzbuch vorgeschlagenen Bestimmungen würden auch vollkommen genügen, um alle diejenigen Schwierigkeiten des Institutes wegzuschaffen, welche aus der besonderen Beschaffenheit der Rechtsquellen herrühren und einer Beseitigung bedürfen. Durch die Einschränkung des Institutes auf die in den Vorschriften des objektiven Rechts anerkannten subjektiven Rechts wird die Frage nach dem Gegenstande des Instituts erledigt, die Frage nach den Wirkungen ist in der vorgeschlagenen Gesetzesfassung direkt beantwortet, das Beweis- und das Gegenbeweisthema genau fixirt, aus dem gänzlichen Schweigen über die Beweismittel folgt die Zulässigkeit aller Arten. Diese ist von alter Zeit her ohne Grund angezweifelt worden, weil man das Wort memoria falsch übersetzte und darunter eine im Kopfe eines lebendigen Menschen befindliche Vorstellung verstand,[1]) während es jedes Erinnerungsbild eines vergangenen Ereignisses, auch das in einer Urkunde niedergelegte, mitumfaßt. Daß Eideszuschiebungen[2]) natürlich nur in demjenigen Umfange zulässig

---

und XI Nr. 12 und des Obertribunals in Berlin in Seuffert's Archiv Bd. XXII Nr. 13. Unterholzner, Verjährungslehre, Bd. I S. 529 und schon Neller, opusc. II. p. 105. Andere, z. B. Pfeiffer, prakt. Ausf. II 27, begnügen sich mit dem Beweise der memoria contrarii. Manche lassen in dem Bestreben nach einem möglichst greifbaren Gegenbeweisthema nur die „Unrechtmäßigkeit der Entstehung des Zustandes" (vgl. Buchka S. 23) als Gegenbeweis zu, aber damit auch den Begriff der Unvordenklichkeit fallen. Ueberhaupt ist nicht zu übersehen, daß mit der Zurückweisung des Beweiserfordernisses einer memoria contrarii nicht solche Nachweise des Gegentheils gemeint sind, aus denen in Verbindung mit dem späteren veränderten Zustande auf eine dazwischen liegende Anfangsthatsache geschlossen wird. Daß diese Thatsache selbst genau bezeugt werde, wird man nicht verlangen dürfen; denn l. 28 dig. de probat. 22, 3 hebt ausdrücklich hervor, daß bei einer zeitlichen Fixirung des Beginnes des streitigen Zustandes mit einer gewissen Latitüde (ἐν πλάτει) zu verfahren ist. Es erscheint hiernach nur eine solche memoria contrarii als unwesentlich, welche hinter dem erwiesenen Beginne des Zustandes sehr weit zurückliegt; wie weit, darüber muß das richterliche Ermessen entscheiden.

[1]) Vgl. Wernher, observ. forenses t. I. obs. 5. § 36, welcher gegen die Zulassung eines Urkundenbeweises für die memoria bemerkt: contradicio in adjecto foret, memoriam temporis extare et tamen neminem meminisse, ferner Seuffert's Archiv I. 290 u. XXIX, 8. Richtiger schon das Weisthum zu Loßburg Grimms Weisthümer I, 395, welches Unvordenklichkeit „laut .der alten brief und bücher" annimmt. Aehnlich Kind quaest forenses t. III. c. 298, Schweppe, das röm. Privatrecht, 4. Aufl. S. 340. Vgl. Buchka S. 31. Pfeiffer, prakt. Ausf. II. § 14 S. 55 S. 76 ff.

[2]) Vgl. Pfeiffer II, § 15 S. 59 ff. Vgl. Seuffert's Archiv Bd. IX. Nr. 121. Durch die vorgeschlagene Vereinfachung der Beweisthemata kommt auch der Eid, „daß

sind, in welchem die Civilprozeßordnung sie überhaupt gestattet, bedarf keiner Hervorhebung.

Die weiteren Controversen, welche noch in dieser Lehre bestehen, sind in der That nicht werth, an sie Gesetzesworte zu verschwenden.[1]) Daß die Zeit, welche hinter einer thatsächlichen Unterbrechung des Verjährungsbesitzes liegt, nicht bei der Berechnung des unvordenklichen Zustandes in Betracht kommen kann,[2]) folgt aus dem Begriffe des letzteren ebenso, wie, daß dann der Nachweis des unvordenklichen Zustandes für die Zeit vor der Unterbrechung unbenommen bleiben muß. Auch das braucht nicht hervorgehoben zu werden, daß jeder, der durch einen unvordenklichen Besitz etwas erworben hat,[3]) es durch Gewaltakte eines andern nicht verlieren kann, daß es also unmöglich, wie Manche meinten, darauf ankommen kann, daß der Verjährende noch zur Zeit des Prozesses im Besitze sein müsse.

Endlich würde aus den vorgeschlagenen gesetzlichen Voraussetzungen unserer Verjährung folgen, daß, wo sie vorliegt, die Person des durch die Verjährung Benachtheiligten nicht mehr festgestellt werden kann, weil der Anfang des Verjährungszustandes es durch seine Ungewißheit unklar macht, auf wessen Kosten er begonnen hat, namentlich ob nicht, was

---

dies Recht seit länger als Menschengedenken ausgeübt sei", (vgl. Urtel des Oberappellationsgerichts in Wolfenbüttel vom 28. November 1871 in Seuffert's Archiv Bd. XXVI Nr. 106) welchen schwerlich jemand mit gutem Gewissen leisten kann, in Wegfall. Besser formulirt die ältere Praxis vgl. Pufendorfi observationes juris universi tom. II. Hannoverae 1748: secundum suam scientiam et opinionem non esse ab immemoriali tempore praescriptum.

1) Die Fragen, ob bona fides, ununterbrochener Besitz, res habilis u. s. w. bei der unvordenklichen Verjährung Platz greifen können, würden nicht eine so große Rolle gespielt haben, wenn nicht vielfach die Immemorialpräscription irrthümlicher Weise als eine auf zwei Generationen begränzte zeitliche Veränderung aufgefaßt worden wäre, vgl. z. B. das Urtel des O.A.G. Jena in Seuffert's Archiv Bd. XIX, 121. Gegen diese Tendenz richtet sich das Urtel des Oberappellationsgerichtes von Wolfenbüttel vom 28. November 1871, Seuffert's Archiv Bd. XXVI, 106. In dieser Richtung haben die vortrefflichen Auslassungen Savigny's (System IV. S. 481 ff.) besonders aufklärend gewirkt.

2) Vgl. Dabelow, Ueber die Verjährung Bd. II S. 52 und die Urtel des O.A.G. Cassel, welche Pfeiffer, prakt. Ausführungen Band II, S. 17. S. 122—124 und S. 25, S. 129 u. 180 mittheilt. Eine Unterbrechung der Verjährung durch Klageanstellung ist hier nicht möglich. So mit Recht Schirmer zu Unterholzner's Verjährungslehre Bd. I S. 525. Anm. 517.

3) So mit Recht das Urtel des O.A.G. Jena vom 10. Januar 1856 (Seuffert's Archiv Bd. XI Nr. 12) und des Obertribunals zu Berlin vom 4. Februar 1875 (Seuffert's Archiv Bd. XXXI Nr. 12). Etwas abweichend, doch wohl in der Hauptsache übereinstimmend ist das Urtel des obersten Gerichtshofs für Baiern in Seuffert's Archiv Bd. XXXI Nr. 309.

durchaus wahrscheinlich ist, das factum contrarium, das aus einer grauen Vergangenheit hervorragt, in der unbekannten Zeitperiode im Wege Rechtens erloschen und durch den neuen Zustand ersetzt worden ist. Daher kann diese Verjährung keine Ausnahmen wegen Untauglichkeit der Sache, wegen eines allgemeinen Verjährungsverbotes,[1]) wegen einer in integrum restitutio[2]) oder wegen mala fides[3]) erleiden, weil bei ihr Niemand da ist, zu dessen Gunsten sie vernünftiger Weise ausgeschlossen werden kann. Es könnte dies höchstens derjenige sein, der zwar eine memoria contrarii aus grauer Vorzeit, nicht aber einer memoria initii des gegenwärtigen Zustandes nachzuweisen vermöchte. Einen solchen würde man aber nur dann für einen Berechtigten halten, wenn man präsumiren wollte, daß alte Rechte, zwischen deren Entstehung und dem jetzigen Zustande die Sintfluth der Vergessenheit durchgeströmt ist, noch aus antediluvianischen Titeln erweisbar sind, oder daß, um ohne Bilder zu reden, auch dann, wenn zwischen der Entstehung eines Beweistitels und der Gegenwart eine Periode liegt, aus welcher man über die Umwandlung des früheren Zustandes in einen abweichenden gegenwärtigen Nichts weiß, auch jetzt noch der alte Titel als maßgebend gelten muß. Daß der in der Beweislehre viel verbreitete Doktrinarismus, welcher sich über das eigentliche Hauptziel dieser Lehre, die Herstellung einer möglichst dem materiellen Rechte entsprechenden Judikatur, im Unklaren ist, nicht vielleicht auch auf die entgegengesetzte Annahme verfallen könnte, wagt der Verfasser nicht zu behaupten. Ist sie ja doch in gewissem Sinne eine Consequenz der scholastischen Lehre,[4]) daß

---

[1]) Vgl. Seuffer's Archiv Bd. XXVIII Nr. 198.

[2]) So mit Recht Pfeiffer, prakt. Ausf. Bd. II. S. 95 VII. S. 242.

[3]) Unterholzner, Verjährungslehre, Bd. I S. 525 hält in der That den Nachweis eines mala fides mit einer wirklichen Unvordenklichkeit für unvereinbar. A. M. Pfeiffer prakt. Ausf. Bd. II S. 30, doch ohne nähere Begründung. Auch daß ein Besitz, welcher sich als vi clam oder precario existirend darstellt, nicht bei der Feststellung des unvordenklichen Zustandes in Betracht gezogen wird, bedarf keiner besonderen Hervorhebung l. 1 § 23 dig. de aqua et aquae pluv. arc. 39, 3. c. 1. Cod. de servit. 3, 34 l. 10 pr. dig. si serv. vind 8, 5. Das Gleiche gilt von einem Zustande, der sich schon äußerlich nicht als Besitz, sondern als pfand- oder miethweise Detention darstellt. Seuffert's Archiv Bd. XXII. Nr. 14. Pufendorf, (observ. p. 383) meint zwar, ein unvordenklicher miethsweiser Besitz sei nicht möglich, weil aus der causa locationis die memoria initii extat, doch ist dies nicht richtig. Es kann Pachtverhältnisse geben, deren Beginn völlig in Vergessenheit gerathen ist, bei der jedoch die Person des Verpächters und der Zins sich im Gedächtnisse erhalten haben.

[4]) Wie sie z. B. in § 28 der allgemeinen Gerichtsordnung für die preußischen Staaten Th. I Tit. 13 Aufnahme gefunden hat. Diese Lehre ist eine unpassende Uebertragung des physikalischen Gesetzes der Trägheit auf das Verkehrsleben, welches sich in normalem Zustande in steter Bewegung befindet und seine Gestalt wechselt,

etwas, was einmal bestanden habe, für so lange als existent gelte, bis sein Untergang erwiesen sei, selbst wenn die thatsächliche Sachlage das Gegentheil wahrscheinlich macht, eine Lehre, die ebenso völlig beweislos dasteht, wie sie unhaltbar und in der Praxis undurchführbar ist. Sie widerspricht der Beobachtung des wirklichen Lebens und den Zwecken der Rechtssprechung, übt aber dennoch immerhin durch die Macht der Gewohnheit eine nicht zu unterschätzende Gewalt aus. Traut man der Wissenschaft und Praxis nicht zu, ohne gesetzliche Hilfe diese Lehre zu überwinden, dann würde allerdings die Aufnahme des Instituts der unvordenklichen Zeit in das Gesetzbuch eine Nothwendigkeit sein. Denn der Satz „vetustas semper locum legis obtinet“, ist ja nichts als die Umkehrung des Satzes: „Ein Rechtstitel, welcher älter ist als ein seinem Inhalte widerstreitender Zustand, dessen Anfang in Vergessenheit gerathen ist, hat keine Beweiskraft.“ Diese beiden Sätze sind identisch, sie drücken einen und denselben Gedanken, der eine in positiver und der andere in negativer Form aus, und zwar einen Gedanken, der aus den Aufgaben des Richteramtes so nothwendiger Weise folgt, daß er zu allen Zeiten in einer verständigen Praxis Anwendung gefunden haben muß.[1]) Man kann, wie es das

---

und auf welches daher jenes Gesetz nicht paßt. Sie verkennt auch durchaus den Standpunkt, welcher dem Richter gegenüber dem wirklichen Rechtsleben zukommt. Er darf dasselbe nicht von alten Urkunden ausgehend darstellen wollen und Alles für unberechtigt hatten, was sich nicht vom Ei der Leda her beweisen läßt, sondern er muß vielmehr von den gegenwärtigen Zuständen ausgehend den trügerischen Schein derselben durch ein Rückgreifen auf die Vergangenheit eben nur soweit berichtigen, als es mit Sicherheit möglich ist. Es ist dies gewisser Maßen eine Consequenz der philosophischen Idee, daß die Gegenstände menschlicher Beobachtung sich nur von außen nach innen erforschen lassen. Auch die Bemerkung Göschel's, Zerstreute Blätter S. 378, daß die Vermuthung für die Freiheit des Eigenthums, wie sie in § 181 des Allgemeinen Landrechtes f. d. Pr. Staaten I, 7 anerkannt ist, auch dem unvordenklichen Servitutenbesitz gegenüber Platz greife, ist ein Ausfluß der falschen Lehre. Im Uebrigen steht Göschel a. a. O. durchaus auf dem richtigen Standpunkte und erinnert S. 380 sehr treffend daran, daß man selbst bei den altehrwürdigsten Rechten, falls man ihrem Ursprunge gar zu weit nachgeht, schließlich auf illegitime Akte stößt.

[1]) Namentlich bedürfte es der Aufnahme des im Texte normirten Satzes in das Gesetzbuch dann, wenn etwa eine Bestimmung des Inhaltes, daß aus der Entstehung eines Rechtes dessen Bestehen geschlossen werden müsse, festgesetzt werden sollte, was sehr bedauerlich sein würde. — Buchka, der unvordenkliche Besitz S. 13 hat diejenigen Spuren des Institutes, welche er aus altdeutschen Quellen erwiesen hat, mit Recht mit dem germanischen Satze, daß die ältere Gewere die stärkere sei, in Zusammenhang gebracht. Es muß aber nicht blos im alten Deutschen Rechte, sondern überall mit den leitenden Beweisgrundsätzen im engsten Zusammenhange gestanden haben. Vgl. auch Göschel, zerstreute Blätter, aus den Hand- und Hilfsakten eines Juristen. Erster Theil. Erfurt 1832: „Gegen das bessere Recht tritt der Besitz

preußische Landrecht gethan hat, das Institut dem Namen nach vertilgen, man kann sich dann in die Illusion einwiegen, es sei aus der Welt geschafft, der Sache nach wird es in der Form einer vernünftigen Vertheilung der Beweislast ewig fortleben. Darum ist es auch ziemlich ohne Belang, ob das Gesetzbuch das Institut anerkennt oder übergeht, ja sogar, ob es dasselbe verbietet, denn es giebt Dinge, welche sich nicht verbieten lassen, das praktische Bedürfniß treibt sie unter einem andern Namen immer wieder hervor. Nur eine einzige Gefahr ist vorhanden, und das ist diejenige einer casuistischen Regelung. Bedenkt man, was scholastische und sophistische Mißgriffe aus den Quellenstellen des römischen Rechtes gemacht haben, so muß man vor dem Gedanken erschrecken, in welcher Art bei einer eingehenden gesetzlichen Regelung des Institutes die vorhandenen Schwierigkeiten vervielfacht werden könnten. Die ältere Literatur würde hierzu eine reiche Unterstützung darbieten.

Durch das ganze Gebiet der vorstehendeu Ausführungen wurde der Familienrechte nicht gedacht. Daß diese keiner Acquisitiv- und keiner Extinctivverjährung unterliegen, bedarf keines Beweises. Allein auch die Klagebefugnisse des Familienrechtes können nicht verjähren, die Präjudicialklagen sind nicht actiones in dem Sinne des Theodosischen Gesetzes, weil bei ihnen von einem Klageobjekte quod debetur und von der Eigenschaft, zu den „bona“ des Klageberechtigten zu gehören, nicht die Rede sein kann. Die Familienrechte stehen auch in der That vom ethischen Standpunkte aus zu hoch, als daß das legislativ-politische Interesse der allgemeinen Rechtssicherheit stark genug sein könnte, um ihre Vernichtung zu rechtfertigen. [1]) Trotzdem wird die Immemorialverjährung, eben weil sie etwas Unvermeidliches ist, auch hier wirksam sein. Wer z. B. seine Zugehörigkeit zu einer Familie durch einen Stammbaum nachweisen will, dessen letzter Ursprung von Vergessenheit bedeckt ist, der wird sich nicht etwa Gegenbeweise aus grauer Vorzeit gefallen zu lassen brauchen, nach denen eine außerhalb der Familie stehende Person als der Ahnherr seines Geschlechtes erscheint, sofern es nicht gelingt, den

---

als ein bloßes Faktum zurück. Völlig frei und gesichert ist der Besitz daher dann, wenn von einem früheren Besitzstande nichts constirt.“ Vgl. ferner Burkhard civilist. Präsumptionen S. 156: „Alles, was äußerlich ohne Mangel existirt, trägt die Berechtigung seiner Existenz in sich.“

[1]) Darum kannte das römische Recht auch keinen Verlust der libertas durch Verjährung vgl. Cod. tit. VII, 22, de longi temporis praescriptione, quae pro libertate et non adversus libertatem opponitur. Anders das ältere Deutsche Recht, insofern der Grundsatz: „Die Luft macht eigen“ galt. Vgl. aber auch schon c. 20 pr. Cod. de agricolis 11, 47.

Anfang des für ihn sprechenden Zustandes aufzuklären. [1]) Man wird dann annehmen müssen, daß zwischen den beiden Familien in der verdunkelten Zeit eine Verbindung entstanden ist.

Der Verfasser hat bei seinem Gutachten, dem üblichen Verfahren zuwider, vereinzelte Vorschriften über die Immemorialverjährung aus neueren Codificationen absichtlich außer Betracht gelassen, weil nach seiner Meinung eine Gesetzesbestimmung nicht recht verständlich und ohne zwingende Beweiskraft ist, wenn man sie aus dem Rahmen des Systems, dessen einzelne Bestimmungen im Rechtsleben in einander greifen sollen, herausreißt. Da das Verjährungsinstitut aber sowohl mit den Grundlagen des Rechtssystems und den verschiedensten Rechtszweigen als auch mit der Rechtsgeschichte in engster Verbindung steht, so vermochte der Verfasser sich die ihm nothwendig scheinende Beurteilung desselben in seinem Verhältnisse zu dem ganzen Rechtssystem nur für die ihm bekannten Rechtsgebiete des preußischen Landrechtes und des gemeinen Rechtes, welche für die Bildung des Deutschen Reichsrechtes sicherlich eine besondere Beachtung verdienen, zuzutrauen.

---

[1]) So z. B. wenn feststeht, daß die Familien von X und von Y im Jahre 1300 nicht mit einander verwandt waren, ihre Angehörigen aber vom Jahre 1400 ab als gegenseitige Verwandte gelten, ohne daß über die Schicksale der Familien aus dem vierzehnten Jahrhundert etwas Näheres nachweisbar ist.

# XIII.

## Gutachten des Herrn Hof- und Gerichts-Advokat Dr. Arnold Pann zu Wien

über die Frage:

Soll im bürgerlichen allgemeinen Gesetzbuche die unvordenkliche Verjährung als Grund zum Erwerbe beziehungsweise Verluste von Rechten und event. bei welchen Aufnahme finden?

---

Bevor man über die Frage der Entbehrlichkeit oder Unentbehrlichkeit des Rechtsinstitutes der unvordenklichen Zeit sich aussprechen kann, ist es unerläßlich, Begriff und Wesen dieser Rechtsinstitution einer näheren Beleuchtung zu unterziehen, und die Stellung zu präzisiren, welche diese Institution im Systeme des Rechtes einnimmt.

Was versteht man unter unvordenklicher Zeit, wie kann die ohne ein fest bestimmtes Maß gedachte Zeit bei Entstehung oder Beendigung konkreter Rechtsverhältnisse juristisch in Betracht kommen?[1])

---

[1]) So viel die Literatur mit diesem Gegenstande sich beschäftigte, nur wenig befriedigend sind die Definitionen über Begriff und Wesen des Rechtsinstitutes der unvordenklichen Verjährung.

Ulpian gibt den Begriff der vetustas, indem er sagt: „vetus accipietur, quod non est novum" L. 11 D. de tritico vino (XXXIII. 6), und ist wol mit dieser Begriffsbestimmung nicht viel anzufangen.

Die Glossatoren suchten die Bestimmungen des römischen Rechts über die unvordenkliche Zeit meist durch erklärende Umschreibungen klar zu machen. Ausführlicher sind sie nur in der Entwicklung der prozessualen Fragen, insbesondere in der Frage des Beweises.

Wir müssen die Antwort hierauf in den allgemeinsten Umrissen geben, wenn wir den Begriff erschöpfend definiren wollen.

Unter unvordenklicher Zeit ist die ununterbrochene Fortdauer eines gewissen Zustandes seit Menschengedenken mit der Wirkung zu verstehen,

---

Schärfer treten schon die Glossatoren des canonischen Rechtes auf. Sie geben zwar nicht zu, daß die unvordenkliche Zeit dieselbe Kraft habe, wie ein privilegium ab imperatore oder eine dispensatio a papa concessa, wol aber stellen sie selbe ganz der Verjährung gleich. Ungereimt ist es, daß sie Jahrhunderte darüber stritten, ob bona fides zur unvordenklichen Verjährung nothwendig sei oder nicht, nachdem es ja zum Begriffe der Unvordenklichkeit gehört, daß man nicht weiß, wie der Besitz angefangen habe, die vitia possessionis daher nie in Frage kommen können.

Die Commentatoren bringen die Frage noch mehr in Verwirrung und verbreiten gar kein Licht über das Wesen dieser Rechtsmaterie. Auch die Sammlungen der Entscheidungen der Reichsgerichte im 16. und 17. Jahrhundert schaffen nicht viel größere Klarheit über Begriff und Wesen der unvordenklichen Zeit.

Erst der Jurisprudenz des 18. Jahrhunderts war es vorbehalten, etwas mehr die Begriffe auszuschälen. Justus Böhmer, gest. 1759, vertheidigt in seiner Schrift jus ecclesiasticum protestantium lib. II tit. 26 die Ansicht, daß die ganze Kraft der unvordenklichen Zeit in praesumtione liege.

Ebenso Balthasar Wernher, gestorben 1742, in seiner Schrift observationes forenses.

Pufendorf, gestorben 1785, sagt im I. B. seiner Observationes: Illud inter omnes constat, praesc. immemoriales tituli et privilegii vicem habere.

Unter den Juristen des 19. Jahrhunderts eröffnet Thibaut in seiner Schrift: „Besitz und Verjährung" den Reigen der Autoren, welche sich mit dieser Materie beschäftigen. Er findet, daß das Wesen der unvordenklichen Verjährung in einer Vermuthung rechtmäßigen Anfanges bestehe.

Pfeiffer, Praktische Ausführungen aus allen Theilen der Rechtswissenschaft. Hannover 1828. Bd. II Nr. 1 S. 1—147, nennt die Verjährung durch unvordenklichen Besitz die gesetzliche Anerkennung der Zuständigkeit von Rechten, welche seit Menschengedenken ausgeübt wurden.

Unterholzner, Ausführliche Entwicklung der gesammten Verjährungslehre, Leipzig 1828, die hervorragendste Autorität in der Lehre der Verjährung, findet in der unvordenklichen Zeit einen wahren modus acquirendi, eine die gewöhnlichen Verjährungsarten ergänzende Verjährung.

Paul Schelling sagt in seiner gekrönten Preisschrift: „Die Lehre von der unvordenklichen Zeit, München 1835," die unvordenkliche Zeit beruhe auf dem natürlichen Satze, daß Zustände, je älter sie sind, umsomehr Anspruch auf Schutz haben. Abgesehen von anderen Beweisgründen müsse schon der Zeit an und für sich beim Rechte die Kraft beigelegt werden, Beweis eines erworbenen Rechtes zu sein.

Arndts, Beiträge zu verschiedenen Lehren des Civilrechts, Bonn 1837, polemisirt gegen Schelling und Pfeiffer, schließt sich aber doch den Ansichten Schelling's an.

Savigny, System des römischen Rechtes Bd. IV S. 432, nennt die unvordenkliche Zeit ein Surrogat der Ersitzung als Aushilfe für solche Fälle, worin die Ersitzung nicht ausreicht. Die Fälle des Bedürfnisses seien erstens solche, worin die daß dieser Zustand durch den Zeitverlauf allein den Charakter eines rechtlichen erhält und in Folge dessen nicht mehr weiter angefochten werden darf. Nur mit dieser unkritisirbaren Thatsächlichkeit gepaart hat die ungemessene Zeit Einfluß auf die Entstehung und Beendigung konkreter Rechtsverhältnisse.

In Folge des Requisites, daß der betreffende Zustand von hohem Alter sein muß, hat das ganze Rechtsinstitut eine gewisse Mystik erhalten, die sehr wesentlich zur Unklarheit der Vorstellungen über die rechtliche Natur desselben beigetragen hat.

Savigny nennt die unvordenkliche Zeit das Recht zweier Menschenalter, und kann man nicht geistreicher das Wesen dieses Rechtsinstitutes mit einem Schlagworte charakterisiren.

Der in Frage stehende Zustand muß der jetzt lebenden Generation aus eigener Wahrnehmung als ein ununterbrochener bekannt sein; es muß aber auch die Erinnerung der früheren Generation für das Sogewesensein des fraglichen Zustandes mit eintreten; — mit einem Worte, die Erinnerung muß zwei Generationen umspannen, so daß die Zeitgenossen des Beweisführers sagen können, sie haben auch durch Mittheilung ihrer Vorfahren von einer anderen Beschaffenheit dieses Zustandes keine Kunde erhalten.

Nur dann, wenn auf diesem positiven und negativen Wege die ununterbrochene Fortdauer eines gewissen Zustandes durch die Erinnerung zweier Generationen bestätigt wird, nur dann enthält dieser Zustand durch den Ablauf der Zeit rechtliche Sanction, und **wird die diesen Zustand begleitende unvordenkliche Zeit als solche Quelle von Rechten.**[1])

---

Bedingungen der Ersitzung fehlen, und zweitens solche, worauf die Ersitzung überhaupt nicht anwendbar ist. Daß diese Begriffsbestimmung für den durch unvordenkliche Zeit eintretenden Verlust von Rechten, insbesondere für alle Fälle eintretender Befreiungen von einer Last durch unvordenkliche Zeit zu enge ist, liegt auf der Hand.

Buchka, in seiner Preisschrift: Der unvordenkliche Besitz des gemeinen deutschen Civilrechtes, Heidelberg 1841, findet das Wesen der unvordenklichen Zeit in der ursprünglich germanischen Rechtsanschauung, nach welcher der unvordenkliche Besitz die Vermuthung eines rechtmäßigen Erwerbes hervorbringt.

Dr. Alexander Friedländer, in seiner Schrift: Die Lehre von der unvordenklichen Zeit, Marburg 1843, legt der Unvordenklichkeit die Kraft einer lex specialis bei.

Die neueren Civilisten beschäftigen sich nicht sehr eingehend mit der Lehre von der unvordenklichen Verjährung und geben nur kurze Andeutungen über den Stand der Literatur. So insbesondere Windscheid in seinem Lehrbuche des Pandektenrechtes, Düsseldorf 1870, S. 296, und Unger, System des österr. allg. Privatrechtes Bd. II S. 256.

[1]) Savigny a. a. O. sagt: Die Namen, womit dieses Institut bezeichnet zu werden pflegt, sind mannigfaltig: unvordenkliche Zeit, unvordenklicher Besitz, unvordenkliche Verjährung, ebenso immemoriale tempus, possessio oder praescriptio im-

Was die Stellung anbelangt, welche die unvordenkliche Verjährung im Systeme des Rechtes einzunehmen hat, so muß sie dort behandelt werden, wo überhaupt von der Zeit mit ihren Rückwirkungen auf das Recht die Rede ist. Es kann selbstverständlich, wenn überhaupt das Institut beibehalten wird, diese Lehre nur in dem allgemeinen Theile behandelt werden.

Haben wir nun mit diesen Andeutungen Begriff und Wesen der unvordenklichen Zeit und ihre Stellung im Systeme des Rechtes besprochen, so werden wir ein klares Bild von dem materiellen Inhalte dieses Rechtsinstitutes nur dadurch gewinnen, wenn wir

1) historisch den Entwicklungsgang verfolgen, welchen dieses Institut seit ältester Zeit nach den Quellen des gemeinen Rechtes genommen hat; wenn wir ferner
2) statistisch Umschau halten, wie weit dieses Institut in den modernen Culturstaaten heute Bestand hat, und wenn wir endlich
3) dogmatisch prüfen, ob das Institut nach den gegenwärtigen Anschauungen der Wissenschaft für das Rechtsleben eines Volkes Bedürfniß ist, oder nicht.

Erst dann, wenn wir auf diesem Wege den materiellen Inhalt dieses Rechtsinstitutes und die Bedeutung desselben für den modernen Rechtsstaat kennen gelernt haben, erst dann können wir uns mit Beruhigung über die Frage der Entbehrlichkeit oder Unentbehrlichkeit dieser Einrichtung aussprechen, erst dann kann der Stoff als hinlänglich gereift für das Votum des Juristentages bezeichnet werden.

Was nun die geschichtliche Entwicklung dieser Rechtsinstitution auf dem Boden des gemeinen Rechtes anbelangt, so sind die Quellen des römischen Rechtes in diesem Punkte sehr dürftig, und haben wir eigentlich nur drei Stellen, in welchen von einer Unvordenklichkeit im Sinne unseres Themas die Rede ist.[2]) Es ist dies:

1) die L. 3 § 4 D. de aq. quotid. et aestiva 43, 20: Ductus aquae cujus origo memoriam excessit, jure constituti loco habetur; ferner
2) die L. 2 D. de aq. et aq. pluv. ac. act. 39, 3: In summa

---

memorialis. Savigny hält die erstere Bezeichnung für die richtige und stimmen wir mit dieser Ansicht überein, wenn wir auch andere Consequenzen als Savigny daraus zu ziehen genöthigt sind.

2) Unterholzner a. a. O. Von Allen, welche sich mit der Skizzirung des Hauptinhaltes der Quellen beschäftigen, hat Unterholzner am treffendsten den Gegenstand klargestellt, und weichen wir daher mit Absicht möglichst wenig von seinen überaus präcis gefaßten Erörterungen über den Entwicklungsgang des Institutes ab.

tria sunt, per quae inferior locus superiori servit: lex, natura loci, vetustas, quae semper pro lege habetur, minuendarum litium causa etc., und endlich

3) die L. 28 D. de probat. 22, 3: Si arbiter animadvertere debet, an operis facti memoria extet, hoc ei quaerendum est, an aliquis meminerit, id opus factum esse etc.

Diese Stellen sind es aber nicht allein, aus denen wir die römische Ansicht über die Bedeutung der Unvordenklichkeit vollständig aufzufassen im Stande sind, wir müssen zugleich auch ein paar andere Stellen, welche zwar nicht ausdrücklich die Unvordenklichkeit erwähnen, demungeachtet aber darauf bezogen werden müssen, hier berücksichtigen.

Es sind dies folgende zwei Stellen:

a) L. 26 D. de aqua et aquae pluviae arcendae actione 39, 3 und

b) L. 1 § ult. D. de aq. et aq. pluv. arc. act. 39, 3.

Wie ist nun der Ausdruck vetustas nach diesen Stellen des römischen Rechtes zu verstehen? In früherer Zeit verstand man darunter einen alten Zustand, der bei Dienstbarkeitsverhältnissen vorkommt und als solcher Veränderungen in den Rechten der Parteien, welche bei diesen Verhältnissen interessirt sind, hervorbringt. Diese Ansicht verwickelt aber, wie Unterholzner nachweist, in die größten Schwierigkeiten. Ist longum tempus, d. h. eine Zeit von 10 oder 20 Jahren schon hinreichend, um denjenigen zu schützen, der ein Dienstbarkeitsrecht ausübt, wozu noch außerdem die Annahme einer unvordenklichen Verjährung?

Die Lösung dieser Schwierigkeit wurde in verschiedener Weise versucht. Cujacius nimmt an, daß zwar schon durch longum tempus eine quasi servitus, geschützt durch eine actio utilis, begründet werden könne; wenn aber eine vollständige Dienstbarkeitserwerbung stattfinden solle (ut servitus jure constituta habeatur), so sei Unvordenklichkeit des Besitzstandes nothwendig. Dagegen läßt sich einwenden, daß schwerlich Unvordenklichkeit im jus civile begründet gewesen sein dürfte, daher man auch nicht annehmen könne, daß sie strengere Wirkungen gehabt habe, als das longum tempus. Auch würde damit die ganze Bedeutung der Unvordenklichkeit vernichtet, indem die actio utilis keinen geringeren Schutz verlieh, als die directa hätte thun können.

Eine andere schon in der Glosse befindliche Ansicht unterscheidet zwischen servitutes continuae et discontinuae, und läßt es bei den ersten an einer Verjährung durch longum tempus genügen, während bei den letzten Unvordenklichkeit erforderlich sein soll. Diese Behauptung ist falsch, denn die Unvordenklichkeit ist eigentlich nur bei dem ductus aquae erwähnt, und gerade beim Wasserleitungsrechte kommt auch ganz entschieden die Verjährung durch longum tempus vor. [1])

Noch eine andere Meinung unterscheidet zwischen Wasserleitungen aus öffentlichen Flüssen und rein privatrechtlichen Wasserleitungen, und will nur bei Wasserleitungen erster Kategorie unvordenkliche Zeit gelten lassen.

Aber auch diese Unterscheidung läßt sich quellenmäßig nicht begründen.

Endlich meint Unterholzner in seinem Buche über die Verjährung durch fortgesetzten Besitz, daß die Verjährung mit longum tempus sich auf agri non limitati beschränkt haben dürfte, während bei den agri limitati nur Unvordenklichkeit schützte. Später nahm Unterholzner aber diese Ansicht zurück, weil nirgends in den Stellen über vetustas von den agris limitatis Erwähnung geschieht und daher doch diese Ansicht nur als Vermuthung Geltung finden könnte. [2])

Alle diese Versuche, die Schwierigkeiten bei Auslegung dieser Stellen zu lösen, sucht Unterholzner damit zu beseitigen, daß er sagt, die obigen Stellen, insbesondere jene des ductus aquae, seien überhaupt gar nicht auf eigentliche Dienstbarkeitsverhältnisse anwendbar. Es werde nirgends von einer unvordenklichen Ausübung, von einem usus, qui hominum memoriam excedit, sondern allenthalben nur von Anstalten, die sich auf einem Grundstücke seit unvordenklicher Zeit befinden, namentlich von Gräben (fossae) und Dämmen (aggeres) gesprochen, und der ganze Zusammenhang scheine nur folgender zu sein: Die natura loci zwinge den Eigenthümer des tiefer liegenden Grundstückes, den Abfluß des Wassers vom höher liegenden zu dulden. Er darf auch nicht durch künstliche Vorkehrungen den Abfluß ändern, wenn dadurch eine schädliche Rückstauung eintritt. Umgekehrt kann er aber auch gegen alle künstlichen Vorrichtungen zur Ableitung des Wassers von Seite des höher liegenden Grundstückes protestiren, wenn sie ihm schädlich sind, er braucht diese Anstalten nicht

---

[1]) Buchka a. a. O. weist auf den Unterschied zwischen servitutes discontinuae und den deutscheu Reallasten hin und sucht aus der Anwendung des Herkommens auf die Letzteren den deutschrechtlichen Ursprung des Institutes der unvordenklichen Zeit nachzuweisen.

Nachdem das deutsche Recht keine Verjährung kennt, müßte die unvordenkliche Zeit etwas von der Verjährung Verschiedenes sein.

[2]) Friedländer a. a. O. gibt eine höchst interessante Schilderung des Unterschiedes zwischen den agris limitatis und illimitatis, und weist darauf hin, daß die limitatores den einzelnen agris keine leges gaben, sich vielmehr mit der bloßen Absonderung vom Gesammtland begnügten und die Vertheilung der Assignation durch das Loos geschehen ließen.

War dies aber der Fall, dann kann die Ansicht, daß Unvordenklichkeit nur bei den agris limitatis schützte, im Rechte nicht begründet sein.

einmal zu dulden, wenn sie nur auf dem höher liegenden Grundstücke angelegt werden, geschweige denn, daß er Veränderungen zu gestatten hat, welche etwa gar auf seinem tiefer liegenden Grunde vorgenommen werden wollten.

In diese natürlichen Verhältnisse kann aber durch ausdrückliche Festsetzung (lex) eiue Aenderung hineingekommen sein, und kann entweder der Eigenthümer des höher gelegenen Grundstückes berechtigt werden, sein Wasser in einem Abzugsgraben zu sammeln und dieses über den niedrigen Grund fortzuführen, oder es kann der Eigenthümer des tiefer gelegenen Grundes das Recht haben, sich durch einen Damm zu verwahren.

Gleicher Wirkung mit der lex sei nun die vetustas, wenn sie nämlich bis zur Unvordenklichkeit hinaufreicht. Wassergräben und Dämme aus unvordenklicher Zeit müsse man also dulden, auch wenn sie einem nachtheilig sind, oder wenn sie auf dem tiefer liegenden Grundstücke sich befinden. Man könne sich beschweren, wenn sie der Eigenthümer wegschaffen will und dieses dem Nachbargrundstücke nachtheilig zu werden droht.

Auf dieselbe Weise müsse auch für alle übrigen Fälle, bei denen vetustas nach den Quellen eine Rolle spielt, die Lösung der Schwierigkeit versucht werden, und stehe als Grundgedanke der Satz in dem Vordergrunde, daß vetustas die Kraft einer lex an sich trage.

Nicht viel ergiebiger als das römische Recht sind die Quellen des canonischen Rechtes, welche von Unvordenklichkeit sprechen. Da ist vor Allem erstens Cap. 26 X de verb. sig. 5, 40 das Schreiben des Papstes Innocentius III. an den Grafen Raimond von Toulouse zu erwähnen, in welchem der Grundsatz ausgesprochen wird, daß Hoheitsrechte, insbesondere Wegezölle, Nutzungen der Salzquellen und Geleitsgefälle, welche seit unvordenklicher Zeit ausgeübt worden sind, als rechtlich erworben angesehen werden. Damit stimmt überein, daß Papst Clemens IV. bei der Absetzung des Erzbischofs von Trier Heinrich III., dem er im Jahre 1267 die Anlegung widerrechtlicher Zölle zum Vorwurfe macht, zur Rechtfertigung dieses Vorwurfes bemerkt: Nur eine ausdrückliche Verleihung oder unvordenklicher Besitz könne die Erhebung von Zöllen rechtfertigen (Brower, annal. Trier. LXVI. pag. 159). Zweitens ist Cap. 1 de praescr. in VI. 2, 13 zu erwähnen, in welchem die Unvordenklichkeit als Rechtsgrund eines in einem fremden Sprengel ausgeübten kirchlichen Rechtes anerkannt ist, es möge sich um das Zehentrecht oder um ein anderes Recht kirchlicher Gewalt handeln.[1])

---

1) Pfeiffer a. a. O., Cumulirung der Kirchenämter, welche sonst strenge verboten war, und das Hinübergreifen des Inhabers einer Pfründe in die Nutzungs-

Etwas eingehender sprechen sich die einheimischen deutschen Rechtsquellen über das Recht der unvordenklichen Zeit aus.

Hier ist vor Allem die goldene Bulle zu erwähnen, in welcher von der Unvordenklichkeit bei dem dem Königreiche Böhmen ertheilten Privilegium de non avocando et non appellando die Rede ist. Es ist aber aus dem Texte nicht erweislich, daß die Unvordenklichkeit als ein für sich schon entscheidender Rechtsgrund anerkannt und vorausgesetzt wird, sondern es hat die Stylisirung dieses Reichsgesetzes mehr den Zweck vor Augen, das schon bestehende Privilegium aus Billigkeitsgründen seines Alters wegen auch für die Zukunft zu ratifiziren.

Auch in einem Augsburger Reichsabschiede vom Jahre 1548 ist von den Ständen die Rede, welche in den Reichsanschlägen als dem Reiche steuerbar aufgeführt sind und gleichwol nicht dem Reiche steuern, sondern diese Steuern an andere Reichsstände entrichten, welche deswegen die Auszieher heißen, während jene die Ausgezogenen genannt werden. Der Reichstag hatte verfügt, daß der Reichsfiscal die ausgezogenen Stände gerichtlich verfolgen solle, um ihre Reichssteuerpflichtigkeit zur rechtlichen Erörterung zu bringen. Doch soll auch jeder Reichsstand, der eine Klage des Reichsfiscal zu fürchten hat, im Wege des Aufforderungsprozesses auf eine rechtliche Untersuchung antragen können. Wenn nun in diesem Reichsabschiede auch nicht ausdrücklich von Unvordenklichkeit als eines speziellen Rechtsgrundes Erwähnung geschieht, so muß doch der Ausdruck: „je in Menschen Gedenken", der daselbst vorkommt, als eine Verjährung ohne bestimmte Zeitdauer angesehen und damit die unvordenkliche Zeit auf Rechtsverhältnisse dieser Art in Anwendung gebracht werden.

Diese Befreiungen von öffentlichen Lasten (Immunitäten), wenn deren Bestand über Menschen Gedenken hinaus erwiesen werden kann, stehen somit der unvordenklichen Erwerbung von Hoheitsrechten nach cap. 16 X de verb. sign. gesetzlich gleich und kann man also nach deutschem Rechte sagen, daß der unvordenklichen Zeit in Jurisdiktions- und Steuerfragen eine sehr ausgedehnte Wirksamkeit eingeräumt ist.

Auch im westphälischen Friedensschlusse kommt etwas von einer über Menschen Gedenken hinausgehenden Zeit vor. Es ist nämlich die Rede von Reichslanden, welche ein Reichsstand dem anderen vor Menschen Gedenken verpfändet hat. Allerdings dürfte hier nicht von einer Unvordenklichkeit im Sinne des römischen Rechtes die Rede sein; denn wenn ein Reichsland so lange im Pfandbesitz gewesen ist, daß man es gar nicht

---

rechte einer Nachbarpfründe gehörten zu den Hauptfällen, welche nach canonischem Rechte durch Unvordenklichkeit geschützt waren.

mehr anders weiß, so ist auch nicht abzusehen, wie man denn wissen kann, daß der Besitz ein bloßer Pfandbesitz ist.

Es kann also aus dieser letzterwähnten deutschen Rechtsquelle bei näherer Prüfung des Inhaltes nichts für das Vorhandensein der römischen vetustas im deutschen Rechte gefolgert werden. Hier bleibt uns nur die Untersuchung jener Meinung übrig, welche den geschichtlichen Ursprung des Institutes des unvordenklichen Besitzes ganz in das deutsche Recht verlegt wissen will, welche Meinung hauptsächlich von Friedländer[1]) und Buchka[2]) unter Berufung auf die ältesten deutschen Rechtsquellen mit Geist vertreten wird.

Es seien hier die alten deutschen Weisthümer, in welchen die Schöppen zu unzäligen Malen den althergebrachten Besitz als den Grund, warum sie Jemanden ein Recht zuerkennen, hervorzuheben. Dieser Natur der Quellen sei es gemäß, daß in ihnen nirgends ein allgemeiner Grundsatz über die Bedeutung des alten Herkommens aufgestellt ist, sondern nur Anwendungen der den Schöppen über dasselbe vorschwebendem Rechtsansicht vorkommen. Es müsse also ein allgemeines Princip aus diesen Quellen hervorgesucht werden und glaubt Buchka den Satz aufstellen zu können, daß der alte Besitz eines jeden Rechtes als ein rechtmäßiger angesehen wurde. Es müsse diesem Besitze mindestens relative Kraft beigelegt werden, so daß er einem jüngeren Besitzer oder einem gar nicht Berechtigten gegenüber die Präsumtion der Rechtmäßigkeit für sich in Anspruch nehmen könne. Der alte Besitz könne den Schutz des Rechtes fordern, wenn Niemandem ein älterer bekannt, d. h. wenn er unvordenklich wäre. Es würde uns zu weit führen, wenn wir uns in eine detaillirte Erörterung dieser interessanten Lehrmeinung einlassen würden, nur so viel glauben wir doch sagen zu müssen, daß die Argumente für die Vertheidigung dieser Ansicht, insbesondere die Behauptung, daß das kanonische Recht nur die Ideen des deutschen Rechtes adoptirt hat, doch etwas erzwungen sind und daß man die selbstständige Bedeutung des römischen und kanonischen Rechtes für die Entwicklung dieses Rechtsinstitutes nie mit Erfolg wird bekämpfen können.

Und somit hätten wir nebst dem Begriffe und dem Wesen der un-

---

[1]) Friedländer a. a. O. gibt eine gründliche Darstellung des Einflusses der deutschen Rechtsquellen auf die Entwickelung des Rechtes der unvordenklichen Zeit. — Das graue Herkommen sei die Urquelle des deutschen Rechtes und mußte in der begriffsarmen Jugendzeit der Deutschen einem Rechtssatze, welcher ein menschliches Gedächtniß überragendes Alter für sich habe, ein geheiligter Charakter ankleben.

[2]) Buchka a. a. O. sucht die Vertheidigung seiner Ansicht, daß der Urboden des Rechtes der unvordenklichen Zeit im deutschen Rechte liege, mit der Lehre von der Gewere zu führen, und könne nur die ältere Gewere ein stärkeres Recht schaffen.

vordenklichen Verjährung einen historischen Ueberblick über die Gegenstände, auf welche sich das Recht der unvordenklichen Zeit bezieht, nach gemeinem Rechte gewonnen und könnten nun, wenn wir nicht tiefer in die Materie eindringen wollten, jetzt schon an die statistische Darstellung des status quo dieses Rechtsinstitutes schreiten. Wir halten jedoch dafür, daß man ein klares Urtheil über die geschichtliche Entwicklung dieses Rechtsinstitutes nur dadurch gewinnen kann, wenn man die Wandlungen verfolgt, welche diese Lehre im Laufe der Zeit durchgemacht hat. Zu diesem Einblicke kann man nur dadurch gelangen, daß man die Kämpfe passiren läßt, welche diese Lehre seit jeher in der Litteratur hervorgerufen hat und die um so erbitterter waren, je unklarer die Vorstellungen über das Wesen der unvordenklichen Zeit waren.

Zwei Haupt-Controversen sind es, welche in der ausgebreiteten, diesen Gegenstand berührenden Litteratur des gemeinen Rechtes von Alters her die Geister in Bewegung hielten:

1) Die Frage, ob die unvordenkliche Zeit als praescriptio indefinita eine Verjährungsart des Rechtes ist, oder ob die unvordenkliche Zeit lediglich als Vermuthungsgrund für das Vorhandensein einer unbekannten justa causa rechtlich in Geltung tritt, und

2) Die Frage, auf welchem Gebiete des Rechtes die unvordenkliche Zeit ihre Herrschaft ausübe, ob nur Verhältnisse des öffentlichen oder auch Verhältnisse des Privatrechtes von derselben tangirt werden.

In beiden Streitfragen stehen sich die Meinungen schroff gegenüber, und wollen wir also beide Controversen hier des Näheren erörtern.

Ist die unvordenkliche Zeit eine species der Verjährung und damit ein selbstständiger Rechtstitel, oder besteht die Wirkung der unvordenklichen Zeit darin, daß ein Titel vermuthet wird und also die unvordenkliche Zeit nur ein Beweismittel für das Vorhandensein einer justa causa bildet?

Die erstere Theorie wird Präscriptions- die letzte Präsumtionstheorie genannt, und haben beide Meinungen geistvolle Vertretung gefunden.

Um die erstere Meinung in ihren wesentlichen Argumenten prüfen zu können, müssen wir auf den Begriff der Verjährung etwas näher eingehen. Nach natürlichen Rechtsgrundsätzen kann der Zeit kein Einfluß auf den Erwerb oder Verlust von Rechten eingeräumt werden, denn wenn auch bei dem Erlöschen eines Rechtes durch Nichtgebrauch desselben der Mangel eines Interesses auf Seite des Berechtigten supponirt und bei dem Erwerbe eines Rechtes durch fortgesetzten Besitz die Zustimmung des Rechtsvorgängers nicht ohne Grund vermuthet werden kann, so wird doch die Zeit nur dann Titel für den Erwerb oder Verlust eines Rechtes, wenn in einem positiven Gesetze diese Rechtswirkung dem Ablaufe der Zeit zuerkannt wird.[1])

Wol zu unterscheiden von der Verjährung eines Rechtes ist die Befristung desselben. Während bei befristeten Rechten das Leben des Rechtes von Anfang an nur auf eine bestimmte Zeit berechnet ist, ist bei zeitlich unbegrenzt konstituirten Rechten das Leben des Rechtes eigentlich ein ewiges, und tritt durch das Verjährungsgesetz nur ein äußeres Ereigniß, der Ablauf einer bestimmten Zeit, an das Recht heran, der den Erwerb oder Verlust dieses Rechtes zur Folge hat.[2])

Die Anhänger der Präscriptions-Theorie finden also in der unvordenklichen Zeit nichts anderes als eine praescriptio indefinita und stellen dieselbe, gestützt auf die ziemlich schwankenden Ausdrücke der Quellen, insbesondere des kanonischen Rechtes, ganz auf dieselbe Linie, wie die zeitlich begrenzte Verjährung. Sie erklären, daß die unvordenkliche Zeit ein selbstständiger, nur in die Gattung der Verjährung fallender Rechtstitel sei, und daß Jener, welcher sich darauf beruft, sein Recht auf demselben Boden verfolgt, wie Jener, der irgend eine praescriptio definita für sich geltend macht.

So sagt obenan Unterholzner,[3]) daß nirgends in den Quellen von einer bloßen Vermuthung der justa causa die Rede sei, sondern es sei das Unvordenkliche dem rechtlich Bestehenden geradezu gleichgestellt. Die l. 3 § 4 D. de aq. quot. et aestiva sagt von einem Wassergraben, der seit unvordenklicher Zeit dagewesen ist: jure constituti loco habetur. Die l. 3 pr. D de aq. et aq. pl. ac. aet. stellt die vetustas in den Wirkungen der lex natura loci gleich, und ebenso wird in der l. 1 § ult. D. ib. gesagt: vetustatem vicem legis tenere. Es habe also die vetustas ganz die Kraft eines selbstständigen Rechtstitels und sei so wie bei der ordentlichen Verjährung die Zeit mit ihren Wirkungen auf das Recht der Entstehungsgrund des Titels.

---

[1]) Unger, a. a. O. stellt die Verjährungslehre auf den richtigen Boden und zeigt aus der Gruppirung des Stoffes im österr. bürgerl. Gesetzbuche, wie viele Mängel sich bezüglich der Verjährung in diese Codificationsarbeit eingeschlichen haben. — Ganz richtig sagt er, daß mit Jenen, welche die Verjährung schon im natürlichen Rechte begründet finden wollen, eigentlich nicht mehr gestritten werden soll.

[2]) Dr. Alexander Grawein führt in seiner trefflichen Arbeit „Verjährung und gesetzliche Befristung" die Unterschiede vor, welche zwischen verjährbaren und befristeten Rechten zu Tage treten und wenn er auch in manchen Punkten, wie neuestens Strohal in Grünhut's Zeitschrift, für das Privat- und öffentliche Recht Bd. X 1. Heft darzuthun bemüht ist, auf falscher Fährte ist, so kann man doch den Fortschritt, welche die Verjährungslehre durch diese Arbeit machte, nicht in Abrede stellen. —

[3]) Unterholzner, a. a. O.

Nehme man an, daß blos die Vermuthung eines rechtmäßigen Titels durch unvordenkliche Zeit begründet werde, so müsse man den Gegenbeweis eines unrechtmäßigen Anfanges des Besitzes auch nach Rechtskraft des Erkenntnisses, das auf Unvordenklichkeit lautet, zulassen, was Niemand zugeben wird, der die Rechtsordnung, welche sich in ihren Kristallisationspunkten doch sicher auf gerichtliche Erkenntnisse stützen muß, nicht in Gefahr bringen will.

Die Gegner dieser Theorie, die Anhänger der Präsumtions-Theorie, verwahren sich gegen den technischen Ausdruck „unvordenkliche Verjährung" oder „praescriptio immemorialis", und sagen, die unvordenkliche Zeit und Verjährung haben zwar den Einfluß der Zeit im Allgemeinen mit einander gemein, aber selbst diesen nur von ganz verschiedenen Seiten; jene nämlich als Beweismittel eines erworbenen, diese als Erwerbungsgrund eines neuen Rechtes.[1])

Wollte man selbst unter Verjährung nur die Veränderungen verstehen, welche mit Rechten vorgehen durch fortgesetzte Ausübung oder Nichtausübung, so würde selbst dieser allgemeine Begriff auf die unvordenkliche Zeit nicht passen, denn es sollen durch sie ja keine Rechte verändert, vielmehr nur früher veränderte Rechte bewiesen werden. Dadurch, daß ein Rechtsverhältniß durch vetustas, quae memoriam hominum excedit, — wie die Quellen sagen — mit der Würde alten Herkommens bekleidet wird, erhält es an und für sich den Character eines rechtmäßig entstandenen und soll für dieses Rechtsverhältniß die Vermuthung eines rechtmäßigen Anfanges durch den Zeitablauf der Meinung der Welt gewissermaßen ohne Prüfung abgerungen werden. Es habe also die vetustas den Zweck, jede Debatte über den rechtmäßigen Erwerbungsgrund des Rechtes von vornherein abzuschneiden, nicht aber selbst einen Rechtstitel zu bilden.

Es könne Nichts rechtserzeugende Kraft haben, was gleichzeitig als Beweismittel für das Vorhandensein eines unbekannten nur vermutheten Rechtstitels zu dienen habe und sei also die Präsumtions-Theorie, welche in der verborgen liegenden justa causa die Urquelle des Rechtes der unvordenklichen Zeit erblickt und weder den von Alters her bestehenden Zustand, noch den Zeitverlauf als Quelle des Rechtes bezeichnet, allein im Gesetze begründet.

Uebrigens werde der Ausdruck vetustas in den römischen Rechtsquellen mit so verschiedenartiger Bedeutung gebraucht, daß man auch vom

---

[1]) Schelling a. a. O.

sprachlichen Standpunkte aus nicht berechtigt sei, zu sagen, es sei hierin eine species der Verjährung enthalten.

Im Gegentheile, gerade dadurch, daß bei Servituten, welche nach einzelnen Stellen des römischen Rechtes durch eine kurze praescriptio von bestimmten Jahren erworben werden können, auch von einer praescriptio immemorialis und zwar bei servitutes discontinuae die Rede ist, gerade dadurch zeigt sich, daß das römische Recht vetustas, quae memoriam excedit, anders behandelt wissen wolle, als die zeitlich begrenzten Verjährungstermine.

Hier muß der Vollständigkeit halber auch der Controverse gedacht werden, welche in der Literatur darüber mit großer Vehemenz geführt wurde, welcher Natur eigentlich die praesumtio sei, die hier als Basis des Rechtes der unvordenklichen Zeit hingestellt wurde.

Ist die praesumtio, welche durch die unvordenkliche Zeit geschaffen wird, eine bloße praesumtio juris oder eine praesumtio juris et de jure?[1]) Beide Ansichten finden ihre Vertreter, und haben wir schon oben angedeutet, daß die Anhänger der Präscriptions-Theorie, so insbesondere Unterholzner — die Zulässigkeit eines Gegenbeweises bestreiten, und aus dieser Ursache der vetustas den Charakter eines rechtlichen Erwerbungsgrundes beilegen. Die Unrichtigkeit dieser Anschauung wird nun sehr scharfsinnig von Schelling besprochen. Er sagt diesfalls in ganz sachgemäßer Würdigung seines Standpunktes, den er über das innere Wesen der unvordenklichen Zeit einnimmt, folgendes:

Ist einmal das Vorhandensein eines gewissen Besitzstandes während unvordenklicher Zeit bewiesen, und hat sich der Richter bestimmt gefunden, auf diesen Beweis der unvordenklichen Zeit hin, ohne daß ein Gegenbeweis versucht worden, oder dem Gegner gelungen wäre, eine Entscheidung zu treffen, so hat das Urtheil die Kraft einer res judicata, aber nicht deshalb, weil kein Gegenbeweis gegen die Vermuthung der unvordenklichen Zeit zulässig ist, sondern deshalb, weil der Beweis der unvordenklichen Zeit eben gelungen ist, und eine bewiesene unvordenkliche Zeit die Vermuthung der justa causa zur Folge hat. Es ist also, da bei der unvordenklichen Zeit nur die Beweisfrage eine Rolle spielt, und nicht der scheinbar unvordenklichen Zeit, welche noch durch

---

[1]) Wernher und Boehmer a. a. O. sind eigentlich die Ersten, welche die Präsumtions-Theorie mit großem Aufwand von Scharfsinn vertheidigen. Ersterer sagt, die Wirkung des unvordenklichen Besitzes sei eine einfache praesumtio juris, zu deren Hervorbringung keine bona fides erforderlich sei; Letzterer sagt, es sei dieselbe eine praesumtio juris et de jure, weil durch jeden Beweis eines vitiosen Anfanges die Unvordenklichkeit eines Besitzes aufgehoben werde. —

das Darthun eines fehlerhaften Anfanges elidirt werden kann, sondern nur der bewiesenen die rechtliche Kraft einer Vermuthung zukommt, der Streit, ob diese Vermuthung eine praesumtio juris oder eine praesumtio juris et de jure, vollkommen unpraktisch und sollte bei richtiger Erkenntniß des Wesens der unvordenklichen Zeit nie aufgeworfen werden.

Der Rechtssatz, welcher der Unvordenklichkeit die Kraft gegeben, Beweis eines erworbenen Rechtes zu sein, beruht auf der natürlichen Vermuthung, daß Niemand ein Recht so lange ungestört würde ausgeübt haben können, wenn er es nicht rechtmäßig erworben hätte. Ob dem Richter Tradition des Eigenthumes oder unvordenkliche Zeit bewiesen sei, das Urtheil schafft ganz gleiche formelle Wahrheit. So wenig man nun bei der Tradition von einer praesumtio juris et de jure reden könne, ebensowenig sei dieser Unterschied bei der unvordenklichen Zeit von Belang, und könne man also diesen Nebenstreit in der Controverse über das Wesen und den rechtlichen Charakter der unvordenklichen Zeit ruhig ad acta legen.

Wir haben es für wichtig gehalten, denselben zu berühren, weil er uns eine Reihe von Einblicken in den Untergrund des Rechtsinstitutes der unvordenklichen Zeit eröffnet und besonders die Frage der Beweisführung in den Fällen, wo unvordenkliche Zeit in Betracht kommt, wesentlich klärt.

Was ist nun bei der unvordenklichen Zeit Gegenstand des Beweises?

1) Ein alter Zustand (vetustas) und
2) die Eigenschaft dieses alten Zustandes, daß sich nicht nachweisen lasse, wann und wie dieser Zustand entstanden ist. [1])

Unter diesen Gesichtspunkten muß nun das thema probandum in den einzelnen Fällen der Unvordenklichkeit konstruirt werden.

In den Stellen des römischen Rechtes, in welchen die Unvordenklichkeit vorkommt, ist die Frage der Beweispflicht nirgends erschöpfend berührt, es muß also aus der Natur und dem Wesen der Unvordenklichkeit das Objekt der Beweisführung festgestellt werden.

Nach den Ansichten der Mehrzal der Juristen, welche sich mit diesem Gegenstande beschäftigten, ist im Sinne des Rechtes dann ein Zustand unvordenklich, wenn er während des letzten Menschenalters wirklich bestanden hat und keine Erfahrung an einem entgegengesetzten Zustand aus dem vorletzten Menschenalter vorhanden ist. [2])

Wie dieser Beweis zu führen ist, das ist quaestio facti und sind alle gerichtsordnungsmäßig zulässigen Beweismittel hiezu tauglich. Am meisten werden hiebei Zeugen in Verwendung kommen, welche ein Doppeltes

---

1) Unterholzner, a. a. O.
2) Buchka, a. a. O.

zu bestätigen haben, 1. daß sie den Zustand selbst nicht anders kennen und 2. daß sie auch von ihren nächsten Vorfahren über die Beschaffenheit dieses Zustandes nichts anderes gehört haben.[1]) Zu diesem Zeugnisse werden Leute verlangt, die mindestens 54 Jahre alt sind, so daß ihre Erinnerung vom Momente der Mündigkeit an mindestens einen Zeitraum von 40 Jahren umspannt. Es ist dies sozusagen communis opinio und finden sich hierfür in einzelnen Territorial-Gesetzgebungen auch positive Anhaltspunkte. Jüngere Zeugen zuzulassen, scheint uns, ungeachtet mächtige Stimmen, wie Unterholzner und Buchka sich dafür aussprechen, nicht sachgemäß.

Die früher gewöhnlich gemachte Forderung, daß die Zeugen auch die Existenz eines allgemeinen Gerüchtes bestätigen sollen, stützt sich nur auf eine irrige Erklärung der in der l. 28 de probatt. enthaltenen Worte: cum omnium haec est opinio, welche richtiger auf die Meinung der abgehörten Zeugen bezogen wird.[2])

Auch eine Versicherung der Vorfahren an die Zeugen, daß ihnen kein entgegengesetzter Zustand bekannt sei, kann nicht verlangt werden, sondern Alles, was bezüglich des negativen Theiles des Beweises begehrt werden kann, ist das, daß die Zeugen nach Inhalt der oben citirten Quellen nec audisse, nec vidisse, cum id opus fuerit, neque ex eis audisse qui vidissent et audissent.[3]) Unterholzner, die Schwierigkeiten des Beweises einer Negative hervorhebend, sagt, es sei unrecht, daß man von demjenigen, der sich auf Unvordenklichkeit beruft, verlangt, er solle über die Unvordenklichkeit überhaupt einen Beweis herstellen. Es müsse genügen, wenn er darthut, daß es von Alters her so gewesen sei, wie er behauptet. Dem Gegner bleibe es überlassen, die dadurch begründete Vermuthung der Unvordenklichkeit durch einen Gegenbeweis zu zerstören.

Wir können uns mit dieser Ansicht nicht einverstanden erklären, sondern glauben, daß auch bezüglich des negativen Theiles des Beweisthemas der Kläger, der sich auf Unvordenklichkeit beruft, die Beweislast zu tragen hat, weil nur dann, wenn der Zustand der Unvordenklichkeit in seiner positiven und negativen Beschaffenheit erwiesen vorliegt, der Beweis als gelungen angesehen werden kann.

Was nun den Gegenbeweis anbelangt, so stoßen wir auf die sehr wichtige Frage, ob man blos zu beweisen braucht, daß es in früherer Zeit einmal anders gewesen sei, oder ob der Anfang nachgewiesen werden muß. Das Erstere erscheint sehr bedenklich; denn alle Fälle, in denen die Un-

---

[1]) Pfeiffer, a. a. O.

[2]) Unterholzner, a. a. O.

[3]) Friedländer, a. a. O.

vordenklichkeit beachtet wird, sind von der Art, daß man ohne allen Beweis schon nach der Natur der Sache überzeugt sein kann, es sei irgend einmal anders gewesen. So z. B. bei einem alten Graben, der sich als Menschenwerk darstellt.[1]) Soll vielleicht dieserwegen, weil eine alte Urkunde sagt, daß dieser Graben einmal nicht vorhanden war, der Zustand aufhören, ein unvordenklicher zu sein? Gewiß nicht. Es muß also der Ursprung desjenigen, was als unvordenklich ausgegeben wird, nachgewiesen werden, wenn der Gegner des Beweisführers mit seinem Gegenbeweise Aussicht haben will, durchzudringen.

Nach diesen Erörterungen drängt sich naturgemäß die Frage auf: Welche Ansicht über die rechtliche Natur der unvordenklichen Zeit ist nun die richtige?

Wir unsererseits schließen uns der Präscriptions-Theorie an, weil wir nur im Einflusse der Zeit, während welcher thatsächlich der fragliche Zustand über Menschengedenken hinaus besteht, die rechtserzeugende Kraft dieser Institution ersehen und weil also bei Verjährung und unvordenklicher Zeit gar kein innerer Unterschied in der Qualität des Rechtstitels besteht. Es wird ganz so wie bei der Verjährung nicht durch die thatsächliche Ausübung oder Nichtausübung eines Rechtes, sondern durch den Ablauf einer von vornherein nicht meßbaren Zeit kraft positiver Anordnung die Veränderung in dem Bestande eines gewissen Rechtsverhältnisses hervorgerufen und beruhen also beide Institutionen auf demselben Grundgedanken.

Die Quellen des gemeinen Rechtes sind dieser Auffassung nicht entgegen, sondern lassen sich ohne Gewaltthätigkeit im Sinne der Präscriptionstheorie interpretiren. Warum sollte man also nicht jener Ansicht huldigen, welche die rationellere ist?

Ohne gesetzliche Norm ist weder die praescriptio definita noch die praescriptio indefinita denkbar, und beruht also in letzter Linie die Rechtskraft der Verjährung und der unvordenklichen Zeit immer nur auf dem Gesetze.

Sieht man aber vom Gesetze ab und forscht man nach dem thatsächlichen Faktor der Rechtsbildung, so können wir nur in der Zeit mit ihren Rückwirkungen auf das Recht die Urquelle dieses Titels erblicken.

Wie **Unger** in seinem Systeme des österr. Privatrechtes Bd. II S. 247 sehr geistvoll bemerkt, erhebt sich in der Verjährungslehre die Zeit zu einer höheren selbstständigen Bedeutung, indem sie eines der Momente wird, von denen die Rechtsveränderung abhängt. Sie tritt bei dem Rechte der unvordenklichen Zeit zu dem Zustande, welcher seit Menschengedenken

---

[1]) **Unterholzner**, a. a. O.

besteht, in eine die faktische Unterlage des Rechtes kompletirende Beziehung und wird selbst Mitfaktor der Rechtserzeugung. In dieser Eigenschaft hat die ungemessene Zeit ganz dieselbe Rechtswirkung, wie die gemessene, und können wir also mit dem besten Willen keinen inneren wesentlichen Unterschied zwischen der gewöhnlichen und Immemorialverjährung erblicken. Wie beim Vertrage und der letztwilligen Anordnung die Thatsache der Willenserklärung im Gesetze mit der Kraft eines Rechtstitels belegt wird, ebenso wird die Zeit, entweder die gemessene oder ungemessene, als wesentliches Attribut einer jeden geschichtlichen Ereignung mit der Kraft einer rechtlichen causa ausgestattet, und kann man also nur der Präscriptionstheorie einen logischen Untergrund zusprechen.

Der Zustand als solcher allein kann nicht die rechtserzeugende Kraft des Titels in sich tragen, weil ja dieser Zustand auch vor Ablauf der zur unvordenklichen Zeit nöthigen beiden Menschenalter immer schon vorhanden war. Das Plus, welches diesen Zustand zu einem rechtlichen macht, ist nur die Thatsache des Zeitverlaufes durch volle zwei Menschenalter hindurch, und müssen wir uns also Jenen anschließen, die keinen inneren Unterschied zwischen Verjährung und unvordenklicher Zeit im Rechte begründet erachten.

Es ist dies auch nie in der Absicht der Rechtsquellen gelegen gewesen, einen prinzipiellen Unterschied zwischen beiden Rechtstiteln zu statuiren, sondern es hat blos die Theorie in ihrem Bestreben, juristische Unterschiede an den Wurzeln dieser, unserer Meinung nach nur einen Baum mit getheilten Aesten bildenden Rechtsinstitution herauszufinden, etwas des Guten zu viel gethan, und sind wiederholt Stimmen aufgetaucht, welche darauf hinwiesen, daß der ganze Streit eigentlich doch ohne wesentlichen praktischen Werth sei.

Aber dennoch schlägt dieser Kampf bis in die neueste Zeit herein seine Schatten und kann bei einem Gutachten, welches über die Lebensfähigkeit dieser Institution urtheilen soll, nicht ignorirt werden. [1])

Hiemit haben wir die erste der beiden Hauptkontroversen in dieser Materie eingehend erörtert und wenden uns nun der zweiten oben erwähnten Streitfrage zu, welche das Geltungsgebiet der unvordenklichen Zeit im Systeme des Rechtes klarzustellen berufen sein soll.

Wir müssen hier das Gebiet des öffentlichen und Privatrechtes scharf auseinander halten und gleichzeitig die Verschlingungen wohl im Auge

---

[1]) Unger a. a. O. stellt sich auch auf den Standpunkt der Präsumtionstheorie, obwohl er der Zeit die Rolle eines thatsächlichen Faktors in der Erzeugung des Rechtes zuweist. — Gibt man diese Wirkung der Zeit zu, so kann man nicht Anhänger der Präsumtionstheorie sein.

halten, welche naturgemäß zwischen diesen beiden Rechtsgebieten im täglichen Leben eintreten.

Dort, wo nur Interessen bürgerlichen Wohles zwischen zwei Privatparteien einander gegenüber stehen, haben wir es mit rein privatrechtlichen Verhältnissen, dort, wo aber Interessen des öffentlichen Wohles den Interessen einzelner Privatpersonen sich entgegen stellen, dort spricht man von dem Vorhandensein publizistischer Verhältnisse, und hat dieser verschiedene gegenständliche Inhalt der in Frage kommenden Rechtsverhältnisse naturgemäß eine ganz verschiedene Behandlung des fraglichen Rechtsstoffes zur Folge.

Wie bekannt, streiten die Juristen von jeher mit Vehemenz über die Frage, wie weit das Gebiet des Privatrechtes und wie weit der Boden des öffentlichen Rechtes reicht, und wird diese Streitfrage dann von besonderer Importanz, wenn es sich um eine Rechtsinstitution handelt, welche nur für das eine oder andere Gebiet von der Theorie okkupirt werden will.

Die unvordenkliche Zeit ist nun eine solche Institution, welche seit jeher als Zankapfel zwischen den Territorien dieser beiden Rechtsgebiete behandelt wurde. [1])

Während die Einen behaupten, die unvordenkliche Zeit habe auf allen Gebieten des öffentlichen und Privatrechtes für jene Fälle, wo die zeitlich

---

[1]) Buchka a. a. O. weist nach, daß früher immer der unvordenklichen Verjährung universelle Bedeutung zugesprochen wurde. Die Rechte, welche gewöhnlich als Objekte unseres Institutes hervorgehoben wurden, sind doppelter Natur, nämlich theils solche, von welchen die Verjährungen des römischen Rechtes ausgeschlossen, und theils solche, auf welche auch diese angewendet werden. In Bezug auf die ersten wird als Hauptsatz an die Spitze gestellt, daß alle Rechte, welche unverjährbar seien, durch unvordenklichen Besitz erworben werden könnten, oder wie sich Andere ausdrücken, daß bei solchen Rechten der unvordenkliche Besitz die Stelle eines rechtmäßigen Titels vertrete. — In Bezug auf die letzten haben insbesondere die älteren Praktiker in ihren Rechtsgutachten die Ansicht ausgesprochen, daß der unvordenkliche Besitz neben der ordentlichen 30jährigen Eigenthumsverjährung als Superplus der Zuständigkeit des Rechtes richterliche Beachtung finden müsse.

Seit dem Anfange des vorigen Jahrhunderts wird es von fast allen Praktikern wie Theoretikern als geltende Rechtsregel hervorgehoben, daß der unvordenkliche Besitz in Bezug auf alle Rechte, welche einem Privatmanne zustehen können, dem Beweise eines rechtmäßigen Erwerbes gleichstehe.

Als Beweis für die allgemeine Verbreitung dieser Ansicht ist auch der Umstand wichtig, daß bei der Untersuchung über die Objekte der Immemorialverjährung gewöhnlich nur die Fragen erörtert werden, inwiefern dieselbe gegen die Fürsten und Prohibitivgesetze statthabe und ob sie auf res merae facultatis anwendbar sei. In dem Bemühen, blos diese Verhältnisse aus der Rechtswirkung der unvordenklichen Zeit auszuscheiden, liegt der beste Beweis, daß die frühere Theorie die unvordenkliche Zeit für alle Verhältnisse sowohl des öffentlichen als Privatrechtes gesetzlich in Geltung stehend betrachtete.

begrenzte Verjährung nicht ausreicht oder überhaupt keine Anwendung findet, rechtliche Geltung, behaupten die Anderen, die unvordenkliche Zeit sei lediglich auf publizistische Rechtsverhältnisse anwendbar und habe nur durch Mißverständnisse in der Auslegung der Quellen des gemeinen Rechtes auch Anwendung auf Verhältnisse des Privatrechtes gefunden.

Als eigentlicher Schöpfer dieser letzteren Meinung tritt Savigny[1]) auf und findet in Friedländer[2]) einen wackeren Streitgenossen bei Verfechtung dieser unstreitig bestechend motivirten Ansicht. Savigny sagt dießfalls, daß es nur drei Rechtsinstitute gibt, worin das römische Recht die unvordenkliche Zeit als Entstehungsgrund rechtlicher Verhältnisse anerkennt: die Gemeindewege, Schutzanstalten gegen Regenwasser und Wasserleitungen, und daß alle diese Verhältnisse einen gewissen öffentlich-rechtlichen Hintergrund haben, weil die Rücksicht für das gemeine Wohl der Ausgangspunkt für die Erlassung der betreffenden Normen war. Das öffentliche Recht erfordere es, daß man jenen Weg, welcher ursprünglich auf Privatboden angelegt und seit Menschengedenken allgemein benützt wird, durch eine der unvordenklichen Zeit Kraft gebende Norm zu einer via publica macht. Das öffentliche Wohl würde tangirt, wenn eigenmächtig der Normalzustand eines Grundstückes verändert wird und dadurch der Ablauf des Regenwassers zum Nachtheile eines Grundstückes verstärkt oder vermindert wird. Das öffentliche Wohl endlich sei sehr mächtig dabei interessirt, wie die Wasserleitungen, welche zum Zwecke allgemeiner Benützung errichtet werden, behördlich verwaltet werden, und sei es also gewiß im Geiste einer jeden das öffentliche Wohl in Schutz nehmenden Gesetzgebung gelegen, die Erwerbungen spezieller Wasserbezugsrechte von Seite der Privaten auf solche öffentliche Wasserleitungen strengeren Bedingungen zu unterwerfen, als die so gearteten Wasserbezugsrechte einzelner Privaten unter einander. So geistreich nun auch diese Ansicht motivirt erscheint, so können wir uns derselben doch nicht anschließen, sondern geben jenen Juristen den Vorzug, welche die Herrschaft des Rechtsinstitutes der unvordenklichen Zeit nach den Quellen auf alle Rechte ausgedehnt wissen wollen, die überhaupt erwerbbar sind, ob sie dem Privat- oder öffentlichen Rechte angehören.

---

[1]) Savigny a. a. O. greift seine Argumente für den publizistischen Charakter des Rechtes der unvordenklichen Zeit weniger aus den deutschen, als vielmehr aus den römischen Rechtsquellen heraus, und zeigt — wie immer — seine Darstellung den genialen Denker und wunderbaren Kenner des klassischen Rechtslebens.

[2]) Friedländer a. a. O. gibt treffende Einblicke in das bunte Getriebe des mittelalterlichen deutschen Staatsrechtes und versucht auch damit seine Ansicht, daß die unvordenkliche Zeit blos auf publicistische Verhältnisse Anwendung finden könne, zu motiviren.

Daß die römischen Quellen über dieses Rechtsinstitut sich nur bei solchen Verhältnissen ausgesprochen haben, die mit einem Fuße auf dem Boden des Privatrechtes und mit dem anderen auf dem Boden des öffentlichen Rechtes stehen, dieser Umstand kann die beschränkte Anwendung des Institutes der unvordenklichen Zeit lediglich nur auf publizistische Verhältnisse nicht rechtfertigen, um so weniger, als eine Beschränkung seiner Anwendbarkeit nirgends in den Quellen ausgesprochen ist und sich ganz gut reine Privatverhältnisse denken lassen, auf welche diese allgemein stilisirten Normen des römischen Rechtes wenigstens per analogiam angewendet werden können.

Ueberhaupt kann man nie sagen, diese Form des Rechtserwerbes findet nur in privatrechtlichen und jene nur in öffentlich rechtlichen Verhältnissen statt, weil nicht die Form eines Rechtserwerbes, sondern der gegenständliche Inhalt des Rechtes, das durch einen bestimmten Titel erworben wird, das Entscheidende bei der Qualification eines Rechtes ist.

So gewiß es ist, daß durch Vertrag, Verjährung 2c. Titel, die doch rein privatrechtlicher Natur sind, nicht blos in bürgerlichen Rechtsverhältnissen, sondern auch in Verhältnissen publizistischer Natur Rechte erworben werden können, ebensogut läßt sich auch das Institut der unvordenklichen Verjährung sowol auf privatrechtliche als öffentlich rechtliche Verhältnisse anwenden und wird in einem Falle der Inhalt des erworbenen Rechtes privatrechtlicher, im anderen Falle öffentlich rechtlicher Natur sein.

Ist der Kampf der Interessen, welcher unter Berufung auf die unvordenkliche Zeit ausgetragen werden soll, so geartet, daß auf beiden Seiten nur das bürgerliche Wohl der gegenüber stehenden Parteien in Frage kommt, dann übt die unvordenkliche Zeit in reinen Privatrechtsverhältnissen ihre Herrschaft aus; ist aber bei diesem Kampfe der Interessen der eine Theil eine persona publica, welche berufen ist, das öffentliche Wohl zu wahren, und handelt es sich dabei wirklich um ein öffentliches Interesse, dann bewirkt die unvordenkliche Zeit in einem publizistischen Verhältnisse den behaupteten Rechtserwerb, ohne daß man deshalb sagen kann, dieses Institut sei nur auf letztere Verhältnisse berechnet und finde in Ersteren gar keine Anwendung. Ubi lex non distinguit, etiam nos distinguere non possumus.

Buchka[1]) sagt bei Besprechung der Ansicht Savigny's, daß die deutsche Rechtsidee über die universelle Kraft des Herkommens gegen die Art und Weise der Begründung Savigny's ihr Haupt erhebt und nie aus Einzelheiten auf den Grundcharakter einer Rechtsinstitution geschlossen werden könne.

---

[1]) Buchka a. a. O.

Savigny legt sich die Stellen des römischen Rechtes über aquae ductus, viae publicae mit etwas zu viel Gewaltthätigkeit in seinem Sinne zurecht und will, um seine Ansicht zu retten, nichts sonst sehen, was privatrechtlich auch noch unter diese Gesetzesstellen fallen kann. Kann nicht durch fossae, aggeres auch zwischen Privaten ein Wasserleitungsrecht konstituirt werden? Liegt z. B. in der Feststellung einer bestimmten Stauhöhe nicht auch ein privatrechtliches Interesse gewahrt? Kurz, es lassen sich nach den Quellen viele Verhältnisse insbesondere des Wasserrechtes denken, welche nur mittelst unvordenklicher Verjährung zu stützen waren.

So gerne wir also sonst Savigny in allen Ansichten Heerfolge leisten, bei dieser Lehre dürfen wir uns von der Autorität Savigny's nicht blenden lassen.

Wenn schon die wichtigeren publizistischen Verhältnisse durch unvordenkliche Verjährung verändert werden können, so müssen die privatrechtlichen schon gewiß unter die Herrschaft der diesfälligen Normen sich beugen und ist also der Schluß a majori ad minus nirgends mehr begründet, als hier.

Die Bestimmungen des kanonischen Rechtes, welche ganz ohne Unterschied von praescriptio immemorialis sprechen, und die doch im Geiste des römischen Rechtes erlassen wurden, bekräftigen unsere Auffassung von der universellen Kraft der unvordenklichen Zeit und hat auch die Praxis der deutschen Gerichte nie eine so beschränkte Anwendung dieses Rechtsinstitutes zu Tage gefördert.

Im Gegentheile, wir finden, wenn wir die Spruchpraxis der deutschen Reichsgerichte durchgehen, das Recht der unvordenklichen Verjährung auch in vielen Privatrechtsverhältnissen als entscheidende Norm anerkannt und verweisen diesfalls nur auf die Anwendung der unvordenklichen Zeit in jenen Entscheidungen, welche in den größtentheils privatrechtlichen Streitigkeiten über Reallasten erflossen sind [1])

Der Grund, warum das kanonische und heimathliche Recht nach der Seite hin drängt, anzunehmen, es habe die unvordenkliche Zeit nur auf Verhältnisse des öffentlichen Rechtes Anwendung, liegt darin, weil diese Normen der Kirchen- und Reichsgesetzgebung das Streben dokumentirten, die immer streitigen Beziehungen zwischen Papstthum und Kaiserthum einerseits, zwischen kaiserlicher Machtsphäre und Territorialhoheit andererseits durch Appell an das Herkommen und die Gewohnheit wenigstens anscheinend mit einem rechtlichen Boden zu versehen, und den Mangel posi-

---

[1]) Pfeiffer a. a. O.

tiver Klarheit in allen Fragen rein staatsrechtlicher Natur auf diesem Wege wenigstens etwas zu bemänteln.[1])

Das Einwurzeln der rechtlichen Gewalt des Herkommens war in Deutschland bei dem Mangel klarer Jurisdiktionen in dem Gebiete der öffentlichen Gewalten um so natürlicher, als die Abneigung der Machthaber, durch allgemeine Gesetze die bestehenden Wirrnisse im öffentlichen Rechte zu beseitigen, aus dem Motive entsprang, dem historischen Rechte überall dort eine Herrschaft zu belassen, wo es aus Mangel an physischer Macht nicht möglich war, das Verhältniß der einzelnen Gewalten zu einander durch positive Gesetze für die Zukunft klarzustellen.[2])

Auf diese Weise kam es, daß das Herkommen und die Gewohnheit zur eigentlichen ratio fast der meisten Rechtsverhältnisse des öffentlichen Rechtes wurde und daß also der innere Lebensnerv der unvordenklichen Zeit, die Achtung vor dem Alter eines Zustandes, hauptsächlich in publizistischen Verhältnissen einer der Faktoren der Rechtsbildung wurde. Damit ist aber nicht ausgeschlossen, daß auch im privatrechtlichen Verkehre die unvordenkliche Zeit ihre Wirkung äußert und daß man dort, wo die bestimmten Verjährungstermine nicht ausreichen, um damit Erwerb oder Verlust von Rechten begründen zu können, genöthigt ist, auf die unvordenkliche Zeit zu greifen und damit den angestrebten Erwerb des Rechtes oder den behaupteten Verlust desselben zu stützen.

Gerade das römische Recht, welches so empfindlich an den unklaren Grenzlinien zwischen öffentlichem und Privatrechte litt, darf man nicht dort anrufen, wenn man solche Systemalfragen zur Erledigung bringen will. Im römischen Rechte wird doch Vieles privatrechtlich behandelt, was eigentlich öffentlich rechtlicher Natur war, und Vieles öffentlich rechtlich aufgefaßt, was eigentlich privatrechtlicher Natur war.[3])

Bei einem solchen Rechtsboden müssen Meinungsverschiedenheiten darüber auftauchen, wie weit gewisse Einrichtungen dem einen oder anderen Gebiete angehören. Das ist unvermeidlich, sie dürfen aber dann nicht mit Befangenheit für das eine oder andere Ressort entschieden werden, beson-

---

1) Friedländer a. a. O.

2) Diesen Gedanken finden wir nirgends in der Literatur vertreten, obwol wir glauben, daß darin die Hauptwurzel der großen Herrschaft des Herkommens auf dem Gebiete des öffentlichen Rechtes zu suchen ist.

3) Wir verweisen diesfalls auf das ganze Statusrecht, auf die Bestimmungen über juristische Personen, auf die Lehre von der actio publica, der actio ex lege Aquilia, ex lege Rhodia de jactu. Wie laufen da die Linien des öffentlichen und Privatrechtes bei den einzelnen Materien in einander, wie wenig Klarheit über die gegenseitigen Ufergrenzen der Gesetze hat sich überhaupt im römischen Rechte herausgebildet.

ders dann nicht, wenn die Entstehung der betreffenden rechtlichen Normen, welche diesfalls in Anwendung kommen, in die verschiedensten Zeiten fällt und auch die verschiedensten Ziele auf Seite der gesetzgebenden Gewalten mit den betreffenden Anordnungen erreicht werden wollten.

Es würde uns zu weit führen, alle Ursachen aufzuzählen, welche es verschuldet haben, daß das Geltungsgebiet des Rechtes der unvordenklichen Zeit so unklare Conturen zeigt. Die Rechtsforschung kann hier nur die Thatsache konstatiren, daß nicht blos öffentlichrechtliche, sondern auch Privatrechtsverhältnisse nach den Quellen von diesem Institute getroffen wurden, und daß also die Behauptung, es sei das Recht der unvordenklichen Verjährung nur auf publizistische Verhältnisse anwendbar, quellenmäßig nicht haltbar erscheint.

Nach dem Gesagten wäre auch diese Hauptkontroverse erledigt und damit der historische Entwicklungsgang des Rechtsinstitutes der unvordenklichen Verjährung in allen seinen Phasen dargestellt.

Wir schreiten nun zu dem statistischen Theile unserer Aufgabe, zur Darstellung des status quo dieser Institution in den einzelnen Culturstaaten Europas.

Was vor Allem Deutschland anbelangt, muß man zwischen jenen Segmenten des Reiches unterscheiden, wo heute das gemeine Recht allein in Wirksamkeit steht, und den übrigen Theilen Deutschlands, welche bereits codificirtes Recht haben.

In der ersten Gruppe gibt es nun Länder, welche über die Reception des römischen Rechtes unter ausdrücklicher Bedachtnahme auf das Recht der unvordenklichen Zeit besondere Territorialgesetze haben und somit nur nach diesen Normen in der Frage des Bestandes dieses Rechtsinstitutes beurtheilt werden können.

Zu diesen gehört vor Allem Baiern, welches in dem Codex civilis bavaricus ex 1753, welcher in Ober- und Niederbaiern, dem größten Theile der Oberpfalz und einigen kleinen Strecken von Mittel- und Oberfranken gilt, einige diesbezügliche positive Rechtsnormen besitzt, welche zeigen, daß diese Theile Baierns das Recht der unvordenklichen Zeit ganz im Sinne und im Anschlusse an das gemeine Recht für sich adoptirt haben, so daß man für Baiern die ausdrückliche Reception dieses Rechtsinstitutes aus dem gemeinen Rechte behaupten kann. Wir verweisen diesfalls auf die Adnotationen von Kreittmayr zum Codex civilis bavaricus ex 1753, welche die sämmtlichen Controversen des gemeinen Rechtes über diesen Gegenstand, soweit sie damals schon im Gange waren, berühren, und mit kurzen Schlagworten geradezu drastisch die obschwebenden Streitfragen beleuchten. Es heißt daselbst, man könne nicht bestreiten, daß diese species praescriptionis sowol in kleineren als größeren Dingen einmal recipirt sei und daß sie sich von allen übrigen Verjährungsgattungen dadurch unterscheidet, daß sie auf keine gewissen Jahre eingeschränkt sei. Insbesondere wird hier gesagt, daß sowol das jus commune als der codex bavaricus bei den Zeugen ein Alter von 54 Jahren fordert, was uns in unserer obigen Meinung über das nothwendige Alter der Zeugen sehr bekräftigt hat.

Ferner gehören hierher die sächsischen Herzogthümer, wo die Leipzig-Altenburg'sche Hofgerichtsordnung vom Jahre 1493 und die Jena'sche Hofgerichtsordnung vom Jahre 1653 das römische Recht ausdrücklich als die Grundlage des Altenburg'schen Privatrechtes anerkannte; allein nur aushilflich, wenn die Landesgesetzgebung über rechtliche Gegenstände keine Anordnung enthält. Nach den Landesgesetzen hat dort das gemeine Sachsenrecht (Sachsenspiegel vom Jahre 1215—1218), dann die Reichsgesetzgebung und sohin das kanonische Recht der Reihenfolge nach in Anwendung zu kommen, so daß das römische Recht in letzter Linie als Entscheidungsquelle berücksichtigt werden kann. Da nun über unvordenkliche Verjährung kein spezielles Altenburg'sches Landesgesetz besteht (siehe Hesse, Handbuch des Herzoglich Altenburg'schen Privatrechtes), so muß für Fragen des Rechtes der unvordenklichen Zeit mit Rücksicht auf die oben erwähnte Reihenfolge, in welcher die Quellen zur Geltung kommen, meistens zunächst das kanonische Recht in diesen Theilen Deutschlands, und zwar vermöge ausdrücklicher Reception als in Geltung stehend betrachtet werden (Roßhirt, Kanonisches Recht S. 809).

Im Gebiete des ehemaligen Königreiches Hannover steht das Recht der unvordenklichen Zeit durch verschiedene partikularrechtliche Statuten ganz im Sinne des gemeinen Rechtes in Wirksamkeit und wird in den nicht selten vorkommenden Rechtsstreitigkeiten über Besitz und Eigenthum der unter besonderen Meierrechten stehenden Landgüter durch Vernehmung von Gedenkmännern von dem Rechte der unvordenklichen Zeit häufig Gebrauch gemacht.

In diesen Segmenten Deutschlands gilt also bei der Frage der unvordenklichen Zeit noch immer das gemeine Recht, und zwar theils mit, theils ohne Anwendung besonderer partikularrechtlicher Normen.

Der größte Theil von Deutschland steht aber bereits unter der Herrschaft kodificirten Rechtes und da ist das Institut der unvordenklichen Zeit nahezu vollständig ausgemerzt. Da haben wir vor Allem Preußen, welches in dieser Frage mit großer Umsicht vorgegangen ist.

Mit seinem allgemeinen Landrechte setzt es außer der gewöhnlichen Verjährung von 10—20 Jahren und der dreißigjährigen ohne Ausweis eines Titels, noch eine ungewöhnliche Verjährung von mehr als 30 Jahren fest, und gibt damit jenen Verhältnissen, welche früher nur im Wege der unvordenklichen Zeit rechtlich gestützt werden konnten, eine zeitlich begrenzte breitere Basis.

Wir finden hier eine 50-, 44- und 40jährige Zeit als Maßstab dieser ungewöhnlichen Verjährung festgesetzt und sind da stufenweise die Rechtsverhältnisse namhaft gemacht, für welche diese längeren Verjährungstermine in Geltung zu treten haben. Beispielsweise seien hier nur die Regalien und Domainen erwähnt, bei denen längere Fristen für die Verjährung gesetzt sind, ebenso die Fälle der Adelsanmaßung 2c.

Interessant für unsere Lehre sind hier die Anordnungen der §§ 641 bis 647. § 641 lautet: „Der vollständige ruhige Besitz einer Sache oder eines Rechtes seit dem Jahre 1740 schützt den Besitzer in allen Fällen gegen die Ansprüche des Fiscus." Damit ist für alle Rechtsverhältnisse publizistischer Natur eine Art unvordenklicher Verjährung dem Fiscus gegenüber festgestellt, obwol man auch hier sagen muß, daß es nichts anderes als eine täglich sich erweiternde, aber immer zeitlich festbegränzte Verjährung ist, auf welche man sich in solchen Fällen beruft.

Es kann also auch hier von keiner praescriptio indefinita die Rede sein.

Uebrigens, auch ein auf den Besitz des Jahres 1740 sich gründendes Recht kann mittelst einer nach diesem Jahre angefangenen Verjährung durch Nichtgebrauch erlöschen, so daß damit das Normaljahr 1740 nur dann Schutz gewährt, wenn das Recht, um welches es sich handelt, immer ausgeübt wurde.

Es hat die Gesetzgebung unter dieser Rubrik gewissermaßen Schritt für Schritt der unvordenklichen Zeit das Territorium ihrer Herrschaft abgegraben und kann man also sagen, daß über das Jahr 1740 hinaus jeder Appell an das Herkommen in Preußen ohne jede rechtliche Wirkung ist.

In Sachsen forderte man früher von demjenigen, der sich auf Unvordenklichkeit berief, daß er eine Besitzzeit von 31 Jahre 6 Wochen und 3 Tage nachweise, weil dieses die gewöhnliche längste Verjährungszeit war. Heute ist jede Berufung auf unvordenkliche Zeit ausgeschlossen, weil das Gesetz dieselbe nicht kennt.

In Baden, Rheinpreußen, Elsaß-Lothringen sind für die Verjährungslehre die Bestimmungen des Code Napoleon Titre XX De la praescription mit geringen Abweichungen recipirt, so daß für diese Länder, nachdem der Code Napoleon keine unvordenkliche Verjährung kennt, das hier in Rede stehende Institut rechtlich ohne jede Bedeutung ist.

Dies über den status quo in Deutschland. Wie steht diese Lehre in den übrigen Culturstaaten Europas?

Wie schon erwähnt, haben die Staaten, deren Privatrechts-Gesetzgebung auf dem Code Napoleon oder diesem nachgebildeten Gesetzbüchern beruht — Frankreich, Belgien, Italien und die meisten Cantone der Schweiz —, kein Recht der unvordenklichen Zeit, weil in diesen Gesetzesbüchern nur bestimmte Verjährungstermine vorkommen. Auch das österreichische Recht kennt das Institut der unvordenklichen Zeit nicht, sondern läßt nur zeitlich begränzte Verjährungstermine zu. Damit, daß die Verjährung, wenn sie die 30- oder 40jährige ist, keinen Ausweis eines Titels verlangt, haben alle diese Gesetze schon bei der gewöhnlichen Verjährung so viele Erleichterungen geschaffen, daß die Beibehaltung der unvordenklichen Zeit entbehrlich erschien.

Was speziell die englische Gesetzgebung anbelangt, so unterscheidet sich dieselbe von den kontinentalen in dieser Lehre dadurch, daß es überhaupt daselbst keinen allgemeinen Verjährungstermin gibt, sondern daß jedes Recht, das überhaupt verjährbar ist, seine bestimmte Verjährungszeit im Gesetze ausdrücklich normirt hat. So gibt es daselbst Rechte, welche in 10—30, 40, ja sogar erst in 60 Jahren verjähren, und auf diese Weise als Ausnahmen von der Regel behandelt werden, daß Rechte überhaupt unverjährbar sind. In wie weit der Erwerb von Rechten durch unvordenklichen Besitz gesetzlich in Schutz genommen ist, darüber finden sich im englischen Rechte keine Spezialbestimmungen und hat in diesem Punkte der Gerichtsgebrauch bei Prüfung des Beweises von jeher sich dahin geneigt, Rechte, welche auf altem Herkommen beruhen, womöglich in ihrem aufrechten Bestande zu erhalten. Insbesondere dadurch, daß der Besitz nach den konservativen Tendenzen des englischen Rechtes mächtig in Schutz genommen wird, hat die vetustas in vielen Prozessen entschiedenen Einfluß auf das Resultat der Rechtsprechung und können wir also die Annahme vertheidigen, daß in England ohne Gesetz in praxi der unvordenklichen Zeit rechtliche Bedeutung nicht abzusprechen ist. Bei einem Staate wie England, welches eigentlich nur von Fall zu Fall sein Recht normirt, können wir uns auch nicht wundern, daß diese Frage eine offene geblieben ist. Aus dem Umstande aber, daß es in England keine allgemeinen Verjährungstermine gibt und aus dem durchgreifend im englischen Rechte ausgesprochenen Grundsatze, daß nur die Klage und nie das Recht verjährt, kann man der Ansicht Raum geben, daß Fälle vorkommen, wo der Richter lediglich darauf hin, daß der Zustand ein alter ist, dem klägerischen Anspruche Folge gibt. In dem Law Lexicon von Wharton, London 1872, sind die Parlamentsakte, welche die Termine für die Verjährung der einzelnen Rechte normiren, tabellarisch aufgeführt, und zeigt diese Zusammenstellung, wie kasuistisch ohne innere systematische Begründung das Recht in England aus dem Boden wächst. Sehr schätzbare Aufklärung über die Verjährungslehre gibt auch Sir William Blackstone in seinem Buche: The Commentaries on the Law of England Bd. II S. 171, London 1876.

Was den status quo der Gesetzgebung in Rußland anbelangt, so muß man zwischen dem Königreiche Polen, den Provinzen Cur-, Esth- und Finnland und dem übrigen Rußland unterscheiden.

Im Königreiche Polen gilt als Civilgesetz der Code Napoleon und findet sich also hier gewiß nichts vor, was wir als unvordenkliche Verjährung bezeichnen können. Auch in den Ostsee-Provinzen, wo der besondere Civil Codex: Civ. Esth. und Curländisches Privatrecht, zusammengestellt auf Befehl des Kaisers Alexander gilt, hat die unvordenkliche Verjährung absolut keinen Boden; im Gegentheile es beträgt daselbst laut Art. 820 die zur Ersitzung erforderliche längste Zeit des Besitzes nur 12 Jahre. Auch im übrigen Rußland, wo die Gesetzsammlung: „Swod Zakonow“ Band X als Quelle des Privatrechtes in Geltung steht, weiß man nichts von dem Rechte der unvordenklichen Zeit, indem diese Gesetzsammlung, welche wohl kein Codex, sondern nur eine Zusammenstellung der verschiedenen im Laufe der Zeit erlassenen gesetzgeberischen Bestimmungen ist, im Art. 565 ganz allgemein sagt, daß die Verjährung in allen Richtungen an 10 Jahre gebunden sei.

Wir können also sagen, daß auch in Rußland keine Spur für die Annahme, es habe das Recht der unvordenklichen Zeit daselbst Geltung, nach den Quellen aufzufinden ist.

Was ist also das Resultat unserer Untersuchung über den status quo der Gesetzgebung in den heutigen Culturstaaten Europa's?

Gewiß kein sehr ermuthigendes dafür, das Institut irgendwo neu einzuführen.

Es ist auch gar kein Bedürfniß hiezu vorhanden, weil die moderne Rechtswissenschaft, wie die kodifizirten Länder zeigen, alle Bedingungen für den Erwerb und Verlust der Rechte so klar normirt, daß der Apell an die unvordenkliche Zeit entbehrlich wird.

Heute herrscht unter den gebildeten Völkern ein bewußtes Rechtsleben, welches solche auf der Trägheit der Materie allein basirte Rechtsinstitute, wie es die unvordenkliche Zeit ist, nicht bedarf. Gegenwärtig weiß die Gesetzgebung, welche Rechte sie prinzipiell von jeder Verjährung und folglich auch von der unvordenklichen ausschließen muß [1]) und bei welchen

[1]) Daß die res extra commercium nie ein Gegenstand der unvordenklichen Ver-

sie die Verjährung nur in längeren Terminen zulassen kann. So findet sich in allen gegenwärtig in Kraft stehenden Gesetzbüchern der Satz ausgesprochen, daß die wesentlichen Majestätsrechte, soweit es sich um die gesetzgebende und vollziehende Gewalt handelt, absolut nicht verjährbar sind. Was die richterliche Gewalt anbelangt, so konnte dieselbe bis zur Aufhebung der Patrimonial-Gerichtsbarkeit durch Ersitzung der grundobrigkeitlichen Rechte Objekt der unvordenklichen Verjährung werden. Heute kann auch die richterliche Gewalt nicht mehr Gegenstand einer Ersitzung oder Verjährung sein.

Was die Steuerhoheit anbelangt, so konnte das Besteuerungsrecht als solches auch nach gemeinem Rechte nie verjähren, sondern höchstens das Recht, eine einzelne Steuer zu verlangen, durch unvordenkliche Verjährung an eine dritte Person übergehen. Aber nicht blos das Recht, bestimmte Steuern in concreto zu fordern, konnte auf eine dritte Person theils durch privilegium imperatoris, theils durch vetustas übertragen werden, auch die Steuer**freiheit** bezüglich einzelner Abgaben konnte durch unvordenkliche Verjährung ersessen werden, unbeschadet des Rechtes des Landesherrn durch neue Steuern diese Steuerfreiheit illusorisch zu machen. Was endlich die niederen Hoheitsrechte, sogenannte Regalien, anbelangt, so

---

jährung sein können, braucht wohl nicht erörtert zu werden. Ebenso ist das Recht, die Theilung einer gemeinschaftlichen Sache zu begehren, die Berichtigung streitiger Grenzen zu verlangen, von jeher als unverjährbar betrachtet worden.

Auch Prohibitivgesetzen gegenüber gibt es keine unvordenkliche Verjährung. Dabei muß nur folgender Unterschied gemacht werden: Wird durch das Prohibitiv-Gesetz ein ganzes Rechtsverhältniß abgeschafft, z. B. das Lehen-Unterthansverhältniß, so kann einem solchen Gesetze gegenüber sich Niemand auf unvordenklichen Besitz berufen. Dasselbe gilt, wenn ganze Classen von Unterthanen von der Erwerbung gewisser Rechte ausgeschlossen wären, wie dies z B. früher bei Juden und Mohamedanern bezüglich der Erwerbung unbeweglicher Güter der Fall war. Wenn aber ein Gesetz nur die neue Erwerbung für die Zukunft an schwierigere Formen knüpft oder auch verbietet, so wird dadurch die Erwerbung durch unvordenklichen Besitz nicht ausgeschlossen; es wird aber supponirt, daß auch diese strengeren Formen beobachtet wurden.

Ob res merae facultatis Gegenstand der unvordenklichen Verjährung sein können, war immer streitig. Wurde doch eine Zeit lang heftig über die Frage gestritten, ob die Pfarrer das Recht, bei Taufen und Hochzeiten eingeladen zu werden, durch unvordenkliche Verjährung ersitzen können. Heute noch wird in Hannover davon erzählt, daß die Pfarrer das Recht, den Brautkranz gegen Entgelt zu liefern, auf Grund alten Herkommens beanspruchten, weil nur sie allein in der Lage seien zu beurtheilen, ob der Kranz der Braut gebühre. **Savigny** ist ein Gegner dieses Rechtserwerbes, weil es sich dabei nur um privatrechtliche Verhältnisse handelt, unvordenkliche Zeit aber auf diese seiner Meinung nach keine Anwendung findet. Aber auch, wenn dieselbe im Privatrechte Geltung hätte, fehle doch bei der unvordenklichen Zeit der juristische Besitz des Bestreitungsrechtes.

waren selbe durchwegs Objekt der unvordenklichen Verjährung und sind heute in den Ländern codificirten Rechtes dadurch günstiger behandelt, daß sie nur in längeren Terminen gewöhnlich in 40—50, in England sogar erst in 60 Jahren verjähren können.

Im öffentlichen Rechte ist also absolut kein Bedürfniß mehr vorhanden, das Recht der unvordenklichen Zeit in Wirksamkeit zu lassen.

Aber auch das Privatrecht kann dasselbe entbehren, wenn man sieht, wie die heutige Gesetzgebung das Entstehen oder Erlöschen der Rechte mit Vorsicht und wissenschaftlich geschulter Aufmerksamkeit auf alle Erscheinungen des Rechtslebens regelt. Es ist auf diesem Gebiete Alles so scharf präzisirt, daß der Appell an das Herkommen bei gerichtlicher Beurtheilung streitiger Rechtsverhältnisse in Zukunft ganz entbehrlich wird und die Rechtsordnung keine Lücke zeigt, wenn das Institut von der Gesetzgebung ganz über Bord geworfen wird.

Im Personenrechte hat die Verjährung überhaupt nie einen Boden gehabt und im Sachenrechte genügen ebenfalls die zeitlich begrenzten Verjährungstermine.

Man kann umsomehr für die Entbehrlichkeit der Institution eintreten, wenn man in Erwägung zieht, daß dieselbe überall dort, wo man das Privatrecht kodifizirte, rechtlich außer Wirksamkeit gesetzt wurde und nirgends Klagen laut geworden sind, daß man ohne dieselben nicht fertig werden könne.

Das Recht braucht im modernen Culturstaate nicht mehr wild zu wachsen, es steht unter der pflegenden Hand der Gesetzgebung, welche zielbewußt und sicher alle Bedingungen des Rechtslebens, es möge sich um den Erwerb oder Verlust von Rechten handeln, zu regeln bestrebt ist.

Wir können ohne Gefahr, einer Leichtfertigkeit beschuldigt zu werden, sagen, daß wir es bei der unvordenklichen Verjährung mit einem Institute zu thun haben, das sich überlebt hat und nur ruinenhaft in die Neuzeit hereinragt.

Ein Bedürfniß für die Einführung desselben in das neue deutsche Civilgesetz ist also nicht vorhanden und beantragen wir daher, daß der Juristentag seine Rechtsüberzeugung im Sinne der Entbehrlichkeit dieses Rechtsinstitutes auszusprechen sich bestimmt finden möge.

Mit der verneinenden Beantwortung der Hauptfrage fällt auch die Nothwendigkeit der Beantwortung der Nebenfrage, für welche Rechte das Institut der unvordenklichen Zeit in Geltung bleiben solle und glauben wir somit, unsere Aufgabe nach Kräften gelöst zu haben.

Es dürften mit der Darstellung der Hauptkontroversen dieser Lehre so viele Seiten der Frage berührt sein, daß sich die eventuelle Discussion des Themas nach allen Richtungen hin ausbreiten und auf bekanntem Terrain bewegen kann.

Wir können aber zum Schlusse eine Bemerkung nicht unterdrücken, daß jene Mitglieder des Juristentages, welche noch tiefer in die Materie eindringen wollen, es sich der Mühe nicht gereuen lassen sollen, die über diese Frage vorliegenden ausgezeichneten Fachschriften eingehender nachzulesen, sie werden in denselben eine Fundgrube des interessantesten juristischen Materiales finden und mit Freude die einzelnen Details dieser geistvollen Gaben sammeln, welche der Scharfsinn unser deutschen Rechtsforschung in dieser Spezialfrage mit gewohnter Gründlichkeit zu Tage förderte.

# Nachtrag

zu dem

## Gutachten des Herrn Professor Dr. Eck zu Berlin

**(Nr. III. S. 41–64)**

über die civilrechtliche Behandlung der Fundsachen.

---

Nachdem das obige Gutachten bereits gedruckt war, hat der Königl. Preußische Minister des Innern noch ein Reglement vom 21. April 1882, „die polizeiliche Behandlung der Fundsachen im Geltungsgebiete des Allg. Landrechts betreffend," erlassen, welches die bestehenden gesetzlichen Vorschriften zweckmäßig ergänzt und ein gleichmäßiges, den oben vorgeschlagenen Bestimmungen meist entsprechendes Verfahren in Fundsachen einführt.

Durch dieses Reglement (§ 1) werden die Polizeibehörden verpflichtet, über die bei ihnen gemachten Fundanzeigen ein Verzeichniß zu führen (s. oben S. 51 a. E.), dem Verlierer oder Eigenthümer auf Nachfrage über die Anzeige Auskunft zu ertheilen und, falls sich zu polizeilichen Nachforschungen ein Anhalt bietet, sich die Ermittelung des Verlierers angelegen sein zu lassen. Ferner haben dieselben nach § 2 ein Verzeichniß der angemeldeten Funde mindestens durch Aushang oder Auslegung im Polizeilokale (s. oben S. 51) durch 14 Tage bekannt zu machen, bei Sachen von mehr als 3 Mark Werth diese Bekanntmachung außerdem durch die zu polizeilichen Bekanntmachungen bestimmten Blätter zu veröffentlichen und bei Sachen von besonderem Werth die Bekanntmachung nach Umständen zu wiederholen und in noch andere Blätter einrücken zu lassen. Die Bekanntmachung soll zugleich die Aufforderung an den Verlierer enthalten, sich binnen drei Monaten, bei Sachen von besonderem Werth binnen einer verlängerten Frist zur Geltendmachung seiner Rechte zu melden (s. oben S. 52). Die Polizei wird durch § 3 auch verpflichtet, sich der Verwahrung der gefundenen Sache zu unterziehen, wenn der Finder sie zu derselben anbietet (s. oben S. 47), ohne daß darum derselbe auf die Vortheile aus dem Funde zu verzichten braucht. Im Falle des Verdachts einer Fundunterschlagung soll die Beschlagnahme der Sache nach Str.Pr.O. §§ 94. 95. 98 erfolgen (§ 4, s. oben S. 46) und in allen Fällen, wo die Aufbewahrung unthunlich erscheint, die Sache bestmöglichst verkauft werden (§ 5, vgl. S. 47). Meldet sich der Verlierer oder Eigenthümer, so hat die Polizei nur dann, wenn sie die Sache in Verwahrung hat, die Legitimation desselben zu prüfen und womöglich eine Einigung über das Fundgeld herbeizuführen, eventuell den Finder auf den Rechtsweg zu verweisen (§ 6). Meldet sich dagegen der Verlierer oder Eigenthümer binnen der Abhebungsfrist nicht, so ist a) bei einem Werthe der Sache von mehr als 300 Mark dieselbe erst nach Erledigung des gerichtlichen Aufgebotsverfahrens dem Berechtigten auszuhändigen, dagegen b) bei einem geringeren Werthe die Sache dem Finder bezw. wenn er seine Rechte der Armenkasse abgetreten hat, dieser herauszugeben, in dem Falle aber, daß der Finder lediglich verzichtet oder schweigt, zu verkaufen und der Erlös nach einjähriger Aufbewahrung, falls auch bis dahin der Verlierer oder Eigenthümer sich nicht gemeldet hat, zur Kasse der Polizeiverwaltung zu vereinnahmen (§ 8). Für diese letzte Bestimmung, durch welche die Polizei von dem gesetzlich vorgeschriebenen Aufgebote dispensirt wird, ist ein Rechtsgrund schwer ausfindig zu machen. Auch die etwas dunkle Hinzufügung, daß „Ansprüche, welche sonst noch etwa von irgend welcher Seite auf die vereinnahmten Beträge gemacht werden können", vorbehalten bleiben, reicht zur Rechtfertigung jener Bestimmung kaum aus. Im übrigen aber ist anzuerkennen, daß die getroffenen Vorschriften dem praktischen Bedürfniß durchaus entsprechend sind.

Druck von G. Jansen in Berlin.